NAL
宁波学术文库
JD14.201014

张如安 管凌燕 著

清初浙东学派文学思想研究

浙江大学出版社
ZHEJIANG UNIVERSITY PRESS

目　　录

第一章　导　　论

第一节　黄宗羲和浙东文学派

　　黄宗羲(1610—1695),字德冰,又字太冲,号南雷,余姚县通德乡黄竹浦(今属余姚市梨洲街道)人。黄宗羲的人生历程丰富多彩,他曾自我概括为"三变":"初锢之为党人,继指之为游侠,终厕之于儒林。"①这个总结简明而准确,颇便于我们深入地探讨有关黄氏的种种学术问题。特别是前两变中的两件大事,一为父亲被阉党杀害,二为明清的鼎革巨变,使黄宗羲经受了刻骨铭心的人生体验,对他的思想触动极大,也直接影响到了他的文学创作。黄宗羲以东林党人后裔的身份,参与了明末的党社运动,锻炼了政治胆量。明亡后,他积极投入抗清斗争,身濒十死,失败后潜居化安山,开始初涉儒林,以研读和阐发其师刘宗周学说为学术进路,求得"胸中窒碍解剥"②。这有助于他在后来构建出庞大的学术体系。康熙年间,黄宗羲主要从事教育和学术活动,成为当时最为著名的"文化遗民"。康熙六年(1667),黄宗羲与同门学友在绍兴复兴"证人讲会",系

---

① (清)黄炳垕:《黄梨洲先生年谱》卷首扉页黄宗羲"画像自题"。
② (清)黄宗羲:《恽仲升文集序》,沈善洪、吴光主编:《黄宗羲全集》第十册,浙江古籍出版社 2005 年版,第 5 页。

统地讲述师门之学。次年,黄宗羲复至甬上(今宁波)讲学,后在讲经会的基础上创办了证人书院,主持甬上讲会达八年之久,培养了大批的学生。康熙十五年(1676),黄宗羲又应县令许三礼之邀,到海昌(今海宁)讲学,影响了当地的一批学者。

黄宗羲的学术具有博大浑融的气象。他的一生著作等身,自料不下古名家,《明夷待访录》《明儒学案》《宋元学案》《易学象数论》《弘光实录钞》等巨著,构成了其经史之学的重要骨架。全祖望这样评价黄宗羲的学术:"公以濂洛之统,综会诸家,横渠之礼教,康节之数学,东莱之文献,艮斋、止斋之经制,水心之文章,莫不旁推交通,连珠合璧,自来儒者所未有也。"①

黄宗羲单是在文学上的贡献,就已让不少名家瞠乎其后了。黄宗羲深深明白保存一代诗文的重要意义,因此不惜耗费巨大的精力,从事于一代诗文的选辑工作。康熙十四年(1675),他先编成《明文案》217卷,此后他"究以有明作者如林,歉于未尽"②,继续广搜博览,拔粹摭优,手抄目勘,以八十四高龄辑成《明文海》482卷。门生万言高度评价说:"合有明数千家之集而成《文海》,平情而谈,舍夫子而外,孰有缘再能聚数千家之集于一家,而又得勤力巨眼如夫子者,而为之遴拔乎? 则此《文海》,夫子目光心血之所有,有明三百年文士英灵之所寄也。"③《四库全书总目提要》称赞《明文海》"搜罗极富,所阅明人文集几至二千余家","可谓一代文章之渊薮,考明人著作者,必当以是编为极备矣"。后来黄宗羲又从《明文海》中抽选了一部分授读儿子黄百家,遂成《明文授读》62卷。此外他还编选了卷数不详的《宋元集略》,并参与编纂了《宋诗钞》。黄宗羲还留心地域文学,编选了《姚江逸诗》15卷,及《姚江文略》《东浙文统》等,所纂家族文学文献则有《黄忠端公文集》6卷、《黄氏捃残集》7卷,另外他编选而成的作家个人专集有《剡源文钞》4卷、《杲堂文钞》6卷,以及《后苇

---

① (清)全祖望:《鲒埼亭集》卷11《梨洲先生神道碑文》,《全祖望集汇校集注》上册,上海古籍出版社2000年版,第220页。

② (清)黄百家:《明文授读序》,沈善洪、吴光主编:《黄宗羲全集》第十一册,浙江古籍出版社2005年版,第199页。

③ (清)黄百家:《明文授读序》,沈善洪、吴光主编:《黄宗羲全集》第十一册,浙江古籍出版社2005年版,第201页。

碧轩诗集》《缩斋文集》等。他自己撰写了 500 余篇文章和千余篇诗歌,生前多次将其诗文结集刻印。尤其是他的古文,赢得了很高的赞誉,如王士禛就说:"明季之文,吾喜嘉定娄坚、临川傅占衡、余姚黄宗羲。"①

　　黄宗羲是怀着豪杰的精神在文学领域奋起耕耘的。豪杰精神一直是浙东学者追求的理想人格。② 为黄宗羲所敬仰的明初学者方孝孺,屡屡使用"豪杰"一词,即便是论文,亦多与"豪杰"挂钩。如其《答俞景文》云:"古之传世者,虽不可胜举,而其大较皆豪杰之士,道德充溢于中,事功见于当时,为天下所仰服,故其余言绪论之所及,无意于传而后世自传之。"③又在《刘樗园先生文集序》中说:"学术视教化为盛衰,文章与学术相表里,豪杰之士固不待教化而后知也。"④方孝孺心仪的"豪杰",主要强调其"立德宏而成功大"的一面,而黄宗羲倡导的"豪杰精神"更突出其文化创造精神。他指出凡属民族文化各个领域的伟大创造,都是历代"豪杰精神之所寓"的结果。他呼吁人们"立志为豪杰",开拓创新豪杰的事业。所以他说:"天生豪杰,为斯世所必不可无之人,本领阔大,不必有所附丽而起。一片田地,赤手可以制造,无论富贵与不富贵,皆非附丽也。"⑤他宁可做赤手制造的豪杰,不愿做附丽而生的凡民。在豪杰精神的召唤下,黄宗羲擎起大题目,提倡迅雷之文。他的门生有的也接受了豪杰理念。如郑梁说:"梁幼承祖父之训,知天地间当以豪杰自命。每览观古今圣贤遗事,往往慨然兴思,以为大丈夫应如是,视彼世俗猥屑凡近之为,真不啻如蜣螂之转丸,而乌鸢之吓鼠也。"⑥又说:"纵使古曾有此,天下事岂必古人便可法乎?"⑦又说:"窃以为古今作家,必自辟门户而后成。……从来豪杰之兴,决不寄人储胥虎落之内。"⑧金埴也称郑梁谈诗

---

①　(清)陆廷灿:《南村随笔》卷 3《论文》引王士禛之语,《续修四库全书》本。

②　详见李志林:《浙东学派的豪杰精神》,《孔子研究》1992 年第 1 期。

③　(明)方孝孺:《逊志斋集》卷 11,徐光大校点本,宁波出版社 1996 年版,第 363 页。

④　(明)方孝孺:《逊志斋集》卷 12,徐光大校点本,宁波出版社 1996 年版,第 396 页。

⑤　(清)黄宗羲:《陈夔献五十寿序》,沈善洪、吴光主编《黄宗羲全集》第十册,浙江古籍出版社 2005 年版,第 681 页。

⑥　(清)郑梁:《寒村诗文选·寒村杂录补·时文存雅序》,《四库全书存目丛书》本。

⑦　(清)郑梁:《寒村诗文选·见黄稿》卷 1《严汉生印谱序》,《四库全书存目丛书》本。

⑧　(清)郑梁:《寒村诗文选·见黄稿》卷 2《钱虞山诗选序》,《四库全书存目丛书》本。

"一空前论,戒拾人牙慧,谓须自我作古"①。总之,郑梁鄙视世俗凡民,立志做大丈夫,放言在艺术上不必效法古人,欲自辟门户,自成一家,可谓深得其师豪杰精神的精髓。

黄宗羲是公认的清代浙东学派的鼻祖。有学者认为"浙东学派"的名称最早是由黄宗羲提出来的。这个说法不够准确。康熙十八年(1679),明史馆在主持人徐乾学、徐元文兄弟努力下,拟定了指导《明史》修纂的纲领性文件《修史条议》。其中的"理学四款"中,就有"阳明生于浙东,而浙东学派,最多流弊"②之说。黄宗羲对此反驳说:"有明学术,白沙开其端,至姚江而始大明。……逮及先师蕺山,学术流弊,救正殆尽。向无姚江,则学脉中绝;向无蕺山,则流弊充塞。凡海内之知学者,要皆东浙之所衣被也。今忘其衣被之功,徒訾其流弊之失,无乃刻乎?"③黄宗羲鲜明地捍卫了"浙东学派"的名誉。从徐乾学、黄宗羲的行文看,他们所说的"浙东学派",实指明代浙东地区以王守仁、刘宗周为代表的心学一派。至黄宗羲及其弟子,开创了规模更为阔大的"浙东学派"。这个学派最初是由近代学者梁启超提出来的,他在 1902 年所撰的《论中国学术思想变迁之大势》第八章中说:"浙东学派……其源出于梨洲、季野,而尊史。其巨子曰邵二云、全谢山、章实斋,……吾于诸派中,宁尊浙东。"④但是梁启超仅仅把黄宗羲开创的浙东学派视作史学流派,这是有失偏颇的。清代的浙东学派其实是一个包括经学、史学、文学、自然科学在内的综合性的学术流派。该学派在文学上的代表人物,早期有黄宗羲、黄宗会、李邺嗣、郑梁、万言、裘琏、仇兆鳌等,后期则有章学诚、邵晋涵、全祖望诸家。文学之所以能成为清初甬上文化的一张重要名片,与黄宗羲的推动有很大关系。胡文学曾自豪地说:"今海内人文蔚起,所推唯两浙,而浙河以东,则以甬上为举首。"⑤他举出的洪晖吉、董在中都是黄宗羲的

①　(清)金埴:《不下带编》卷 1,王湜华点校本,中华书局 2008 年版,第 8 页。

②　(清)徐乾学:《憺园集》卷 14《修史条议序》,《续修四库全书》本。

③　(清)黄宗羲:《移史馆论不宜立理学传书》,沈善洪、吴光主编:《黄宗羲全集》第十册,浙江古籍出版社 2005 年版,第 221 页。

④　夏晓虹编校:《中国现代学术经典·梁启超卷》,河北教育出版社 1996 年版,第 110 页。

⑤　(清)胡文学:《适可轩文集·邱绍衣新稿序》,《四库未收书辑刊》本。

学生。从黄宗羲到甬上证人书院诸子,营造出了区域的文学小传统,故他们的文学思想及其创作皆能自成一系。因此,单从文学领域来说,实际已经构成了"浙东文学派"。我的这个看法并非出于一时的杜撰。清代叶燕《白湖文稿》卷首无锡人秦瀛序早就指出:"浙东自黄梨州先生以湛深渊博之学,发为文章,而李杲堂先生及全谢山诸君子多效之,世或目为甬江派。"①这里的"甬江派",其实就是笔者所说的"浙东文学派"。

"浙东文学派"是浙东学派的一个分支,因之并不是一个纯粹的文学流派,而是融性情、学术、文学为一体,带有强烈的文化色彩。郭英德指出:"在中国文化史上,几乎每一个独立的学术流派都以其学派思想规范着学派的文学风貌,而每一个学术流派的文学风貌都鲜明地表征着其独特的学派思想。"②以黄宗羲为首的清初"浙东文学派",亦应作如是观。"浙东文学派"之成立,是基于他们在地缘、师缘、学缘的共同作用下,形成了大致相同的文学主张,其创作群体有着大致相同的艺术追求,作品亦呈现出鲜明的浙派特色。

概括起来说,以黄宗羲为领袖的清初"浙东文学派",其核心文学观念主要表现在以下几个方面:

第一,反摹拟。流派纷呈是明代传统诗文最令人眼花缭乱的现象,但无论是摹拟秦汉还是效法唐宋,均成黄茅白苇之势。有鉴于此,钱谦益响亮地喊出了"别裁伪体亲风雅"的口号,将批判的矛头重点指向科举时文和明代以七子派和竟陵派为代表的诗歌。黄宗羲对钱氏的批评多有继承,但视野更为广阔,见解更为深刻。黄宗羲对明代文学的批评带有总结经验教训的意味,其批判的重点主要在科举时文、宋明诗文及墨守成说三个方面。他虽然没有说过"别裁伪体"的话,但他实际上一直在做"别裁伪体"的工作。故门生张有斯刻印黄宗羲编选的《明文授读》,范光阳就说此书乃是"别裁伪体,以存其真"③。后来法式善也认为:"李(昉)姚(铉)吕(祖谦)苏(天爵)黄(宗羲),别裁意各主。"④在黄宗羲的笔

---

① 　(清)叶燕:《白湖文稿》卷首,清嘉庆廿三年又次居刊本。
② 　郭英德:《中国古代文人集团与文学风貌》(修订版)第三章第二节,中国人民大学出版社 2012 年版,第 70—71 页。
③ 　(清)范光阳:《双云堂文稿》卷 3《张有斯五十寿序》,《四库全书存目丛书》本。
④ 　(清)法式善:《存素堂诗初集录存》卷 20《寄南中同学》,《续修四库全书》本。

下，七子派是首当其冲的攻击对象，几无许可，而对唐宋派尤其是归有光则是有赞有批，于两派的末流则一概斥之。对于转变文坛风气的"四海宗盟"钱谦益，亦是褒贬参半。黄宗羲尤其不能容忍明代文坛入主出奴的作风，猛烈地批评其"同者标为珠玉，异者訾为土炭①"的门户主义。黄宗羲的批评理念是非常包容的，坚持客观的、历史的批评精神，自觉地做着转变批评风气的工作。他的弟子一本老师的反摹拟宗旨，有大量的文字涉及这一点。如郑梁说："年来一种空疏不学之子，唐宋以来名能诗人所作，未尝梦见其墉垣堂奥也，偶见林鸿、高棅之选，奉为圣书，句剽字掇，而居然鼓吹词坛。"②郑梁对这些以摹拟形态出现的"臭腐俗恶"之诗是深恶痛绝的。他又说："盖诗者人生喜怒哀乐之声耳，宇宙之大，万类之多，莫不各以其声鸣，而各有其可听。震雷疾霆，不以和风甘雨而改其厉；候虫时鸟，不以吟龙啸虎而废其幽。而世之言诗者，乃必欲比而同之，明抄魏晋之字句，苦循初盛之声音，于其心之喜怒哀乐无与，而俨然自命曰能诗，是犹邑犬之群吠。"③郑梁在此对摹拟雷同的文风予以尖刻的讽刺。再如范光阳有《与友人论诗》诗云："自古论诗无别传，须知意象在言先。眼中不拾千家锦，笔底从教万斛泉。王李真成优孟假，钟谭亦是野狐禅。肥纤浓淡俱边见，会得琴声不属弦。"④范光阳在诗中要求性情从笔底流出，反对捡拾前人作品中的华丽辞藻拼凑成"千家锦"的做法。不过，在清初浙东学派中，范氏用"意象"说来批判王、李等人的赝品，是比较罕见的。

　　第二，主经世。明代无疑是儒家政教中心主义诗歌传统的衰落时期。占据明代中后期文坛主导地位的前后七子，积极倡导复古，要恢复的是以汉魏盛唐为典范的古典审美主义，明显偏离了儒家政教中心主义的诗歌传统；公安派反对复古，提出性灵说，要恢复的是不受道德污染和束缚的本真的自我状态，文学所表现的性灵不仅充满了情欲等感性内容，而且也浸淫了释教的解脱之学，这更是与儒家政教中心主义诗歌价

---

① （清）黄宗羲：《董巽子墓志铭》，沈善洪、吴光主编：《黄宗羲全集》第十册，浙江古籍出版社 2005 年版，第 488 页。
② （清）郑梁：《寒村诗文选·见黄稿》卷 1《滇游草叙》，《四库全书存目丛书》本。
③ （清）郑梁：《寒村诗文选·樊榭诗选序》，《四库全书存目丛书》本。
④ （清）范光阳：《双云堂诗稿》卷 5，《四库全书存目丛书》本。

值观相对立。伴随着儒家政教中心主义传统地位的失落，明代社会政教衰颓，利欲冲荡，秩序失范，士风放诞淫靡。明末清初，天崩地解，重新唤起了中国传统士人的社会责任感，儒家政教主义的文学理念开始复活。黄宗羲主张诗文必须有益于天下，担负起社会责任，表现正面的价值。在天崩地解的时代，政治就是最大的现实，文学不能回避与政治、社会现实的关系。他要求文学表现亡国之痛。浙东学派的其他成员也都发表了相关的言论，如邵廷采认为文学应有用于世，指出："行文贵有原本，内无所窥于心性，外之不关家国、天下之务，徒敝精神，穷日夜以求其似，虽成亦何所用？"①陈锡嘏说："文章虽小道，苟无关于世教，而夸言曼词习为谀佞，则一巫祝能办之。"②郑梁说："文以载道，务使有裨于实用，苟能与六经之旨相发明，原不以时代限也。"③万斯同说："吾窃怪今之学者，其下者既溺志于诗文，而不知经济为何事；其稍知振拔者，则以古文为极轨，而未尝以天下为念；其为圣贤之学者，又往往疏于经世，见以为粗迹而下欲为。于是学术与经济遂判然分为两途，而天下始无真儒矣，而天下始无善治矣。呜呼！岂知救时济世，因孔孟之家法，而己饥己渴，若纳沟中，固圣贤学问之本领也哉！"④万氏要求学术以救时济世，批判学者"溺志于诗文"，"疏于经世"，但"圣贤学问之本领"离不开著述，发挥载道、实用功用的诗文，他其实并不反对。

　　第三，重性情。明代自高棅以来，主张声调，人之性情遂被汩没，甚至消亡，明代文学因此患上了"无情之词，外强中干"⑤的绝症。钱谦益起而批判之，强调文学创作之本于性情而非格调，七子派追求形式层面的词章声病乃是舍本逐末之举。钱谦益以性情优先取代了七子派的格调优先，"这一立足点的转变带来了整个诗学价值系统的重大变化"⑥。继

---

① （清）邵廷采：《思复堂文集》刘士林序，祝鸿杰校点本，浙江古籍出版社1987年版，第553页。

② （清）陈锡嘏：《兼山堂集》卷4《邬献惟先生七旬寿序》，《四库全书存目丛书》本。

③ （清）郑梁：《寒村诗文选·安庸集》卷1《重修南丰先生文集序》，《四库全书存目丛书》本。

④ （清）万斯同：《石园文集》卷7《与从子贞一书》，《四明丛书》本。

⑤ （清）黄宗羲：《李杲堂先生墓志铭》，沈善洪、吴光主编：《黄宗羲全集》第十册，浙江古籍出版社2005年版，第412页。

⑥ 张健：《清代诗学研究》第三章，北京大学出版社1999年版，第105页。

钱谦益之后,黄宗羲大力倡导文学表现性情,以此作为反对复古摹拟的思想武器。性情论可以说是黄宗羲文学理论的核心所在,有着丰富的内涵。他说:"诗之为道,从性情而出,性情之中,海涵地负。"①又说:"凡情之至者,其文未有不至者也。"②他指出性情是驱动诗文创作的根本动力,性情的内涵具有无限的丰富多样性,从而跳出明代复古派狭隘肤浅的情感,通向宽广无垠的领域。他重视情感抒发的自发性,强调感情的自然流出;重视情感的真挚性,礼赞情至之情;重视情感的普遍性,提倡万古之性情;重视情感的独特性,张扬一己之情。

第四,崇学力。在清初学者看来,明代的经学和道学都背离了正统,异化为伪学和俗学,并严重危害着明朝的统治基础。钱谦益批判说:"经学之熄也,降而为经义;道学之偷也,流而为俗学。胥天下不知穷经学古,而冥行擿埴,以狂瞽相师。驯至于今,轻材小儒,敢于嗤点六经,呰毁三传,非圣无法,先王所必诛不以听者,而流俗以为固然。生心而害政,作政而害事,学术蛊坏,世道偏颇,而夷狄寇盗之祸,亦相挺而起。"③钱谦益指责晚明学术"世益下,学益驳;澳闻曲见,横鹜侧出;聋瞽狂易,人自为师。世所号为魁士硕儒,敢于嗤点谟诰,镵夷经传,大书浓抹,以典训为剧戏,驯至于黄头邪师、弥戾魔属充塞抗行,交相枭乱,而斯世遂有陆沉板荡之祸。呜呼!学术之失也,以其离圣而异躯,捐古而近习。方其滥觞也,朱黄丹铅,钻纸弄笔,相与簸弄聪明,贸易耳目。而其极也,经学蠹,人心圮,三才五常,各失其所,率兽食人,于是焉始。古者谓之非圣无法,学非而博,顺非而泽,以疑众者,诛不以听,岂过也哉"④。正因为学术之败坏能引发政治和社会的巨大灾难,钱谦益在《答山阴徐伯调书》中,承归有光之说,提出了"通经汲古"的救正措施,遂开清代经学之端。但黄宗羲认为钱谦益恢复传统经学的努力是不彻底的,其文"用六经之语,

---

① (清)黄宗羲:《郑禹梅刻稿序》,沈善洪、吴光主编:《黄宗羲全集》第十册,浙江古籍出版社 2005 年版,第 66 页。

② (清)黄宗羲:《明文案序上》,沈善洪、吴光主编:《黄宗羲全集》第十册,浙江古籍出版社 2005 年版,第 19 页。

③ (清)钱谦益:《牧斋初学集》卷 28《新刻十三经注疏序》,上海古籍出版社 2009 年版,第 851 页。

④ (清)钱谦益:《牧斋有学集》卷 18《李贯之先生存余稿序》,上海古籍出版社 2009 年版,第 784 页。

而不能穷经"①,为其文病之一。针对明代文人空疏不学、明代诗文日流肤浅的弊端,黄宗羲提出选明文要"以学力为浅深"的观点。崇学力的实质就是要以经为渊源,以史为波澜。他向甬上后学指出:"学问必以六经为根柢,游腹空谈,终无捞摸。"②他以自己的创作,树立起了学者之文的典范。他说:"余尝谓文非学者所务,学者固未有不能文者。"③儿子黄百家亦附和说:"即如震川之文,所以称为有明第一,亦因其得庄渠之学,而其文始至。"④高座弟子郑梁说:"杜少陵诗云:'读书破万卷,下笔如有神。'自古未有不读书而能诗者也。盖诗之可传者,必自成一家者,断非尽究百家之神理不能。……历下之浮,竟陵之鬼,公安之俚,识者犹谓其不善读书,不自成家,又况琐琐此辈,何足言诗?"⑤该派作家都强调学养对文学创作的意义。

第五,扬诗史。浙东学派对于诗史的偏爱,乃是时代使然。范光阳《潘石枰瓢余诗稿序》曾这样描述崇祯年间的甬上诗坛:"异时中原皆苦兵革,而吾鄞在海隅,偷安无事,士大夫狃于承平之故习,诗筒酒社无虚日,里中好诗者有三人焉:沈山人明远、族伯父木公中翰、其一则石枰君也。与余居相去皆数十武,山人玉蟾巾山、麛衣行步,皆中规矩。中翰锦衣纱帽,所居华堂复室,客至杯盘杂沓,丝石竹肉之音,相间而发。君在众中年最少,须眉如画,风度洒然。余时为童子,常一见之,然不知其所为诗何如也。"⑥范光阳所述乃为崇祯十年(1637)前后甬上诗坛的景象。其时北方已经陷入战乱之中,而甬上之地却"偷安无事",士大夫醉生梦死,虽然"诗筒酒社无虚日",但我们可以想象在此种环境下孕育的诗歌,大抵嘲风弄月,玩弄辞藻,"以欢愉之音写承平之乐",却并无多少可以感人的东西。清朝铁蹄的长驱直入,无情地踏破了浙东士人的承平美梦,

---

① (清)黄宗羲:《思旧录·钱谦益》,沈善洪、吴光主编:《黄宗羲全集》第一册,浙江古籍出版社 2005 年版,第 377 页。

② (清)黄炳垕:《黄梨洲先生年谱》卷中"康熙八年"谱,沈善洪、吴光主编:《黄宗羲全集》第十二册,浙江古籍出版社 2005 年版,第 42 页。

③ (清)黄宗羲:《李杲堂文钞序》,沈善洪、吴光主编:《黄宗羲全集》第十册,浙江古籍出版社 2005 年版,第 28 页。

④ (清)黄百家:《学箕初稿》卷 2《上徐果亭先生书》,《四部丛刊》初编本。

⑤ (清)郑梁:《寒村诗文选·见黄稿》卷 1《滇游草叙》,《四库全书存目丛书》本。

⑥ (清)范光阳:《双云堂文稿》卷 3《潘石枰瓢余诗稿序》,《四库全书存目丛书》本。

不少血性志士奋起抗争,浙东顿成血瀑飞魂之地,病弱腐朽的诗歌终于浴火重生。浙东的遗民志士们以悲壮激越而又哀怨凄楚的调子,谱写了一曲曲充满民族悲愤和个体忧怨的爱国诗篇,涌现了大批具有诗史意义的作品。黄宗羲可以说是这一时期浙东遗民诗人的最优秀代表。黄宗羲深切体验到亡国之惨,创作了大量"怒则掣电流虹,哀则凄楚蕴结"的诗歌,在此基础上,他开始有意识地张扬"诗史",重新诠释了"变风变雅"的意义。黄宗羲花了很大的气力别裁伪体,但其所亲的风雅最终却是变风变雅,这在清初文论家中显得颇为特别。黄宗羲提倡诗史,对浙东学派其他学者的创作产生了很大影响。李邺嗣、万斯同以及后来的全祖望等,莫不张扬诗史。如万斯同在传承黄宗羲史学衣钵时,将"以碑传为史传"及"以诗文补诗之阙"的特色也一并继承了,写下了《明乐府》。全祖望虽生活于清王朝日臻鼎盛时期,但其诗歌中亦处处流露出强烈的民族意识和故国之思。在全氏表彰明季忠义之士的诗歌中,其立足自身所处的时代环境,采用回忆的笔调,将史笔与诗情结合,凸现了"诗史"这一特色,别有一种沧桑感。

　　浙东文学派具有鲜明的时代精神,批判性、致用性、创新性比较突出。清代浙东学派固然没有类似李渔《闲情偶寄》、王夫之《薑斋诗话》、叶燮《原诗》这样体大思精的文学理论专著,但不能因此断言其文学思想不成体系。中国古代文论家很少有鸿篇巨制,最常见的是以单篇专论以及诗话、序跋、书信、笔记等形式出现的零金碎玉,大多囿于文艺学的视野,鲜少有哲思的运绎。我们虽然"不能说中国古人的文艺思想和其哲学主张毫无关联,但这是一种无意识的关联,他们并没有将二者有机地联系起来"①。黄宗羲的文学思想虽然亦散见于序跋、评语、墓志铭等各类文章中,但仔细梳理,却是与他的哲学思想相贯通的,视野阔大,逻辑性强,因此实际上构成了自成一家的"潜体系",这就使得黄氏的文学思想超越了一般的文论家。在黄宗羲的影响下,浙东学派成员对文学的一系列基本问题,诸如文学的本源、创作动力、演进规律、社会功能、审美特性、文道关系、作品赏评等,均作了深入思考和精辟论析,并构成了该学

---

　　① 童庆炳主编:《文学理论要略》下编第六章第二节,人民文学出版社 2000 年版,第294 页。

派独特的文学思想体系。这一派的文学思想,除了黄宗羲多有学者论及外,其他还未引起学界的足够重视。

第二节　黄宗羲文学思想的形成

黄宗羲一生的主要成就在经史方面,而不在文学方面,诚如全祖望所说:"梨洲一生精力,原不在区区文词间。"[①]但黄宗羲从来就没有放弃过文学,很多时候甚至表现出对文学的强烈兴趣,吕留良的弟子严鸿逵就曾说:"太冲好论诗学。"[②]黄宗羲有《致金张札》书云:"弟近日之文又一转手,庶几得古人之堂奥矣,老兄以为何如也? 安得与老兄细论乎?"[③]可见他对自己的古文创作所达致的境界是很在乎的。黄宗羲一方面不断地展示自己的创作实绩,另一方面在对文学的强烈关怀中引发了对文学问题的积极思考,发表了不少很有价值的文学思想。那么,黄宗羲的文学思想是怎么形成的? 我们有必要分阶段进行细致的梳理。综观《黄宗羲全集》,并结合其他文献材料,黄宗羲的文学思想经历了三个发展阶段。

一、明末时期:文学思想形成的初始阶段

黄宗羲父亲黄尊素(1584—1626),万历四十四年(1616)进士,初授宁国推官。天启三年(1623),黄尊素至京任监察御史,年仅 14 岁的黄宗羲随父来到京师,在父亲的指导下学习八股文。但黄宗羲不愿琐守章句,而喜欢泛览群籍,在完课之余,偷偷地购来"《三国衍义》《列国传》《东汉》《残唐》诸小说,藏之帐底,夜则发而观之",父亲知道了此事,并没有

---

① (清)全祖望:《鲒埼亭集外编》卷 44《奉九沙先生论刻〈南雷全集〉书》,《全祖望集汇校集注》中册,上海古籍出版社 2000 年版,第 1703 页。

② (清)吕留良:《吕晚村诗集·伥伥集·赠余姚黄太冲》批语,徐正等点校:《吕留良诗文集》上册,浙江古籍出版社 2011 年版,第 331 页。

③ (清)金张:《岕老编年诗钞》康熙元年壬申(1662)作《酬黄梨洲先生寄赠诗序指其札中语记二首》题注。

禁止,而是开明地认为小说之类的书籍"亦足开其智慧"。① 这类小说不但培养了少年黄宗羲的文学兴趣,也对黄宗羲未来的传记文创作产生了明显的影响。也就在这个时候,黄宗羲在习作八股文之余,开始了最早的文学实践。他曾回忆说:

> 余束发出游,遍交当世之士。是时承平日久,贤豪仟仟,满盈江湖,莫不危举艺文,共矜华藻。场屋时文之外,别有诗古文,修饰卷轴,以充羔雁,往返皆不寂寞。②

古人"束发"一般在 15 岁左右,故"束发"用以指代成童。再结合"是时承平日久"数字,则其所叙事实显然在"家难"之前,自非天启三年前后莫属。其时江湖以"危举艺文,共矜华藻"为尚,黄宗羲亦染其习,与四方贤豪诗酒流连,切磋诗古文。

父亲黄尊素是一个东林党人士,父亲的行事无疑给了黄宗羲很大的影响,这在其诗歌创作中也表现出来了。罗万藻《黄太冲野园诗序》云:"然予读太冲诗,感愤寓物之言十之一,咏事十之三,赠答十之五,闺语十之一,未尝自谱其年月,以其词绎其志,盖发愤于太仆之所为作多矣。"③太仆指黄尊素,崇祯初诰赠太仆寺卿,野园为黄尊素天启五年(1625)削籍归田后所建。黄尊素有《野园诗》云:"得失浑闲事,年来总不嗔。庭中归逸客,竹外见行人。时有禽三两,可无腰屈伸。此地饶幽思,欲构一椽新。"④《野园诗》为黄宗羲的第一部诗集,取名当深寓纪念父亲之意,成书于崇祯五年(1632)之前。罗万藻序云:"太冲英才磊落,挟以少年之气。今其诗幽折陟拔,而怊悒多思,与老成积于世故者相类。"⑤这说明其时黄宗羲已经初步形成了"幽折陟拔"的诗风,这种诗风与宋调比较接近。

---

① (清)黄百家:《先遗献文孝公梨洲府君行略》,沈善洪、吴光主编:《黄宗羲全集》第十一册,浙江古籍出版社 2005 年版,第 404 页。黄宗羲:《南雷文钞·家母求文节略》所载情节略同。

② (清)黄宗羲:《寿李杲堂五十序》,沈善洪、吴光主编:《黄宗羲全集》第十一册,浙江古籍出版社 2005 年版,第 675 页。

③ (清)黄宗羲:《明文海》卷 276,影印文渊阁《四库全书》本。

④ (明)黄尊素:《黄忠端公诗略》卷 5《归田诗》,《四库禁毁书丛刊》本。

⑤ (清)黄宗羲:《明文海》卷 276 罗万藻《黄太冲野园诗序》,影印文渊阁《四库全书》本。按,《粤雅堂丛书》本《南雷集》刻本收录旧诗序,"陟拔"作"峭拔"。

　　家难的发生,影响了青年黄宗羲的治学之路。黄尊素就逮途中临别嘱咐:"学者不可不通知史事,将架上《献征录》涉略可也。"①此事全祖望还有补充的记载:"忠端公之被逮也,谓公曰:'学者不可不通知史事,可读《献征录》。'"②黄宗羲秉承父亲的遗训,开始攻读史书。对此,黄宗羲回忆说:"忆余十九、二十岁时,读二十一史,每日丹铅一本,迟明而起,鸡鸣方已,盖两年而毕。"③崇祯四年(1631),黄宗羲又秉父亲遗训,执贽大儒刘宗周门下。他自言道:"余学于子刘子,其时志在举业,不能有得,聊备蕺山门人之一数耳。"④虽然如此,黄宗羲的经史之学却由此起步,后来直接影响了他的文学思想。

　　家难的发生,使黄宗羲不得不担负起了教育诸弟的重任。儿子黄百家说:"叔父辈四人,王父被难时,四叔父同奥、五叔父孝先更幼,读书任之外傅;二叔父晦木年十一,三叔父泽望年九,府君身自教之。讲书发明大意,将心意性命、仁义礼智融会贯通,一章明则章章皆明,不学村学究讲贯逐节生解。初作制义,必令揣摩先辈,有一篇不似者则诃之;久之,又令从横议论,才气为主,若拘守先辈者诃之,如是而两叔父之学成矣。"⑤从黄宗羲成功地教育二弟的经历中,可以看出他很早就露出了教育天赋。他抛弃了村学究的讲书方法,注重于发明大意,学习写作制艺,虽从揣摩入手,但最终摆脱揣摩,而以才气为主。

　　自父亲遭难以来,黄宗羲"往来都中,邑中党逆者陵侮孤儿,墓讼祠讼纷纭不已,无暇更理经生之业,不读书者五年"⑥。崇祯三年(1630)春,处理完家中之事后,21岁的黄宗羲开始游学南京,参加了复社活动,并与

---

　　①　(清)黄炳垕:《黄梨洲先生年谱》,沈善洪、吴光主编:《黄宗羲全集》第十二册,浙江古籍出版社2005年版,第24页。

　　②　(清)全祖望:《鲒埼亭集》卷11《梨洲先生神道碑文》,《全祖望集汇校集注》上册,上海古籍出版社2000年版,第214页。

　　③　(清)黄宗羲:《补历代史表序》,沈善洪、吴光主编:《黄宗羲全集》第十册,浙江古籍出版社2005年版,第80—81页。

　　④　(清)黄宗羲:《恽仲昇文集序》,沈善洪、吴光主编:《黄宗羲全集》第十册,浙江古籍出版社2005年版,第4页。

　　⑤　(清)黄百家:《先遗献文孝公梨洲府君行略》,沈善洪、吴光主编:《黄宗羲全集》第十一册,浙江古籍出版社2005年版,第416—417页。

　　⑥　(清)黄宗羲:《思旧录·沈寿民》,沈善洪、吴光主编:《黄宗羲全集》第一册,浙江古籍出版社2005年版,第352页。

聚集在那里的诸文士诗酒唱和。对此,黄宗羲回忆说:"某幼离党祸,废书者五年。二十一岁始学为科举,思欲以章句扬于当时,委弃方幅典诰之书而不视。"①又说:"当坊社盛时,吾辈翘然各有功名之志,居常如含瓦石,品核公卿,裁量执政,不欲入庸人小儒之尺度,直望天子赫然震动,问以此政从何处下手。"②又说:"南中游学日,犹及盛明时。朝入时文社,暮拈分韵诗。"③这时韩上桂、林古度等人不但引荐黄宗羲加入诗社,还向黄宗羲传授具体的诗法,"如何汉魏,如何盛唐,抑扬声调之间",黄宗羲自言对此"颇领崖略,妄相倡和"。④ 但无论是摹拟"汉魏",还是摹拟"盛唐",不仅与黄宗羲早年形成的"幽折陟拔"的诗风相冲突,更主要的是黄宗羲意识到注重声调和修辞的为诗之道,纵然有与古人一二相合的地方,但读来却是"嚼蜡了无余味"。这种诗风在动荡时代下,已经不能与时代及个性相适应,"经历变故"的黄宗羲由此不再坚持,"明知久久学之,必无进益。故于风雅意绪阔略"。⑤ 也就是说,摹拟复古的为诗之道,让黄宗羲无法找到"亲风雅"的感觉。在时代环境的推动下,他后来转而推崇变风变雅。

这一时期,黄宗羲倾向于唐宋派的古文思想,对秦汉派的古文是不满意的,这在他跟岳父叶宪祖的争论中表现出来了。黄宗羲在《外舅广西按察使六桐叶公改葬墓志铭》中记载说:

> 公与孙月峰同为古文词,月峰意在精练,其师法者为刘子威。高文襄当国,以古文挽震川入太仆,挽庐州入郎官。庐州意在谨严,其师法者为王槐野。公承父友之习,稍变之为弇州、大函,议论不甚相远。余在公贰室,数与公争论,谓文章当法大家,余子无所取长。

---

① (清)黄宗羲:《与陈介眉庶常书》,沈善洪、吴光主编:《黄宗羲全集》第十册,浙江古籍出版社 2005 年版,第 167 页。

② (清)黄宗羲:《寿徐掖青六十序》,沈善洪、吴光主编:《黄宗羲全集》第十一册,浙江古籍出版社 2005 年版,第 62 页。

③ (清)黄宗羲:《南雷诗历·怀金陵旧游寄儿正谊》,沈善洪、吴光主编:《黄宗羲全集》第十一册。

④ (清)黄宗羲:《南雷诗历·题辞》,沈善洪、吴光主编:《黄宗羲全集》第十一册,浙江古籍出版社 2005 年版,第 204 页。

⑤ (清)黄宗羲:《南雷诗历·题辞》,沈善洪、吴光主编:《黄宗羲全集》第十一册,浙江古籍出版社 2005 年版,第 204 页。

公不以为然,姑取八家文集评之,多施横笔,曰八家之文未便直接秦汉。及公赴蜀,途中寄示余二律,犹是惓惓,盖公不自以名家忽后进之言也。①

以上这段话出现的人名中,刘子威即刘凤,为文好用僻字奥句;孙月峰即孙𨥨,其文师法刘凤;高文襄即高拱;庐州即张居正;震川即归有光,属于唐宋派古文家;王槐野即王维桢,属秦汉派作家;弇州即后七子领袖王世贞;大函当作太函,即汪道昆,为文追随王世贞。从黄宗羲的叙述看,叶宪祖迷恋王世贞一派的古文,其文学见解与王、汪十分接近。但黄宗羲却不认可岳父的观点,认为"文章当法大家",此"大家"即唐宋八大家。叶宪祖对女婿的观点不以为然,遂取唐宋八大家的文章加以讥评。从时间上考察,天启七年(1627),叶宪祖被削籍罢官,退归故乡余姚,以度曲作赋度日。崇祯即位,朝廷再次起用叶宪祖。崇祯三年(1630),叶宪祖补南京刑部主事,次年冬,升四川顺庆知府,黄文所谓"及公赴蜀"即指此。故黄宗羲与岳父之间关于古文师法问题的争论,当发生在天启七年至崇祯三年间,其时黄宗羲的古文观点明显地倾向于唐宋派。

崇祯三年(1630),黄宗羲在南京游学,经宣城沈寿民的诱导,第一次参加了科举考试,最后落第而归,途遇文震孟于京口。黄宗羲在《思旧录》中记述说:"庚午岁,余自南都试回,遇公于京口,遂下公舟,以落卷呈公。公见余后场,嗟叹久之,谓后日当以古文名世。"②文震孟一定是从黄宗羲的试卷中看出了其古文的功底,才认定其以后会以古文名世。但以古文入时文的结果,却是落第,黄宗羲深受触动,开始对时文与古文的关系作出了一定程度的思考。崇祯十三年(1640)岁末至次年春,黄宗羲游历天台山和雁荡山诸名胜,作《台雁笔记》,中有《续悲剡溪古藤文》云:"今世科举经义,缮写模勒,例用竹纸。士人习此以外,诚不知蜀笺吴楮更作何事。其有资于藤纸者,抑狡狯于翰墨而已。风骨夷于比偶,文学

---

① (清)黄宗羲:《外舅广西按察使六桐叶公改葬墓志铭》,沈善洪、吴光主编:《黄宗羲全集》第十册,浙江古籍出版社 2005 年版,第 390 页。

② (清)黄宗羲:《思旧录·文震孟》,沈善洪、吴光主编:《黄宗羲全集》第二册,浙江古籍出版社 2005 年版,第 342 页。按,黄宗羲《轮庵禅师语录序》亦云:"忆余少受知于文肃,庚午与文肃同舟,自京口至吴门,见余场中试卷,嗟叹不置,遂许以古文名时。"

尽于科名。"①黄宗羲在此已经明确指出明末科名之盛压制了真正的"文学",明末的所谓"文学"不过是时文而已,作者唯知讲求对偶,而"风骨"已经荡然无存。显然,黄宗羲非常不满科举盛而文学衰的现状,意识到了"风骨"沦夷对于"文学"的危害。黄宗羲又在晚年所作的《李杲堂文钞序》中回忆说:"往丙子、丁丑间,一时文集行世者十余部。娄东张天如谓余曰:'此十余人者,皆巨公也。吾读正、嘉时不以文名者之文集,较之,其厚薄真伪反有间焉,此曷故哉?'余曰:'科举盛而学术衰。今之古文,固时文之余也。昔之为时文者,《大全》、《通鉴》、《左》、《史》、《语》、《策》,未尝不假途于是也。既已搬涉运剂于比偶之间,其余力所沾溉,虽不足以希作者,而出言尚有根柢。今之为时文者,以时文为墙壁,骤而学步古人,胸中无所浸灌,势必以剽掠为工夫,浮词为堂奥,又何怪其然乎?'余与天如为是言,于今盖四十余年。"②《李杲堂文钞序》作于康熙戊午年(1678),逆推四十余年,黄宗羲与张溥(字天如)的谈话当在崇祯间,但《思旧录·张溥》条未记其事。黄宗羲总结了明代士人为八股文的特点,认为明初学尚征实,假途于子史,不止于《大全》,出言尚有根柢。他转而批评今之时文,因为士子胸无子史之学的浸灌,提笔只能模拟剽窃。时文如此,古文就更不用说了。他又在《万祖绳七十寿序》中批评崇祯之时的科举习气:"场屋气习,不用力于古作,而更窜易于时文。不订经史本处,而求故事于时文。"③将以上的引文联系起来看,黄宗羲主张古文创作

---

① (清)黄宗羲:《台雁笔记》,沈善洪、吴光主编:《黄宗羲全集》第十一册,浙江古籍出版社 2005 年版,第 501 页。

② (清)黄宗羲:《李杲堂文钞序》,见《杲堂文钞》卷首。按:《南雷文案》卷 2 收录之《李杲堂文钞序》,当为后来之改本,故与原稿差异较大,上引这段文字作:"往丙子、丁丑间,一时文集行世者十余部。娄东张天如曰:'此十余人者,皆今之巨子也。吾读正嘉时不以文名者之文集,其浑厚悠长,反若过之,岂世运之升降欤?'余曰:'科举盛而学术衰。昔之为时文者,莫不假道于《左》《史》《语》《策》《性理》《通鉴》,既已搬涉运剂于比偶之间,其余力所沾溉,虽不足以希作者,而出言尚有根柢,其古文固时文之余也;今之为时文者,无不望其速成,其肯枉费时日于载籍乎?故以时文为墙壁,骤而学步古文,胸中茫无所主,势必以偷窃为工夫,浮词为堂奥,盖时文之力不足以及之也。'为说者谓百年以来,人士精神,尽注于时文而古文亡,余以为古文与时文分途而后亡也。自余为此言,已历一世矣。"见《黄宗羲全集》第十册,第 27 页。

③ (清)黄宗羲:《万祖绳七十寿序》,沈善洪、吴光主编:《黄宗羲全集》第十册,浙江古籍出版社 2005 年版,第 692 页。

必须以经史为基础,应是他在明末就已经形成的观点。

二、顺治至康熙六年:文学思想的发展时期

顺治时期,黄宗羲参与了激烈的抗清斗争。顺治六年(1649),黄宗羲追随鲁王,从亡海上,先后任左金都御史、左副都御使职。当时行朝大权掌握在定西侯张名振及悍帅手里,文臣没有实权,黄宗羲只得与诸臣讲学赋诗,至八月获准秘密归家。后黄宗羲将这一年的诗定名为《穷岛集》。他在《海外恸哭记》中这样记述赋诗的情形:

> 往㸑在海上,与诸臣无所事事,则相征逐而为诗。诸臣唯吴钟峦、张肯堂故以诗名。其他虽未尝为诗者,愁苦之极,景物相触,信笔成甚。李向中之悲壮,朱养时、林瑛之淡远,刘沂春感时之篇,沈宸荃思亲之作,上闻亦时一和之。㸑时谓诸臣之诗,即起杜甫为之,亦未有以相过也,岂天下扰扰多杜甫哉!甫所遇之时,所历之境,未有诸臣万分之一。诸臣即才不及甫,而愁苦过之,适相当也。语曰:"求仁得仁又何怨!"诸臣之愁苦而见为愁苦,无乃怨乎?曰:诸臣宁唯是寄命舟楫波涛之愁苦乎?宗庙亡矣,亡日尚矣,归于何党矣。当此之时,诸臣默默无所用力,俯首而听武人之恣睢排纂,单字只句,刻琢风骚,若物外幽人之所为这,其愁苦不更甚乎!㸑故学于旧史者也,因次一时流离愁苦之事,为《海外恸哭记》,以待上之收京返国,即创业起居注之因也。①

上文自称之"㸑"即古"羲"字。据吴光考证,《海外恸哭记》当是黄宗羲由舟山归家以后所记。② 笔者特别注意到"时谓"两字,这分明是黄氏当下心理的实录。当下的情景自然最容易想到杜甫的诗歌,因此黄宗羲在当时就已经将诸臣之诗与杜甫诗联系起来了,并从时、境、才、情诸方面进行了简单的比较。杜甫的诗向有"诗史"之称,黄宗羲虽然在此文中

---

① (清)黄宗羲:《海外恸哭记》,沈善洪、吴光主编:《黄宗羲全集》第二册,浙江古籍出版社 2005 年版,第 209 页。按,"恣睢"意为放纵、放任,形容凶残横暴,任意做坏事。原书误作"恣睢"。

② 吴光:《黄宗羲遗著考(二)》,沈善洪、吴光主编:《黄宗羲全集》第二册附录,浙江古籍出版社 2005 年版,第 572 页。

没有出现"诗史"的话语,但实际上他已经有了"诗史"理念的存在。他还简单地分析了为什么"天下扰扰多杜甫"的问题,认为跟"所遇之时,所历之境"有关。只要遇到厄运危时,杜甫式的流离愁苦之音就必然会重现,甚至有可能愁苦更甚。这种体验和认识,为他后来关于"诗史"的新见解奠定了基础。

　　顺治年间,黄宗羲致力于抗清斗争的同时,仍时断时续地进行着学术活动。他收了同族的梁弄黄时贞为弟子。黄时贞(1620—?),字孚先,晚号石窗山樵。黄宗羲《黄孚先诗序》云:"吾族之在四明山中者,自菊东先生以来,代有闻人。近虽中衰,而孚先、禹平苗焉秀出。两人尝以诗文过余,而孚先往来尤数。"①可见黄时贞最初是向黄宗羲学诗文的,但黄宗羲在教授诗文的同时,向他灌输了儒学知识,这似乎意味着黄氏教学诗文是从儒学入手的,而且已经具备了诗文应该经世的思想。黄时贞《石窗子自传》回忆说:"贞年十七,随先君读书始宁贺溪,相传地以贺循名,始知学贵儒术。二十余岁,外遭明清革命,家室弃,双亲逝,获拜梨洲先生门下,得以其闲绪正所学,知儒术贵适用,用莫先于拯民。时干戈涂炭,生民之祸亟矣。"②可见在烽火连天的时刻,黄宗羲已经形成了"儒术贵适用,用莫先于拯民"的思想。其时黄氏的"适用",主要落实在政治上的"拯民",这可看作是其经世致用思想的萌芽。

　　顺治时期,黄宗羲的古文创作已经为好友万泰(1598—1657)所充分肯定。万泰曾向李邺嗣说:"黄氏之文,今日之欧、曾也。"③又说:"今日学术、文章,当以姚江黄氏为正宗。"④万泰如此推崇黄宗羲之文章,自然是因为黄文以经史为根柢,足以直接欧、曾,属于正宗的古文。在万泰的引导下,李邺嗣与高斗魁等人,开始与黄宗羲交游,他们是甬上最早接受黄宗羲学术、文章的学子。黄宗羲一直认为在当时的文学界并没有真正的

---

　　① (清)黄宗羲:《黄孚先诗序》,沈善洪、吴光主编:《黄宗羲全集》第十册,浙江古籍出版社 2005 年版,第 31 页。

　　② 黄明经等:《余姚四明黄氏谱》卷 23《附编》,民国 19 年树德堂刊木活字本。

　　③ (清)李邺嗣:《杲堂文钞》卷 4《奉答梨洲先生书》,《杲堂诗文集》,张道勤校点本,浙江古籍出版社 1988 年版,第 464 页。

　　④ (清)李邺嗣:《杲堂文钞》卷 3《送万季野授经会稽序》,《杲堂诗文集》,张道勤校点本,浙江古籍出版社 1988 年版,第 450 页。

古文创作，"风气每变而愈下，举世眯目于尘羹土饭之中，本无所谓古文"①，在这种情况下，黄宗羲对于自己的古文创作是很自负的，康熙元年（1662）黄宗羲《致金张札》中说："弟近日之文又一转手，庶几得古人之堂奥矣，老兄以为何如也？安得与老兄细论乎？"②但当时很少有人能真正欣赏黄氏的古文，他不免有"自伤孤另"之感。因此，万泰对甬上学子的引导，对他来说是非常宝贵的。

随着黄宗羲创作的成熟，他对诗文作品的见解亦随时而推移，这在很大程度上是基于其对近三十年文坛的观察和反思而引发的。他曾说："及夫时运而事迁，水落石出，启、祯一辈之士老死略尽，而当日所为之文章，人人自谓握灵蛇之珠、抱荆山之玉者，竟不异虫謹鸟聒，过耳已泯。"③不但文章泯没无闻，那些昔日主盟文坛的所谓"钜公元夫"同样不为后人知晓。正是在这样的文坛背景下，黄宗羲开始对文学问题有了进一步的思考，特别是他较多地关注明文，并初步形成了自己的见解。黄宗羲在《高元发三稿类存序》中说："吾尝与万悔庵极论作者之指，是时不以为非者有高子元发，即取有明十数家手选而钞之，大意多本于余，遇余有所论著，亦必手钞之。当极重难返之势，余又无禄位容貌，如震川所云巨子者，足为人所和附。嗟乎！余何以得此于元发哉！"④万悔庵即万泰，高元发即高宇泰（1614—1678）。据黄宗羲所作《祭万履安先生文》，万泰是在顺治十二年（1655）冬告别黄宗羲远行的，则万泰与黄宗羲讨论明文当在此年之前。又《高元发三稿类存序》首见于《南雷文案》中，没有标明具体的作年。据吴光考证，"《南雷文案》系由黄宗羲手选，门人万斯大、郑梁等校刻，选文时间当在康熙十七年、十八年间"⑤。康熙十七年、十八年间

---

① （清）黄宗羲：《李杲堂文钞序》，沈善洪、吴光主编：《黄宗羲全集》第十册，浙江古籍出版社 2005 年版，第 27 页。

② （清）金张：《芥老编年诗钞》康熙元年壬申作《酬黄梨洲先生寄赠诗序指其札中语记二首》题注，《四库全书存目丛书》本。

③ （清）黄宗羲：《寿李杲堂五十序》，沈善洪、吴光主编：《黄宗羲全集》第十册，浙江古籍出版社 2005 年版，第 676 页。

④ （清）黄宗羲：《高元发三稿类存序》，沈善洪、吴光主编：《黄宗羲全集》第十册，浙江古籍出版社 2005 年版，第 1—2 页。

⑤ 吴光：《黄宗羲遗著考（六）》，沈善洪、吴光主编：《黄宗羲全集》第十一册，浙江古籍出版社 2005 年版，第 454 页。

即 1678—1679 年,这是《高元发三稿类存序》作年的下限。再看黄文云:
"元发自次其壬寅以后三年在狱中者为《蓼圃稿》,乙巳出狱者为《知生阁稿》,丙午后三年寓闽者为《屏山集》,合之为《三稿类存》,求余序之。"丙午为康熙五年(1666),后三年为康熙八年(1669),这一年最有可能是高宇泰求序之年,亦即黄氏作序之年。黄文中有"今去其时曾不二十年"之句,由此推断黄、万、高三人谈论明文约在顺治五年(1648)稍后。黄宗羲与万泰深入地讨论了明代的文学问题,他的见解得到了高宇泰的赞同,高宇泰手选明代数十家古文词,就是在黄宗羲观点的启发下进行的。那么,黄宗羲在当时发表的关于明文的见解究竟如何,且看《高元发三稿类存序》的叙述:

> 后进晚生㘉语流注,尝见其读大家文字未毕首尾,辄妄置评论,曰:"其笔弱,其气薄。"余应之曰:"子姑寻其意之所在。"盖时风众势,自难以片言洗涤,故不与之深论何者为健弱厚薄也。古人以辞之清浊为健弱,意之深浅为厚薄。剽袭陈言,可谓之健乎? 游谈无根,可谓之厚乎?

从这段文字中不难看出,黄宗羲论文尤重意,对文章之"健弱"、"厚薄"有自己的见解。"厚薄"之类的语言,亦见于上所引的《李杲堂文钞序》中,自是格调一派的论文风气。但黄宗羲却认同古人"辞之清浊为健弱,意之深浅为厚薄"的说法,反对剽袭陈言和游谈无根。在"时风众势"一时难以洗涤的时代环境下,黄宗羲的见解已经是非常可贵的了。

顺治五年(1648),黄宗羲已经形成了比较成熟的诗文理论。这一年,文学青年高斗魁偕同万泰登门向黄宗羲求教,黄宗羲了解到高氏写作诗文,奉竟陵派为圭臬,乡先生教给他的又是余寅、屠隆一派的"㘉语",遂指出这些都是旁蹊曲径,而以"正路"相告。对此,黄宗羲在《高旦中墓志铭》中有较为详细的记载:

> 己丑,余遇之履安座上。明年,遂偕履安而来。当是时,旦中新弃场屋,彩饰字句,以竟陵为鸿宝。出而遇其乡先生长者,则又以余君房、屠长卿之㘉语告之。余乃与之言:"读书当从六经,而后史、汉,而后韩、欧诸大家。浸灌之久,由是而发为诗文,始为正路。舍是则旁蹊曲径矣。有明之得其路者,潜溪、正学以下,毗陵、晋江、玉

峰，盖不满十人耳。文虽小伎，必由道而后至。毗陵非闻阳明之学，晋江非闻虚斋之学，玉峰非闻庄渠之学，则亦莫之能工也。"旦中锐甚，闻余之言，即遍求其书而读之，汲深解惑，尽改其纨绔余习，衣大布之衣，欲傲岸颓俗。与之久故者，皆见而骇焉。①

黄宗羲在这篇文章中回忆了他在顺治五年与高斗魁见面时以诗文为主题的交谈情形，时黄宗羲 41 岁，高斗魁 28 岁，黄氏俨然以师自居。黄宗羲在此说了三层意思：一是表达了对当下文坛追求"旁蹊曲径"的不满之情。二是指出了读书对于诗文创作的重要性，特别是圈定了读书的范围："读书当从六经，而后史、汉，而后韩、欧诸大家"，这正好可以对治文坛"剿袭陈言""游谈无根"之病，同时也亮出了诗文创作必须扎根于经史的旗帜，这表明黄宗羲的古文正路论已经完全形成。四库馆臣曾云："古文一脉，自明代肤滥于七子，纤佻于三袁，至启祯而极敝。国初风气还淳，一时学者始复讲唐宋以来之矩矱。"②黄宗羲本人创作的古文原本六经，接迹唐宋之矩矱，是开清初新风的作家。三是通过对明文的批评，指出文章"必由道而后至"，其未有为学而不工于文者的观点差不多呼之欲出了。

顺治七年（1650）三月，黄宗羲来到江苏常熟拂水山庄，会晤钱谦益。这次会晤的主要目的是秘密开展抗清活动，但表面上却是论文阅书。钱谦益对黄说："韩、欧乃文章之六经也。"黄宗羲还看到了钱谦益书架上摆放的八家之文，"以作法分类，如直叙，如议论，如单序一事，如提纲，而列目亦过十余门"。③ 这次面对面的文学交流，无疑对黄宗羲后来评判钱氏的创作、深化自己的文学思考很有帮助。

此外，黄宗羲对文章的真实性也发表了独到的见解。顺治十四年（1657），黄宗羲为姜应麟作墓志铭，纠正了旧志"形容太过"的地方。他在给姜应麟之子思简的信中，指出了旧志的若干凿空之失，最后提出："凡碑板之文，最重真实，而无识者昧然为之，此弇州《二史考》所以不胜

① （清）黄宗羲：《高旦中墓志铭》，沈善洪、吴光主编：《黄宗羲全集》第十册，浙江古籍出版社 2005 年版，第 323—324 页。

② （清）永瑢等：《四库全书总目》卷 173《尧峰文钞》提要。

③ （清）黄宗羲：《思旧录·钱谦益》，沈善洪、吴光主编：《黄宗羲全集》第一册，浙江古籍出版社 2005 年版，第 378 页。

其纠缪也。"①他明确认为创作传记类作品不能无"识",否则就会导致严重的失实。他主张真实是碑板之文的生命,也是取信后世的前提。

综上所述,黄宗羲顺治时期的诗文理论,主要是在对明代文学的反思批评中发展起来的,已经不乏真知灼见了。尽管如此,黄宗羲在这一时期发表的文学观点还是很零碎的,没有一条线索将其贯穿起来,这是由多方面的原因造成的。张敏杰曾指出:"亲身经历而获得的历史经验,促使黄宗羲思考文学作品如何获得更为深远的历史价值,诗文领域如何建设等一系列问题。但回答这些问题在顺治朝的社会政治环境下并不适宜。这一时期政局甫定,社会动荡,战火频仍,政治环境异常严酷,黄宗羲一家颠沛流离,他虽有大量的诗歌作品,但对文学的省思批判远多于正面的理论建设。"②此外,我认为这还与黄宗羲哲学思想尚未完全形成有着直接的关系。康熙七年(1668)黄宗羲作《恽仲升文集序》云:"余学于子刘子,其时志在举业,不能有得,聊备蕺山门人之一数耳。天移地转,僵饿深山,尽发藏书而读之。近二十年,胸中窒碍解剥,始知曩日之孤负为不可赎也。"③由此文可知顺治时期是黄宗羲研读刘宗周遗书的时期,他在哲学思想上达到"胸中窒碍解剥"的境界,则应在康熙以后。黄宗羲的治学方法乃是哲、史、文的通融合一,他的文学思想主要建立在其哲学思想基础之上,当黄宗羲在哲学思想上缺乏创见之时,自然不可能在文学思想上有较大的突破。

自明末以来,黄宗羲抄书、藏书成癖,书籍成为他生命中的重要寄托。其子黄百家在《续钞堂藏书自序》中指出:"家大人抱负内圣外王之学,不获出而康济斯民,心身性命,一托于残编断简之中,故颠发种种,寒以当裘,饥以当食,忘忧而忘寐者,惟赖是书耳,是是书之富而道之穷也。"④又在《担书行》中说:"用是益旁搜,无微不取拾。或遇阛阓间,典衣

---

①　(清)黄宗羲:《与姜淡仙书》,沈善洪、吴光主编:《黄宗羲全集》第十一册,浙江古籍出版社 2005 年版,第 45 页。

②　张敏杰:《论黄宗羲的文学问题——以甬上讲学活动为中心》,《文学理论研究》2006年第 2 期。

③　(清)黄宗羲:《恽仲升文集序》,沈善洪、吴光主编:《黄宗羲全集》第十册,浙江古籍出版社 2005 年版,第 4—5 页。

④　(清)黄百家:《学箕初稿》卷 1,《四部丛刊》初编本。

何足惜。或抄各藏家，手指生茧栗。"①顺治时期，黄宗羲处在颠沛流离的
状态下，仍设法搜集和保存了大量文献，尤其是宋元文集，殊多秘本，而
明代的集部著作，黄宗羲更是收罗无遗。黄百家在《担书行》中自豪地
说："吾家贮宋文，东莱多未觌。吾家贮元文，天爵何曾识。明文三百年，
遍访无遗粒。淘金沙砾中，《文案》焄然出。"②毫无疑问，黄宗羲长期来对
宋元明三代集部文献的苦心搜集，为他的文学批评提供了极好的基础。
同时，他在康熙年间编选集部著作，成为甬上证人书院的文学教本。

康熙即位，清政权日益巩固，南明政权则走向最后的终结。康熙元
年(1662)四月，吴三桂在云南昆明缢杀朱由榔，桂王政权瓦解；五月，郑
成功在台湾病重身亡，其子郑经袭位为延平王；九月，鲁王朱以海死于金
门。一系列消息传来，虽"杜门匿影"而又密切关注时局变化的黄宗羲，
不得不承认抗清斗争走向失败，"海氛渐灭，无复有望"③，于是他开始转
向厕身儒林的生涯。万承勋说："征君(指黄宗羲)自壬寅前，鲁阳之望未
绝；天南讣至，始有潮息烟沉之叹，饰巾待尽，是书于是乎出。"④这大体上
勾勒出了黄宗羲从矢志抗清转向于著述讲学的人生轨迹。其实他在顺
治十六年(1659)所作的《山居杂咏》中，已经表示了"残年留得事耕耘"的
著述意向，康熙元年的时局变化更坚定了他从事文化活动的意志。以
"条具为治大法"的专著《明夷待访录》的撰写为标志，黄宗羲终于迎来了
人生取向的重大转折。《明夷待访录》始作于康熙元年(1662)，完成于次
年，作为黄宗羲经世之学的代表作，该书总结历史和现实的经验教训，已
越出"一家之兴亡"，对君主专制政权体制作了系统批判。在政治批判的
框架下，前朝文学亦成为黄宗羲横扫的对象，他说：

> 时人文集，古文非有师法，语录非有心得，奏议无裨实用，序事
> 无补史学者，不许刻传。其时文、小说、词曲、应酬代笔，已刻者皆追
> 版烧之。士子选场屋之文及私试义策，蛊惑坊市者，弟子员黜革，见

---

① (清)黄百家：《担书行》，见黄庆曾等：《竹桥黄氏宗谱》卷 14，民国 15 年惇伦堂本。
按，《宗谱》误作黄正谊诗。

② (清)黄百家：《学箕初稿》卷 1，《四部丛刊》初编本。

③ (清)徐鼒：《小腆纪传》卷 53，中华书局 1958 年版，第 572 页。

④ (清)全祖望：《鲒埼亭集外编》卷 31《书明夷待访录后》，《全祖望集汇校集注》中册，
上海古籍出版社 2000 年版，第 1390—1391 页。

任官落职,致仕官夺告身。①

这里,黄宗羲只是部分肯定了文学的价值。他强调的是什么样的文学才准许传世。他特别举出了四种文体:古文历来与道统、学统关系密切,黄宗羲主张有师法的古文才有价值,这已经为他后来提出"承学统者未有不文者也"埋下了伏笔;语录之文历来陈陈相因,最为黄宗羲反感,因此他提出语录之文传世的标准是是否"有心得",这为其文贵自我的文学思想埋下了伏笔;至于"奏议无裨实用",强调了为文的实用价值,"序事无补史学"是要求文章与史学相沟通。黄宗羲举出四种文体,各强调了承学统、有心得、有裨于实用、有补于史学的一面,这些方面多为其后来的文学思想所发扬。同时黄宗羲在各肯定其部分价值的时候,否定了文学的其他价值,对这些所谓的无用之文,不惜采取"不许刻传"的激进姿态。至于时文、小说、词曲等文体,黄宗羲更秉持"已刻者皆追版烧之"的严厉态度。其时黄宗羲思考的首要问题是如何建构为治大法,文学根本不是作者关注的对象。上段这种火药味十足的文字,是在政治批判的框架下着笔的,故带有强烈的批判色彩。

顺治后期,黄宗羲虽然已经隐居家乡,读书著文,初步涉足于学术,但这时因其抗清斗士的身份而为清廷所通缉,故很少与外界通声气,《山居杂咏》有"不遣声光使外闻"之句。自康熙二年(1663)起,黄宗羲不再杜门隐居,开始了抛头露面的公开活动。黄百家回忆说:"当是时,家大人独抱遗经,屏迹荒山,不与世接,学躬耕陇亩,朝夕饔飧,足迹不逾三十里。……癸卯以后,家大人始复渡钱塘。"②由"不与世接"到"复渡钱塘",不仅是生活方式的转变,更是以文化复兴自命的需要。从康熙二年开始,黄宗羲才真正卷入了文学发展的历史潮流之中,他的文学思想走向成熟,并产生了重要的影响。

康熙二年(1663)四月,吕留良邀请黄宗羲到石门(今浙江桐乡县崇德镇)教书。在吕氏水生草堂,黄宗羲与吕留良及新交吴之振、吴尔尧叔侄一起共同选编《宋诗钞》。吴之振在《宋诗钞凡例》中说:"癸卯之夏,余

---

① (清)黄宗羲:《明夷待访录·学校》,沈善洪、吴光主编:《黄宗羲全集》第一册,浙江古籍出版社 2005 年版,第 13 页。

② (清)黄百家:《学箕初稿》卷 2《上顾宁人先生书》,《四部丛刊》初编本。

叔侄与晚村读书水生草堂,此选刻之始也。时甬东高旦中过晚村,姚江黄太冲亦因旦中来会,联床分篆,蒐讨勘订,诸公之功居多矣。"《宋诗钞》的选编,表明他们具有共同的标举宋诗的意识。

康熙三年(1664),黄宗羲著《今水经》,其序云:"古者儒墨诸家,其所著书,大者以治天下,小者以为民用,盖未有空言无事实者也。后世流为词章之学,始修饰字句,流连光景,高文巨册,徒充污惑之声而已。由是而读古人之书,亦不究其原委,割裂以为词章之用,作者之意如彼,读者之意如是,其传者,非其所以传者也。"①这段话反映了黄宗羲为文必须关乎天下、民用的思想,反对以审美为指归的纯粹的词章之学。他认为词章之学无非是在文字上下功夫,经常不顾语境,割裂古人语句为己所用,内容则不外是流连光景,"空言而无事实"②。毫无疑问,黄宗羲对无裨实用的词章之学一直是很瞧不起的。

三、康熙七年以来:文学思想的成熟时期

康熙六年(1667),黄宗羲在越中创建证人书院,同年在甬上弟子的主动要求下,黄宗羲转而在甬上授学,次年创立了讲经会,开始了更为阔大的经史之学的研讨。黄宗羲曾在《陈夔献五十寿序》中这样谈起讲经会的发起宗旨:"陈子夔献与同里十余人,然约为友,俱务佐王之学。以为文章不本之经术,学王、李者为剿,学欧、曾者为鄙;理学不本之经术,非矜集注为秘录,则援作用为轲传,高张簧舌,大抵为原伯鲁地也。于是为讲经会,穷搜宋元以来之传注,得百数十家,分头诵习。"③李邺嗣《送范国雯北行序》亦云:"自十年以来,吾甬上诸子,尽执义梨洲黄先生门。先生尝叹末世经学不明,以致人心日晦,从此文章、事业俱不能一归于正。于是里中诸贤倡为讲五经之会。"④很显然,黄宗羲将文学、理学问题与经

---

① (清)黄宗羲:《今水经·序》,沈善洪、吴光主编:《黄宗羲全集》第二册,浙江古籍出版社 2005 年版,第 502 页。

② (清)黄宗羲:《今水经·序》,沈善洪、吴光主编:《黄宗羲全集》第二册,浙江古籍出版社 2005 年版,第 503 页。

③ (清)黄宗羲:《陈夔献五十寿序》,沈善洪、吴光主编:《黄宗羲全集》第十册,浙江古籍出版社 2005 年版,第 680 页。

④ (清)李邺嗣:《杲堂文钞》卷 3,《杲堂诗文集》,张道勤校点本,浙江古籍出版社 1988 年版,第 445 页。

术沟通起来了，文学也好，理学也好，都要本之于经术，也就是说文学和理学的问题，归根结底都是经术问题。如果放弃对经术的求索，那么文章就会堕入剿袭、鄙俚之境地，而理学之游谈空疏，则会像原伯鲁那样蹈亡国之境地。① 在中国学术传统中，经学始终处于学术的最高端地位，正如朱光潜所指出的："数千年来，吾国学者所孳孳不辍者，首在穷明义理，次则及于历史与周秦诸子，行有余力，乃旁及集部，习辞章以为应世之具。"②但是黄宗羲并没有像一般士子那样将经、史、文三者割裂开来，而是将三者统一起来，理学、史学和文学问题都共同成为经学派生的问题。黄宗羲说："所谓文者，未有不写其心之所明者也。"③这里的"文"是广义的，当然包括文学在内，故"心"被黄宗羲视为文学创作的最直接的源泉，文学之"心"在源头上遂与心性之学相接通，经学便在黄宗羲的文学理论结构中居于了首要地位。朱光潜说："经史子集吾国文化学术之源，文学之士均于此源头吸取一瓢一勺发挥为诗文。"④黄宗羲在这一点上的做法尤具典型性。自康熙七年甬上讲学以来，黄宗羲对文学的关注越来越多，文学很自然地被他纳入到了其所建构的宏大学术体系中。这一时期黄宗羲发表了大量的文学言论，对过去形成的文学观点进行了更为集中、更为充分、更富逻辑性的阐发。

黄宗羲成立甬上讲经会，目的在于经世。他说："经术所以经世，方不为迂腐之学，故兼令读史。"⑤又说："学必原本于经术，而后不为蹈虚；必证明于史籍，而后足以应务。"⑥用以经世的经史之学，还必须借助于文

---

① 原伯鲁，春秋时期周朝的大夫，原国国君。《春秋左氏传·昭公十八年》云："秋，葬曹平公。往者见周原伯鲁焉，与之语，不说学。归以语闵子马。闵子马曰：'周其乱乎？夫必多有是说，而后及其大人。大人患失而惑，又曰："可以无学，无学不害。"不害而不学，则苟而可。于是乎下陵上替，能无乱乎？夫学，殖也，不学将落，原氏其亡乎？'"又《昭公二十九年》云："三月己卯，京师杀召伯盈、尹氏固及原伯鲁之子。"

② 朱光潜：《朱光潜全集》卷 9，安徽教育出版社 1993 年版，第 79 页。

③ （清）黄宗羲：《论文管见》，沈善洪、吴光主编：《黄宗羲全集》第十册，浙江古籍出版社 2005 年版，第 670 页。

④ 朱光潜：《朱光潜全集》卷 9，安徽教育出版社 1993 年版，第 80 页。

⑤ （清）全祖望：《鲒埼亭集》卷 11《梨洲先生神道碑文》，《全祖望集汇校集注》上册，上海古籍出版社 2000 年版，第 219 页。

⑥ （清）全祖望：《鲒埼亭集外编》卷 16《甬上证人书院记》，《全祖望集汇校集注》中册，上海古籍出版社 2000 年版，第 1059 页。

章才能表达和行远。这一点李邺嗣在《上梨洲先生书》中说得很清楚："后起者将从事于斯文,必本诸六艺,折衷于夫子,而始得与于文章之事。故必先之以经学,是为载道之言;次之以史学,是为载事之言。夫道与事皆得藉吾言而得传,则惟其辞之修,言之有文,若云汉昭回,烂然可见,而后足传于后世。"①因此,文学自然成为黄宗羲在甬上授学的重要内容。

甬上讲经会的诸子大多参加科举考试,黄宗羲并不反对他们应试,但又严肃地指出:"流俗之论,虽穿穴经传,形灰心死,至于老尽者,苟不与策名,皆谓之无成。岂知场屋之外,复大有事!古今事物,错落高下,不以涯量,帝王之所经营,圣贤之所授受,下而缘情绮靡之功,俱属吾人分内。"②黄宗羲所谓"吾人分内"之事,包括"缘情绮靡之功"即文学创作在内,只是把它放在较低的位次。"场屋之外,复大有事"八字,明确指出真学问的天地广阔无涯,举凡政治、经学、文学都是学子应该认真研习的内容,勉励学子在科举之外开拓出更为阔大的天地。儿子黄百家对父亲的这八字心领神会,曾说:"子亦知世之所谓儒者乎? 四子一经而外,唯汇时艺百首,论策判表数首,而为儒之能事毕矣。此外朝廷之所勿取也,师长之所勿知也,士即有志而欲旁求乎斯外者,其父兄必且摇手相戒,谓无事乎此,已足享其荣而食其报,而士之习乎此者,亦遂不知此外之大有事,以为为儒之道尽是矣。"③黄百家通过对俗儒的批判,引导友人将心思精力花在场屋之外的"大有事"上来。

为了提高甬上学子的文学水平,黄宗羲采用了批点历代诗文的方法授学。黄宗羲说:"张子心友好学深思,不以解褐为究竟,余所论著,矻矻手抄不已,李、杜、王、孟诸家文集,亦观余批点以得其指趣。"④又谈到钱汉臣每次见到他,必问作文之法,"余所批选,汉臣手抄,殆将数尺"⑤。万

---

①　(清)李邺嗣:《杲堂文钞》卷4,《杲堂诗文集》,张道勤校点本,浙江古籍出版社1988年版,第465页。

②　(清)黄宗羲:《进士心友张君墓志铭》,沈善洪、吴光主编《黄宗羲全集》第十册,浙江古籍出版社2005年版,第398页。

③　(清)黄百家:《学箕初稿》卷1《赠诸子宜序》,《四部丛刊》初编本。

④　(清)黄宗羲:《张心友诗序》,沈善洪、吴光主编《黄宗羲全集》第十册,浙江古籍出版社2005年版,第51页。

⑤　(清)黄宗羲:《钱屺轩先生七十寿序》,沈善洪、吴光主编《黄宗羲全集》第十册,浙江古籍出版社2005年版,第672页。

言说:"吾师梨洲先生之倡道于甬东也,甬之士从而游者数十人,讲席之暇,先生取宋元明以来未经表暴之文百余家,手为批画以授之。"①李邺嗣说:"先生间出所藏诸家说经之书,及点定古今人文集,其辨别去取,一禀所论,若黑白较然无疑。"②又说:"先生因授诸生以所传蕺山慎独之学,发古今说经诸书为世所未传者,点定西汉、唐宋及先辈大家文钞,不烦探索而坐辩千载,是非较然明白。"③黄宗羲的文学批评思想,应该在具体的批点中得到了体现。他还采用面授的方式。诗人董道权曾当面向黄宗羲请教作文之法,黄告诉他:"诗文同一机轴,以子之刿心于诗者,求之于文可也。"④

黄宗羲在甬上证人书院教学时,培养了一批文学人才。他曾自信地说:"甬上诸君子皆原本经术,出为文章,彬彬然有作者之风者不下六七人,余、屠云雾,忽焉开霁。"⑤黄宗羲在此充分肯定甬上高弟抛弃拟古文风、学习古文之成绩。郑梁在为范光阳的《双云堂文集》作序时说:"始南雷师讲学甬上,屈指可与斯文者五人,先生与杲堂、怡庭、管村及余而已。"⑥此五人可以视作黄氏在甬上证人书院弟子中的核心作家。郑梁曾批评当今的文坛:"今世作者,可略而言:出于幕客者,以割裂为修辞;出于经生者,以肤浅为大家,虽分路扬镳,曾何与文章之事乎?"黄宗羲对郑梁的评断深有同感,他说:"天尾旅奎,馆阁江湖,同一寂寞。"⑦当今的文

① (清)万言:《管村文抄》卷1《郑禹梅制义序》,《四明丛书》本。
② (清)李邺嗣:《杲堂文钞》卷4《奉答梨洲先生书》,《杲堂诗文集》,张道勤校点本,浙江古籍出版社1988年版,第464页。
③ (清)李邺嗣:《杲堂文续钞》卷3《与万贞一书》,《杲堂诗文集》,张道勤校点本,浙江古籍出版社1988年版,第653页。
④ (清)黄宗羲:《董巽子墓志铭》,沈善洪、吴光主编:《黄宗羲全集》第十册,浙江古籍出版社2005年版,第490页。
⑤ (清)黄宗羲:《高元发三稿类存序》,沈善洪、吴光主编:《黄宗羲全集》第十册,浙江古籍出版社2005年版,第2页。按,"云雾"一词比喻七子派的拟古文风,最早出自钱谦益《列朝诗集》之"袁宏道小传":"中郎之论出,王、李之云雾一扫。"此亦可见黄宗羲受钱谦益影响之深。此外,万斯同在《安丘张杞园先生文集序》中亦云:"古文之正宗,不堕王、李之雾雾者也。"
⑥ (清)范光阳:《双云堂文集》卷首郑梁序,《四库全书存目丛书》本。
⑦ (清)黄宗羲:《范母李太夫人七旬寿序》,沈善洪、吴光主编:《黄宗羲全集》第十册,浙江古籍出版社2005年版,第688页。

坛并非没有人从事古文创作，但黄宗羲看到的古文却是伪古文，他说：
"余久处穷山，饥火所驱，干涉人事，始知今天下另有一番为古文词者，聚
敛拆洗，生吞活剥，大言以为利禄之媒，较之启、祯间，卑之又甚矣，盖无
以议为也。"①郑梁更认为甬上无古文，他说："呜呼！数十年来时文盛而
古学亡，宁复有如吾甬上之甚者乎？人传甲乙之敝帚，家习比偶之残膏，
父师子弟之源流，盖已不识诗古文为何物。"②黄宗羲对此并没有丧失信
心，反而激起了他扭转文风的欲望。他说："斯文弦绝，依斋所谓天下三
十年无好文章者，又一时也。顾黄茅白苇之中，而郑子禹梅苗焉秀出。
近时一时名公谓余曰：'王李之剽窃未已，欧曾之笑貌且至，古文之病，何
日能瘳？'余应之曰：'无庸忧也，文章之盛行，且见之将在浙河以东。'盖
为禹梅数子言也。"③毫无疑问，黄宗羲对甬上弟子转变当地的文风充满
了强烈的自信。经过他的努力，甬上弟子写作古文成绩斐然，为此他在
康熙十五年（1676）作诗，一一作了点评："浙东古文词，近日方权舆。杲
堂开之艳，禹梅胜以癯。国雯去陈言，季野真书厨。文三不轻作，意欲探
隋珠。破坏训诂陋，夔献充宗钦。贞一之秀颖，介眉之奥枢。"他还勉励
他们摆脱应酬文章，跳出述朱窠臼："应酬岂文章，彼此皆述朱。数子拔
其一，便可启荒塗。"④他在谆谆教导中，对数子的古文创作寄予了厚望。
黄宗羲对郑梁尤其青眼有加，郑梁曾回忆说："不揣愚陋，间有所叙次论
列，先生亟为许可，至以司马、欧阳见期，以相诱引。"⑤甬上弟子在文学上
也确实表现出一定的抱负。万言说："吾与寒村生韩、欧之后，学韩、欧之
文，二子能变之于淫哇竞响之时，吾党乃不能张之于大雅未亡之日。高
天厚地，呼抢无由，此则所为相对黯然者尔。"⑥万言、郑梁等人颇有担当，
希望扩大古文的影响，为此作出了很大的努力。

　　黄宗羲在这一阶段，创作了大量的古文，成为甬上弟子学习的范本。

　　①　（清）黄宗羲：《寿李杲堂五十序》，沈善洪、吴光主编：《黄宗羲全集》第十册，浙江古
籍出版社 2005 年版，第 676 页。
　　②　（清）郑梁：《寒村诗文选·代陈介眉序〈洛如花阁集〉》，《四库全书存目丛书》本。
　　③　（清）黄宗羲：《前封中顺大夫按察副使荣期郑公墓志铭》，《郑氏族谱》，天一阁藏。
　　④　（清）黄宗羲：《南雷诗历》卷 2《寄陈介眉兼万贞一书》，沈善洪、吴光主编：《黄宗羲全
集》第十一册，浙江古籍出版社 2005 年版，第 275 页。
　　⑤　（清）郑梁：《寒村诗文选·寒村杂录》卷 2《上黄先生书》，《四库全书存目丛书》本。
　　⑥　（清）万言：《寒村文选序》，（清）郑梁：《寒村诗文选》卷首，《四库全书存目丛书》本。

靳治荆云:"今观先生之文,有褒贬予夺、微显阐幽者,一圣贤中正之矩也;有痛哭流涕,感动激发者,一忠孝旁薄之气也;有研析精微、发挥宏矩者,一穷理尽性,彰教辨治之本也。若其力厚思深,包举万有,海涵地负,睥睨千秋,要皆有实际可循,而非徒工鑿鋭者所得而埒也。所谓载夫道者非与?"①黄宗羲的这些文章,道大学深,深受弟子辈爱重。如李邺嗣说:"至先生每一文出,辄竞相传写,属笔揣摩,思得放豁其一二。"②甬上诸子悉心揣摩老师之文,无疑是提高写作水平的有效途径。如张心友勇于为学,凡黄宗羲之所削删,"辄手钞之,积累至数尺"③,就是典型一例。

康熙十五年(1676),黄宗羲应海宁县令许三礼的邀请讲学海昌,长达五年之久。黄百家《赠陈子文北上序》回忆说:"去年春,家大人讲学海昌,得同志者十余人,而陈子子文抗心问学,以为文章不本之经术,则学王、李者为剿,学欧、曾者为伪。学问不本之经术,非矜《集注》为秘经,则援作用为轲传。于是将与同志创为经会,以崇实学。"④可见黄宗羲讲学海昌,秉持了讲学甬上的教学理念,亦是从经学入手,使文章、学问皆本于经术。在黄宗羲的倡导下,学生陈子文等仿效甬上创立讲经会。黄宗羲的海昌学生中,像查慎行、陈訏、陈令升等皆以文学闻名。到这个时候,黄宗羲的文学思想也基本定型了。

第三节 黄宗羲文学思想的历史渊源

黄宗羲的文学思想,继承和融会了前人的优秀思维成果。黄宗羲学问渊博,收藏、阅读过的宋、元、明三代文献不计其数,对其中的思想精华多有汲取,这是毫不足怪的。这里笔者试着探寻黄氏若干文学思想的历

---

① (清)靳治荆:《南雷文定序》,沈善洪、吴光主编:《黄宗羲全集》第十一册,浙江古籍出版社 2005 年版,第 424 页。

② (清)李邺嗣:《杲堂文钞》卷 4《奉答梨洲先生书》,《杲堂诗文集》,张道勤校点本,浙江古籍出版社 1988 年版,第 464 页。

③ (清)黄宗羲:《振寰张府君墓志铭》,沈善洪、吴光主编:《黄宗羲全集》第十一册,浙江古籍出版社 2005 年版,第 38 页。

④ (清)黄百家:《学箕初稿》卷 2,《四部丛刊》初编本。

史渊源。

黄宗羲很赞赏元代戴表元的文章，戴的一些观点被黄宗羲所继承发挥。戴表元大力反对标榜门户、党同伐异的恶劣学风，主张相互争鸣。我曾为纪念戴表元700周年撰文，谈到了戴说对黄氏的影响，文云：

> 他明确反对学术的苟同，在《双溪王先生尚书小传序》中说："古之君子，欲明道于天下者，不能使人无异，而尝恶人之苟同。以为异则道可因人而明，苟同之情，虽一时欢然无失，而初不能以相发。……殊乡晚出，各立名字，骤开门户，遂生异同之论，岂复一一尽出其师意耶！且经师自汉以来，专门尚不相一，惟其不相一，而真是出焉。而今人谓独视单听，可以尽天下之耳目，无是理也。"①戴表元指出君子明道"恶人之苟同"，"苟同之情"虽然可以暂时让人们一团和气，但却不能使人们互相砥砺启发，只有不苟同，发挥不同意见，才能真正发现真理，推动学术的发展。明道不能搞"独视单听"的垄断化、雷同化，"唯其不相一，而真是出焉"，这是非常深刻的观点，表明戴氏之明道，就是抒自家的独得之见。看来，黄宗羲提出"道不能出于一途"，各人写自家之独至，也是受到戴氏启发的。他还引用王炎《读易笔记》之语："屦不必同，同于适足；味不必同，同于适口；语不必同，同于适理。学者取其大要，而姑置其小疑云。"②以生动的比喻，贴切地说明了学术不能趋同的道理。学者间学术路数、语言表述以及思想观点虽有不同，但追求"真是"的目标却是一致的，在同一目标之下，学者们之间可以持不同意见。戴表元赞同王炎"取其大要，而姑置其小疑"的主张，这样的评价学术的态度显然是比较通达的。清初黄宗羲是戴表元的崇拜者，曾编辑《剡源文钞》，他说："学问之道，以各人自用得着者为真。"王炎、戴表元所谓"适足""适口"，正是黄宗羲所谓"各人自用得着"的意思。正因为戴表元不持门户之见，才能得出南宋理学诸家"殊途同归"之论："自洛学东行，

---

① （元）戴表元：《戴表元集》，李军、辛梦霞点校本，吉林文史出版社2008年版，第98页。

② （元）戴表元：《戴表元集·剡源集》卷18《题双溪王晦仲〈读易笔记〉后》，李军、辛梦霞点校本，吉林文史出版社2008年版，第252页。

诸大儒各以所闻,分门授徒:晦庵朱文公在闽,东莱吕成公在浙,南轩张宣公在湘,象山文安公在江西。其徒又各有所授,往往散布远近,殊途同归。"①这个"殊途同归"之论,正是其博综学风的生动体现。

戴表元一生遭遇了世乱动荡、艰危痛苦的经历,诗歌独多伤时悯乱,悲忧感愤之辞。戴表元自己就曾说过,翰墨辞艺,"未尝不成于艰穷,而败于逸乐"②。他曾对自己前后期诗歌的变化进行了回顾:"始余与丞公往还时,居相邻,虽说诗,大抵各以承平世家学问相荡涤,譬如饮食之于庶羞肴馔,以为不可阙耳,未知诗之隽永极味也。年俱老苍,加之以世故兵革、羁旅炎凉之忧攻之于外,田园婚嫁、朝暮之迫挠之于内,于是诗味之酸咸苦辣,煎煮百出,如膏糜果蜜,力尽津竭,而甘生焉。"③戴表元能跳出承平世家学问,得益于生活经历中无数的外攻内挠,而在"煎煮百出"中,倒也成就了作品的甘味,这种说法自然是对欧阳修"穷而后工"说的发展。后来黄宗羲论诗,称"人世富贵福泽之气煎销净尽,而后甘苦咸酸之味始出",与戴氏之说如出一辙。④

明代的文坛是黄宗羲特别关注的对象。他煞费苦心地构建出明文的"正宗",对列入"正宗"中的文学家的思想多有继承和发挥。如明初浙东古文的代表人物宋濂、王袆等人编纂《元史》,创造性地将前代史传中的《儒林》《文苑》合成《儒学传》,其理由是:"儒之为学一也,六经者斯道之所在,而文则所载夫道者也。故经非文。则无以发明其旨趣;而文不本于六艺,又乌足谓之文哉?由是而言,经艺文章,不可分而为二也明矣。"⑤这种文道合一之论,深契黄氏之心。宋濂从学于古文家黄溍,黄溍

---

① (元)戴表元:《戴表元集·剡源集》卷 18《题新刻袁氏〈孝经说〉后》,李军、辛梦霞点校本,吉林文史出版社 2008 年版,第 235 页。

② (元)戴表元:《戴表元集·剡源集》卷 9《吴僧宻古师诗序》,李军、辛梦霞点校本,吉林文史出版社 2008 年版,第 124 页。

③ (元)戴表元:《戴表元集·剡源集》卷 18《题萧子西诗集卷后》,李军、辛梦霞点校本,吉林文史出版社 2008 年版,第 250 页。

④ 以上参见拙文:《宋季文衰挽剡源——戴表元之学与文初窥》,原载戴岳轩主编:《戴表元纪念集》(内),2010 年,第 45—49 页,此处引录为后来的修改本。

⑤ (明)宋濂等:《元史》卷 189《儒学传》。

教诲说"学文以六经为根本,迁、固二史为波澜"①,故宋濂主张为文必须
宗经,提出"以群经为本根,迁、固二史为波澜"②。经史在中国传统文化
史上扮演着重要的角色,构成了中国文化的主干。熟读经书,可以提高
作者自身的道德修养,可为创作提供无穷的思想源泉,而博览史书,则能
知天下兴亡治乱之理,使思想扎根到社会的沃土之中,避免无根之谈。
因此黄宗羲很自然地继承了黄、宋之说,并略作修正,认为古文之正路应
该"以经术为渊源,以迁、固、欧、曾为波澜"③。方孝孺的文学主张虽多承
宋濂之论,强调文以载道、文道合一,但又不为师说所拘。方孝孺所说的
"文",泛指作品的形式,而"道"则主要是指修齐治平的儒家社会政治之
道。他说:"圣人之道,离之为礼乐、政教、法度、文章,合之而为性命之
原,仁义之统;其事业在诗书,其功用在天下,粹而全,大而正,确乎其无
不具也。"④这种观点也为后来的黄宗羲所继承。方孝孺尤其推崇豪杰精
神,他在论杜诗时指出:"士之立言为天下后世慕者,恒以蓄济世之道,绝
伦之才,因不获施,而于此焉寓之。故其气之所至,志之所发,浩乎可以
充宇宙,卓乎可以质鬼神。"⑤他认为杜诗就是杜甫"济世之道"之所寄,这
与后来黄宗羲所说的"豪杰精神之所寄"有一致之处。

　　黄宗羲对七子派的批判不遗余力,对唐宋派诸子则要宽容得多。黄
宗羲夸大唐宋派拨"七子"之乱、维护古文道统的历史功绩,对他们的观
点有批判地予以吸收。如茅坤从文道合一的宗旨出发,仿世俗"正统"之
说提出"文统",他说:"仆尝谬论文章之旨,如韩、柳、欧、苏、曾、王辈固有
正统,而献吉则弘治、正德间尝擅盟而雄矣,或不免犹属草莽偏陲,项籍

---

　　① （明)宋濂:《文宪集》卷7《白云稿序》,影印文渊阁《四库全书》本。

　　② （明)宋濂:《文宪集》卷7《叶夷仲文集序》,影印文渊阁《四库全书》本。

　　③ （清)黄宗羲:《寿李杲堂五十序》,沈善洪、吴光主编:《黄宗羲全集》第十册,浙江古
籍出版社2005年版,第676页。

　　④ （明)方孝孺:《逊志斋集》卷6《越车》,徐光大校点本,宁波出版社1996年版,第
187页。

　　⑤ （明)方孝孺:《逊志斋集》卷22《成都杜先生草堂碑》,徐光大校点本,宁波出版社
1996年版,第716页。

以下是也。"①又说:"文特与道相盛衰。"②认为孔子没后,六经散逸不传,直至唐宋八大家才得六经遗旨。黄宗羲虽对茅坤的文学评点多有不满,但却受到其"文统"之说的启发,提出"承学统者未有不善于文",并据此构建出"有明文章正宗"的名单。唐顺之提出"本色论",强调文中要具有"千古不可磨灭之一段精光",即对事物要有独到的认识,言别人之所不能言。此语受到黄宗羲的欣赏,常在文中被提起。唐顺之要求直写胸臆,指出:"好文字与好诗,亦正在胸中流出。"③黄宗羲亦以为文从胸中自然流出,无比拟皮毛之习为可贵。归有光为唐宋派中的巨子,其文学思想虽失之简略,但在具体的作品中蕴含着可贵的文学理念。黄宗羲对归有光评价较高,曾引归语云:"其言'为文以六经为根本,迁、固、欧、曾为波澜',圣人复起,不易斯言。"④黄宗羲又称道归文一往情深,注重用细节来表现真情。康熙三年(1664)五月,黄宗羲同弟宗炎及高斗魁一起上苏州灵岩寺,在天山堂与徐枋论文,徐枋见黄氏箧中有文数篇,览之嗟赏不已,"以为此真震川也"⑤。黄宗羲一直以古文自许,很在意别人对其古文的评价,凡赞赏之语都要记录下来。从徐枋的鉴赏中,我们可以看到黄文确实能得归有光散文的神理。黄宗羲直到晚年仍很明确地向归有光所取得的古文成就看齐,在康熙三十年(1691)所作的《刘太夫人传》中说:"余过新安,实庵属之为传,不知能与震川之文并行否也。"⑥显然,他是以与归有光之文并传于世为荣耀的。

徐渭是明代较早起来批评明七子拟古诗风的作家,他说:"今之为诗者,何以异于是,不出于己之所自得,而徒窃于人之所尝言,曰:某篇是某

---

① (明)茅坤:《茅坤集》上册《茅鹿门先生文集》卷8《复陈五岳方伯书》,张大芝、张梦新点校本,浙江古籍出版社1993年版,第361页。

② (明)茅坤:《唐宋八大家文钞·总序》,影印文渊阁《四库全书》本。

③ (清)唐顺之:《荆川集》卷4《与莫子良主事书》,影印文渊阁《四库全书》本。

④ 沈善洪、吴光主编:《黄宗羲全集》第十一册《明文海评语汇辑》,浙江古籍出版社2005年版,第114页。

⑤ (清)黄宗羲:《思旧录·徐枋》,沈善洪、吴光主编:《黄宗羲全集》第一册,浙江古籍出版社2005年版,第375页。

⑥ (清)黄宗羲:《刘太夫人传》,沈善洪、吴光主编:《黄宗羲全集》第十册,浙江古籍出版社2005年版,第623页。按,全集所收此文未标作年。考咸丰《青州府志》卷58收录黄宗羲此文,末署:康熙辛未五月朔黄宗羲撰。

体,某篇则否;某句似某人,某句则否;此虽极工逼肖,而已不免于鸟之为人言矣。"①黄宗羲对徐渭非常敬重,称赞其"崛强不肯从世议"的独立不阿精神,故在百年之后,其文章非但没有泯灭,反而"光芒夜半惊鬼神",②显示出独特的文学价值。因此,徐渭要求文章"出于己之所自得"的观点,很自然地得到了黄宗羲的异代回应。汤显祖继承了唐宋派,并与公安三袁声气相通,反对摹拟,独标创新。其在《牡丹亭》中张扬的一往情深的"情至"观,深受黄宗羲的称赏。至于公安派,第一次比较系统全面地批评七子派,反拟古比唐宋派更为彻底,表现出积极革新的精神。公安派领袖袁宏道最负盛名的口号是"独抒性灵,不拘格套",这是与七子派根本对立的。至此七子派所奉之"法"被彻底打破,只要"文章新奇,无定格式,只要发人所不能发,句法字法调法,一一从自己胸中流出,此真新奇也"③。但公安派的"性灵"是越轨的性灵,一味地追求真率的本性,不受理性的裁制,表现出强烈的反传统、反正统的色彩;加之他们秉持"以性情救法律之穷"④的理念,公开蔑视法律之功,导致文坛上鄙俚公行。因此,黄宗羲虽然肯定公安派的革新成绩,但对他们的革新又感不满,认为"公安解缚而失法"⑤,是说他们对诗歌的解放走过了头。但袁宏道主张诗歌出于自然,从胸中流出,有瑕有瑜,方始为真,不能"一字祖袭"等观点,黄宗羲亦有称引。

明末清初,七子、公安、竟陵诸派的流弊充分暴露于世,引来了文坛杰出者的拨乱反正。其中钱谦益最具洞察力和批判力,早在明末时就率先进行了别裁伪体的工作,遂开一代文风之先。《清史稿》云:"明末文衰甚矣!清运既兴,文气亦随之而一振,谦益归命,以诗文雄于时,足负开风气之先。而魏(禧)、侯(方域)、申(涵光)、吴(嘉纪),山林逸隐,隐与推

---

① (明)徐渭:《徐文长三集》卷 19《叶子肃诗序》,《徐渭集》第二册,中华书局 2008 年版,第 519 页。

② (清)黄宗羲:《南雷诗历》卷 3《青藤歌》,沈善洪、吴光主编:《黄宗羲全集》第十一册,浙江古籍出版社 2005 年版,第 286 页。

③ (明)袁宏道:《答李元善》,钱伯城:《袁宏道集笺校》卷 22,上海古籍出版社 1981年版。

④ (明)袁中道:《珂雪斋集》卷 10《花雪赋引》,《续修四库全书》本。

⑤ (清)黄宗羲:《董巽子墓志铭》,沈善洪、吴光主编:《黄宗羲全集》第十册,浙江古籍出版社 2005 年版,第 489 页。

移,亦开风气之先。"①清初浙东学派的学者承认钱谦益的文坛宗师地位,承认其开文坛新风的历史功绩。如郑梁说:"虞山以弘博之胸,高华之笔,出为斯世廓清,而积习始翻然为之一变,盖至于今五六十年矣,而天下能文之士凡道及诗文流派者,无不曰牧斋先生云云,呜呼! 何其盛也!"②郑梁在见到黄宗羲之后的文稿中能对钱谦益作出高度评价,当与其师的持论有关。黄宗羲与钱谦益较熟,情感亦比较复杂。黄宗羲在很多问题上都与钱谦益有共识。如钱谦益反对士大夫挂名参禅,得到黄宗羲的支持,顺治十五年(1658)致书黄氏云:"湖上接手教,为之盯衡击节,叹赏称快,不谓高明意见,与鄙人符合如此。……迩来则开堂和尚,到处充塞,竹篦拄杖,假借缙绅之宠灵,以招摇簧鼓。士大夫挂名参禅者,无不入其牢笼。此时热喝痛骂,斥为魔民邪师,不少假借者,吴越间只老夫一人耳,何幸而又得一太冲。"③钱氏此书特为黄宗羲所重视,黄氏将其放在《交友尺牍》的第一篇。其中的词句亦被黄宗羲撷取运用,如"自伤孤零"一词后用于致李邺嗣书中(参见附录一),"勿但拾儒门余唾,寄身在宋元诸儒储胥虎落之内",其意及词被用于《郑禹梅刻稿序》中,郑梁《钱虞山诗选序》亦袭而用之,且将之视为豪杰的品格。在文学上,黄宗羲接受钱的影响更多。钱谦益主盟文坛半个世纪,猛烈地批判明代的复古思潮,扭转了文坛门户风气。他强调诗之本在于社会生活,要求诗人"结辖于君臣、夫妇、朋友之间,而发作于身世逼侧、时命连蹇之会"④;他提出为文以经史为本,重视学问,提出"诗文之道,萌折于灵心,蛰启于世运,而茁长于学问"⑤,最终做到无不学而无不舍;他发挥了诗史思想,提出古今

---

　　①　(清)赵尔巽:《清史稿》卷484《文苑传一》,中华书局1976年版,第13314—13315页。

　　②　(清)郑梁:《寒村诗文选·见黄稿》卷2《钱虞山诗选序》,《四库全书存目丛书》本。

　　③　沈善洪、吴光主编:《黄宗羲全集》第十一册《南雷诗文集附录·交友尺牍》,浙江古籍出版社2005年版,第373—374页。参徐定宝主编:《黄宗羲年谱》"顺治十五年"条考证,华东师范大学出版社1995年版,第129—130页。

　　④　(清)钱谦益:《有学集》卷17《周元亮赖古堂合刻序》,上海古籍出版社2009年版,第767页。

　　⑤　(清)钱谦益:《有学集》卷49《题杜苍略自评诗文》,上海古籍出版社2009年版,第1594页。

之诗"总萃于唐,而畅遂于宋"①,遂振臂一呼,扬宋而抑明,大开了学习宋诗之门。这些文学思想对黄宗羲的影响极大。黄宗羲一方面赞扬钱谦益之文"可谓堂堂之阵,正正之旗矣"②,另一方面又对钱谦益之文有诸多不满,说他不肯研经,不能入情,用词不能谢华启秀。关于钱、黄之间的复杂文学因缘,裴世俊已有专文论述,③此不赘述。

但是黄宗羲的文学思想并非只是捡拾了前人思想的零金碎玉,他有着自我的追求。他站在时代的制高点上讨论文学问题,并有着广阔的文学视野。黄宗羲的文学思想植根于其心学哲学,故能在前人的基础上融会贯通。门生黄时贞早就指出:"不诵其文,不知先生之为心也;不详其心,不知先生之为学。先生之心,河洛渊源之根也;先生之学,内圣外王之业也。"④今人张亨指出:"黄氏是从'道犹海也','学术之不同,正以见道体之无尽','穷天地万物之理,即在吾心之中'推衍出这种广阔的文学视界来。"⑤笔者认为这正是黄宗羲文学思想令一般文人学者难以企及的地方。我们将其看似零碎化的解释,经过整理之后,可以发现其暗藏的稳定体系。因此,本书在阐释黄宗羲的文学思想时,相同的思想材料常会出现在不同的章节中,这正反映了他的文学思想相互贯通的特点。

---

① (清)钱谦益:《牧斋杂著·牧斋有学集文钞补遗·雪堂选集题辞》,上海古籍出版社2009年版,第501页。

② (清)黄宗羲:《思旧录·钱谦益》,沈善洪、吴光主编《黄宗羲全集》第一册,浙江古籍出版社2005年版,第377页。

③ 裴世俊:《论黄宗羲和钱谦益的关系》,《宁夏社会科学》1992年第3期。

④ (清)黄时贞:《书南雷三案诸书卷末》,黄明经等:《余姚四明黄氏谱》卷23《附编》,民国19年树德堂刊木活字本。

⑤ 张亨:《试从黄宗羲的思想诠释其文学视界》,《思文之际论集:儒道思想的现代诠释》,新星出版社2006年版,第290页。

第二章　黄宗羲的文学思想

　　黄宗羲的文学理论是他全部学术活动的一个有机组成部分,也是与其经世致用的思想相贯通的,具有鲜明的时代特色。他的文学思想虽然散见于大量的各类文章中,但细加研究,这些零散的论点具有潜通性,可以相互补充和阐发。梳理这些文字,我们发现黄宗羲的文论观点并非是杂乱无章的,而是蕴含着内在的逻辑性。黄宗羲文学理论的纲领是他在《李杲堂先生墓志铭》中提出的"五备说":"文之美恶,视道合离。文以载道,犹为两之。聚之以学,经史子集。行之以法,章句呼吸。无情之辞,外强中干。其神不传,优孟衣冠。五者不备,不可为文。"①黄宗羲虽然竭力主张为文必须"五备",但道、学、法、情、神五者之间的关系并不是并列的,而是有主次之分。对此,邬国平指出:"其中'道'是文章的核心和灵魂,对其他四者起着统摄作用。……情与学次之,法与神又次之。"从黄宗羲现存的文学言论观察,"他论述情与学的材料是大量的,而探讨法与神的文字却只有少数几处"。② 因此可以说,黄宗羲文学思想的论述重心在"情"和"学"上。尽管如此,黄宗羲不是孤立地就文论文,而是有宏阔的视野和深度的思考,他的全部文论的支撑点是其哲学思想,亦即他的

---

　　① （清）黄宗羲:《李杲堂先生墓志铭》,沈善洪、吴光主编:《黄宗羲全集》第十册,浙江古籍出版社 2005 年版,第 412 页。

　　② 邬国平、王镇远:《清代文学批评史》第二章第一节,上海古籍出版社 1995 年版,第28 页。

文论是从哲学思考中演绎出来的,此即其所谓"艺苑还从理学求"①是也。与其政治思想相比,黄宗羲的文学思想虽然未能放射出富有启蒙意义的耀眼异彩,但毕竟有着强烈的现实关怀,邬国平称其是"我国明清之际的文学思想演化进程中……一个举足轻重的批评家"②,这是可以定论的。

第一节　文道合一论

"文"与"道"的关系是我国古代文论中一个复杂而重要的问题。在不同的时代、不同的学者那里,文与道的分量是很不一样的。以唐代韩柳为代表的"明道"一派追求两者的统一性,而以宋人周敦颐为代表的"载道"一派,仅将"文"降为一种工具。清初随着新王朝的建立,作为对晚明异端思潮的反拨,出现了尊经复古的时代潮流,儒家政教传统的文道观逐渐得到强化。适应时代变化的大势,黄宗羲在总结前人争论的基础上,提出了具有自己独到见解的文道观。

我们首先必须明确的是,黄宗羲所倡导的"文",是指被他视为正统的古文,而非晚明兴起的那种解构"道统"的小品文。按现今的观点,公安派作家能够无视古文的正统,文学上颇有革新的气象。但黄宗羲并不这么看,坚持以"明道"为宗旨的古文的正统地位。他考察了明文的历史演变,认为明文衰于王、李复古之时,到了明季王思任、谭元春、陈继儒、曹学佺手里,已"非古文之正派"③。至于清初,更是"古文道熄","几于坠地"。④ 因此,黄宗羲自觉地致力于复兴古文,并提出了他的文道观。

黄宗羲对传统文论中割裂文道关系的看法提出了尖锐的批评。宋人周敦颐提出:"文所以载道也。轮辕饰而人弗庸,徒饰也,况虚车乎!

---

① （清）黄宗羲:《南雷诗历》卷3《与唐翼修广文论文》,沈善洪、吴光主编:《黄宗羲全集》第十一册,浙江古籍出版社2005年版,第299页。

② 邬国平、王镇远:《清代文学批评史》第二章第一节,上海古籍出版社1995年版,第18页。

③ （清）黄宗羲:《施恭人六十寿序》,沈善洪、吴光主编:《黄宗羲全集》第十册,浙江古籍出版社2005年版,第690页。

④ （清）黄宗羲:《施恭人六十寿序》《与李杲堂陈介眉书》,沈善洪、吴光主编:《黄宗羲全集》第十册,浙江古籍出版社2005年版,第689、162页。

文辞,艺也;道德,实也。……不知务道德而第以文辞为能者,艺焉而已。"①他认为文是道的载体,就好像车是载人的工具一样。如果车不载人,车轮和车扶手即使装饰得再漂亮也毫无用处。作文的目的,就是要宣扬儒家之道,为封建统治服务,如果仅仅是文辞漂亮,却没有道德内容,这样的文章是没有用的。程颐进而提出了"作文害道"说,不但取消了文的存在意义,而且得出了"文人不幸"的错误结论。程颐的极端观点甚至影响到了阳明后学。黄宗羲说:"第自宋以来,文与道分为二,故阳明之门人,不欲奉其师为文人。"②在黄宗羲眼里,王阳明是文道合一的典范,阳明后学本来完全有条件揭明文道合一之论,可惜的是阳明门人受到文道割裂思潮的束缚,不愿奉其师为文人,以至文道合一之论因此而沉晦,这是黄宗羲为之长为叹息的。同时黄宗羲还注意到了文章派对宋儒文道观的反拨。他说:"降而失传,言理学者,惧辞工而胜理,则必直致近謷;言文章者,以修辞为务,则宁失诸理,而曰理学兴而文艺绝。呜呼!亦冤矣。"③这里,"言文章者"是与"言理学者"相对立的。其代表人物戴表元,基于宋末文学衰弊的现状,提出了"理学兴而文艺绝"④的激进看法。黄宗羲在这里列出了理学派和文章派截然不同的两种观点,并指出这两种对立观点的根本要害是割裂了深刻的思想与完美的形式两者之间的血肉联系,因此他既反对程颐的为文害道的政教中心论,也不赞同戴表元提出的"理学兴而文艺绝"的激进的审美中心论。

那么黄宗羲又是如何协调文与道的关系的呢?他在不同的场合有过不同的提法。一是"主于载道"。如他在康熙十八年(1679)所作的《陈夔献偶刻诗文序》中云:"周元公曰:'文所以载道也。'今人无道可载,徒欲激昂于篇章字句之间,组织纫缀以求胜,是空无一物而饰其舟车也。"⑤

---

① (宋)周敦颐著,谭松林、尹红整理:《周敦颐集》,岳麓书社2002年版,第46页。
② (清)黄宗羲:《明文授读》评语,《四库全书存目丛书》本集部第400册,第265页。
③ (清)黄宗羲:《沈昭子耿岩草序》,沈善洪、吴光主编:《黄宗羲全集》第十册,浙江古籍出版社2005年版,第59页。
④ (元)袁桷:《清容居士集》卷28《戴先生墓志铭》,影印文渊阁《四库全书》本。
⑤ (清)黄宗羲:《陈夔献偶刻诗文序》,沈善洪、吴光主编:《黄宗羲全集》第十册,浙江古籍出版社2005年版,第30页。

又《与李杲堂陈介眉书》云:"大凡古文传世,主于载道,而不在区区之工拙。"①看来黄宗羲基本肯定周敦颐提出的"文以载道"的命题,但同时他又认为这种提法有欠严密,不免有裂文、道为二之嫌,故他说:"文以载道,犹为二之。"二是"因文以见道"。他说:"因文以见道,或者其庶几。"②"因文以见道"本是学界对韩愈古文的论断,如明张萱《疑耀》云:"昔人谓韩昌黎因文见道。"③《明文海》所收海瑞《朱陆》一文云:"韩退之因文以见道,而非明道以为文。"④茅坤在《唐宋八大家文钞》中评韩愈《答李翊书》云:"昌黎特因文以见道者。"⑤韩愈是古文家,而周敦颐是理学家,黄宗羲站在古文家的立场上,力求接续古文的文统,因此更能接受"因文以见道"的提法。"因文以见道"相对于"文主于载道"来说,文道关系更为圆融,因此也更符合黄宗羲的要求。三是"文以理为主"。这是他在《论文管见》中提出的,这里的"理"是相对于"情"而言的,是"道"的另一种说法。明代后七子领袖李攀龙曾说:"视古修辞,宁失诸理。"⑥黄宗羲对此大为不满,反驳说:"六经所言唯理,抑亦可以尽去乎?"⑦

"因文以见道"仅仅是把"见道"作为文章的基本功能,其实还不能更好地表达黄宗羲的思想。从本质上说,黄宗羲其实更强调文道合一。文道合一的观点,前人屡有谈及,如明人陈懿典就曾议论过,但黄宗羲认为其所谓"文与道合一,亦是寻常议论"⑧。细加寻绎,黄宗羲的文道观不仅与周敦颐等人有差异,也与陈懿典等人有差异。黄氏比他人更强调道艺的融合无间,仅仅是载道之文他并不满意,因此对宋代诸儒之文颇有讽刺。黄宗羲并不反对文章中有道学语,问题在于如何表现道学语。他在

---

① (清)黄宗羲:《与李杲堂陈介眉书》,沈善洪、吴光主编:《黄宗羲全集》第十册,浙江古籍出版社 2005 年版,第 161 页。

② (清)黄宗羲:《南雷诗历》卷 3《答陈介眉太史五十韵》,沈善洪、吴光主编:《黄宗羲全集》第十一册,浙江古籍出版社 2005 年版,第 293 页。

③ (明)张萱:《疑耀》卷 1,影印文渊阁《四库全书》本。

④ (清)黄宗羲:《明文海》卷 94,影印文渊阁《四库全书》本。

⑤ (明)茅坤:《唐宋八大家文钞》卷 4,影印文渊阁《四库全书》本。

⑥ (明)李攀龙:《沧溟集》卷 16《送王元美序》,影印文渊阁《四库全书》本。

⑦ (清)黄宗羲:《明文案序下》,沈善洪、吴光主编:《黄宗羲全集》第十册,浙江古籍出版社 2005 年版,第 21 页。

⑧ 沈善洪、吴光主编:《黄宗羲全集》第十一册《明文海评语汇辑》,浙江古籍出版社 2005 年版,第 128 页。

评点罗洪先《峡江练公祠记》一文时说："念庵之文,从理窟中来,自然转折可观。彼以肤浅道学之语,填写满纸,不可谓之道学,故不可谓之文。若如念庵,何一句不是道学? 推而上之,潜溪(按,指宋濂)、逊志(按,指方孝孺),亦何一句不是道学乎? 故言文章不可入道学语者,吾不知其以何者为文也。"① 黄宗羲在这里所说的"道学",绝不是"肤浅"的内容,而是深刻的思想。那种"以肤浅道学之语,填塞满纸"的作品,他是既不承认其为真"道",亦不承认其为真"文"。他要提倡一种与"道"自然无间融为一体的至文,即"融圣人之意以出之",其典型样板便是王阳明、唐顺之的古文。黄宗羲的高座弟子郑梁在《南雷文案序》中明确指出:

> 然梁窃闻孔子之言曰:"文不在兹乎?"是文即道也。孟子既殁,文与道裂而为二。赵宋以来,间有合之者,然或以道兼文,或以文兼道,求其卓卓皆可名世者,指亦不屡屈也。而先生起于文衰道衰之余,能使二者焕然复归于一,则虽谓先生竟以文见可也。……不知文即为道,而谓道在文章之外者,非鄙陋之儒欲自掩其短,则浮华之士未能一窥其奥也。善读先生之文宁如是乎!②

从表面上看,"文道合一"并没有跳出"寻常议论",且带有明显的"复古"色彩,但仔细寻绎,黄宗羲的看法却有胜过前人的地方。首先从文道融合的密度上说,黄宗羲比前人更强调融合无间;其次从文道融合的路径上说,黄宗羲回旋的空间更显阔大。

黄宗羲所说的"道",其内涵不限于狭窄的道学,他大大扩充了"道"的内涵。他说:"夫道一而已,修于身则为道德,形于言则为艺文,见于用则为事功名节。岂若九流百家,人自为家,莫适相通乎?"③ 在他看来,道是道德、艺文、事功、名节的合一,也就是说,黄宗羲心目中的文,并不单纯是一技一艺的文,而是以"道"为终极关怀的大文。他所说的"艺文",是与终极关怀冶为一炉的,具有与道德、事功、名节异质同构的呼应关

---

① (清)黄宗羲:《明文授读》,《四库全书存目丛书》本集部第 400 册,第 754 页。

② (清)郑梁:《南雷文案序》,沈善洪、吴光主编:《黄宗羲全集》第十一册,浙江古籍出版社 2005 年版,第 420 页;又见郑梁:《寒村诗文选·五丁集》卷 1《南雷文案序》,《四库全书存目丛书》本。

③ (清)黄宗羲:《余姚县重修儒学记》,沈善洪、吴光主编:《黄宗羲全集》第十册,浙江古籍出版社 2005 年版,第 134 页。

系,故无法与道德、事功、名节相割裂。他批评今之学者只知学骂而不知学道,"矜气节者则骂为标榜,志经世者则骂为功利,读书作文者则骂为玩物丧志,留心政事者则骂为俗吏"①,这恰恰有悖于儒者经天纬地的宗旨。黄宗羲则是以"合一"的思路来打通道德、艺文、事功、名节的区隔,还儒者"经天纬地"的真本领。因此,与"文道合一"相对应,他还要求:第一,艺苑与理学的合一。明初宋濂、王祎等人编《元史》时,将前代史传中《儒林》和《文苑》合并为《儒学传》,并说:"前代史传,皆以儒学之士分而为二:以经艺专门者为儒林,以文章名家者为文苑。然儒之为学一也,六经者斯道之所在,而文则所载夫道者也。故经非文则无以发明其旨趣,而文不本于六艺,又乌足谓之文哉? 由是而言,经艺文章,不可分而为二也明矣。"②黄宗羲也同样反对儒学名目上的分立,他说:"夫一儒也,裂而为文苑,为儒林,为理学,为心学,岂非析之欲其极精乎?"③但事实上这种分立带来了严重后果,不仅儒生的学术视野越来越窄,而且失去了治国平天下的社会责任感,从而引起黄宗羲的强烈不满。第二,经术与文的合一。黄宗羲认为六经皆载道之书,④又说:"文必本之六经,始有根本。唯刘向、曾巩多引经语。至于韩、欧,融圣人之意而出之,不必用经,自然经术之文也。"⑤他主张古文创作"本之经以穷其源,参之史以究其委"⑥。黄宗羲在讲学中积极落实"合一"的教学理念,看到海昌学生致力于此

---

① （清）黄宗羲:《七怪》,沈善洪、吴光主编:《黄宗羲全集》第十册,浙江古籍出版社2005年版,第650页。按,类似的文字亦见于黄宗羲《赠编修弁玉吴君墓志铭》:"儒者之学经纬天地,而后世乃以语录为究竟。……治财赋者则目为聚敛,开阃扞边者则目为粗材,读书作文者则目为玩物丧志,留心政事者则目为俗吏,徒以生民立极,夫地立心,万世开太平之阔论,钤束天下,一旦有大夫之忧,当报国之日,则蒙然张口,如坐云雾! 世道以是潦倒泥腐,途使尚论者风为立功建业,别是法门,而非儒者之所与也。"

② （明）宋濂等:《元史》卷189《儒学传》。

③ （清）黄宗羲:《留别海昌同学序》,沈善洪、吴光主编:《黄宗羲全集》第十册,浙江古籍出版社2005年版,第645页。

④ （清）黄宗羲:《学礼质疑序》,沈善洪、吴光主编:《黄宗羲全集》第十册,浙江古籍出版社2005年版,第24页。

⑤ （清）黄宗羲:《论文管见》,沈善洪、吴光主编:《黄宗羲全集》第十册,浙江古籍出版社2005年版,第669页。

⑥ （清）黄宗羲:《沈昭子耿岩草序》,沈善洪、吴光主编:《黄宗羲全集》第十册,浙江古籍出版社2005年版,第58页。

时,欣慰地说:"吾观诸子之在今日,举实为秋,摘藻为春,将以抵夫文苑也,钻研服郑,函雅正,通古今,将以造夫儒林也,由是而敛于身心之际,不塞其自然流行之体,则发之为文章,皆载道也,垂之为传注,皆经术也。将见裂之为四者,不自诸子复之而为一乎?"①黄宗羲合四者为一的言论,充分表现了其"道一而已"的思想。

黄宗羲所说的"道"和"文",还有着强烈的心学特征和经世色彩。他说:"吾闻之'经天纬地曰文'者,必非场屋无用之文。"②可见他所要倡导的就是经天纬地的儒者之文,其旨在于经世致用。他又说:"所谓文章,未有不写其心之所明者也。"③则此"道"即证之于自心之所明的东西。他批评"今人无道可载,徒欲激昂于篇章字句之间,组织纫缀以求胜,是空无一物而饰其舟车也,故虽大辂馀艎,终为虚器而已矣"④。在他看来,辞藻漂亮、内容苍白之文,与华丽的舟车中空无一物没有什么两样。黄宗羲的文道观强调了文以经世的现实作用。他在《高元发三稿类存序》中说:"嗟乎! 元发学文二十年,而身困狱吏,寄食他人,茫然于世故之江河,反不如场屋架缀经义之士取宠哗世,将无古文一道,徒为观美之具,无裨实用。如是则与余、屠相去唯之与阿,何所较其优劣?"⑤所谓余、屠,指的是明代鄞县籍作家余寅和屠隆。黄宗羲曾批评正、嘉以后的文坛邪宗说:"凌夷正嘉而后,竞起邪宗。孙文恪(按,指孙升)输心于槐野(按,指王维桢),余君房(按,即余寅)瓣香于子威(按,即刘凤),赤水(按,即屠隆)、月峰(按,即孙鑛)疏密不同,而文胜理消,谓《论语》为孔子之文选耳,苟肆狂狷,无所取裁。"⑥黄宗羲指责屠隆等人为文使得"文胜理消",

---

① (清)黄宗羲:《留别海昌同学序》,沈善洪、吴光主编:《黄宗羲全集》第十册,浙江古籍出版社 2005 年版,第 646 页。

② (清)黄宗羲:《王君调先生七十寿序》,沈善洪、吴光主编:《黄宗羲全集》第十一册,浙江古籍出版社 2005 年版,第 23 页。

③ (清)黄宗羲:《论文管见》,沈善洪、吴光主编:《黄宗羲全集》第十册,浙江古籍出版社 2005 年版,第 670 页。

④ (清)黄宗羲:《陈夔献偶刻诗文序》,沈善洪、吴光主编:《黄宗羲全集》第十册,浙江古籍出版社 2005 年版,第 30 页。

⑤ (清)黄宗羲:《高元发三稿类存序》,沈善洪、吴光主编:《黄宗羲全集》第十册,浙江古籍出版社 2005 年版,第 2 页。

⑥ (清)黄宗羲:《李杲堂先生墓志铭》,沈善洪、吴光主编:《黄宗羲全集》第十册,浙江古籍出版社 2005 年版,第 410 页。

批评他们抹杀六经，以文学为本位而牺牲了"道"。"唯之与阿"出自《道德经》第二十章："唯之与阿，相去几何。"这里的"唯""阿"是表示我们对人的态度，"唯"是诚诚恳恳地接受，"阿"是拍马屁地应对，既然不管对方说的是对还是错，这样或"唯"或"阿"又有什么差别呢？黄宗羲说，如果古文仅仅作为观美的工具，而"无裨实用"，那跟余寅、屠隆的作品就没有什么差别了。他又指责说：像王阳明之文，"韩、欧不足多让"，但却被人们以"文以道二"为理由，①不能进入文苑。从他的评论中不难看出，黄宗羲判定复古派之文的要害在于"文胜理消"，反对文学的审美主义发展方向。我们不妨拿"前七子"领袖李梦阳的作品及其言论，来稍稍印证一下黄氏所说的"文胜理消"的情形。李梦阳主张尊情抑理，认为发自内心的声音都是真情，但未必与理相合。他批评"今之文，文其人无美恶皆欲合道，传志其甚矣"②，要求如实地描写美恶并存的复杂人性。故其创作的《亡妻左氏墓志铭》和《结肠操谱序》，写了夫妻间感情的隔阂以及妻子内心的痛苦，揭开了封建婚姻制度下的家庭悲剧。在《族谱》中，他竟"毫无遮饰地描写长辈的'劣迹'，并将其作为'德行'加以赞颂，与传统的道德观念已是相冲突的了"③。在《化理上篇》中，他说："天地间惟声色，人安能不溺之声色者？五行精华之气，以之为神者也。凡物有窍则声，无色则敝，超乎此而不离乎，此谓之不溺。"④此说明显越出了"发乎情、止乎礼义"的传统礼教的藩篱，开了晚明情欲观的先声。从文学的视角观察，李梦阳"主情"，更接近于文学的本质。李梦阳尊情的结果，使他的某些作品"突破了儒家的'圣人之道'，闪烁着新的思想火花"⑤。李梦阳的"文胜理消"给文学的发展带来了一些新的气象，但在黄宗羲眼里却被认为是走了邪路。他的弟子郑梁则进一步描述了"文胜理消"的可怕后果，他说："自文之与道二也，家拾太仓（按，指王世贞）之唾，人争历下（按，指李攀龙）之余，文章能事，尽于饾饤吞剥。间有觉其非者，宗主震川（按，指

---

①　（清）黄宗羲：《李杲堂先生墓志铭》，沈善洪、吴光主编：《黄宗羲全集》第十册，浙江古籍出版社 2005 年版，第 410 页。
②　（明）李梦阳：《空同集》卷 66《外篇·论学上篇第五》，影印文渊阁《四库全书》本。
③　黄毅：《明代唐宋派研究》第三章，上海古籍出版社 2008 年版，第 85 页。
④　（明）李梦阳：《空同集》卷 65，影印文渊阁《四库全书》本。
⑤　黄毅：《明代唐宋派研究》第三章，上海古籍出版社 2008 年版，第 85 页。

归有光)以救之,而无如其人既非,其文亦不复是,虽复连篇累牍,号称大家,其有如公(按,指黄尊素)之单词只句,皆堪不朽乎?风靡波荡,至使数十载言文之士,徒相寻于波澜段落之际,抑扬顿挫,而不复知为人心世道之所关,于是假名理学,矫言节义者,皆得视之为春花秋叶,徒供把玩,不堪衣食,而文章一事,或几乎熄。"①鉴于"文与道二"给文坛带来了拟古主义盛行的严重后果,黄宗羲迫切要求扭转文与道脱钩的文学发展趋向,重新将文与道紧紧地扭结在一起。从文学的角度看,这显得有点保守。但在清初这一特定的时代,黄宗羲针对的是复古派末流的摹拟剽窃作风,同时恐惧于人心沦丧,他重新提出文道合一,要求作家关注天崩地解的社会现实,经世致用,这对清除文坛的积弊大有益处。黄宗羲是站在文道合一的历史高度,捍卫着正统的古文,竭力把古文拉回到传统的轨道上,使古文重新走上起衰中兴的道路。

黄宗羲虽然主张文道合一,但又认为文道关系仍有主次之别,道对文具有决定作用。他说:"文虽小伎,必由道而后至"②,"大凡古文传世,主于载道,而不在区区之工拙"③。因此他提出学者不能专意于文,而应致力于求道,所谓"文非学者所务,学者固未有不能文者。今见其脱略门面,与欧、曾、《史》、《汉》不相似,便谓之不文,此正不可与于斯文者也。濂溪、洛下、紫阳、象山、江门、姚江诸君子之文,方可与欧、曾、《史》、《汉》并垂天壤耳。盖不以文为学,而后文始至焉"④。如果王阳明仅像复古派巨子李梦阳那样陷溺在学文的小圈子中,其成就肯定有限,正因为王阳明"不以文为学",故其为文,何、李不能望其项背。这一点,黄宗羲儿子黄百家有深切的领会,他在《感遇诗》中写道:"学道不能文,不可以为道。未有古大儒,孤陋无文藻。"⑤这是对其父文道合一观的精练表述。这种观点不免有重道而轻文的倾向,将道强调到了无以复加的地步。黄宗羲

---

① (清)郑梁:《寒村诗文选·寒村五丁集》卷1《黄忠端公集序》,《四库全书存目丛书》本。

② (清)黄宗羲:《高旦中墓志铭》,沈善洪、吴光主编:《黄宗羲全集》第十册,浙江古籍出版社2005年版,第323页。

③ (清)黄宗羲:《与李杲堂陈介眉书》,沈善洪、吴光主编:《黄宗羲全集》第十册,浙江古籍出版社2005年版,第161页。

④ (清)黄宗羲:《李杲堂文钞序》,沈善洪、吴光主编:《黄宗羲全集》第十册,浙江古籍出版社2005年版,第28页。

⑤ 黄庆曾等:《竹桥黄氏宗谱》卷14,民国15年惇伦堂本。

既讲道对文的决定作用,也承认艺术规律对文的制约以及形式对内容的相对独立性。他批评"濂洛崛起之后",诸儒文集"不出道德性命,然所言皆土埂耳,高张凡近,争匹游夏,如此者十之八九",并讥为"黄茅白苇",①究其原因,就是诸儒忽视了文的特殊属性。

与黄宗羲同时代的顾炎武主张文章的根本任务在于"明道"以"救世",文与"性""道"不可分割,同时肯定"修辞"的巨大作用。顾、黄的观点有相通之处。但顾炎武片面地强调政教目的,一切归于经世致用,忽视文章的审美价值和审美功能,相比之下,黄宗羲的文道观似要略胜顾氏一筹。稍后于黄宗羲的浙东古文家姜宸英(1628—1699)在《尊闻集序》中说:"《韩退之集·序》:'文者,贯道之器。'先儒驳其本末倒置,是已。然所以谓文者,文不与道俱故也。善乎濂溪(周敦颐)之言曰:'文所以载道也。'文非道,何以载道? 轮辕饰而不为虚车者,以其所载者,道也,其载之者亦道也。文特其形而下者耳,岂得谓道自道,文自文乎? 然不载物,始谓之虚车,倘有物焉充之,斯不虚矣。文不载道,而诡通诞漫,淫艳剽窃之词胜,虽有载焉,岂得不谓之虚言哉。既谓之虚言,夫其离道愈远也,而鄙之为末,宜矣。"②他所说的"文与道俱",其实就是文道合一,直可以与黄宗羲之说桴鼓相应。

全祖望虽然最崇拜黄宗羲,但他对黄氏的文道观缺乏深刻的把握。他批评说:"文人之习气未尽。以正谊明道之余技,犹流连于枝叶。"③这里的"枝叶"是指文学技巧。全祖望此说,是对黄宗羲的文人身份有所不满。

第二节　元气论

黄宗羲很重视文学的本原问题,因为它涉及创作的本质和内在动

---

① （清）黄宗羲:《郑禹梅刻稿序》,沈善洪、吴光主编:《黄宗羲全集》第十册,浙江古籍出版社 2005 年版,第 65—66 页。

② （清）姜宸英:《湛园未定稿》卷 2,《四库全书存目丛书》本。按,黄宗羲对姜宸英有所肯定,所作《裴子横山文钞序》中云:"今风气日上,英才辈出,自姜君西溟持管一唱,奋腕而继者四起。"黄宗羲提到姜宸英仅此一处。

③ （清）全祖望:《鲒埼亭集》卷 44《答诸生问南雷学术帖子》,《全祖望集汇校集注》中册,上海古籍出版社 2000 年版,第 1696 页。

力。黄宗羲论文学的本原,主要是从元气和性情两翼展开的。此处,我们先就黄宗羲的元气论作一探讨。

元气是中国古代哲学的基本概念,原指宇宙自然的本原物质,后来不可避免地与人类社会的活动产生联系。韩立平指出:"这种联系可以分为内与外两个层面。从内在层面而言,'元气'概念被引申为人的精神、精气。……从外在层面而言,'元气'又与人类社会的社会政治活动息息相关。"①自唐代以来,"元气"进入了文艺领域,被用于评价文艺作品。黄宗羲运用"元气"一词,既用于评价人物,也用于评价诗文,两者又有着潜通的联系。从更高的层面上看,"道一而已",行为也好,作品也好,无非是"道"在不同场合的表现形态。

一、遗民者,天地之元气

以"元气"评人物的观念由来已久,如明代李梦阳《奉邃庵先生书》云:"夫善人者,国之经;端士者,天地之元气也。"②身为遗民的黄宗羲,很看重遗民的身份,对遗民作过很有价值的评价。康熙二十四年(1685)他作《谢时符先生墓志铭》云:

> 嗟乎! 亡国之戚,何代无之? 使过宗周而不悯黍离,陟北山而不忧父母,感阴雨而不念故夫,闻山阴笛而不怀旧友,是无人心矣。故遗民者,天地之元气也。然士各有分,朝不坐,宴不与,士之分亦止于不仕而已。……自有宇宙,只此忠义之心,维持不坠,但令凄楚蕴结,一往不解,原不必以有字无字为成亏耳。③

黄宗羲在此设定了遗民的认定标准,认为不仕异朝的布衣之士就是遗民,这是比较通达的遗民观。同时,遗民还必须拥有内在的精神品质,即以忠义之心支撑天地。这种忠义之心,不管是不是有作品流传下来,都表现为"凄楚蕴结,一往不解",具有强大的感染人心的力量。他所说

---

① 韩立平:《姚燮"元气说"探究》,《古代文学理论研究》第 23 辑,华东师范大学出版社 2005 年版,第 410—411 页。

② (明)李梦阳:《空同集》卷 63,影印文渊阁《四库全书》本。

③ (清)黄宗羲:《谢时符先生墓志铭》,沈善洪、吴光主编《黄宗羲全集》第十册,浙江古籍出版社 2005 年版,第 422—423 页。

的"天地之元气",就是指遗民身上的忠义精神。这一点他在为抗清志士纪五昌撰写的墓志铭中说得更为直接:

> 余读文、陆传,而叹一时忠义之士,何其盛也! 故邓光荐为《文丞相幕府传》,僚将宾从,牵联可书者六十余人;其散见于宋末元初各家之文集者,残山剩水之间,或明或没,读者追想其风概,累嘘而不能已者,又不知凡几。盖忠义者天地之元气,当无事之日,则韬为道术,发为事功,漠然不可见。及事变之来,则郁勃迫隘,流动而四出,贤士大夫歘起收之,甚之为碧血穷磷,次之为土室牛车,皆此气之所凭依也。①

忠义精神虽非遗民之所特有,但其表现形态则不相同。在和平无事的时代,以儒家之道建功立业便是忠义之气的表现,这是忠义的内化形态;一旦出现重大历史事变,贤士大夫身上的忠义之气便勃郁外显,天地都要为之动色。无论内化还是外显,"忠义之气"均为"天地之元气",是天地间的浩然正气,是一种可歌可泣的人文精神。康熙二十七年(1688),黄宗羲为遗民谢泰臻作墓志铭云:"不知乾坤之正气,赋而为刚,不可屈挠。当夫流极之运,无所发越,则号呼吹拿,穿透四溢,必申之而后止。"②这里他明确地将遗民的行为称之为"乾坤之正气",具有"赋而为刚,不可屈挠"的特质,当"流极之运"来临时,此阳刚之气具有极强的穿透性,会迸发出"号呼吹拿"的力量。康熙三十年(1691),黄宗羲撰《杨士衡先生墓志铭》一文,说:

> 当夫丧乱之际,凡读书者,孰不欲高箕、颖之节。逮夫世变之纷拏,居诸之修永,波路壮阔,突灶烟销,草莽篱落之间,必有物以害之。故卑者茅靡于时风,高者决裂于方外,其能确守儒轨,以忠孝之气贯其终始者,盖亦鲜矣! 此无他,凡故畴新亩,糜假往来,屋庐僮仆,吾不能忘世,世亦不能忘吾,两不相忘,则如金木磨荡,燎原之势

---

① (清)黄宗羲:《纪九峰墓志铭》,沈善洪、吴光主编:《黄宗羲全集》第十册,浙江古籍出版社 2005 年版,第 519—520 页。

② (清)黄宗羲:《时禋谢君墓志铭》,沈善洪、吴光主编:《黄宗羲全集》第十册,浙江古籍出版社 2005 年版,第 438 页。

成矣。吾于士衡先生,为得遗民之正也。①

"忠孝"与"忠义"均为儒家的伦理范畴。黄宗羲指出,在丧乱之际,其能真正践行儒家伦理,"以忠孝之气贯其终始者",并不多见。这正是遗民的可贵之处。

不光是遗民,还有那些下层士人、民间草根,也得天地之正气。康熙十五年(1676),黄宗羲为同县人胡廷试作了一篇传。胡廷试不得志于明末科场,心中块垒难消,"临卒,令家人放炮,终夜不彻,始瞑"。黄宗羲以阴阳二气解释其行为:"阳刚之气,为重阴所锢,郁结不解,则必决裂震动以出之,故为雷电,为怒涛,而炮其小小者。"②凡是在"重阴"禁锢下的阳刚之气,总会找到"决裂震动"的突破口,这与他在《缩斋文集序》中的解释何其相似,只不过前者用来解释行为,后者用来解释作品。如按黄宗羲《钱屺轩先生七十寿序》中的观点,非同流俗的行为乃是人生的绝大文章,可见用阳刚之气的冲突解释人的行为和作品,其实是可以相通的。只不过胡廷试发泄的只是小小的场屋块垒而已,所以也只能用小小的炮来宣泄,还达不到雷电怒涛的程度。至于对待民间草根,黄宗羲亦显示出他的真诚。他在《山居杂咏》中说:"重来剡曲结茅茨,曲舍原无一顿时。两崦农人具饷菜,八旬老子亦投诗。始知天地骞崩甚,还仗山村朴鲁持。"自注云:"刘伯绳言今日人心灭甚,天地所以不崩堕者,是山野中人牵补架漏耳。"刘伯绳为刘宗周之子,为气节卓然的遗民,其所谓"山野中人",联系黄氏诗句,当指山村中朴实真诚的人民,是与屈身异朝的龌龊之士相对而言的。黄宗羲过上了山居生活,在他最困难的时刻,真诚地得到了农人的帮助,他们有的饷菜,有的投诗,所以他能深切地认同刘伯绳的观点。黄、刘的观点,还有异代回响。民国程郙秋《翠岩馆笔记·黄梨洲诗》条云:"晚晴之际,每从报纸中探索国闻,已决清运之必终。每诵顾亭林与其甥徐乾学侍郎书'天尚梦梦,世尽滔滔'二语,不禁凄然。改革后,似每况愈下,有非亭林之言所可尽者矣。余尝谓今日号称开通

---

① (清)黄宗羲:《杨士衡先生墓志铭》,沈善洪、吴光主编:《黄宗羲全集》第十册,浙江古籍出版社 2005 年版,第 481 页。

② (清)黄宗羲:《胡玉吕传》,沈善洪、吴光主编:《黄宗羲全集》第十册,浙江古籍出版社 2005 年版,第 621 页。

者,多反不及乡间一丁不识之村氓较为可取。闻者亦不尽以此言为然也。及阅黄梨洲诗录,言其友刘伯绳亦有此语。……梨洲不长于诗,然说理自胜人一等。"①康熙十六年(1677),黄宗羲曾以伏在亲人之棺上被大火烧死的慈溪王孝女为例说:"孝女顾委巷中红女纤儿耳,天地不以其渺末,而气候之密移,则夫今日之撑驾天地者,其不在通都大邑之□□贵人,亦明矣。"他表彰王孝女,正是为了讽刺"通都大邑之□□贵人"。他又说:"天地晦冥,正气满谰。忽然发作,在于单寒。犹如奔流壅塞,势不能函。决口而出,动魄摧颜。"②此所谓"满谰"者,欺骗、欺诈之意。在天地晦冥的时代,正气在严厉的压制之下,会忽然发作,势不可挡,具有动魄摧颜的力量。这里的"单寒"两字,传达出了撑驾天地者的草根性质。黄宗羲在歌颂元气、正气的精神时,总是着眼于其受厄后勃郁而起的发动机制,这与他在《缩斋文集序》中论阴阳二气的作用是完全相通的。

二、文章者,天地之元气

黄宗羲论文,很喜欢用"元气"一词。他为陆铨文集所作的序中,称赞陆铨《挽罗峰》《与李中溪叙别》诸诗,酷似王卢溪之送胡邦衡,盖国家之元气也,岂以时代论哉"③,又评胡翰《慎习》云:"所著《衡运》《井牧》《皇初》诸文,天地间之元气也。"④这里的"元气",都是从人文精神着眼的,是指这些大文都承载了伟大的人文精神。

真正将"元气"放在文学本原意义上来论述,乃是黄宗羲的发明。黄宗羲以反抗邪恶、反抗压迫,与"危时""厄运"抗争为文学的本质与本原。他在《谢皋羽年谱游录注序》中说:"夫文章天地之元气也。元气之在平时,昆仑旁薄,和声顺气,发自廊庙而畅浃于幽遐(按,引自唐杨嗣复《权载之文集序》),无所见奇。逮夫厄运危时,天地闭塞,元气鼓荡而出,拥

---

① 《中华小说界》1916 年第 3 期。

② (清)黄宗羲:《王孝女碑》,沈善洪、吴光主编:《黄宗羲全集》第十册,浙江古籍出版社 2005 年版,第 260 页。

③ (清)黄宗羲:《陆石溪先生文集序》,沈善洪、吴光主编:《黄宗羲全集》第十册,浙江古籍出版社 2005 年版,第 90 页。

④ 沈善洪、吴光主编:《黄宗羲全集》第十一册《明文海评语汇辑》,浙江古籍出版社 2005 年版,第 103 页。

勇郁遏，坌愤激讦（按，引自唐陆龟蒙《怪松图赞》），而后至文生焉。"①黄宗羲的这段话颇有出典。"夫文章天地之元气"一语，首见于金元好问《故金漆水郡侯耶律公墓志铭》，原文云："夫文章天地之元气，终无绝之理。"②再见于明代宋濂《深衷先生吴公私谥贞文议》："斯文，天地之元气，得其正者其文醇，得偏者其文驳。"③又见于归有光《项思尧文集序》，原文云："余谓文章，天地之元气，得之者直与天地同流。"④又见于钱谦益《纯师集序》，原文云："夫文章者，天地之元气也。忠臣志士之文章，与日月争光，与天地俱磨灭。然其出也，往往在阳九百六、沦亡颠覆之时。宇宙偏沴之运，"与人心愤盈之气，相与轧磨薄射，而忠臣志士之文章出焉。有战国之乱，则有屈原之《楚词》；有三国之乱，则有诸葛武侯之《出师表》；有南北宋、金、元之乱，则有李伯纪之奏议、文履善之《指南集》。"⑤这段话中，钱谦益将"文章之元气"直接与忠臣志士、灾难厄运、沦亡颠覆联系在一起，很有新意。钱谦益提出宇宙偏邪不祥之运，"与人心愤盈之气，相与轧磨薄射"，才成就了忠臣志士的文章。所谓"轧磨薄射"，意为碾压、摩擦、拍击，他强调的是天地之气在与人心之气发生强烈碰撞激荡的作用下而生文，这已经触及了忠臣志士之文章得以产生的冲突机制。黄宗羲的观点显然是承钱谦益而来，并说得更为明确。黄宗羲所说的"元气"，乃是天地之间存在的一种磅礴生气、生命力量，其在不同的时代环境下，具有不同的表现形式。太平盛世，阴阳协和，自然运行，元气无所见奇，很难产生优秀作品。只有在厄运危时，才会有元气的鼓荡而出，于是"至文"就产生了。

　　黄宗羲指出，诗歌也同样是创作主体与天道之显晦、人事之治否、世变之污隆、物理之盛衰"相推荡磨砺"⑥的产物，其中"不得其平"的结果，就会借助于语言形象地表达出来。黄宗羲最初是用"气"这一批评术语

---

　　①　（清）黄宗羲：《谢皋羽年谱游录注序》，沈善洪、吴光主编：《黄宗羲全集》第十册，浙江古籍出版社 2005 年版，第 34 页。

　　②　（元）苏天爵：《元文类》卷 51，影印文渊阁《四库全书》本。

　　③　（明）宋濂：《宋学士文集》卷 63，《四部丛刊》初编本。

　　④　（明）归有光：《震川先生集》，周本淳校点，上海古籍出版社 2007 年版，第 21 页。

　　⑤　（清）钱谦益：《牧斋初学集》卷 40，上海古籍出版社 2009 年版，第 1085 页。

　　⑥　（清）黄宗羲：《朱人远墓志铭》，沈善洪、吴光主编：《黄宗羲全集》第十册，浙江古籍出版社 2005 年版，第 483 页。

来解释的。康熙五年(1666)，黄宗羲在为叔父黄葆素所作的墓志铭中说："平生诗文，令子编辑。郁气所成，拗泪艰涩。锢之铁函，噌吰外出。"①意为叔父的诗文由郁气凝成，即便将其禁锢起来，仍将传出噌吰之声。后来黄宗羲更加巧妙地运用易学哲学中阴阳相交的矛盾观解释文学的发生。他把气分为阴、阳，把自然变化与社会盛衰的原因归结为阴阳二气的运行。在《缩斋文集序》中，黄宗羲具体分析了阴阳二气在不同情势下，相击相搏而产生的两种性质不同的文学及其三种不同的社会作用。他说：

> 泽望之文，……盖天地之阳气也。阳气在下，重阴锢之，则击而为雷；阴气在下，重阳包之，则抟而为风。商之亡也，《采薇》之歌非阳气乎？然武王之世，阳明之世也，以阳遇阳，则不能为雷。宋之亡也，谢皋羽、方韶卿、龚圣予之文，阳气也，其时遁于黄钟之管，微不能吹纩转鸡羽，未百年而发为迅雷。元之亡也，有席帽、九灵之文，阴气也，包以开国之重阳，蓬蓬然起于大隧，风落山为蛊，未几而散矣。②

在论析之前，我们有必要先注意一下此文的写作背景。黄宗羲在文章的开头交代说："《缩斋集》者，余弟泽望所著诗文也。自泽望亡后，余教授于外。今岁甲寅，四方兵起，偃息衡门，始发大牛箧，出其所著撰数十束。"由此可见，此文写在康熙十三年(1674)，这正是"三藩之乱"的高潮时期。关于"四方兵起"，门生黄时贞记述说："康熙十二年癸丑，征三王。是年冬，吴王反于滇南。明年春，耿王反于闽，扼仙霞关，抗师浙中，骚动官军，南守江山，东守台州，人民疲于奔命。于是四方群不逞度(按，疑为'徒'之误)同时窃发，我四明山又起，若死灰复燃，枯枝复蘖，旬日之间，溃耗浊乱，家不自保，其行径殆又王(翊)、黄(中道)所不宥也。"③由此

---

① (清)黄宗羲：《黄季真先生墓志铭》，沈善洪、吴光主编：《黄宗羲全集》第十册，浙江古籍出版社 2005 年版，第 319 页。

② (清)黄宗羲：《缩斋文集序》，沈善洪、吴光主编：《黄宗羲全集》第十册，浙江古籍出版社 2005 年版，第 13 页。

③ (清)黄时贞：《王翊黄中道等山砦称兵始末》，黄明经等：《余姚四明黄氏谱》卷 23《附编》，民国 19 年树德堂刊木活字本。参看(清)郑梁：《寒村诗文选·平大岚碑》，《四库全书存目丛书》本。

知当时浙东亦处于用兵的混乱状态。弟弟黄宗会卒于康熙二年(1663)，黄宗羲却选择在"四方兵乱"的敏感时间点为弟弟的文集作序，这无疑是耐人寻味的。种种迹象表明，黄宗羲对"四方兵乱"的心态是很复杂的，他对吴三桂之流不存幻想，对宁绍地区的"盗贼"乘乱而起，更是斥之为蚍蜉撼大树，[①]但"四方兵乱"确实又给他带来了"交入大壮"的一丝希望。方祖猷先生在《黄宗羲长传》中对这一复杂心态作出了令人信服的揭示。[②] 黄宗羲正是在"交入大壮"心理的支配下，用"迅雷"之文来鼓动人心，选择了黄宗会诗文这一切口。在序文中，黄宗羲把"气"分为阴阳，用"阳气"代表社会正义、民族正气，用"重阴"代表汉族以外的其他民族所建立的王朝的残酷统治。他进而区分了阴阳作用的两种类型。

一种类型是"阴气在下，重阳包之，则抟而为风"。像商亡后产生的《采薇》之歌虽属阳气，但遇上周武王治理的"阳明之世"，它就不能成为反抗的力量。这说明迅雷之文的作用只在于反抗邪恶，反抗压迫，而不是反对一切新王朝，更不是反对一切变革。相反，他将元朝灭亡后王逢、戴良为旧王朝守节的作品定为"阴气"，仿佛阴暗隧道中卷起的一阵风，在贤者当政、以德化民的社会里，也就很快消散殆尽了。专制王朝的崩溃，总会有一批依附的士人成为牺牲品，这是客观存在的历史事实。黄宗羲囿于夷夏之防的民族观念，对宋遗民的作品予以特别的关注，而对效忠于元朝的遗民作品并不重视。在长期的历史时期中，元遗民的地位一直很尴尬，直至当今，讨论宋明遗民的论著不可胜数，而论述元遗民的作品则寥寥无几。黄宗羲的私淑全祖望则有新的看法，他说："君臣之义何所逃于天地之间，此耿耿不散者，孰为阳，孰为阴？其激怒旁魄，俱足为雷；其哀唳凄怆，俱足为风，不可以岐而视之。"[③]也就是说，对所有亡国遗民应该一视同仁，应取君臣的观念，而摒弃民族的观念。同时，他对"雷"与"风"的两种美学形态重新阐释，不管是哪朝遗民，只要他们的作品呈现为"激怒旁魄"的力量，便是"雷"，呈现为"哀唳凄怆"的特征，便是

---

① （清）黄宗羲:《避地赋》，沈善洪、吴光主编:《黄宗羲全集》第十册，浙江古籍出版社2005年版，第630页。

② 方祖猷:《黄宗羲长传》之六，浙江大学出版社2011年版，第286—293页。

③ （清）全祖望:《鲒埼亭集外编》卷18《海巢记》，《全祖望集汇校集注》中册，上海古籍出版社2000年版，第1096页。

"风",不能说宋明遗民的作品是"雷",而元遗民的作品为"风"。全祖望对黄宗羲之说的修正,给后人的研究以很大的启发。

黄宗羲所说的另一种类型是"阳气在下,重阴锢之,则击而为雷",即正义的力量反抗民族压迫而发生激烈斗争,尽管"阳气"受到一时的压抑,但却在高压下积蓄力量,而终将爆发为震响大地的巨雷。黄宗羲所推重的文学,就是这种本质为"阳气"、为"正义"、为"正气"的迅雷文学。在这一语境下,他所说的"阳气"就是"元气"。弟弟黄宗会的内心郁结着民族的正气,在"重阴锢之"的条件下,湮郁不宣的情感发为诗文,形成了独特的美学品格,黄宗羲生动地描绘说:

> 泽望之为诗文,高厉遐清。其在于山,则铁壁鬼谷也;其在于水,则瀑布乱礁也;其在于声,则猿吟而鹳鹤咳且笑也;其在平原旷野,则蓬断草枯之战场、狐鸣鸱啸之芜城荒殿也;其在于乐,则变徵而绝弦也。盖其为人,劲直而不能屈己,清刚而不能善世,介特寡徒,古之所谓隘人也。隘则胸不容物,并不能自容,其以孤愤绝人,彷徨痛哭于山颠水澨之际,此耿耿者终不能下,至于鼓胀而卒,宜矣。①

关于黄宗羲在《缩斋文集序》中透出的美学观点,学界的认识比较一致,都认为是在提倡阳刚壮美。如冯契认为,"风雷之文正是豪杰精神之所寓。黄宗羲的这一理论,触及到了壮美(崇高)的本质,在美学上是一个贡献"②。曹顺庆认为:"他在《缩斋文集序》当中,称赞其弟泽望有清刚之阳气,故其文章有雄奇之伟美。"③但从黄宗羲的描述看,黄宗会的诗文根本谈不上壮美。所谓壮美只是理想人格的美学性格,而黄宗会的人格形态却是"隘人",这与理想人格相去甚远。黄宗羲认为像胞弟所作的这种诗文,虽然在当下的环境下无法广泛传播,但却"终不可灭之,使其不留于天地"。若从黄宗会现存的作品看,他确实非常鄙视"吹叶嚼蕊,喉

---

① (清)黄宗羲:《缩斋文集序》,沈善洪、吴光主编:《黄宗羲全集》第十册,浙江古籍出版社 2005 年版,第 12 页。

② 冯契:《中国古代哲学的逻辑发展》下册,上海人民出版社 1985 版,1045 页。

③ 曹顺庆:《西方崇高范畴与中国雄浑范畴的比较》,《文艺理论研究》1984 年第 4 期。

啭嫋嫋,粉筐黛器之调",而"宁取眉山、历城之悲壮激烈",①但他同时又说:"至若予者,曾无履豕操楫之能,使得侵寻岁月,穷饿以老死,复何抱恨于身世?岂敢高拟于古之遗民独行,垒愤激讦,怨尤杂沓,以招尤于天哉?故自涉患以来,百念灰冷,欲躬耕以养老,教子以图后。"②因此,黄宗会的诗文风格,与黄宗羲所描写的完全吻合。这种诗歌的内涵不外是"孤愤绝人,彷徨痛哭",并不表现为"垒愤激讦,怨尤杂沓"的类型,其实很难给人以迅雷般的震撼之感。笔者曾这样论述黄宗会的诗歌:

> 他在《晓行圃中》诗里坦然自陈性素寡合,缺乏较强的组织领导能力,更无赤手搏龙蛇的英雄胆略。他无法容忍自己"芜才朽质,力不能庇一身之冻馁"的脆薄本领,因而在诗中常常抒发乱世儒生百无一用的自责自悔、自怨自艾的心怀。如果说"惊世骇俗"是其"胸不能容物"的外在表现,那么自轻自贱就是其"且不能自容"的内在心态。这种"不能自容"的心理独白,在明遗民诗中比较少见,更与中国古典诗歌怀才不遇的母题相逆。如《四月喜晴》诗云:"一无可意罕言命,百不如人羞论才。粗果漏因随潦倒,雄心笨骨废安排。"雄心而又偏生就一付笨骨,只好随世潦倒,不再去主动安排此生,这是何等的可悲!黄宗会所说的"才"和"雄心",主要还是指匡时救国的政治才能。他在《卧病》诗中写道:"冥冥妖氛何日息?漫然吐气欲为雷。"他多想吐气化为惊雷闪电,驱散浓浓的乱世妖氛,然而着以"漫然"二字,顿将乱世儒生一腔报国雄心化为徒唤奈何的低沉叹息。③

黄宗会亡国后一直以病、缩、废人自居,他不是没有"吐气为雷"的愿望,但实在是无能为力,故所作诗文只能出之以"孤愤"。一个连自己都认为是"漫然吐气欲为雷"的作家,他的作品怎么能够起到掣雷走电的震撼效果呢?显然,黄宗会的创作本身与黄宗羲的理论之间似乎存在着内

---

① (清)黄宗会:《缩斋诗文集·小剡山堂诗余序》,印晓峰点校本,华东师范大学出版社 2009 年版,第 90 页。

② (清)黄宗会:《缩斋诗文集·缩斋后记》,印晓峰点校本,华东师范大学出版社 2009 年版,第 97 页。

③ 张如安:《"浙派"名家黄宗会诗初探》,《西北师大学报》(社会科学版)2000 年第 5 期,收入《浙东文史论丛》,中国文联出版社 2000 年版。

在的紧张关系。但从另一方面看,黄宗羲承认在雷霆之下锢而不出的诗文,必然充满穷苦愁怨之声。他说:"雷霆焚槐,天地大绞,万物之摧拉摇荡者,寥寥而为穷苦愁怨之声,不啻风泉之满听矣。"①这里的"雷霆"实际就是高压政治。在雷霆万钧的压力之下,万物受到摧残,能不发出哀怨之声吗?因此,遗民诗人中出现黄宗会这样的作品,是不难理解的。但是黄宗会的"孤愤""痛哭",发泄的并非只是个人的情绪,而是民族的忧愤,寄寓了一腔民族正气,所谓"只此忠义之心,维持不坠,凄楚蕴结,一往不解"是也,故黄宗羲许之为"天地之阳气"。黄宗会诗文中的"孤愤",是激烈的社会冲突环境下的产物,实际上是"变风变雅"之作,不如唐代刘蜕那样的文人之文,只能随地腐烂。全祖望说:"梨洲黄氏论宋元二季人物,以为皆天地之元气。顾一如阳之过于阴而不得出,其声为雷;一如阴之过于阳而不得入,其声为风。晞发白石之吟,阳气也,强压于元,愤盈而无以自泄,未百年而高皇帝发其迅雷。丁、戴诸公之吟,阴气也,临以明之重阳,故不能为雷,而如蛊之风,不久而散。此亦梨洲就其身世而立言耳。"②与其说黄宗羲称道胞弟之诗文为迅雷之文,不如说他是借题发挥。他无视理论与创作的内在紧张,崇尚"拥勇郁遏,垒愤激讦"式的发泄,将民族情绪寄寓在迅雷之文中,其着眼点在于反抗,哪怕是微弱的反抗。他肯定政治高压环境下的阳气冲突,这与其提出的"激扬以抵和平"的诗教观念是相通的。

　　学者们多将黄宗羲的这一文学思想笼统概括为"风雷之文",这个"风雷"是当代的观念,但与黄文并不合拍。黄宗羲明确说:"阳气在下,重阴锢之,则击而为雷;阴气在下,重阳包之,则抟而为风。"黄宗羲的立论基于《易》学哲学,而在《周易》中,"风"与"雷"这两种自然现象分别代表了两种不同的卦象。宋张载《正蒙》解释自然现象说:"凡阴气凝聚,阳在内者不得出,则奋击而为雷霆;阳在外者不得入,则周旋不舍而为风。其聚有远近虚实,故雷风有小大暴缓。"③而在后人的阐释中,"雷"本身就

---

　　①　(清)黄宗羲:《金介山诗序》,沈善洪、吴光主编:《黄宗羲全集》第十册,浙江古籍出版社 2005 年版,第 92—93 页。

　　②　(清)全祖望:《鲒埼亭集外编》卷 18《海巢记》,《全祖望集汇校集注》中册,上海古籍出版社 2000 年版,第 1095—1096 页。

　　③　(宋)张载:《张子全书》卷 2,影印文渊阁《四库全书》本。

代表着元气。如明廖道南说:"《易》曰:'雷出地,奋豫。先王以作乐崇德。'夫雷也者,运天地之元气,以鼓万物之出机者也。知雷之元气之所以发,则知乐之元声之所以宣矣。"①在黄宗羲的阐释语境中,"风"与"雷"代表了两种不同的美学形态,也代表了不同的社会影响力,若将"风"与"雷"两者合在一起,反倒模糊了黄氏的思想。黄氏赞誉宋遗民之诗为阳气,"未百年而发为迅雷",因此准确地说,黄宗羲所要张扬的乃是以悲为美的"迅雷之文"。这种"迅雷之文"在当下的存在形式是微弱的阳气,微弱得连鸡毛都吹不转,但它会有潜在的反击力量。黄宗羲旗帜鲜明地张扬迅雷之文,其意义不可小觑,"他不仅把人之情同气化密切相连,把矛盾激化的观点引入气化论,而且进一步把它同时代政治的变化、民族的遭受奴役联系起来,从一个特有的角度发展了哲学美学中的气化论思想"②。

黄宗羲所说的"阳气",亦是豪杰精神的表现。他在为朋友靳治荆的诗集所作序言中说:"从来豪杰之精神,不能无所寓。老、庄之道德,申、韩之刑名,左、迁之史,郑、服之经,韩、欧之文,李、杜之诗,下至师旷之音声,郭守敬之律历,王实甫、关汉卿之院本,皆其一生之精神所寓也。苟不得其所寓,则若龙拏虎跋,壮士囚缚,拥勇郁遏,坌愤激讦,溢而四出。天地为之动色,而况于其他乎!"③黄宗羲认为,"从来豪杰之精神"一定会通过各种形式在各个领域表现出来,哲学、政治、科学、文艺等各个领域的杰出成果都是豪杰精神之寄寓。如果豪杰精神不得其所寓,必然爆发出激烈的反抗、挣扎和冲突,找到发泄其"不平"的出路,整个天地也要为之动色。黄宗羲"豪杰精神之所寓"的说法是与司马迁"发愤著书"说一脉相承的。司马迁在《报任安书》中通过分析历史上许多伟人的事迹和作品,指出西伯等人皆为"倜傥非常之人",他们是在横逆固穷的环境下,受激励而发愤创作,成就了"述往事,思来者"的伟大作品。司马迁所谓的"愤",是指"意有所郁结",这是一种心理上受压迫而不得伸展的状态。怨愤郁结下的"倜傥非常之人",唯有借著书立说以垂不朽,才能实现心

---

① （明）廖道南:《殿阁词林记》卷 22《审乐》,影印文渊阁《四库全书》本。

② 于民:《气化谐和——中国古典审美意识的独特发展》,东北师范大学出版社 1990年版,第 426 页。

③ （清）黄宗羲:《靳熊封诗序》,沈善洪、吴光主编:《黄宗羲全集》第十册,浙江古籍出版社 2005 年版,第 62 页。

理的平衡。司马迁强调"愤"是创作主体的心理动力,而黄宗羲强调的是主体的反抗精神。毫无疑问,黄宗羲所倡导的"迅雷"之文,自具悲壮的美学品格。但他不是孤独的呼唤,其甬上弟子亦有以豪杰相励者。如范光阳曾寄望郑梁,"欲兄为振古之豪杰,非仅在语言文字间也"①。这不妨看作是甬上弟子对老师"豪杰精神"思想的有力回应。

　　黄宗羲的"元气"论也是与他的性情论相接通的,"元气"是主体的至情孤露。黄宗羲说:"余观当今之作家,……非不各持一说,以争鸣天下。然而波惶尘垢,象没深泥,众情交集,岂能孤行一己之情乎?夫此戚然孤露之天真,井底不能沉,日月不能老,从来之元气也。元气不寄于众而寄于独,不寄于繁华而寄于岑寂,盖知之者鲜矣。"②并不是主体的所有性情皆可称为"元气",只有"一己之情"的"孤行"才可称之为"元气","众情交集"中不可能有"元气"的存在。这就意味着"元气"乃是个体深度生命体验的结果,故其存在方式为:"不寄于众而寄于独,不寄于繁华而寄于岑寂",而其取得的效果则是:"井底不能沉,日月不能老",具有恒久的审美价值。

　　黄宗羲自己的创作实践贯彻了他的这一思想。沈廷芳说:"盖先生值桑海之交,凡所触目镌心,多眙眄震荡,文于是乎益发其奇,有不自知其所至焉者。"③黄宗羲的诗文,多为其发泄"元气"的产物。桑海之交的事姑且放过一边,就在康熙十四年(1675),黄宗羲避乱余姚第泗门,作《诸敬槐八十寿序》云:

　　　　先生尝谓余曰:"胡致堂有言:'天之立君,以为民也。君之求臣,以行保民之政也;君之事君,以行其安民之术也。故世主无养民之心,则天下之贤人君子不为之用,而上之所用者,莫非残民害物之人矣。'数语可榜朝堂。"呜呼!今之世向若以先生之心为心,又何至于如是乎?④

----

① (清)范光阳:《双云堂文稿》卷1《与郑禹梅书》,《四库全书存目丛书》本。

② (清)黄宗羲:《吕胜千诗集题辞》,沈善洪、吴光主编:《黄宗羲全集》第十册,浙江古籍出版社2005年版,第108页。

③ (清)沈廷芳:《南雷文定五集序》,沈善洪、吴光主编:《黄宗羲全集》第十一册,浙江古籍出版社2005年版,第428页。

④ (清)黄宗羲:《诸敬槐八十寿序》,沈善洪、吴光主编:《黄宗羲全集》第十一集,浙江古籍出版社2005年版,第66页。

文中提到的"胡致堂"即宋人胡寅,但实际上"天之立君"一段话,并不是宋人胡寅所说,而是出自明人刘寅《三直略解》卷上,当为诸敬槐和黄宗羲的误记,此姑不论。我们感兴趣的是,刘寅的这段话说明了君与民之间的关系,如果皇上没有养民之心,那么他所任用的必定不是贤人君子,而是"残民害贼"的小人。在引用了刘寅的这段话后,黄宗羲发挥说,如果朝廷懂得这个道理,也就不会有今日之乱局了。言外之意,今日的乱局都是清朝统治者任用"残民害物"之辈造成的。如此说来,清朝的统治还有合理性吗?且看此序的最后一段:

> 昔昆山周寿谊生宋景定中,至洪武五年,年百有十岁,躬逢盛世乡饮酒礼,视元一代之兴亡,不啻如燕雀之集耳。先生生万历二十四年,至今耳目聪明不衰,将所谓周寿谊者,非其人乎?余感先生之德,尚能如王彝作为歌诗之告来世也。[1]

黄宗羲的这段话真的有点明目张胆。他借周寿谊的故事,意在说明夷族的统治不会长久,现在已经处于燕雀之集的境地了,很快就会躬逢汉民族的盛世,自己也等着要像王彝那样宣告新时代的来临。听其弦外之音,黄宗羲似乎有点迫不及待了。康熙十五年(1676),黄宗羲作《留别海昌同学序》云:"天崩地解,落然吾与吾事,犹且说同道异,自附于道学者,岂非逃之者之愈巧乎?"[2]在明亡三十余年之后,黄宗羲又突然间说出了"天崩地解"的话,难道不是受到了"三藩之乱"局面的深度刺激吗?这个时候的"天崩地解",恐怕是针对当朝而言的,黄宗羲批评这个时候的学者还在埋头搞学问、写诗文,而不关心天崩地解的社会现实。让黄宗羲没有料到的是,"三藩之乱"很快被平定了,"交入大壮"的期望也落空了。到了康熙十七年(1678),黄宗羲心态发生了重要的转变,清政府给予黄宗羲明史开馆的礼遇,他审时度势,认可了康熙的"右文之治",从此用起了康熙的年号。从当时的时代观察,"三藩之乱"后,清王朝的统治确实更为稳固了。黄宗羲的弟子郑梁竟将"十二运"的解释导向清朝的

---

① (清)黄宗羲:《诸敬槐先生八十寿序》,沈善洪、吴光主编:《黄宗羲全集》第十一册,浙江古籍出版社 2005 年版,第 66 页。

② (清)黄宗羲:《留别海昌同学序》,沈善洪、吴光主编:《黄宗羲全集》第十册,浙江古籍出版社 2005 年版,第 646 页。

繁盛:"金华胡仲子以《易》六十四卦定生民治乱十二运,识者谓今辛酉之后,运交阳晶,守政从此治复三代者。一千一百五十二年而今,天子正在稽古右文,安知不于偃武之余,修举《周礼》,以治天下?"①因此,康熙十七年之后,黄宗羲的文学思想已经不着眼于反抗了。基于这个事实,我更愿意将黄宗羲的"迅雷之文"说,看作是遗民志士的最后呐喊,但并不代表当时的时代精神。

韩立平撰文梳理了"元气"的概念演变,将文学理论中"元气说"的提出者归之于近代浙东诗人姚燮,认为"在姚燮之前,'元气'虽然被诗人或诗论家在文学批评中使用,但并没有成为他们创作中的自觉追求或理论的核心命题。……由'元气'到'元气说',使'元气'成为一种文学主张,则始自晚清诗人姚燮"②。这个观点并不能令人信服。韩文没有提到黄宗羲,忽略了黄宗羲的理论贡献。在黄宗羲之前,虽有人将"元气"用于诗文批评,但语多泛泛。黄宗羲不但常以"元气"论文,且将"元气"视作文学的本原,其实际的创作,亦以弘扬天地间元气为己任。因此,将"元气说"的提出者归为黄宗羲,应该是当之无愧的。

受黄宗羲的影响,其私淑弟子全祖望亦喜以"元气"论文。如《唐陈拾遗画像记》云:"予尝谓东汉以后无文章,诸葛公《出师表》足以当之;六朝无文章,渊明《止酒》诸诗及韩显宗《答刘裕书》足以当之,而《归去来辞》尚非其最;唐初无文章,义乌之檄足以当之。皆天地之元气,而不以其文之风调论也。"③

第三节 性情论

清初与黄宗羲关系密切的浙东学者之言诗,以万泰的性情论较为突出。顺治七年(1650),万泰在《续骚堂集》自序中高举性情的旗帜,表达了

---

① (清)郑梁:《寒村诗文选·寒村五丁集》卷1《天雨庵记》,《四库全书存目丛书》本。

② 韩立平:《姚燮"元气说"探究》,《古代文学理论研究》第23辑,华东师范大学出版社2005年版,第418页。

③ (清)全祖望:《鲒埼亭集外编》卷19,《全祖望集汇校集注》中册,上海古籍出版社2000年版,第1104页。

不少重要的见解。他说:"诗者性情之事,今人读古人诗,如见古人见之于性情也。仆于诗未游其樊,而性情则吾所自有。"这里既指出古人诗歌乃"古人之性情"寄托的产物,同时又与"古人之性情"相对待,提出"性情吾所自有",表达了诗须抒自家之性情的意思。他又说:"性情所托,若春蚓秋蝉,戛然而鸣,率意任心,无关体格。"这是说性情应从胸中自然流出。他又说:"吾未知古人,而知古人之性情。读《匪风》《下泉》,而知为忠臣;读《蓼莪》《陟岵》,而知为孝子,此三百篇之性情,而即屈宋、汉魏、六朝、三唐以迄今人之性情也。"①将上下文联系起来考察,万泰既承认"古人之性情"具有超越时代的价值,同时又张扬"吾所自有"的性情。在他的文学理念中,"古人之性情"与"吾所自有"的性情具有辩证统一的关系。万泰在《续骚堂集》自序中表述的文学思想,实为黄宗羲的性情论所发扬。

黄宗羲文论中最富有创见的观点,莫过于"文以情至"和"诗以道性情"了。黄宗羲的文学性情论在当时的作用主要不在于重倡性情,而在于从文艺哲学的基础上对性情概念加以规范,辨析性情的层次和价值,倡导情的一己个性和审美意境,因而具有鲜明独特的内容。

一、性情概念的辨析

"性情"本是一个哲学概念,"性"指的是人的本性,"情"指情感和情绪。性情历来是诗学领域中的一个公共话题,但自明代复古派标榜格调以来,性情一度颇受诗家的冷落。明末清初的诗学,出现了历史性的嬗变,经公安派到钱谦益的努力,性情重新成为诗坛的主流话语。正因为人人都可以言说,性情的真义也就泯没在众说纷纭之中。故魏禧曾说:"诗以真性情为贵,然今天下言诗者,虽三尺童子、市夫、伶人,稍能执笔成章句,则莫不曰性情。……故自天下好为真性情之诗,而性情愈隐,诗之道或几乎亡矣。"②那么真性情究为何物? 黄宗羲是有自己的独到认识。

古典文学创作之"性情"实重在"情"字,如刘歆《七略》所云:"诗以言情,情者,性之符也。"然而黄宗羲却非常强调"性"字,在《马雪航诗序》中

---

① （清）万泰:《续骚堂集》卷首自序,《四明丛书》本。

② （清）魏禧:《魏叔子文集外篇》卷9《徐起祯诗序》,《魏叔子文集》,胡守仁等校点本,中华书局2003年版,第463页。

提出了"言诗者不可以不知性"的著名论点。黄宗羲的这一文学观念，显然是从他的哲学思想中演化而来的。《马雪航诗序》虽然是在论诗，但论诗而探其本原，故整个儿都散发着哲思气息，是其诗哲融合的最典型范本。故要明白黄氏的文学性情论，得从剖析他的心性思想入手。但黄氏又感叹说："夫性岂易知也！"他举出了先儒说"性"的一些基本论点，并作出了论析，他说：

> 先儒之言性者，大略以镜为喻。百色妖露，镜体澄然，其澄然不动者为性。此以空寂言性。而吾人应物处事，如此则安，不如此则不安，若是乎有物于中，此安不安之处，乃是性也。镜是无情之物，不可为喻。又以人物同出一原，天之生物有参差，则恶亦不可不谓之性，遂以疑物者疑及于人。夫人与万物并立于天地，亦与万物各受一性。如姜桂之性辛，稼穑之性甘，鸟之性飞，兽之性走，或寒或热，或有毒无毒。古今之言性者，未有及于本草者也。故万物有万性，类同则性同，人之性则为不忍，亦犹万物所赋之专一也。物尚不与物同，而况同人于物乎？程子言性即理也，差为近之。然当其澄然在中，满腔子皆恻隐之心，无有条理可见，感之而为四端，方可言理。理即率性之为道也，宁可竟指道为性乎？晦翁以为天以阴阳五行化生万物，而理亦赋焉，亦是兼人物而言。夫使物而率其性，则为触为啮为蠢为娄，万有不齐，亦可谓之道乎？[1]

黄宗羲在此说了两点。一是反对先儒的"明镜之喻"。如宋儒程颐说："因何不迁怒，如舜之诛四凶，怒在四凶，舜何与焉？盖因是人有可怒之事而怒之，圣人之心本无怒也。譬如明镜，好物来时，便见是好；恶物来时，便见是恶。镜何尝有好恶也？"[2]明代的王阳明亦承其说，如云："圣人致知之功，至诚无息，其良知之体，皦如明镜，略无纤翳。妍媸之来，随物见形，而明镜曾无留染。所谓'情顺万事而无情'也。'无所住而生其心'，佛氏曾有是言，未为非也。明镜之应物，妍者妍，媸者媸，一照而皆

---

①　（清）黄宗羲：《马雪航诗序》，沈善洪、吴光主编：《黄宗羲全集》第十册，浙江古籍出版社 2005 年版，第 96 页。

②　（宋）朱熹：《二程遗书》卷 18，影印文渊阁《四库全书》本。

真，即是生其心处。妍者妍，媸者媸，一过而不留，即是无所住处。"①无论是理学派的程颐，还是心学派的王阳明，都把性比之为澄然不动的镜体，以为这就是"性"，这是以"性"为空虚寂静之物。黄宗羲认为"明镜"的比喻是不恰当的，因为明镜本身是无情的，而人却是有情的。人们在"应物处事"时，自然感到"如此则安"，"不如此则不安"，故"心"并非空寂不动的，不是超验之物，此"安不安之处"，才是"性"。二是批评先儒混同物性与人性。黄宗羲的高明之处还在于，他不但看到了人与动物相同的自然属性，而且还特别认识到了人区别于动物的社会属性。他明确指出："万有不齐，人有人之性，物有物之性，草木有草木之性，金石有金石之性，一本而万殊，如野葛、鸩鸟之毒恶，亦不可不谓之性。"②又说："天之生物万有不齐，其质既异，则性亦异，牛犬之知觉，自异乎人之知觉；浸假而草木，则有生意而无知觉矣；浸假而瓦石，则有形质而无生意矣。"③他认为人性之区别于兽性在于人有"精者灵明"的高级知觉，因此人性不局限于满足本体的食色需要，还有社会伦理道德的需要。他从"万物有万性，类同则性同"的观点出发，论述了"人之性则为不忍"。

黄宗羲"性"说既不同于程颐，也不同于王阳明，且割断了与佛氏的联系，故其自认为"性"说是自己在儒学上的最重要创见之一。他说："余老而无闻，然平生心得，为先儒之所未发者，则有数端。其言性也，以为阴阳五行一也，赋予人物，则有万殊，有情无情，各一其性，故曰各正性命，以言乎非一性也。……狼贪虎暴，独非性乎？然不可以此言人。人则惟有不忍人之心，纯粹至善，如姜辛荼苦，赋时已自各别，故善言性者莫如神农氏之本草。"④黄宗羲对"性"说的自负之态由此可见一斑。

黄宗羲说"性"，离不开"心"，"心性是一"是其在心性论上的基本命题。他说："心性之名，其不可混者，犹之理之气，而其终不可得而分者，

---

① （明）王守仁：《王文成全书》卷 2，影印文渊阁《四库全书》本。

② （清）黄宗羲：《孟子师说》卷 3《"道性善"章》，沈善洪、吴光主编：《黄宗羲全集》第一册，浙江古籍出版社 2005 年版，第 77 页。

③ （清）黄宗羲：《孟子师说》卷 6《"生之谓性"章》，沈善洪、吴光主编：《黄宗羲全集》第一册，浙江古籍出版社 2005 年版，第 133 页。

④ （清）黄宗羲：《万公择墓志铭》，沈善洪、吴光主编：《黄宗羲全集》第十册，浙江古籍出版社 2005 年版，第 517 页。按，《黄宗羲全集》第十一册收录黄百家《先遗献文孝公梨洲府君行略》，第 411 页引用此段文字，缺两字，可以用《万公择墓志铭》补出。

亦犹之乎理之气也。……理气是一,则心性不得是二,心性是一,性情又不得是二。"①黄宗羲针对朱熹歧心性为二的观点,提出"心性是一",显露出其学说的心学色彩。在坚持心性统一的前提下,黄宗羲也强调性与情不能截然分开。在性与情的关系上,黄宗羲秉持因情而见性的性情合一论。他说:

> 情与性不可离,犹理气之合一也。情者,一气之流行,流行而必恻隐、羞恶、辞让、是非之善,无残忍刻薄之夹带,是性也。②

恻隐、羞恶、辞让、是非之心,为孟子所谓"四端",其本身皆含有情感之义。按孟子的看法,人性体现了人的道德本质,人心则折射了人的情感存在,道德并不是一种超验之物,相反它一开始就有其情感的根源,这正如朱熹所指出的,孟子"所谓四端者,皆情也"③。黄宗羲无疑也认识到了这一点,因而提出"情与性不可离""非情亦何从见性"的观点。他在论及明代江右王门黄弘纲之学时指出:

> 自来儒者以未发为性,已发为情,其实性情二字,无处可容分析。性之于情,犹理之于气,非情亦何从见性,故喜怒哀乐,情也,中和,性也。于未发言喜怒哀乐,是明明言未发有情矣,奈何分析性情? 则求性者必求之未发,此归寂之宗所由立也。一时同门与双江辨者,皆从已发见未发,亦仍是析情于发,其情性不能归一同也。④

黄宗羲认为宋儒所谓"未发为性,已发为情",等于承认"性"是一个离"情"而存在的悬空之物,从而将性与情割裂开来了。其实,性情二字是不容拆分的,离情无以见性。他说:"体则性情皆体,用则性情皆用,以至动静、已未发皆然。"⑤黄宗羲将"理气合一"的思想贯彻到心性问题上,

---

① (清)黄宗羲:《明儒学案·师说》,沈善洪、吴光主编:《黄宗羲全集》第七册,浙江古籍出版社 2005 年版,第 18 页。

② (清)黄宗羲:《明儒学案》卷 42《甘泉学案六》,影印文渊阁《四库全书》本。

③ (宋)黎靖德:《朱子语类》卷 59,影印文渊阁《四库全书》本。

④ (清)黄宗羲:《明儒学案》卷 19《江右王门学案》,沈善洪、吴光主编:《黄宗羲全集》第七册,浙江古籍出版社 2005 年版,第 518 页。

⑤ (清)黄宗羲:《孟子师说》卷 6《"公都子问性"章》,沈善洪、吴光主编:《黄宗羲全集》第一册,浙江古籍出版社 2005 年版,第 136 页。

竭力主张因情而见性,即在人的情感流露过程中见性,并再三质问:"无情何以觅性?""舍情何以见性?"①但他同时又主张性与情并不是完全同一的概念,它们的关系是有差别的合一,即情的"中和"才是性,如果情有过或不及,违反了"中和",也就违背了性,这样的情当然也就不再是性了。同时代的王夫之说得更为明确:"诗以道性情,道性之情也。"②黄、王二人的观点可以说是不谋而合。

黄宗羲将哲学上的性情论鲜明地贯彻到了文学上,从文艺哲学的角度对"性情"与"情"的概念进行了规范。他说:

> 诗以道性情,夫人而能言之。然自古以来,诗之美多矣,而知性者何其少也!……自性说不明,后之为诗者,不过一人偶露之性情。彼知性者,则吴、越之色泽,中原之风骨,燕赵之悲歌慷慨,盈天地间,皆恻隐之流动也。而况于自作之诗乎?③

可见,在"性说不明"的状态下抒发的"一人偶露之性情",那只是性情的一种不自觉的呈现,并带有个体的局限性和时间的偶发性,亦即其所谓"一时之性情"。而"知性者"的诗歌,其"性"可以贯串到不同的题材和风格中,且"性"的贯串具有必然性与共通性。这种能够贯串到不同的题材和风格中的"性",是一种能够确立"主宰"的东西,他以"恻隐之流动"来诠释之,显然,这种"性"也就是仁性、善性,这就是其所谓"万古之性情"。他又说:

> 情者,可以贯金石、动鬼神。古之人情与物游,而不能相舍,不但忠臣之事其君,孝子之事其亲,思妇劳人,结不可解,即风云月露、草木虫鱼,无一非真意之流通,故无溢言曼辞以入章句,无诌笑柔色以资应酬,唯其有之,是以似之。今人亦何情之有?情随事转,事因世变,干啼湿哭,总为肤受,即其父母兄弟亦若败梗飞絮,适相遭于江湖之上,劳苦倦极,未尝不呼父母也。然而习心幻结,未可便谓之

---

① (清)黄宗羲:《明儒学案》卷31《止修学案》,沈善洪、吴光主编:《黄宗羲全集》第七册,浙江古籍出版社2005年版,第779页;又卷42《甘泉学案六》,影印文渊阁《四库全书》本。

② (清)王夫之:《明诗评选》卷5徐渭《严先生词》下评语。

③ (清)黄宗羲:《马雪航诗序》,沈善洪、吴光主编:《黄宗羲全集》第十册,浙江古籍出版社2005年版,第96—97页。

情也。由此论之,今人之诗非不出于性情,以无性情之可出也。①

黄宗羲认为"情至之情"与"不及情之情",表面上看来都是"发于心著于声",甚为相似,实际上两者并不相同。他所定义的"情",是指可与物游的"真意",它发而中节,与性合一,是性之情,即人的善性、人的本质的集中表现,既具有道德、伦理的永恒价值,又能作为人的审美对象,具有"可以贯金石、动鬼神"的强大移人力量。今人"情随事转,事因世变"的"情",是一种没有主宰的情,这种情不是扎根于具有主体意志色彩的"性"中,因而具有漂移性,无论其外在表情是"干啼"还是"湿哭",都是"情"之不及的"肤受"之情,它并非从"性"流出,而是"习心幻结"的结果,故其必然会"俄顷消亡",没有存在的价值。那么何谓"习心"? 黄宗羲认为"气质之本然为性,失其本然者非性",而现实的善恶发生根源于习,"逮其后来,世故日深,将习俗之知能,换了本然之知能,便失赤子之心"②。由于"习心幻结"的"不及情之情",绝非"性",亦非"性之情",因而"未可便谓之情也"。他从"性""情"概念的辨析出发,得出结论:"今人之诗非不出于性情,以无性情之可出也。"③这一结论所蕴含的意义是将"情"视为性之情,性名情实,离情无以见性,但由于"习心幻结"之故,此性情并非人人都所具有。他所说的"今人",除了"世态俗情"者之外,主要是指社会大变动时代那些道德名节沦丧的亡国大夫。他说:"尝观今之士大夫,□□名节,及至变乱之际,尽丧其生平。岂其无悲歌慷慨之性欤? 亦以生平未尝置死于难,一旦骤临,安能以所无者应之于外?"④黄宗羲又将他们大略分为三等:"或龌龊治生,或丐贷诸侯,或法乳济、洞,要

---

① (清)黄宗羲:《南雷文案》卷1《黄孚先诗序》。按,唐权德舆《比部郎中崔君元翰集序》:"无溢言曼辞以为夸大,无诒笑柔色以资孟晋。"溢言,过甚的言辞。《庄子·人间世》:"故《法言》曰:'传其常情,无传其溢言,则几乎全。'"曼辞,华美的言辞。

② (清)黄宗羲:《孟子师说》卷4《"不失赤子之心"章》,沈善洪、吴光主编:《黄宗羲全集》第一册,浙江古籍出版社2005年版,第108页。

③ (清)黄宗羲:《黄孚先诗序》,沈善洪、吴光主编:《黄宗羲全集》第一册,浙江古籍出版社2005年版,第32页。

④ (清)黄宗羲:《桐城方烈妇墓志铭》,沈善洪、吴光主编:《黄宗羲全集》第十册,浙江古籍出版社2005年版,第475页。

皆胸中扰扰,不胜富贵利达之想,分床同梦,此曹岂复有性情?"①这些"亡国大夫"既无性情,则诗如其人,只能"溢言曼辞以入章句","谄笑柔色以资应酬",岂有真诗? 黄宗羲明确地断言那些"亡国大夫"是没有性情之人,断然将他们排拒在文学大门之外。

黄宗羲将"情"规范为人的本质善性的反映,同时赋予其丰富的客观内容。他说:"诗之为道,从性情而出。性情之中,海涵地负,古人不能尽其变化,学者无从窥其隅辙。"②大至人伦、政治的基本原则,小至风云草木,都可有"真意之流通",当然也不排斥男女之爱。如他充分肯定汤显祖《牡丹亭》中所描写的"儿女情",认为这是对"性说不分明"的有力矫正,对"象贤"未能参透表示不满。但黄宗羲性情论中最富有时代特点的是将情感与天下治乱结合起来。他说:"夫诗之道甚大,一人之性情,天下之治乱,皆所藏纳。"③他把性情的范围拓展到了时代现实,从而超越了个人生活的狭窄圈子,而与时代的潮汐相感应,与国家、民族的命运相联结。他认为如果没有变风变雅,"则诗之道狭隘而不及情"④,又如何能感天动地呢? 这正是黄宗羲性情论区别于先圣时贤的独特之处,深化了"诗以道性情"的古老命题。

"诗以道性情"可以说是黄宗羲诗论的根本立足点。进而论之,黄宗羲是从本体论的角度来论性情的,他在《朱人远墓志铭》中进一步提出了"诗的原本"问题:"昔宋文宪以五美论诗,诗之道尽矣。余以为此学诗之法,而诗之原本反不及焉,盖欲使人之自悟也。夫人生天地之间,天道之显晦,人事之治否,事变之污隆,物理之盛衰,吾与之推荡磨砺于其中,必有不得其平者,故昌黎言'物不得其平则鸣',此诗之原本也。"⑤宋濂的

① (清)黄宗羲:《宪副郑平子先生七十寿序》,沈善洪、吴光主编:《黄宗羲全集》第十册,浙江古籍出版社 2005 年版,第 691 页。

② (清)黄宗羲:《寒村诗稿序》,沈善洪、吴光主编:《黄宗羲全集》第十册,浙江古籍出版社 2005 年版,第 56 页。

③ (清)黄宗羲:《南雷诗历·题辞》,沈善洪、吴光主编:《黄宗羲全集》第十一册,浙江古籍出版社 2005 年版,第 204 页。

④ (清)黄宗羲:《陈苇庵年伯诗序》,沈善洪、吴光主编:《黄宗羲全集》第十册,浙江古籍出版社 2005 年版,第 48 页。

⑤ (清)黄宗羲:《朱人远墓志铭》,沈善洪、吴光主编:《黄宗羲全集》第十册,浙江古籍出版社 2005 年版,第 483 页。

"五美"之论,出自《刘兵部诗集序》,指的是诗才、学习诗歌音律体制、师友指点、苦思苦吟、江山之助这五个方面的条件,黄宗羲谓其"语语见血"①。黄宗羲又敏锐地指出宋濂提出的"五美"论是"学诗之法",属于创作论范畴,没有涉及"诗之原本"即诗之本质论这一深层问题。黄宗羲的这段话,应该参考了钱谦益在明末的相关论述。钱谦益《瑞芝山房初集序》云:"古之人,其胸中无所不有,天地之高下,古今之往来,政治之污隆,道术之醇驳,苞罗旁魄,如数一二。及其境会相感,情伪相逼,郁陶骀荡,无意于文,而文生焉,此所谓不能不为者也。"②只要"情"与"境"相感相逼,那么"胸中无所不有"的内容,都可以在文中呈现。钱氏的表述已经触及到了性情内容的广泛性。尽管钱谦益本人创作的古文,"往往以朝廷之安危,名士之陨亡,判不相涉,以为由己之出处"③,并不能贯彻自己的主张,但钱谦益提出的理论观点,仍对黄宗羲有所启发。关于"诗之原本"的论述,黄宗羲还援引了韩愈"物不得其平则鸣"的观点,实际上可以归结为"性情"的外化问题,故黄氏之论性情,是基于对诗歌本质的思考。"诗以道性情"就蕴含有诗歌之本体存在的意义,如果"性情"发生问题,则从根本上动摇了诗歌的存在意义。因此他说,如果"此处(按,指性情)受病,则注目抽心,无所绝港,而徒声响字脚之假借,曰此为风雅正宗,曰此为一知半解,非愚则妄矣"④。这里的"注目"是对外物的接触;"抽心"语出《后汉书·文苑传赞》"情志既动,篇辞为贵。抽心呈貌,非彫非蔚",指的是情发于中;"无所绝港"也就是走入死地、没有出路的意思,他在《明儒学案序》也说:"奈何今之君子,必欲出于一途,使美厥灵根者,化为焦芽绝港。"⑤其所谓"必欲出于一途",乃是思想上的绝港,与性情上的绝港是有相通之处的。黄宗羲明确指出,性情一旦出了问题,那写诗

① 沈善洪、吴光主编:《黄宗羲全集》,《明文海评语汇辑》第十一册,浙江古籍出版社2005年版,第118页。

② (清)钱谦益:《牧斋初学集》卷33,上海古籍出版社2009年版,第959页。

③ (清)黄宗羲:《思旧录·钱谦益》,沈善洪、吴光主编:《黄宗羲全集》第一册,浙江古籍出版社2005年版,第377—378页。

④ (清)黄宗羲:《寒村诗稿序》,沈善洪、吴光主编:《黄宗羲全集》第十册,浙江古籍出版社2005年版,第56页。

⑤ (清)黄宗羲:《明儒学案》卷首,沈善洪、吴光主编:《黄宗羲全集》第七册,浙江古籍出版社2005年版,第3页。

就不可能做到情触于物，只能是假借于外在的"声响字脚"，这样写出来的文字，不管你如何将其指为"风雅正宗"，都逃不出愚妄。

二、情的一己个性论

黄宗羲论文非常看重情的作用。他在《论文管见》中说：

> 文以理为主，然而情不至，则亦理之郭廓耳。庐陵之志交友，无不呜咽；子厚之言身世，莫不凄怆。郝陵川之处真州，戴剡源之入故都，其言皆恻恻动人。古今自有一种文字，不可磨灭，真是天若有情天亦老者。①

黄宗羲在此明确指出了"情"在古文创作中的重要意义。他分析说，古文创作固然应该"以理为主"，但是"情"的考量更为重要，可以说情是理的具体体现。古文创作如果不表现个体的至情，则理就成为抽掉了情的漂浮物，无所附丽，肤廓空洞，因而不能感动世人。欧阳修、柳宗元、郝经、戴表元诸家的一些作品，之所以其言能恻恻动人，无非是因为他们写出了特定时刻刻骨铭心的情感体验。古今至文之所以不可磨灭，就在于它们表现了人间的至情，从而产生了"天若有情天亦老"的艺术感染力。

黄宗羲说："诗也者，联属天地万物而畅吾之精神意志者也。"②这一命题，正确地阐述了诗歌创作的本质属性。诗既然是"畅吾之精神意志"，因而必然具有属于"吾"的鲜明个性，即其所谓"孤行一己之情"。③这就是说，"情至"是属于个人情感体验所达致的深度，别人无法替代。黄宗羲"孤行一己之情"的个性论，主要是从以下几方面展开的：

第一，各人写自家的独至之处。他说："故有平昔不以文名，而偶见之一二篇者，其文即作家亦不能过，盖其身之所阅历，心目之所开明，各有所至，而文遂不可掩。然则学文者亦学其所至而已，不能得其所至，虽

---

① （清）黄宗羲：《论文管见》，沈善洪、吴光主编：《黄宗羲全集》第十册，浙江古籍出版社 2005 年版，第 669 页。

② （清）黄宗羲：《陆铉俟诗序》，沈善洪、吴光主编：《黄宗羲全集》第十册，浙江古籍出版社 2005 年版，第 91 页。

③ （清）黄宗羲：《吕胜千诗集题辞》，沈善洪、吴光主编：《黄宗羲全集》第十册，浙江古籍出版社 2005 年版，第 108 页。

专心致志于作家,亦终成流俗之文耳。"①黄宗羲从正反两方面阐述了文贵独至的见解,并总结出"学文者亦学其所至"的宝贵经验。他所说的"所至",是指"其身之所阅历,心目之所开明"而达到的思想行为境界。每个创作主体的身世、经历、修养、人生旅程都是各不相同的,因而每个人的"所至"又各具特点,不能强求一律,用黄宗羲的话说:"古今志士学人之心思愿力,千变万化,各有至处,不必出于一途。"②他从哲学上阐发说,此"心之万殊",决定了性情的千姿百态,也决定了创作风格的差异,"但劝世人各做自己诗"③,写自家的独至之处,不可拘以时代、家数。

第二,诗文应有自家面目。文贵独至,就是要"畅吾之精神意志",即写我的独到见识、特有发现、独特的生活体验、真实的胸襟怀抱,使诗文中有"我"的存在、"我"的面影、"我"的特色,总之,诗文应有自家面目。黄宗羲评价别人的创作,决定对其褒贬的一条重要标准就是看这些作品是否真正烙有个人的印记。他举例说:"一友以所作示余,余曰'杜诗也'。友逊谢不敢当。余曰:'有杜诗,不知子之为诗者安在?'友茫然自失。此正伪之谓也。"④他并不认为友人诗中的性情为假,而是追问诗中之真我何在?诗之优劣与否,以是否体现创作主体的鲜明个性为准绳,模仿性的诗作哪怕可以乱真,黄宗羲也绝不加以赞美,因为一味模仿,必然使作者的个性丧失殆尽。他强调"诗中无人"为伪,"诗中有人"为正,有"我"之诗,远比肖似大家之诗更有意义。他还指出:单纯地"求之于

---

① （清）黄宗羲:《钱屺轩先生七十寿序》,沈善洪、吴光主编:《黄宗羲全集》第十册,浙江古籍出版社 2005 年版,第 673 页。

② （清）黄宗羲:《南雷诗历·题辞》,沈善洪、吴光主编:《黄宗羲全集》第十一册,浙江古籍出版社 2005 年版,第 204 页。

③ （清）黄宗羲:《范道原诗序》,沈善洪、吴光主编:《黄宗羲全集》第十一册,浙江古籍出版社 2005 年版,第 70 页。

④ （清）黄宗羲:《南雷诗历·题辞》,沈善洪、吴光主编:《黄宗羲全集》第十一册,浙江古籍出版社 2005 年版,第 205 页。按,此则故事盛传于黄氏的门生辈中。金埴《不下带编》卷 3 云:"余姚黄征君太冲之称诗也,一以'诗中有人'为训。有执卷仰可者,征君初阅之曰:'杜诗。'再阅之连声曰:'杜诗,杜诗。'其人欣形于色。征君乃徐诏之曰:'诗则杜矣,但不知子之诗安在? 岂非诗中无人耶?'其人爽然自失,退而逊心苦志以求之者两载,复以仰可,则征君首肯曰:'是则子之诗矣。'予友万磁州西郭承勋曾述此一节,因识之。"(中华书局 2008 年版,第 52 页)金埴之记录不但可以与黄氏所叙相互补充,且准确地揭示了黄宗羲论诗倡导"诗中有人"之旨。

景""求之于古""求之于好尚",都会使精神产品失去鲜明的个性特征。他以人的五官为喻说:"夫以己之性情,顾使之耳目口鼻皆非我有,徒为殉物之具,宁复有诗乎?"①诗中如果丧失了个性,那只能是没有生气的"殉物之具"。何况性情与表现形式是相辅相成的,己之性情的表达,必然要有自然的表现形式相匹配,内在性情戴上古典的面具,使内容和形式歧而为二,其诗肯定是伪品。

第三,深一情以拒众情。"众情"作为与"一己之情"相对的概念出现,主要是指"世情之是非"。黄宗羲在《西山日记题辞》中曾生动地举倪文焕对待东林党人杨涟、左光斗的例子说:"昔倪文焕党逆而归,乔侍御往讯之,曰:'杨、左二公以忤珰罗祸,君子也。公纠之何故?'文焕曰:'一时有一时之君子,一时有一时之小人。我居言路时,莫不骂杨、左为小人,我自纠小人耳。今局面一翻,莫不称杨、左为君子,吾亦以为君子矣。'以世情言之,文焕实为名言。"②因此,黄宗羲感慨地说:"世情之是非,象没深泥。"③故而在这个意义上的"拒众情",便具有不为时风众势所惑,不随波逐流的意思。"拒众情"即要求抒写自己的独至之情。黄宗羲"深一情以拒众情"④的命题,触及了创作主体情感体验的深度问题。他指出情之为物具有不迁与迁的两重性:"情之迁,迁于外物耳,当其无物之时而发之,何尝不仍是恻隐、羞恶、辞让、是非之心乎,其不迁也明矣。"⑤在外物的强烈诱导下,情之为物"浮而易动","不尽之情"易为"纷

①　(清)黄宗羲:《金介山诗序》,沈善洪、吴光主编:《黄宗羲全集》第十一册,浙江古籍出版社 2005 年版,第 92 页。

②　(清)黄宗羲:《西山日记题辞》,沈善洪、吴光主编:《黄宗羲全集》第十册,浙江古籍出版社 2005 年版,第 76 页。按,南京图书馆藏康熙二十八年先醒斋刻本丁元荐《西山日记》(收入《续修四库全书》子部)卷首载有黄宗羲此文,但文字略有不同,"宣城纵横"作"当党议纵横","昆、宣黑白纤芥之恶"仅作"黑白纤芥之恶","昔倪文焕党逆"作"倪某党奄","往讯之"作"往询之","文焕曰"作"倪曰","文焕实为"作"此君实为"。《西山日记》本题辞下还有署名:"时康熙己巳岁孟夏,姚江年家眷侄黄宗羲太冲氏拜题。"由此知黄宗羲题辞作于康熙二十八年(1689)。

③　(清)黄宗羲:《西山日记题辞》,沈善洪、吴光主编:《黄宗羲全集》第十册,浙江古籍出版社 2005 年版,第 76 页。

④　(清)黄宗羲:《朱人远墓志铭》,沈善洪、吴光主编:《黄宗羲全集》第十册,浙江古籍出版社 2005 年版,第 484 页。

⑤　(清)黄宗羲:《明儒学案》卷 42《甘泉学案六》,影印文渊阁《四库全书》本。

华污惑"所汩没,只有"一往情深"的"至情",因其为"性"之发露,才是不迁的,才能孤行于世,他称之为"戚然孤露之天真",并将它纳入元气本原论中:

> 余观当今之作家,……非不各持一说,以争鸣天下。然而波惶尘垢,象没深泥,众情交集,岂能孤行一己之情乎? 夫此戚然孤露之天真,井底不能沉,日月不能老,从来之元气也。元气不寄于众而寄于独,不寄于繁华而寄于岑寂,盖知之者鲜矣。①

黄氏所谓"元气不寄于众而寄于独",乃是对感知社会的个性方式的进一步肯定,一旦获得了与"众情"相对的独至之情,则获得了永恒持久的审美价值。

第四,一己之情应从胸中流出。这是黄宗羲基于对"性之情"的理解而提出的,因为以恻隐等形式表现出来的人心是内在于主体的自然倾向,其形成往往不假思为,也并非出于有意的矫饰,文学所要表露的既然是"性之情",也应该是自然而然而不是刻意雕饰的。他认为诗在"畅吾之精神意志"时,只要"称心所出",甚至不必顾及瑕瑜互见,"唯其有瑕有瑜,自然英旨,乃为真耳"②。每一件作品虽然不是尽善尽美,甚至"有瑕有瑜",然而却是每一件都有十分动人的闪光点,这种真趣味来自书写者心灵一瞬的火花,即源自书写者的纯真之心。作品不妨有疵病,却不能没有真性的流露。要评判一个作家,最根本的问题,也无非是看其作品是否真正"从自己胸臆流出",这是打动人心的根本。只有"真",才有"我"。只要是"称情而出",可以"不顾人之所是所非,并不顾己之所是所非,喜笑怒骂,皆文心之泛滥",③无论是感情的宣泄,还是性情的流露,乃至作品的形式倾向,都是独一无二的"我"的写照。他把"情"作为创作之源,这种情感来自个人性灵与人生、自然、社会的感应,而非来自对某个古人、今人或是某种流派的模拟效仿。"不顾是非"论明显地包含有不受

---

① （清）黄宗羲:《吕胜千诗集题辞》,沈善洪、吴光主编:《黄宗羲全集》第十册,浙江古籍出版社 2005 年版,第 108 页。

② （清）黄宗羲:《谢莘野诗序》,沈善洪、吴光主编:《黄宗羲全集》第十册,浙江古籍出版社 2005 年版,第 98 页。

③ （清）黄宗羲:《山翁禅师文集序》,沈善洪、吴光主编:《黄宗羲全集》第十册,浙江古籍出版社 2005 年版,第 58 页。

众情约束、不随世情漂移的意图。如果极其雕绘、剔瑕饰瑜,反而失去自然真趣,而流于伪。黄宗羲所要求的就是这种不加掩饰、自然表露的性情,这很明显是受到了晚明以来个性解放思潮的影响。公安派的袁宏道在《叙小修诗》中说:"有时独抒性灵,不拘格套。非从自己胸臆流出,不肯下笔。有时情与境会,顷刻千言,如水东注,夺人魂魄。其间有佳处,亦有疵处。佳处自不必言,即疵处亦多本色独造语。然予则极喜其疵处;而所谓佳者,尚不能不以粉饰蹈袭为恨。"①显然,黄宗羲"唯其有瑕有瑜,自然英旨,乃为真耳"的说法,与袁宏道的"其间有佳处,亦有疵处"有着明显的渊源关系。

当然,黄宗羲主张性情出于自然,并不等于不要工夫。他评陆鋆之诗"自然不假人为,顾千锤百炼所不易及"②,称曹实庵之诗"以工夫胜,古今诸家,揣摩略尽,而后归之自然,故平易之中,法度历然,犹不识之治兵也"③。从这两例可以看出,黄氏所主张的,是在情感的发掘方式上不加掩饰,自然流出,而在情感的表现手段上很看重工夫所至,归于自然。

三、情的层次价值论

黄宗羲认为诗文应该"孤行一己之情",但一己之情并非都是等值的,而是有深浅之别、高低之分,由此决定了诗文的价值大小,我们姑且称之为情的层次价值论,它包含三大差别:

第一,尽与不尽的差别。黄宗羲说:"人之性情,其甘苦辛酸之变未尽,则世智所限,易容埋没。即所遇之时同,而其间有尽不尽者,不尽者终不能与尽者较其贞脆。"④情感作为一种内部体验,离不开时间维度。在同一时间维度下("所遇之时同"),不同主体的情感体验会产生"尽"与"不尽"的差异,这是由主体的心理状况与生活环境所决定的。"不尽"主

---

① (明)袁宏道:《袁宏道集笺校》卷4《叙小修诗》,钱伯城笺校,上海古籍出版社2008年版。

② (清)黄宗羲:《陆鋆俟诗序》,沈善洪、吴光主编:《黄宗羲全集》第十册,浙江古籍出版社2005年版,第91页。

③ (清)黄宗羲:《曹实庵先生诗序》,沈善洪、吴光主编:《黄宗羲全集》第十册,浙江古籍出版社2005年版,第88—89页。

④ (清)黄宗羲:《陈苇庵年伯诗序》,沈善洪、吴光主编:《黄宗羲全集》第十册,浙江古籍出版社2005年版,第48页。

要是由于生活环境的限制、自身修养的限制、情感需要的强度差异的制约等所造成的。黄宗羲对此虽然没有深入地展开论述，但他已经深刻认识到了情与境、时的密切依存关系。

第二，至与不至的差别。元人杨彝曾在《金台集跋》中说过："盖诗由人情生也，情非有古今者，特有至有不至尔。是故越人之曲、敕勒之歌，其托兴写物，非素工于词者，而操觚之士有不逮也，何则？情之所至而语至焉，则不求工而自工也。"①黄宗羲搜集过大量元代文献，对浙人杨彝的观点一定不会陌生。故而他继承了杨彝的"情至论"并加以发挥，他说："今古之情无尽，而一人之情有至有不至，凡情之至者，其文未有不至者也。"②所谓情至，也就是主体情感体验所达到的饱满程度和深邃境界，反映在创作上，具有"淋漓纸上"的"逼真"效果。相反，情如浮浅不至，虽长篇大论，装腔作势，也都是空洞肤浅，不会有强大的感染力。他说："文以理为主，然而情不至，则理亦郛廓耳。……而世不乏堂堂之阵，正正之旗，皆以大文目之，顾其中无可以移人之情者，所谓刭然无物者也。"③这就是说，文如果没有情贯注其中，"理"也就成了空廓之物，不可能产生"移人"的力量。

黄宗羲指出，至情并不是常情所能限的，主体的行为往往跳出常情之外。他以《谷音》所载宋末的皇甫东生为例："东生性豪荡，乘小舟，挂布帆，载琴樽、书籍、钓具，往来江湖。至元丙子，发愤痛哭蹈海。……今夫朋友离别，黯然销魂。顾君亡国破，世禄之家，凄楚蕴结，不可为怀，遂绝矍相之迹，人之常情也。而情之至者，一往而深，首阳之饿，是肇其端，蹈东海而死，古人有其言，未必有其事，不妨实其事于千载之下，非常情之可得而限也。"④按，"矍相"为古地名，在今山东省曲阜市城内阙里西。《礼记·射义》云："孔子射于矍相之圃，盖观者如堵墙。"后以"矍相"借指

① （元）廼贤：《金台集》跋，影印文渊阁《四库全书》本。

② （清）黄宗羲：《明文案序上》，沈善洪、吴光主编：《黄宗羲全集》第十册，浙江古籍出版社 2005 年版，第 19 页。

③ （清）黄宗羲：《论文管见》，沈善洪、吴光主编：《黄宗羲全集》第十册，浙江古籍出版社 2005 年版，第 669 页。

④ （清）黄宗羲：《时禋谢君墓志铭》，沈善洪、吴光主编：《黄宗羲全集》第十册，浙江古籍出版社 2005 年版，第 440 页。

学宫中习射的场所,黄文则代指学宫。所谓"绝矍相之迹",即"弃诸生"的委婉说法。黄宗羲说,君亡国破之时,世禄之家的子弟弃去诸生,这是常情。至于"蹈东海",战国末期齐国人鲁仲连就曾说过,以表达不愿做暴秦之民的决心,那也仅仅是说说而已,未必真有其事,没想到千年之后,皇甫东生不愿接受异族的统治,真蹈东海而死,这种行动越出了常情。此无他,皆因"情之至者,一往而深"之故。

黄宗羲标举"文以情至",也以"情至"作为衡文的标准。他说:"凡情之至者,其文无有不至者也,则天地间街谈巷语、邪许呻吟,无一非文,而游女、田夫、波臣,戍客,无一非文人也。"①这一主张,将文艺创作的主体,从封建的文人学士,扩大到了普通的劳动人民,创作的题材也大为拓宽。只要情至,甚至"街谈巷语、邪许呻吟"的市井和田头的原生态民间语言,都可以登上文学艺术的神圣殿堂,都可以成为有价值的审美对象。黄宗羲的这一观点的确是大胆的,一新人们的耳目,但那只是他执"情至"以选文的标准,不能因此将它理解为"是为市民阶层的通俗文学呐喊的一种审美理论","是为市民文学鸣锣开道的审美情趣",②因为从下一点的论述中可以看出,那不过是低层次意义上的"一时之性情",是普遍人性的特殊的、片面的表现,还不是黄宗羲审美理想的最后归宿。

第三,"一时"与"万古"的差别。黄宗羲认为至情都能产生优秀作品,但至情也并非是等值的,有"一时"与"万古"的价值层次上的差别。他说:

> 诗以道性情,夫人而能言之。然自古以来,诗之美者多矣,而知性者何其少也。盖有一时之性情,有万古之性情。夫吴歈越唱,怨女逐臣,触景感物,言乎其所不得不言,此一时之性情也。孔子删之,以合乎"兴观群怨""思无邪"之旨,此万古之性情也。吾人诵法孔子,苟其言诗,亦必当以孔子的性情为性情,如徒逐逐于怨女逐臣,待其天机之自露,则一偏一曲,其为性情也亦末矣。③

---

① (清)黄宗羲:《明文案序上》,沈善洪、吴光主编:《黄宗羲全集》第十册,浙江古籍出版社 2005 年版,第 19 页。

② 朱义禄:《逝去的启蒙》第七章第二节,河南人民出版社 1995 年版,第 293—294 页。

③ (清)黄宗羲:《马雪航诗序》,沈善洪、吴光主编:《黄宗羲全集》第十册,浙江古籍出版社 2005 年版,第 95—96 页。

我们在诠释黄氏"一时之性情"与"万古之性情"时,必须联系他对儒家诗教中"诗可以怨"之"怨"区分出的两种境界。他说:

> 故昌黎言物不平则鸣,此诗之原本也。幽人离妇,羁臣孤客,私为一人之怨愤,深一情以拒众情,其词亦能造于微。于学道之君子,其凄楚蕴结,往往出于穷饿愁思一身之外,则其不平愈甚,诗直寄焉而已。……然而人远之所以为诗者,似别有难写之情,不欲以快心出之。其所历之江山,必低回于折戟沉沙之处;其所询之故老,必比昵于吞声失职之人。诗中爱愁怨抑之气,如听连昌宫侧老人、津阳门俚叟语,不自觉其陨涕也。嗟乎!人远悲天悯人之怀,岂为一己之不遇乎?①

将上引的两段话联系起来考察,所谓"一时之性情",乃是关乎当下的荣辱得失、悲欢忧喜的个体之情,它只属于幽人离妇、羁客孤臣这些特定的群体,尽管他们不乏动人的笔触,但其意义和价值终归是有限的。幽人离妇、羁客孤臣之诗,出于他们一人一时、一偏一曲的缺失性情感体验,这种至情所出的至文,并不是黄宗羲对诗歌的最高寄望。更主要的是,这种一时之性情,并不是从"性"中自觉导出的,故他说:"自性说不明,后之为诗者,不过一人偶露之性情。"②他更看重的是"学道之君子",他们"凄楚蕴结"的情感"往往出于穷饿愁思一身之外",③从个人遭遇的小天地中升华为"悲天悯人"之怀,从"一时之性情"升华为"万古之性情",从而显示出作品更伟大的价值。这表明黄宗羲所倡导的并不是一种率真、闲适的"自然性情",而是关乎时世、伦理的"社会性情",其实质就是情感与价值理性的统一,这是对局限于个体的一时之性情的提升。黄宗羲其实并不排斥怨女逐臣的"一时之性情",认为他们"私为一人之

---

① (清)黄宗羲:《朱人远墓志铭》,沈善洪、吴光主编:《黄宗羲全集》第十册,浙江古籍出版社 2005 年版,第 484 页。

② (清)黄宗羲:《马雪航诗序》,沈善洪、吴光主编:《黄宗羲全集》第十册,浙江古籍出版社 2005 年版,第 95—96 页。

③ (清)黄宗羲:《朱人远墓志铭》,沈善洪、吴光主编:《黄宗羲全集》第十册,浙江古籍出版社 2005 年版,第 484 页。

怨愤，深一情以拒众情，其词亦能造于微"①，但他将这种一己之私的性情表现放在次要地位。个人的遭遇与坎坷尽管可以入诗，但不外乎"私为"而已，它只是因了个人的物质或精神上的痛苦，一味地发泄其怨愤，其作品的社会价值肯定被大打折扣。这样的畅己之情，只是躲在个人的小圈子中，割断了与社会的联系，黄氏自然不会抬高它。他的弟弟黄宗会也有类似的认识，他说："一夫之忧欢悲乐，在天地间，去蚊虻之声无几，本无足云。"②友人归庄亦云："太史公言：'虞卿非穷愁不能著书'；又以《说难》《离骚》，由于囚放；古诗皆发愤之作。余谓此一身之遭遇，穷愁之小者也；岂知天下之事，愁愤有十此者乎？自陵谷变迁，士君子之秉大义、抱微尚者，有郁积于中而又难于讼言，则托之古人以见志，此吾友朱九初所以有《遗民录》之作也。"③黄宗羲要求扩展"怨"的广度和深度，这道出了遗民作家的共同心声，但黄氏更明确要求以其"道"怨其所怨，因而特别强调诗歌创作应以表现普遍人性为主，强调个性的共性化，要求在"孤行一己之情"中表现"万古之性情"，即人的普遍的善性。这种"万古之性情"，超越了"一己之性情"，是在"道"层面上的为公而怨，是将个人之情与天下之情融合为一，扩大了作家的关怀层面，寄寓了创作者兼济天下、家国一体的政治情怀，并能真正起到兴观群怨的教化作用。因此，黄宗羲的"万古之性情"说，又是与其文道合一、经世致用的文学观相贯通的。俄国著名文艺评论家别林斯基曾说："任何一个诗人也不能由于他自己和靠描写他自己而显得伟大，不论是描写他本身的痛苦，或者描写他本身的幸福。任何伟大诗人之所以伟大，是因为他们的痛苦和幸福的根子深深地伸进了社会和历史的土壤里，因为他是社会、时代、人类的器官和代表。"④黄宗羲的"万古之性情"的含义，比较接近于别林斯基的观点。举例来说，远的如杜甫，其所居茅屋为秋风所破，一家人遭受了屋漏之

---

①　（清）黄宗羲：《朱人远墓志铭》，沈善洪、吴光主编：《黄宗羲全集》第十册，浙江古籍出版社 2005 年版，第 484 页。

②　（清）黄宗会：《缩斋诗文集·缩斋后记》，印晓峰点校本，华东师范大学出版社 2009 年版，第 98 页。

③　归庄：《归庄集》卷 3《历代遗民录序》，上海古籍出版社 2010 年版，第 170 页。

④　武尔贡：《苏联的诗歌》，《苏联人民的文学》上册，人民文学出版社 1956 年版，第 128 页。

苦，但他作诗，最后却从怨己之穷中宕开去，怨天下之寒士不能居于广厦，借此表现了社会和时代的苦难。杜甫在秋风秋雨无情袭击的夜晚，不惜"吾庐独破"，而愿庇天下寒士，那是何等博大的胸襟，何等崇高的理想，这就由一时之性情跃升到了万古之性情的境界。元稹《连昌宫词》、郑嵎《津阳门》中老翁的泣诉，以自身之遭际挽合国家之盛衰，此其所以为可贵。近的如友人朱尔迈（字人远），其人低回于折戟沉沙之处，比昵于吞声失职之人，故其为诗，不陷于怨己之穷，而成为"悲天悯人之怀"的呈现，显得格高境老，因而能引发读者的共鸣。

　　要充分明了黄宗羲区分性情表现层次的意义，就要稍微梳理一下创作史和话语史。早在战国时，屈原《九章·惜诵》就说"惜诵以致愍兮，发愤以抒情"，意思是说自己因为喜欢谏诤而招致祸患，不得已而发愤抒情。屈原正式明确表示自己创作时的心理状态主要是出于"愤"，"愤"的强烈情感又源于自己忠而遭谗，被疏独处的政治现实。屈原疾王听之不聪，谗谄之蔽明，邪曲之害公，方正之不明，陷入了"忳郁邑余侘傺兮，吾独穷困乎此时也"的难堪境地，故忧愁幽思而作《离骚》，"信而见疑，忠而被谤，能无怨乎"[1]，可以说为君为国乃屈原之"怨"的精神所在。司马迁在忍受奇耻大辱的腐刑之后，推尊一切圣贤者之"怨"，提出了著名的"发愤著书"说："昔西伯拘羑里，演《周易》；孔子厄陈、蔡，作《春秋》；屈原放逐，著《离骚》；左丘失明，厥有《国语》；孙子膑脚，而论兵法；不韦迁蜀，世传《吕览》；韩非囚秦，《说难》《孤愤》；《诗》三百篇，大抵贤圣发愤之所为作也。此人皆意有所郁结，不得通其道也，故述往事，思来者。"[2]司马迁提到的这些圣贤，身为"傥傺非常之人"，却具怨愤郁结之心，遂在逆境中奋起创造。司马迁和这些圣贤因不得其道而抒怨写愤，由个人的坎坷不平上升到了为"道"而创作。唐代韩愈发展出更为普遍的美学命题——"不平则鸣"说，他在《送孟东野序》结尾中云："抑不知天将和其声，而使鸣国家之盛邪？抑其穷饿其身，思愁其心肠，而使自鸣其不幸耶？"韩愈虽然将"鸣盛"与"鸣不幸"对举，但他更倾向于文学能倾吐创作主体的哀愁。他从"哀"的一面进一步推衍："和平之音淡薄，而愁思之声要妙；欢

---

① （西汉）司马迁：《史记》卷84《屈原贾生列传》，台海出版社1997年版，第700页。
② （西汉）司马迁：《史记·太史公自序》，影印文渊阁《四库全书》本。

愉之辞难工,而穷苦之言易好也。是故文章之作,恒发于羁旅草野。"①看来,韩愈的"不平则鸣",较之屈原、司马迁,更多地打上了言一己之怨的烙印。宋代的欧阳修又在《梅圣俞诗集序》中提出"穷而后工"说:"世谓诗人少达而多穷,夫岂然哉? 盖世所传诗者,多出于古穷人之辞也……盖愈穷者愈工。然则非诗之能穷人,殆穷者而后工也。"这里的所谓"穷",与"达"相对,欧阳修原意指的是不得志、不显贵,即"士之蕴其所有,而不得施于世者",是精神上的困顿。欧阳修此说,愤世色彩相对淡薄,而自哀自怜的成分居多。宋人的心理趋向于内倾,故怨己之穷较唐人更为突出实乃时代使然。及至明代,明道刺世的文学思想已很少为人提起,明人论"怨","亦多不指向外在批判而指向主体之穷"②。明代文学侧重于个人情感的抒发,对现实问题愈益噤若寒蝉。且复古派之所谓性情,穿上古典的外衣,显得很虚假。总之,在高压的政治下,明代文人的怨"越来越走向狭小的天地而无大家之气象"③。黄宗羲在观察了文学史之变的事实后,曾深有感慨地说:"古之诗也,以之从政,天下之器也。今之诗也,自鸣不平,一身之事也。《黍离》降为国风,一时之变也。天下降为一身,古今之变也。"④此所谓"天下之器",是就万古之性情而言,"一身之事"是就一己之性情而言。古今的诗歌创作由"天下降为一身",这种演变并不为黄宗羲所许可。黄宗羲"万古之性情"的提出,是从为文之本原上着力,扭转长期来文人多表现一己之穷愁的贫弱文风,试图提升"怨"的境界,其核心思想是要倡导为公之大"怨",引导作家关心天下之治乱,其所继承的正是孔子以来儒家主大"怨"的基本精神,⑤反映出黄宗羲绝大的时代抱负。

将"性情"区分为"一时之性情"和"万古之性情",是黄宗羲在文学理论上的重要创见。但"万古之性情"的文学理念,并非黄宗羲一时之想,其实他的老友万泰早就悟到了。万泰说:"吾未知古人,而知古人之性

---

① (唐)韩愈:《昌黎先生集》卷 20《荆潭唱和诗序》,《四部丛刊》初编本。

② 刘文勇:《价值理性与中国文论》第三章,巴蜀书社 2006 年版,第 147 页。

③ 刘文勇:《价值理性与中国文论》第三章,巴蜀书社 2006 年版,第 150 页。

④ (清)黄宗羲:《董巽子墓志铭》,沈善洪、吴光主编:《黄宗羲全集》第十册,浙江古籍出版社 2005 年版,第 490 页。

⑤ 刘文勇:《价值理性与中国文论》第三章,巴蜀书社 2006 年版,第 149 页。

情。读《匪风》《下泉》,而知为忠臣;读《蓼莪》《陟岵》,而知为孝子,此三百篇之性情,而即屈宋、汉魏、六朝、三唐以迄今人之性情也。"①万泰在这里将"古人之性情"的内涵规定为忠孝,此既为"三百篇之性情",同时又贯穿了先秦至唐代的诗歌史,这种性情当然就是"万古之性情"。黄宗羲的观点很可能受到了万泰的启发,但他又作出了进一步的提炼和概括,并将"万古之性情"与"一时之性情"对提,内涵更为深刻,不再受"忠孝"所局限。他说:"彼知性者,则吴楚之色泽,中原之风骨,燕赵之悲歌,盈天地间,皆恻隐之流动也。"②"一时之性情"向"万古之性情"的腾跃,实质上是要求诗歌从抒写"一己之不遇"的小我中跳出,表现具有普遍和永恒意义的"人性"主题,因为它合乎封建士大夫的道德伦理规范,其精神内核是在新的时代呼唤失落的人性,要求创作主体实现儒家伦理道德的自我完善,向儒家的理想人格和境界腾跃,这正是黄宗羲的最高审美理想。

黄宗羲提出的"万古之性情",是以"孔子之性情为性情",合乎兴观群怨之旨,从表面看来与传统的诗教并无区别,但仔细品味,黄宗羲并非一味地"诵法孔子",而是赋予了"诗教"以新的内涵。他说:

> 彼以为温柔敦厚之诗教,必委蛇颓堕,有怀而不吐,将相趋于厌厌无气而后已。若是则四时之发敛寒暑,必发敛乃为温柔敦厚,寒暑则非矣;人之喜怒哀乐,必喜乐乃为温柔敦厚,怒哀则非矣。其人之为诗者,亦必闲散放荡,岩居川观,无所事事而后可;亦必茗碗薰炉,法书名画,位置雅洁,入其室者萧然如睹云林、海岳之风而后可。然吾观夫子所删,非无《考槃》《丘中》之什厕乎其间,而讽之令人低徊而不能去者,必于变风变雅归焉。盖其疾恶思古,指事陈情,不异薰风之南来,履冰之中骨,怒则掣电流虹,哀则凄楚蕴结,激扬以抵和平,方可谓之温柔敦厚也。③

> 雷霆焚槐,天地大绞,万物之摧拉摇荡者,寥寥而为穷苦愁怨之声,不啻风泉之满听矣。介山能无动乎？将一一写之以为变风,无

---

① 　(清)万泰:《续骚堂集》卷首自序,《四明丛书》本。
② 　(清)黄宗羲:《马雪航诗序》,沈善洪、吴光主编《黄宗羲全集》第十册,浙江古籍出版社 2005 年版,第 96 页。
③ 　(清)黄宗羲:《万贞一诗序》,沈善洪、吴光主编《黄宗羲全集》第十册,浙江古籍出版社 2005 年版,第 94—95 页。

有也。且不特介山,古之能自尽其情者,莫如渊明,然而《述酒》等作,未尝不为廋词矣。此亦温柔敦厚之教,见于诗外者也。①

　　黄宗羲认为历来关于"温柔敦厚"诗教的解释是片面的。若按俗士的意见,把哀怨排除在外,只有表现喜乐之情才算温柔敦厚,其结果只能是委蛇(意为迂回曲折地抒发,言不由衷)颓堕,怀而不吐,作品厌厌而无生气。他指出情有喜怒哀乐,就如四时之有发敛寒暑,作为诗教的温柔敦厚,必然包含着"怒哀"的情感在内。即便是经孔子删后的"诗三百",虽然也有《考槃》之类的作品表现了闲散之乐,但最动人的篇什,还是那些变风变雅。宋人何梦桂说:"雷霆焚槐,天地大续,万物之摧拉泯灭者何限。"②黄宗羲有感于此,化而用之,指出作者当身处令人震骇的环境之中,是不可能无动于衷的。这个"雷霆焚槐""摧拉泯灭"的环境实际上就是天崩地解的亡国时代。鉴于国破家亡的惨痛经历,读之"令人低徊而不能去者"的"变风变雅"之作,尤其能够得到他的共鸣。黄宗羲进而提出:"怒则掣电流虹,哀则凄楚蕴结,激扬以抵和平,方可谓之温柔敦厚也。"以"怒""哀"这种"激扬"的方式,感天动地,此种表达途径,是以不平和乃为平和,这是黄宗羲对"诗教"的全新诠释,但其前提必然是为公之怨。若从诗教的原初含义来说,"温柔敦厚"其实并不排斥怨、怒、愤之类的否定性情绪,只是强调这类情绪的表达要注意方式。至钱谦益对"温柔敦厚"的诠释出现了新变,他说:"诗之为教,温柔而敦厚。温柔敦厚者,天地间之真诗也。忧乱之诗曰'昊天疾威',温柔之极也。刺谗之诗曰'投畀豺虎',敦厚之极也。……二张子之诗,往往哀永嘉、思天宝,当饗而叹,闻歌而泣。其音噍而不杀,其指怨而不怒,金声玉诎,曲而有体,其斯为温柔敦厚之遗。"③钱氏的诠释已明显落在忧乱身上,只是他没有作学理上的发挥,仍旧强调"怨而不怒"之旨。黄宗羲则不然,突出了"怒""哀"的情绪宣泄,并指出了"激扬以抵和平"的宣泄途径。叶朗曾指出:"儒家文化中的忧患意识,乾健刚强不息的进取意识,浩然正气的大

---

　　①　(清)黄宗羲:《金介山诗序》,沈善洪、吴光主编:《黄宗羲全集》第十册,浙江古籍出版社 2005 年版,第 92—93 页。

　　②　(宋)何梦桂:《潜斋集》卷 5《柴谦山诗序》,影印文渊阁《四库全书》本。

　　③　(清)钱谦益:《西陵二张子诗序》,《牧斋杂著》,上海古籍出版社 2009 年版,第 414 页。

丈夫气概,救天下之溺的道义承担,还有崇义不崇力的怀柔和平政策,正是中国文学史上怨诗、讽刺诗、兴寄诗、反战诗传统的精神支柱。虽然它们的面貌不那么温柔敦厚,但这正是'中和'的宇宙、社会和心理秩序被破坏以后,由挠、荡、激、梗、灸、击而后所发出的不平之鸣,其深层背景仍是要'致中和''致平'。"①这可说是现代学者对"激扬以抵和平"的阐释,有助于我们深入地体认黄宗羲的阐释理路。黄宗羲对诗教的新解,显示出其独特的光彩。他公开提出:"不以博温柔敦厚之名,而蕲世人之好也。"②要求抒发不加掩饰的大怒大哀之情,实际上是要张扬迅雷之文,为现实政治服务,这不仅展示了对传统诗教的一种回归姿态,且为传统诗教注入了新鲜的血液。

四、情的烹炼工夫论

黄宗羲认为元气不寄于繁华而寄于岑寂,至情生于厄运危时相激之时,只有煎销幻结的习心,才能孤露戚然之天真,这就意味着至情须从烹炼而出。他在《万贞一诗序》中说:"今之论诗者,谁也不言本于性情;顾非烹炼,使银铜铅铁之尽去,则性情不出。"③为此他特地举出了当下的两个范本:

一是友人钱肃图之诗。钱肃图(1617—1692),字肇一,又字退山,钱肃乐第四弟。全祖望《续甬上耆旧诗》有传云:

> 以诸生豫忠介幕府,授推官。时名器冗滥,忠介力辞子弟恩命,不受。已而从亡,累官监察御史。崎岖海坛、化南之间,洊更百死。戊子,忠介卒于琅江,先生以诸弟入刘公中藻军,助守福宁。己丑围急,出城乞援,未返城陷,第五弟肃范死之。先生以忠介子翘恭从亡潏洲。庚寅,翘恭卒于潏洲。辛卯,潏洲又陷,先生栖泊山海之间。丙申,第九弟肃典以赴义死。时先生第七弟肃遴自江宁之师归,已而亡命吴市,亦以佯狂死。而忠介尚无承祧者,其余诸弟散走四方,

---

① 叶朗主编:《现代美学体系》,北京大学出版社1988年版,第85页。

② (清)黄宗羲:《金介山诗序》,沈善洪、吴光主编:《黄宗羲全集》第十册,浙江古籍出版社2005年版,第92—93页。

③ (清)黄宗羲:《万贞一诗序》,沈善洪、吴光主编:《黄宗羲全集》第十册,浙江古籍出版社2005年版,第94页。

先生叹曰:"吾不可以轻死。"乃辗转患难中,为保全宗祀计。五十九岁始举一子,为忠介后。然先生家亦被籍,无一瓦之覆,一垄之植。不得已始出而索食,客淮上,入秦中,走东粤。及河督靳公至淮,重先生名,延之。先生忽忽不自得,靳公知其意,为筑舍于外,有谋则就之,时人重先生之介,而亦服靳公之贤。每从江上归,徘徊四顾,历指当年营汛以示诸子,失声痛哭而去。①

从上面的传记得知钱肃图出身甬上望族,亡国之际,锋头血路,身濒十死,艰难备尝,其所作之诗自然别有一般滋味在心头。黄宗羲云:"退山飘零鲸背,与蜑户鲲人共夫烟火,十死之余,人世富贵福泽之气煎销净尽,而后甘苦咸酸之味始出。"②这段话只有与上引的钱肃图传结合起来,才能得到更为真切的理解。毫无疑问,黄宗羲此处之烹炼性情,乃是指在艰苦危迫的环境中,亲身感受饥寒劳困之苦、死亡之威胁,经过一番人世间的历练,"人世富贵福泽之气"自然"煎销净尽"了,发而为诗,也就有了真性情。

二是门生万言(1637—1705)之诗。康熙十八年(1679),徐元文出任《明史》监修总裁官,因徐元文的荐举,并得到朝廷批准,万言与万斯同一起入京修史。次年二月,万言授文林郎,食翰林七品俸。康熙二十七年(1688)去馆,出知江南凤阳府五河县。黄宗羲说,万言在史馆时忙于编纂,"短檠木榻,笔退成冢,岂暇为诗"?后来因为"晨炊欲绝,自请外补。斗大一城,鹄面苍生,旱蝗孑遗,抚循委曲,继之涕泣,又不忍为诗"。可见万言虽然生活在和平的时代,但自身仍遭遇着不幸,同时他也看到了底层人民的不幸,感同身受,不禁哭泣。万言的诗歌就是在这样的环境下有感而发的,故黄宗羲感叹说:"嗟乎! 贞一风尘困顿,锻炼既久,触景感物,无一而非诗,则以其不暇为不忍为者溢而成之。"③万言之诗所以能动人,就是因为他表现了"不忍"的善性。黄宗羲谈论万言之诗,强调了

---

① （清）全祖望:《续甬上耆旧诗》卷43,方祖猷等点校本,杭州出版社2003年版,中册第305页。

② （清）黄宗羲:《钱退山诗文序》,沈善洪、吴光主编:《黄宗羲全集》第十册,浙江古籍出版社2005年版,第69页。

③ 以上皆见（清）黄宗羲:《万贞一诗序》,沈善洪、吴光主编:《黄宗羲全集》第十册,浙江古籍出版社2005年版,第95页。

其"风尘困顿,锻炼既久"的历练过程。此处的"锻炼",义同"烹炼",都是指严酷生活的历练。

从以上两例看,黄宗羲烹炼性情的主张,是从苦难入手的,是通过苦难环境的历练获得真性情。换言之,真性情就是在各种艰难困苦环境下的情感蕴结。黄宗羲的此种想法,完全因于他所遭际的时代环境之故。处于天崩地解的时代,身受家国沦亡之痛,饱尝黍离麦秀之感,黄宗羲的胸中填满了一腔悲壮怨抑之气,从而发为凄楚蕴结之音。他在《辞祝年书》中说:"自最平生,无一善状。仇刃冤赃,钩党飞章,围城狱户,柳车变姓,积尸蹀血,虎穴鲸波,数十年野葛之味,岂止一尺,盖独有危苦可书耳。"①"危苦"之情自是"至情"的表现,至情的获得须经一番烹炼工夫,可见烹炼性情便是一种极其痛苦的人生阅历。

由"烹炼性情"可知,黄宗羲的情至说是以苦难的生活阅历为基础的,这就与明代汤显祖的情至论有所区别了。黄宗羲很赞赏汤显祖的"情至"之说,但汤显祖主张"凡文以意趣神色为主"②,故其作品不乏"趣"味,而黄宗羲但以"危苦"立论,别具天崩地解时代的特征。

黄宗羲的"烹炼性情"论,触及了主体在特定环境中的体验深度问题。任何艺术活动都是在特定环境中的活动,有时,一定的环境对于一定的艺术活动有益,有时,则对这一活动有害。身处苦难的环境当中,往往更能呈现出灵魂、人性、命运,更能促使人思考历史,同时,苦难虽然对个人和民族来说都是不堪回首的记忆,但环境的历练正可以激发主体的真性情,那颠倒和荒诞的时代在某种意义上却可以成为文学的非庸常性的资源。黄宗羲的烹炼性情说,已经深刻认识到了积极环境("繁华")对艺术活动的压抑作用,消极环境("厄运危时")对艺术活动的促进作用,这无疑是对"愁苦之言易好,欢愉之辞难工"的更深一层的认识。

黄宗羲既视"情"为性之情,因而他的烹炼性情说又是与他的"功夫所至,即是本体"的哲学思想相贯通的。他在《孟子师说》中说:"'平旦之气,其好恶与人相近也者几希',此即喜怒哀乐未发之体,未尝不与圣人

①　(清)黄宗羲:《辞祝年书》,沈善洪、吴光主编:《黄宗羲全集》第十册,浙江古籍出版社 2005 年版,第 166 页。

②　(明)汤显祖:《汤显祖诗文集》下册《答吕姜山》,徐朔方笺校,上海古籍出版社 1982 年版,第 1337 页。

同,却是靠他不得。盖未经锻炼,一逢事物,便霍然而散,虽非假银,却不可入火,为其平日根株久禅宗席。平旦之气,乃是暂来之客,终须避去。……故必须工夫,才还本体。"①这便是黄氏烹炼性情的哲学依据。孟子所谓"平旦之气",指的是早晨的清明之气,黄宗羲则直接指性——喜怒哀乐未发之体;所谓"平日根株久禅宗席",是说像禅宗坐禅那样练习静坐。宋明理学家常教学者静坐以体验喜怒哀乐未发之气象。黄宗羲说,没有生活的历练,光靠静坐的体验,是没有出路的。静坐中获得的所谓"平旦之气",那只不过是"暂来之客"而已,因其"未经锻炼",难免遇境动摇。黄宗羲生动地比喻说:静坐体验而得的心体澄明之境,当然不能说是假银,但却经不起真火的检验。要真正证得此体分明,就必须经过"锻炼"这一环节。从性情的角度看,性是本体,情是工夫,本体通过工夫而实现,文学上创作主体的烹炼性情正是达致至情的必由途径。

五、情的审美意境论

黄宗羲从"情与物游"的审美方式出发,认为真意必须与客观世界相流通。他说:"古之人情与物游而不能相舍,不但忠臣之事其君,孝子之事其亲,思妇劳人,结不可解,即风云雨露草木虫鱼,无一非真意之流通。"②黄宗羲认识到艺术领域的自然景物并不仅仅是客观实在的物体,而是流通着真意的审美认识的物景。他批评诗人"以花鸟为骨,以烟月为精神,诗思得之灞桥驴背",虽然"极其雕绘",也只是客观之景的实录。黄宗羲所要求的审美对象的景,乃"真意"所流通的景,景之"结不可解",是要使真实情感物化,主客体精神契合。也只有"情与物游",才能真正做到"景与意亲"。他说:

> 诗人萃天地之清气,以月露花鸟为其性情,其景与意不可分也。
> 月露风云花鸟之在天地间,俄顷灭没,而诗人能结之不散。常人未

---

① (清)黄宗羲:《孟子师说》卷下"牛山之木"章,沈善洪、吴光主编:《黄宗羲全集》第一册,浙江古籍出版社 2005 年版,第 138—139 页。

② (清)黄宗羲:《黄孚先诗序》,沈善洪、吴光主编:《黄宗羲全集》第十册,浙江古籍出版社 2005 年版,第 31—32 页。

尝不有月露风云花鸟之咏，非其性情，极雕绘而不能亲也。①

黄氏以为物之美并不在于"形"，而在于神，而所谓物之神其实就是人的性情，而不是什么物的本质，因而审美中的景就是在物之形中蕴藏着物之神，以月露花鸟为其性情，则是人与物二其形而一其神了，这样融主体与客体中的"景"也就具有了审美意义和价值。

那么如何才能做到"景与意亲"呢？除了"真意之流通"外，黄宗羲更进而提出"文人与山水相表里"说。他认为山水并不仅仅只是客观实在的物体，而有某种并非实体却又实存的神在，审美活动主要也不是观赏物的形体，而是体会物之神。山水之神不可见，而于体状中见之。体状者何？"夫黄山之云海天马，白猿神鸦，固山林之体状也，游者非其人莫见。"②故所谓"体状"，也就是山水之神外在显现的"形"，自然山水的外在状貌都是具体可感的存在，它们无时无刻不处于动的状态，即呈现为动象，唯有动象才能表现出事物的精神、生命的底蕴。审美主体可从山水的外在之动象状貌去体会山川之神，通过直观感相传达出自然的生命律动，从而实现真正的心物交融。传统的看法，山川之神为云雨之类。如《国语·鲁语下》记孔子之语云："山川之灵，足以纪纲天下者，其守为神。"吴韦昭注曰："山川之守，主为山川设者也。足以纪纲天下，谓名山大川能兴云致雨以利天下也。"《礼记·祭法》云："山林、川谷、丘陵能出云，为风雨，见怪物，皆曰神。"黄宗羲与其他论者不同的地方，是直接赋予山水客体以某种高尚的人格和超凡的知觉灵性，以慧业文人取代云雨。他说："凡洞天福地，皆有幽宫神治。彼慧业文人者，即山川之神也。"③他还特意举出数例证明"山川与文人相酬答，固未尝徒付之冥漠不可见闻也"④。黄宗羲的山水有灵论固然不足取，但他将山水之神预设为

① （清）黄宗羲：《景州诗集序》，沈善洪、吴光主编《黄宗羲全集》第十册，浙江古籍出版社 2005 年版，第 16 页。
② （清）黄宗羲：《靳熊封游黄山诗文序》，沈善洪、吴光主编《黄宗羲全集》第十册，浙江古籍出版社 2005 年版，第 102 页。
③ （清）黄宗羲：《靳熊封游黄山诗文序》，沈善洪、吴光主编《黄宗羲全集》第十册，浙江古籍出版社 2005 年版，第 101 页。
④ （清）黄宗羲：《靳熊封游黄山诗文序》，沈善洪、吴光主编《黄宗羲全集》第十册，浙江古籍出版社 2005 年版，第 101 页。

慧业文人之神,目的是将山水之神视为文人精神的物化,要与山川进行精神交流,就首先需要文人具备相应的精神品格,否则仅仅只搜寻客体之美而丧失了主体精神,无疑是对山水之神的一种唐突。他说,游山者如果没有较高的审美把握的能力,就根本不可能领会山水之"体状"。他生动地形容说,俗士游山,"尘声俗轨,绵络累纸,如遇王嫱,岂不言好,以毛延寿之笔,唐突脂粉,山灵不受汝阿谀也。……即文人喜游山川,山川岂喜此等文人游乎?'请回俗士驾',松声鸟声水声无不作是语矣"①。尘声俗轨的游山,即使摹形绘色惟妙惟肖,也不过是对自然表象的肤浅无识的阿谀,只会让山灵感到厌恶,又岂能传达出自然生命的底蕴! 黄宗羲认为,就审美客体而言,山水具有人格化的品格;就审美主体而言,只有"人非流俗之人",才能做到"景与意亲"。作者针对审美主体提出要求,显然有其高明之处,使传统的"得山水之助"说附加了主体必备的先决条件,因而具有某种新意。

从以上的梳理看,黄宗羲的性情论内容丰富,独树一帜,丝毫不比王夫之的性情论逊色。在清初的文论界,黄宗羲可以说是和王夫之肩并肩地将"诗以道性情"的古老命题推进到全新理论高度的杰出人物。

第四节　以学力为浅深

"学"是黄宗羲在《李杲堂先生墓志铭》中提出的为文五要素之一,属于创作主体的范畴,强调的是创作主体的学识对于为文的重要意义。黄宗羲尤其重视创作主体的修为,论述创作主体之德、学、识及生活经验的文字很多。黄宗羲认为一个作家的学识素养,深刻地影响着他对客观事物的理解和对主观情感的审视,也直接影响着作品达到的高度。他在选编明文时指出:"计一代之制作,有所至不至,要以学力为浅深,其大旨罔有不同,顾无俟于更弦易辙也。"②这里所谓"学力"不仅是指学问上的造

---

① （清）黄宗羲:《靳熊封游黄山诗文序》,沈善洪、吴光主编:《黄宗羲全集》第十册,浙江古籍出版社 2005 年版,第 101—102 页。

② （清）黄宗羲:《明文案序下》,沈善洪、吴光主编:《黄宗羲全集》第十册,浙江古籍出版社 2005 年版,第 20 页。

诣,更指因学问而达致的学识、学养;"更弦易辙"是指评选文章的标准发生改变。黄宗羲选编明文,就是执定"情至"和"学力"这两把尺子,来度量文章的浅深,而不是换用什么其他的评选标准。文以见道,而道之浅深,关键在于学力如何。

一、"贯穿之学"与"深湛之思"

文学创作与学问的关系,亦即才情与学养的关系,前人论之者多矣,有很多精辟的见解。黄宗羲继承了前人的思想,同时又结合特定的时代,有自己的讨论重点。

黄宗羲认为作文必须要以广博的学问作基础,决不能凭空杜撰,信口雌黄。他说:"盖自有宇宙以来,凡事无不可假,唯文为学力才禀所成,笔才点牍,则底里上露,不能以口舌贵贱,不可以时代束缚。"①黄宗羲承认创作主体的学力才禀对于为文的重要性,并特别指出学问是假不得的,一假就会在文章中露馅。黄宗羲曾感叹地说:"嗟乎! 儒者好自标榜,而足不出于百里,目不接一胜友,抱毛头场屋之时文,胸驰臆断,转侧于烟火血肉之间,田儿灶妇且测其底里。"②作为儒者如果只死抱住场屋时文不放,连区区的田儿灶妇都能测到其学问的底里,那么他写出来的文章肯定是肤浅可笑、毫无价值的。

在黄宗羲看来,博学广识的重要途径就是多读书。他认为"多读书"是提高诗人自身涵养的必要条件,也是诗人获取才识的重要源泉。他在《戴西洮诗文题辞》中说:"文章之道非可一蹴而至者。苟好之,则必聚天下之书而读之,必求天下之师友而讲之,必聚一生之精力而为之,其文有不工者乎?"③请注意作者在此连用三个"必"字,只有将"三必"合在一起形成一股合力,作文才能融会贯通,但"三必"中"必聚天下之书而读之"无疑是放在首要位置的,这正体现了黄氏对创作主体博学的要求。他还

---

① (清)黄宗羲:《郑禹梅刻稿序》,沈善洪、吴光主编:《黄宗羲全集》第十册,浙江古籍出版社 2005 年版,第 66 页。

② (清)黄宗羲:《翁元铠禅师语录序》,沈善洪、吴光主编:《黄宗羲全集》第十册,浙江古籍出版社 2005 年版,第 46 页。

③ (清)黄宗羲:《戴西洮诗文题辞》,沈善洪、吴光主编:《黄宗羲全集》第十册,浙江古籍出版社 2005 年版,第 107 页。

要求读书要专,坚持不懈,聚一生精力读书作文,文章自然能工。黄宗羲又在《论文管见》中提到:"余尝见小儿抟泥为炝,击之石上,铿然有声,泥多者声宏。若以一丸为之,总使能响,其声几何?"①他从小儿玩泥炮仗中悟出古人"读书破万卷"的道理。读书多了,自会比较鉴别其瑕瑜,学其长处,避其短处;读书多了,自能触类旁通,举一反三,开拓思路,临文才能游刃有余,从容不迫。他还说,人们都知道司马迁的文章得之山川之游,却忽略了其读书之工夫,其实"子长读书十年之后",方可说"得之山川",②可见司马迁的文章还是离不开学的铺垫。黄宗羲的这一观点,甬上证人书院弟子也有所领会,如郑梁说:"戴表元序刘仲宽诗,谓其人之未游者,不如已游者之畅,游之狭者不如游之广者之肆。余颇不然其言,以为天下之游者千亿辈,而能文者或数十年、或二三百年始一见。人之能文否,系于学不学,不系于游不游也。"③比起其师来,郑梁的观点扬学抑游,实属偏颇。

　　黄宗羲所说的"读书",主要是指读经史之书。黄宗羲曾告诫得意弟子万贞一:"一部十七史,迁固及宋祁。但取征存亡,不贵修文辞。"④这说明了黄宗羲并未将文学作为一个独立的学科来看待,多少忽视了《史记》所取得的文学上的巨大业绩。但他在为钱退山诗文作序时,非常赞赏钱肃图(退山)的一段话:"言作诗者,固当出之以性情,尤当扩之以才识。"⑤才是表露于外的创作才能,识则是作者对事物进行分析、判断、鉴别、取舍的能力,才是识的表现和运用。才识从何而来?就是从研经读史中来,博学能提高人的认识能力。黄宗羲指出:"经史,才之薮泽也。"⑥扩充

---

① (清)黄宗羲:《论文管见》,沈善洪、吴光主编:《黄宗羲全集》第十册,浙江古籍出版社 2005 年版,第 666 页。

② (清)黄宗羲:《陈葵献偶刻诗文序》,沈善洪、吴光主编:《黄宗羲全集》第十册,浙江古籍出版社 2005 年版,第 31 页。

③ (清)郑梁:《寒村诗文选·寒村杂录》卷 2《送万贞一游万载序》,《四库全书存目丛书》本。

④ (清)黄宗羲:《南雷诗历·寄贞一五百字》,沈善洪、吴光主编:《黄宗羲全集》第十一册,浙江古籍出版社 2005 年版,第 343 页。

⑤ (清)黄宗羲:《钱退山诗文序》,沈善洪、吴光主编:《黄宗羲全集》第十册,浙江古籍出版社 2005 年版,第 69 页。

⑥ (清)黄宗羲:《蒋万为墓志铭》,沈善洪、吴光主编:《黄宗羲全集》第十册,浙江古籍出版社 2005 年版,第 493 页。

才识的首选就是研读最能体现儒家精神的经史之书。黄宗羲要求今人为文须以经为渊源，以史为波澜，强调研经读史，博学广识。黄宗羲对比了昔人与今人在创作上的不同态度和方法，指出："昔之为诗者，一生经史子集之学，尽注于诗。夫经史子集何与于诗，然必如此而后工。时文亦然，今顾以时文为师，经史子集一切沟为楚汉，且并诸儒之理学，视之为涂毒鼓声。穷经之学，固如是乎？"①他赞扬昔日学者研读经史子集，以深厚的积累来充实自己的学识素养，提高自己的审美能力，然后融化学识于诗文中，这样的诗文才是好作品。今人则不然，撇开经史子集不读，仅仅以肤浅的时文为师，胸无点墨，岂能写出蕴含深刻而见解独到的文学作品呢？

在倡导阅读经史著作的同时，黄宗羲提出要辨别学问的真伪。黄宗羲批判假学问的重点在"以举世之习尚成为学术"的社会风气上。他在《孟子师说》中对所谓"乡愿之薪传者"大张挞伐：

> 世道交丧，圣王不作，天下之人，兆民之众，要不能空然无所挟以行世，则遂以举世之习尚成为学术。但论其可以通行，不必原其心术，揣摩世态，陪奉人情，在世路则为好人，在朝廷则为鄙夫，凡朝廷之资格，官府之旧规，往来之情面，胥吏之成例，弥缝周至，无有罅漏。千百年来，靡烂于文网世法之中，皆乡愿之薪传也。即有贤者头出头没，不能决其范围，苟欲有所振动，则举世目为怪魁矣。②

黄宗羲对那些只知宗奉朱熹成说，众口一词，毫无创见的学风，给予了无情的批判。甚至连贤者也追随世俗（"头出头没"），跳不出"乡愿"织就的樊篱，一旦有人"决其范围"，乡愿者就会群起而攻之。至于以八股取士的科举之学，更是黄宗羲重点批判的对象。那些追求功名利禄的学人文士，不研经史，却以"时文为师"，以"批尾为学"。他们之所谓学，"所接不过腐生末学，所读不过毛头制义"，因此眼孔狭小，把"醢鸡之瓮"当

---

① （清）黄宗羲：《马虞卿制义序》，沈善洪、吴光主编：《黄宗羲全集》第十册，浙江古籍出版社 2005 年版，第 75 页。

② （清）黄宗羲：《孟子师说》"孔子在陈章"，沈善洪、吴光主编：《黄宗羲全集》第一册，浙江古籍出版社 2005 年版，第 164—165 页。

成了艺苑，①却不知真正的艺苑是如何的阔大无垠。他在《天岳禅师诗集序》中说："选时文者，借批评以眩世。不知先贤之学，如百川灌海，以异而同，而依傍集注，妄生议论，认场屋为两庑，年来遂有批尾之学。"②又在《马虞卿制义序》中说："黠者从而张皇其间，囈语狂吠，发为时文之批尾。面墙之士子，遂以批尾为学。"③所谓"时文"是指科举时代应试的文章，明清时期特指八股文，"批尾为学"就是对时文的评点批注。黄宗羲认为这种学问是虚假的学问，告诫郑梁等后学说："蒙存浅达"④这些教科书，"此本举业捷径，与理学无与"⑤，实乃"举子之经术"，而非"学者之经术"。⑥直到康熙三十一年（1692），黄宗羲为蒋宏宪所作的墓志铭中，犹激烈地批判八股取士制度，他说："今日科举之法，所以破坏天下之人才，惟恐不力。经史，才之薮泽也，片语不得搀入，限以一先生之语，非是则为离经畔道，而古今之书，无所用之。"如此，"仁义化为富贵，而文章亦遁矣"。科举应试制度造成了士子学问的浅陋，因为"三年之中，一岁一科，士子仆仆以揣摩主文之意旨，读书更在何日？"⑦他曾举例说："余尝遇士人问'叠山何人'，余应之曰'谢枋得'。又问'枋得何人'，余不知从何说起，遂不应。又有士人过余斋头，见《宋书》有《陶渊明传》，曰：'渊明乃唐以后人乎？'余轩渠而已。两人者，其一举人，其一进士。嗟乎！科举之学如

　① （清）黄宗羲：《戴西洮诗文题辞》，沈善洪、吴光主编：《黄宗羲全集》第十册，浙江古籍出版社 2005 年版，第 107 页。

　② （清）黄宗羲：《天岳禅师诗集序》，沈善洪、吴光主编：《黄宗羲全集》第十册，浙江古籍出版社 2005 年版，第 67 页。

　③ （清）黄宗羲：《马虞卿制义序》，沈善洪、吴光主编：《黄宗羲全集》第十册，浙江古籍出版社 2005 年版，第 74 页。

　④ "蒙存浅达"为明代福建泉州学者蔡清《四书蒙引》、林希元《四书存疑》、陈紫峰《四书浅说》、王振熙《四书达解》四书的合称，这四书曾是明清时代广为流行的科举考试必读书。

　⑤ （清）黄宗羲：《马虞卿制义序》，沈善洪、吴光主编：《黄宗羲全集》第十册，浙江古籍出版社 2005 年版，第 74 页。

　⑥ （清）黄宗羲：《郑禹梅刻稿序》，沈善洪、吴光主编：《黄宗羲全集》第十册，浙江古籍出版社 2005 年版，第 66—67 页。

　⑦ （清）黄宗羲：《蒋万为墓志铭》，沈善洪、吴光主编：《黄宗羲全集》第十册，浙江古籍出版社 2005 年版，第 492—493 页。

是，又何怪其无救于乱亡乎！"①黄宗羲很深刻地指出，举子如此浅陋的学问，自然救不了明代国家之乱亡，当然更治不了明代文坛的乱象。黄宗羲的"学力"论，明显是为了矫补明末清初文坛束书游谈、空疏不学的流弊，在很大程度上也是为士人倾全部精力于时文身上而发的。

针对假学问，黄宗羲指出："学问之道，以各人自用得着为真。"②又说："各人自用得着的，方是学问。寻行数墨，以附会一先生之言，则圣经贤传皆是糊心之具。朱子所谓'譬之烛笼，添得一条骨子，则障了一路光明'是也。"③在他看来，所谓真学问，就是对包括经、史、子、集在内的一切古老文化遗产的继承和认知。黄氏在为钱启忠所作墓志铭中指出："昔明道泛滥诸家，出入于老释者几十年，而后返求诸六经。考亭于释老之学，亦必究其归趣，订其是非。自来求道之士，未有不然者。盖道非一家之私，圣贤之血路，散殊于百家，求之愈艰，则得之愈真。虽其得之有至有不至，要不可谓无与于道者也。"④看来，他主张儒者应该研究诸子百家的学说，尤其应研究释老之学的归趣，对崇祯时士大夫之学"多以宗门（按，指专讲禅宗的法门）为入处"⑤深表理解，这体现了其学术民主的思想。黄宗羲教人博学，并非是没有指归的博学，诚如陈汝咸所说："梨洲黄子之教人，颇泛滥诸家，然其意在乎博学详说以集其成，而其归究于蕺山慎独之旨。乍听之似驳，而实未尝不醇。"⑥

黄宗羲不仅要求博学，更主要的是提倡学贵自得。明代复古派中也有人讲自得，如屠隆曾说："至我明之诗，则不患其不雅，而患其太袭，不

---

① （清）黄宗羲：《振寰张府君墓志铭》，沈善洪、吴光主编：《黄宗羲全集》第十一册，浙江古籍出版社 2005 年版，第 39—40 页。

② （清）黄宗羲：《明儒学案·发凡》，沈善洪、吴光主编：《黄宗羲全集》第七册，浙江古籍出版社 2005 年版，第 6 页。

③ （清）黄宗羲：《陈叔大四书述序》，沈善洪、吴光主编：《黄宗羲全集》第十册，浙江古籍出版社 2005 年版，第 44 页。

④ （清）黄宗羲：《朝议大夫奉敕提督山东学政布政司右参议兼按察司金事清溪钱先生墓志铭》，沈善洪、吴光主编：《黄宗羲全集》第十册，浙江古籍出版社 2005 年版，第 351 页。

⑤ （清）黄宗羲：《朝议大夫奉敕提督山东学政布政司右参议兼按察司金事清溪钱先生墓志铭》，沈善洪、吴光主编：《黄宗羲全集》第十册，浙江古籍出版社 2005 年版，第 351 页。

⑥ （清）全祖望：《鲒埼亭集》卷 16《大理梅庐陈公神道碑铭》，《全祖望集汇校集注》上册，上海古籍出版社 2000 年版，第 295 页。

患其无辞采,而患其鲜自得也。夫鲜自得,则不至矣。"①屠隆虽然在复古派内部捅开了一个窟窿,但他所谓的"自得",最终却导向了释道之学。黄宗羲则不然,其所谓"自得"乃是立足于对儒家文化的创造性诠释和发挥。他很轻视那些依大儒而成名的"凡民",曾说:

> 学莫先于立志。立志则为豪杰,不立志则为凡民。凡民之后兴者,草上之风必偃耳。吾因而有慨,如洛、闽大儒之门下,碌碌无所表见,仅以问答传注,依样葫芦,依大儒以成名者,是皆凡民之类也。②

"凡民"一词的原意是指普通百姓,如欧阳修《原弊》云:"古之凡民,长大壮健者皆在南亩。"儒士自高一等,恐不在凡民之列。但黄宗羲毫不客气地将那些依附大儒门墙,毫无心得,只会依样画葫芦的陋儒、庸儒,全都打入"凡民"之列。他批评说:"濂洛崛起之后,诸儒寄身储胥虎落之内者,余读其文集,不出道德性命,然所言皆土埂耳,高张凡近,争匹游夏,如此者十之八九,可不谓之黄茅白苇乎?"③要理解这段话的意思,当先解释一下相关的词语:储胥、虎落皆为栅栏、藩篱之意;土埂,即泥塑偶像,以喻轻贱无用;凡近即平庸浅薄之意;游夏即子游(言偃)与子夏(卜商)的并称,两人均为孔子学生,长于文学。黄宗羲所批判的南宋诸儒寄生于大儒之藩篱内,却自许为游夏,其实他们的为文不过如泥塑偶像,毫无用处,其原因就在于他们在思想上缺乏创造性。明代的学术又何尝不是如此,不过是贩炒朱熹的冷饭而已。他指责说:"有明学术,从前习熟先儒之成说,未尝反身理会,推见至隐,所谓'此亦一述朱,彼亦一述朱'。"④这些只以"述朱"为能事的所谓"学术",并无多少学术价值可言,在王阳明之前的那些明代学者,泯灭了创造性思维,大多也只能充当"凡民"的角色。既为"凡民",自然做不出什么好文章,还会败坏文坛的风气。故黄宗羲不同意彭铎"宋人无文"之说,认为这是习气之论,指出:

---

① (明)屠隆:《鸿苞集》卷17《论诗文》,《四库全书存目丛书》本。

② (清)黄宗羲:《孟子师说》卷7,沈善洪、吴光主编:《黄宗羲全集》第一册,浙江古籍出版社2005年版,第151页。

③ (清)黄宗羲:《郑禹梅刻稿序》,沈善洪、吴光主编:《黄宗羲全集》第十册,浙江古籍出版社2005年版,第65—66页。

④ (清)黄宗羲:《明儒学案》卷10《姚江学案》,沈善洪、吴光主编:《黄宗羲全集》第七册,浙江古籍出版社2005年版,第197页。

"宋文之衰，则是程朱以下门人蹈袭粗浅语录，真嚼蜡矣。"①他将宋文之衰的原因直接归咎于程朱以下门人身上，不谓无见。与"凡民"相对应的则是"豪杰"，在南宋诸儒黄茅白苇的包围之下，还是出现了"永嘉（按，指陈傅良）之经制，永康（按，指陈亮）之事功，龙泉（按，指叶适）之文章"，他们"落落峥嵘于天壤之间，宁为雷同者所排，必不肯自处于浅末"。② 他对南宋浙东学者身上表现出来的豪杰精神赞赏不已。

全祖望曾引黄宗羲之语云："读书不多，无以证斯理之变化；多而不求于心，则为俗学。"③多读书与反求于心的结合，就是体用兼备。此心是活泼流动的，是具有主动性的，所以不能为僵化的"成说"所困。他说："夫先儒之语录，人人不同，只是印我心体之变动不居。若执成定局，终是受用不得。"④人人不同的先儒语录不过用来印证我心之变动不居而已，"不过充当人的主体意识在认识过程中获得'自得'的材料罢了"⑤。黄宗羲并非没有看到心本光明四照，学如纸糊灯笼，学一路即多一路障碍，所以"识者以为有所学即病，不若无所学之为得也。虽然，学之至而后可无所学"⑥。因此，"贯穿之学"还需要取证于心的"深湛之思"，才能达到"博学详说以集其成"的境界，才能克服食古不化、所学反成牢笼的弊端。反之，"心苟未明，劬劳憔悴于章句之间，不过枝叶耳，无所附之而生"。⑦

黄宗羲强调随地涌出而成的文章，必须要有学力为支撑。他引用冯

①　沈善洪、吴光主编：《黄宗羲全集》第十一册《明文海评语汇辑》，浙江古籍出版社2005年版，第105页。

②　（清）黄宗羲：《郑禹梅刻稿序》，沈善洪、吴光主编：《黄宗羲全集》第十册，浙江古籍出版社2005年版，第66页。

③　（清）全祖望：《鲒埼亭集》卷11《梨洲先生神道碑文》，《全祖望集汇校集注》上册，上海古籍出版社2000年版，第219页。

④　（清）黄宗羲：《明儒学案》序言初稿，沈善洪、吴光主编：《黄宗羲全集》第十册，浙江古籍出版社2005年版，第77页。

⑤　李明友：《一本万殊——黄宗羲的哲学与哲学史观》，人民出版社1994年版，第108页。

⑥　（清）黄宗羲：《曹实庵先生诗序》，沈善洪、吴光主编：《黄宗羲全集》第十册，浙江古籍出版社2005年版，第88页。

⑦　（清）黄宗羲：《论文管见》，沈善洪、吴光主编：《黄宗羲全集》第十册，浙江古籍出版社2005年版，第670页。

梦祯的话"文章须如写家书一般",认为这是似是而非的观点,还应看书写家书者为何人,"若学力充足,信笔满盈,此是一样写法;若空疏之人,又是一样写法,岂可比而同之乎?"①他明确指出,写家书一样的文章,更要进之以学力,只有在学力充足的情况下,所写的家书才能"信笔满盈"。

黄宗羲充分意识到了博学广识对文学创作的作用,其中有两点值得特别注意:

第一,提高学识修养,使耳目无所障蔽。黄氏在《明文案序上》中总结了明文三盛,指出:"国初之盛,当大乱之后,士皆无意于功名,埋身读书,而光芒卒不可掩。"②他通过对明文演变的总结,得出"士之通经学古者,耳目无所障蔽"的结论。这就是说博学广识能使作者耳目开明,洞悉古今,提高人对现实社会的洞察能力,对事物有深刻独到的见解,从而在作文上就能发人所未发,使文章焕发出光芒。这一点,他的儿子黄百家表述得更为充分:"然非空谈本心便可为学术也,必实实穷经通史,读破万卷书,识见始高,胸襟始阔。"③

第二,博学广识,作文才有充分的材料,可以避免意短学浅之病。黄氏在《诗历题辞》中说:"读经史百家,则虽不见一诗而诗在其中。"④又说:"学文者须熟读三史八家,将平日一副家当尽行籍没,重新积聚。竹头木屑,常谈委事,无不有来历,而后方可下笔。"⑤所谓"尽行籍没""平日一副家当",就是清除没有根柢的俗学肤见,清除剿袭摹拟的恶习,走上以经为渊源、以史为波澜的古文正路。因此,力学的过程,简直是一个脱胎换骨的过程。在这种情况下创作的作品不但有充实的内容和依据,而且能力避雷同、肤浅的毛病,是为好文章。

---

① 沈善洪、吴光主编:《黄宗羲全集》第十一册《明文授读评语汇辑》,浙江古籍出版社2005年版,第176页。

② (清)黄宗羲:《明文案序上》,沈善洪、吴光主编:《黄宗羲全集》第十册,浙江古籍出版社2005年版,第18页。

③ (清)黄百家:《学箕初稿》卷2《上徐果亭先生书》,《四部丛刊》初编本。

④ (清)黄宗羲:《诗历题辞序》,沈善洪、吴光主编:《黄宗羲全集》第十一册,浙江古籍出版社2005年版,第204页。

⑤ (清)黄宗羲:《论文管见》,沈善洪、吴光主编:《黄宗羲全集》第十册,浙江古籍出版社2005年版,第668页。

二、承学统者,未有不善于文

关于性情与学力的关系问题,是清初以来文坛的一个公共话题。钱谦益曾说:"夫诗之为道,性情学问参会者也。性情者,学问之精神也。学问者,性情之孚尹也。"①黄宗羲提倡学力,是为了陶冶性情,而不是堆垛学问,摹拟古人,参炼章句,泪没性情。他说:"昔人所以上下于千古者,用以自治其性情,非用以取法于章句也。"②可见黄宗羲确实主张学力为性情之用。后来从学于王士禛的郎廷槐编《师友诗传录》,亦表达了类似的观点。郎在提问中说:"作诗,学力与性情,必兼具而后愉快。愚以为学力深,始能见性情。"又说:"若不多读书,多贯穿,而遽言性情,则开后学油腔滑调、信口成章之恶习矣。"王士禛回答说:"司空表圣云:'不着一字,尽得风流。'此性情之说也。扬子云云:'读千赋,则能赋。'此学问之说也。二者相辅而行,不可偏废。若无性情而侈言学问,则昔人有讥'点鬼簿''獭祭鱼'者矣。学力深始能见性情,此一语是造微破的之论。"③诗人之创作虽然发乎性情,但又必须依赖于学力,学力越深,其作品越能见性情,否则就不免堕入恶趣中,这可以看作是清初学者的共识。

明代自李东阳以来,文与学开始分途发展。李东阳是明代复古运动的先驱,他初步摆脱了理学统绪,因而能在一定程度上突破程朱文学观点的束缚,对文学特别是诗歌本身的审美特征和要求进行了探讨,主张"贵情思",反对理化和俗化。黄宗羲在论李东阳之文时指出:"西涯之文气秀美,东里之后不得不以正统归之。第其力量稍薄,盖其工夫专在词章,于经术则疏也。学者于此尽心,则知学文之法矣。"④黄宗羲承认李东阳文章可归为正统之列,但对李东阳摆脱理学的束缚,专注于文学性的努力而缺乏道德关怀颇有微词。他从李东阳的创作得失中,告诫为文者要尽心于经术。

---

①　(清)钱谦益:《尊拙斋诗集序》,《牧斋杂著》,上海古籍出版社 2009 年版,第 412 页。

②　(清)黄宗羲:《姜友棠诗序》,沈善洪、吴光主编:《黄宗羲全集》第十册,浙江古籍出版社 2005 年版,第 93 页。

③　(清)郎廷槐:《诗友师传录》,影印文渊阁《四库全书》本。

④　沈善洪、吴光主编:《黄宗羲全集》第十一册《明文海评语汇辑》,浙江古籍出版社 2005 年版,第 101 页。

　　黄宗羲秉持文道合一之论,建立起文统的观念,以为学统不离道,文统不离学,在此层面上将文统与学统统一在一起。他认为作家在艺术上的独创性,必须以思想、学术上的独创性为前提。他说历代名家之文,"皆为学海之川流,……经术之波澜"①。因此"承学统者,未有不善于文,彼文之行远者,未有不本于学"②。他在《沈昭子耿岩草序》中论证说:

　　　　夫考亭、象山、伯恭、鹤山、西山、勉斋、鲁斋、仁山、静修、草庐,非所谓承学统者耶?以文而论之,则皆有《史汉》之精神包举其内。其他欧、苏以下,王介甫、刘贡父之经义,陈同甫之事功,陈君举、唐说斋之典制,其文如江河,大小毕举,皆学海之川流也。其所谓文章家者,宋初之盛,柳仲涂、穆伯长、苏子美、尹师鲁、石守道渊源最远,非泛然成家者也。苏门之盛,凌厉见于笔墨者,皆经术之波澜也。晚宋二派,江左为叶水心,江右为刘须溪,宗叶者以秀峻为揣摩,宗刘者以清梗为句读,莫非微言大义之散殊。元文之盛者,北则姚牧庵、虞道园,盖得乎江汉之传,南则黄晋卿、柳道传、吴礼部,盖出于仙华之窟。由此而言,则承学统者未有不善于文;彼文之行远者,未有不本于学,明矣。③

　　黄宗羲以宋元时代的学者、作家为例,说明凡在思想学术上有所创造者,其文章必有独到之处,学统决定了文统,从中体现出博学和能文的统一。所需注意的是,他所说的"学",并非仅指狭义的道学,"王介甫、刘贡父之经义,陈同甫之事功,陈君举、唐说斋之典制"皆被他纳入学的范围,因为这些都是"心之所明"的东西。他又说:"故古今来不必文人始有至文,凡九流百家,以其所明者,沛然随地涌出,便是至文。"④即便是文章家之文,黄宗羲也要将其与学养挂起钩来,如说"苏门之盛,凌厉见于笔

---

　　① (清)黄宗羲:《沈昭子耿岩草序》,沈善洪、吴光主编:《黄宗羲全集》第十册,浙江古籍出版社 2005 年版,第 59 页。
　　② (清)黄宗羲:《沈昭子耿岩草序》,沈善洪、吴光主编:《黄宗羲全集》第十册,浙江古籍出版社 2005 年版,第 59 页。
　　③ (清)黄宗羲:《沈昭子耿岩草序》,沈善洪、吴光主编:《黄宗羲全集》第十册,浙江古籍出版社 2005 年版,第 59 页。
　　④ (清)黄宗羲:《论文管见》,沈善洪、吴光主编:《黄宗羲全集》第十册,浙江古籍出版社 2005 年版,第 670 页。

墨者,皆经术之波澜也"。文人之文并不一定依赖于丰富的学养和深厚的文化底蕴,黄宗羲不是不知道这个道理,但他不愿做一个单纯的文人,因此自觉地疏离了文人的角色,强调为文者应具备的学术素养,以及心之所明对于至文的决定性意义。他让明代文坛的学与文的关系,由疏离转向为浑融,很显然,他所要倡导的不是文人之文,而是学者之文。黄宗羲本人的文学创作,显示了学者之文的自觉与成熟,因而在清初学者之文的兴起过程中,黄宗羲具有举足轻重的地位。黄氏甬上弟子的"文统"观念亦是深入人心。如万言说:"文所以载道,昌黎、庐陵之系乎文统,亦犹紫阳之系乎道脉也。"①其所说即本于其师之论。

　　黄宗羲自己的创作,内蕴了极深的学力。诚如郑性所说:"文章由于学问。先生之文,先生之学也。"②可见学问是黄宗羲为文的重要基础。徐秉义亦说:"先生以蕺山为之师,其为学慎密而切实;以忠端为之父,其立身高尚而端方。其于古今载籍,宇内事理,四通六辟而无不该也。故其发于文者无所不备,有体有用,多见多闻,为博大有用之书,使览之者取资无穷,岂徒以言辞之美焜耀耳目哉!……不学无术者,难与论经世之事。观于先生之文,可以释六经之疑义,可以补前史之缺略,胜国人品,前朝遗事,以及天官历数之家,皆可考正。故寡闻浅见之士,不可无此书。"③黄宗羲之文就是学者之文,更准确地说,是儒学者之文,它以经史为根柢,因此必须讲究经史之学。在中国古代文化的语境中,经是言道的,阐发的是儒家之道,具有普遍性和永恒性,当然也是正大的议论。按黄宗羲之见,要以儒家的伦理为准绳,更要以儒家思想的创发来贯穿和评议史事。黄宗羲是"经天纬地"的儒者,是站在时代前列的启蒙思想家,故其为文有着许多思想上的重要发明,实已达思想家之文的新境界,此为其所以不可企及之处。其私淑弟子全祖望的散文,亦是雄视一代,但更近于史家之文,而在思想的创发上,却是逊色于黄宗羲的。

　　既然是倡导儒者之文,为文自然不能忘记儒家的身份。黄宗羲进而

---

　　①　(清)万言:《寒村文选序》,(清)郑梁:《寒村诗文选》卷首,《四库全书存目丛书》本。

　　②　(清)郑性:《南雷文约序》,沈善洪、吴光主编:《黄宗羲全集》第十一册,浙江古籍出版社 2005 年版,第 427 页。

　　③　(清)徐秉义:《南雷文定四集序》,沈善洪、吴光主编:《黄宗羲全集》第十一册,浙江古籍出版社 2005 年版,第 425 页。

提出"作文不可倒却架子"说,这一观点其实是与学识相关联的。黄宗羲所说的"架子"是儒者的"架子",而不是指文章的"架子"。前者的"架子"是态度、学识问题,后者的"架子"只是形式问题。徐定宝认为,"'文以载道'论、'情至'论及作文'不可倒却架子'论是黄宗羲古文创作的三个重要理念",并称"黄宗羲注重于文章的架子,还不只停留在作文的外在之体式,且十分注意于内在的能显示文章态势的叙事之'风韵'",①这显然是出于对"架子"一词的误解。黄宗羲认为文章家应该如同公堂上之人,对事物作出公正的、恰如其分的评判,尤其是不能忘却儒者、文人的身份。韩、欧、曾、王之作莫不如此,但也有一些儒者、文人却不是这样了,这具体表现在两个方面:一是在为释道之人作文时,忘却儒者的身份与立场,竟然"和身倒入"。他举出宋濂的《大浮图铭》,指责此作"非儒者气象"。关于这一点,黄宗羲的再传弟子徐文驹也深表赞同,他说:"作释家文字,搀入公案,时亦有之。然儒者地步,万不可放倒。自韩、欧数子以至姚牧庵、虞伯生之徒,皆谨守此法,不敢失也。唯宋景濂滥觞佛乘,钱牧斋从而甚之,有识者不能不议其后。"②从这段文字看,徐文驹显然接受了师祖黄宗羲的观点。二是在为民间艺人作传时,要把握评判的分寸。黄宗羲批评说:"王元美为章篯志,以刻工例之征明、伯虎,太函传查十八,许以节侠,抑又下矣。"③考王世贞《章篯谷墓志铭》,写民间刻工艺人章篯,与吴中著名文人文征明、唐寅交往,且甚得他们的欣赏。特别是作者称赞章篯"不欲自名其书,而楷法绝类待诏。尝为待诏书《三乞休草》,家弟以为待诏也,示藻而后知之"④。以笔者观之,王世贞"以刻工例之征明、伯虎",并无不妥。至于汪道昆为琵琶名家查鼐作传,结尾云:"吾乡故多节侠,则鼐其人乎?"⑤从文中看,查鼐的所作所为实与节侠无关,因此黄宗羲的对汪文的批评是正确的。在黄宗羲眼里,像章篯、查鼐这样的民间艺人,"本琐琐不足道",不能给予不恰当的评价。黄宗羲的话中

---

① 徐定宝:《黄宗羲评传》第六章,南京大学出版社 2002 年版,第 240—241 页。

② (清)徐文驹:《师经堂集》卷 3《与潘雪石宫赞书》,《四库全书存目丛书》本。

③ (清)黄宗羲:《论文管见》,沈善洪、吴光主编:《黄宗羲全集》第十册,浙江古籍出版社 2005 年版,第 669 页。

④ (明)王世贞:《弇州四部稿·续稿》卷 91《章篯谷墓志铭》,影印文渊阁《四库全书》本。

⑤ (明)汪道昆:《太函集》卷 28《查八十传》,《续修四库全书》本。

固然透出了他对民间艺人的偏见,但从创作实践观之,他的话并非毫无道理。以《柳敬亭传》为例,吴伟业原作"言其参宁南军事,比之鲁仲连之排难解纷",这个评价确实是失当的,远远高估了柳敬亭的历史作用,难怪黄宗羲对此是很不满意的。于是黄氏亲自动手改写了吴作,在记叙柳敬亭说书的高超技艺后,写下了如下一段意味深长的文字:

> 马帅镇松时,敬亭亦出入其门下,然不过以倡优遇之。钱牧斋尝谓人曰:"柳敬亭何所优长?"人曰:"说书。"牧斋曰:"非也,其长在尺牍耳。"盖敬亭极喜写书调文,别字满纸,故牧斋以此谐之。嗟乎!宁南身为大将而以倡优为腹心,其所授摄官,皆市井若己者,不亡何待乎?①

在黄宗羲眼中,柳敬亭在左良玉营中的一切活动,根本不是什么"排难解纷",作为大将的左良玉竟然"以倡优为腹心,其所授摄官,皆市井若己者",其走向灭亡自是必然的了。黄宗羲站在史家的高度,点中了左良玉任用柳敬亭的要害,通过一个演员的升沉荣辱,总结出深刻而沉痛的历史教训,这才不失文章的体式。吴伟业与黄宗羲两传,正好昭示了文人之文与儒者之文的差别所在。

经史的密切结合,表现在文笔上,则是"议"与"叙"的密切结合。经史语乃是传统古文在造语上的基本特征,但如何更好地运用,却是文章家的难题。直接的引经据典固然捍卫了元典,显得有根本、有学问,但却有伤于文脉的流转、气韵的生动。高明的作者,则是"不用古人句,只用古人意",这样文章的血脉就能畅通。黄宗羲主张"文必本于六经",并不是教人填塞经文,以代创作,而是要像韩愈、欧阳修那样,"融圣人之意以出之,不必用经,自然经术之文也"。有些所谓的文章巨子,"动将经文填塞,以希经术",效果反而很差。② 类似的观点,在浙东先贤中早就有人表达过了,如明初郑真云:"萃诸经史为一家言,而变化开阖,自然贯穿,所谓不期工而自工者。"③

---

① （清）黄宗羲:《柳敬亭传》,沈善洪、吴光主编:《黄宗羲全集》第十册,浙江古籍出版社 2005 年版,第 588—589 页。

② （清）黄宗羲:《论文管见》,沈善洪、吴光主编:《黄宗羲全集》第十册,浙江古籍出版社 2005 年版,第 669 页。

③ （明）郑真:《荥阳外史集》卷 37《录请度宗听政七表》,影印文渊阁《四库全书》本。

三、多读书则诗不期工而自工

黄宗羲说:"然后知诗非学之而致,盖多读书,则诗不期工而自工,若学诗以求其工,则必不可得也。读经史百家,则虽不见一诗,而诗在其中。若只从大家之诗,章参句炼,而不通经史百家,终于僻固而狭陋耳。"①这里所谓"诗非学之而致"的"学",指的是仅仅学习作诗的技巧和方法,也就是所谓的"只从大家之诗章参句炼",这样作出来的诗自然是"僻固而狭陋"。他赞扬昔日学者研读经、史、子、集,以深厚的积累来充实自己的学识素养,提高自己的审美能力,然后融化学识于诗中,这样的诗"不期工而自工",是为好诗。黄宗羲的这一看法,无疑开启了以学问为诗的大门。黄宗羲说:"古来论诗有二,有文人之诗,有诗人之诗。文人由学力所成,诗人从锻炼而得。"②但他更倾向于文人之诗。

第五节　风雅正变说与诗史观

文学要反映客观真实的社会历史内容,那么如何处理好文学与社会历史的关系,使读者能藉作品来了解某一社会历史时期的真实面貌,就是古代文论家经常讨论的诗文与史的关系问题。汉儒说《诗》,多以史证诗。唐人孟棨进而提出杜诗善陈时事,堪称唐王朝由盛到衰的形象"诗史"。明末清初,"诗史"逐渐成为写作者的公共话题。明亡之前,在严重的社会危机的刺激下,浙东人钱肃乐就开始倡导诗史合一论。他在《咏史十三首》序中说:"史以谨严立体,诗以婉曲树义,然于以发扬往烈,扶助幽美,劝激后人,风厉来者,其道一也。"③但他的观点影响不大。清初的文坛领袖钱谦益、吴伟业等人都有强烈的"诗史"意识。尤其是钱谦益的"诗史"观,对黄宗羲产生了很大的影响。

---

① 　陈乃乾编:《黄梨洲文集·诗历题辞》,中华书局 1959 年版,第 387 页。按,沈善洪、吴光主编的《黄宗羲全集》第十一册第 204 页收录的《题辞》,脱去若干句。

② 　(清)黄宗羲:《后苇碧轩诗序》,沈善洪、吴光主编:《黄宗羲全集》第十册,浙江古籍出版社 2005 年版,第 8 页。

③ 　(明)钱肃乐:《钱忠介公集》卷 5,《四明丛书》本。

一、风雅正变与"诗史"新诠

黄宗羲是在特定的社会历史条件下积极倡导诗史,他对"诗史"有着独到的认识。根据《海外恸哭记》的自述,早在顺治六年(1649)从亡海上时,黄宗羲肯定诸臣之诗,就已经萌发了初步的"诗史"意识。后来黄宗羲承认杜诗为诗史,并认为"诗之与史相为表里者也",这一观点明显地与元好问、钱谦益的选诗意识观有直接的关联。黄宗羲曾说:

> 孟子曰:"《诗》亡然后《春秋》作。"是诗之与史相为表里者也。故元遗山《中州集》窃取此意,以史为纲,以诗为目,而一代人物赖以不坠。钱牧斋仿之为明诗选,处士纤介之长、单联之工,亦必震而矜之,齐蓬门于金闺,风雅衮钺,盖兼之矣。①

考"诗与史相为表里"之说,明末甬上杜诗研究专家王嗣奭已经提出来了,他说:"杜少陵自许稷契,人未必信。今读其诗,当奔走流离,衣食且不给,而于国家理乱安危之故、用人行政之得失、生民之利病、军机之胜负、地势之险要、夷虏之向背,无不见之于诗,陈之详确,出之恳挚,非平日留心世务,何以有此? 杜之诗往往与国史相表里,故人以'诗史'称之,然岂足以尽少陵哉!"②但对黄宗羲的"诗史"观产生直接影响的却是钱谦益。黄宗羲在上文中提到了"明诗选",指的是钱谦益编选的《列朝诗集》。钱谦益在为该书所写的序文中说:"曰:'录诗何始乎? 自孟阳之读《中州集》始也。孟阳之言曰:元氏之集诗也,以诗系人,以人系传,《中州》之诗,亦金源之史也。吾将仿而为之。吾以采诗,子以庀史,不亦可乎?'"③钱谦益和程嘉燧(孟阳)最初仿照元好问的《中州集》,联手编纂《列朝诗集》,已经萌发了借诗存史、诗史相通的意识。故黄宗羲称赞钱氏仿元好问所作的《列朝诗集》,亦有诗存一代人物的意义。黄宗羲受到元、钱编选活动中"诗史"理念的启发,进而概括为"诗之与史相为表里"

---

① (清)黄宗羲:《姚江逸诗序》,沈善洪、吴光主编:《黄宗羲全集》第十册,浙江古籍出版社 2005 年版,第 10—11 页。

② (明)王嗣奭:《管天笔记外编》卷上,《四明丛书》本。

③ (清)钱谦益:《牧斋有学集》卷 14《列朝诗集序》,上海古籍出版社 2009 年版,第 678 页。

的观点。

钱谦益的"诗史"观源于明末编选《列朝诗集》的活动,至清初又获得了新的发展。顺治十三年(1656),钱谦益作《胡致果诗序》云:"三代以降,史自史,诗自诗,而诗之义不能不本于史。曹之《赠白马》,阮之《咏怀》,刘之《扶风》,张之《七哀》,千古之兴亡升降,感叹悲愤,皆于诗发之。驯至于少陵,而诗中之史大备,天下称之曰诗史。唐之诗,入宋而衰。宋之亡也,其诗称盛。皋羽之恸西台,玉泉之悲竺国,水云之苕歌,《谷音》之越吟,如穷冬冱寒,风高气栗,悲噫怒号,万籁杂作,古今之诗莫变于此时,亦莫盛于此时。至今新史盛行,空坑、厓山之故事,与遗民旧老,灰飞烟灭。考诸当日之诗,则其人犹存,其事犹在,残篇啮翰,与金匮、石室之书,并悬日月。谓诗之不足以续史也,不亦诬乎?"①钱谦益认为,三代之后诗、史分为两途,但诗之义仍不能不本于史,故"千古之兴亡升降,感叹悲愤,皆于诗发之"。到了杜甫手里,诗中之史大备,才有了"诗史"的专门称谓。在他看来,"诗史"之作应与时代政治密切相关,尤盛于衰乱之世。时代决定了文学,故当宋亡之时,谢枋得、郑思肖之徒,悲噫怒号于山野草泽之间,诗之大变正见诗之大盛。而宋亡之史实,亦多赖其人其诗而传,因此钱氏认为诗"足以续史"。钱谦益不但主张诗可"续史",还将"诗史"的概念进行了有效的拓展。他称赞汪元量之诗,"记国亡北徙之事,周详恻怆,可谓诗史"②。这里的"诗史"已经不是专称杜甫之诗,而是将其演变为诗的功能属性,凡记载亡国丧乱之事,文笔周详,情感恻怆的诗歌,皆可称之为"诗史"。钱谦益在入清前还称谢翱、林景熙诗为"诗史"。而在钱谦益之前,杜甫之外的诗人所作被评论者冠以"诗史"者极为少见。钱谦益对"诗史"概念的拓展,以及关于宋亡之时诗歌最盛的论断,对黄宗羲产生了直接的影响。

更进一步地看,"诗史"之说,实承"风雅正变"说而来。黄宗羲考察了历朝文学的变迁,认识到文学创作的盛衰与时代有着密切的关系,在《陈苇庵年伯诗序》中就指出:

> 风自《周南》《召南》,雅自《鹿鸣》《文王》之属以及三《颂》,谓之

---

① (清)钱谦益:《牧斋有学集》卷18,上海古籍出版社2009年版,第800—801页。

② (清)钱谦益:《牧斋初学集》卷84,上海古籍出版社2009年版,第1764页。

正经,懿王、夷王而下讫于陈灵公淫乱之事,谓之变风、变雅,此说诗
者之言也。而季札听诗,论其得失,未尝及变。孔子教小子以可群
可怨,亦未尝及变。然则正变云者,亦言其时耳,初不关于作诗者之
有优劣也。美而非谄,刺而非讦,怨而非愤,哀而非私,何不正之有?
夫以时而论,天下之治日少而乱日多,事父事君,治日易而乱日难。
韩子曰:"和平之音淡薄,而愁思之声要妙;欢愉之辞难工,而穷苦之
言易好。"向令风雅而不变,则诗之为道,狭隘而不及情,何以感天地
而动鬼神乎?是故汉之后,魏晋为盛;唐自天宝而后,李杜始出;宋
之亡也,其诗又盛。无他,时为之也①。

"风雅正变"说历来是传统诗教的组成部分,也是传统诗史观的最初
形态。《诗大序》中说:"治世之音安以乐,其政和。乱世之音怨以怒,其
政乖。亡国之音哀以思,其民困。"东汉学者郑玄《诗谱》继而明确将《诗
经》划分为"诗之正经"与"变风、变雅"两大块,并将治世之音视为正风、
正雅,而将乱世悲歌称之为变风、变雅,以"正"为常,以"变"为非常,"正"
诗多颂美之声,"变"诗则刺怨相寻。黄宗羲的这段话对传统的"风雅正
变"观予以匡正。他明确否定了传统的正变理论对诗歌作出的价值判
断,认为季札听诗、孔子教诗,都不曾论及"变",可见所谓"正变"只跟时
代有关,而无关乎诗歌本身的价值优劣。既然如此,"正"也就未必胜于
"变",而文学史提供的事实反倒是衰世之作更能动人,这样传统诗教论
中伸正诎变的合法性受到了质疑。同时,黄宗羲还对所谓的"变"重新加
以定义,认为"刺而非讦,怨而非愤,哀而非私,何不正之有?"也就是说,
只要是诗人出于正义、出于公心,那么"非讦""非愤""非私"的所谓"变"
诗,其实就是"正"诗。黄宗羲的这一价值定位为其直接张扬"变"诗提供
了重要的立足点。黄宗羲之所以部分颠覆传统的"风雅正变"的理论,自
然与他对乱世的深刻体验密不可分。他审视了中国历朝的政治、社会
史,得出了"天下之治日少而乱日多"的结论,这决定了诗人所抒发的情
感,就必然要以怨痛哀刺为主旋律。唐代的韩愈曾把诗人情感之悲欢与
创作之易难联系起来,深刻地指出:"和平之音淡薄,而愁思之声要妙;欢

---

① (清)黄宗羲:《陈苇庵年伯诗序》,沈善洪、吴光主编:《黄宗羲全集》第十册,浙江古
籍出版社 2005 年版,第 48 页。

愉之辞难工,而穷苦之言易好也。是故文章之作,恒发于羁旅草野。"①只有处于逆境中,有愁苦之思、愤懑之情,写出来的东西才有可能成为富有感染力的艺术精品。黄宗羲将韩愈之说与"天下之治日少而乱日多"联系起来,证成了诗道之"变"的合理性。"变"不仅使诗道更见宽广,也使诗歌更见性情,才能涌现出"感天地而动鬼神"之作。缘此他认为"国家不幸诗家幸"的命题带有普遍的文学意义,每当"厄运危时",总会带来诗歌的繁荣。不但诗歌是如此,文章亦是如此,故他说:"故文章之盛,莫盛于亡宋之日,而皋羽其尤也。"②他将自己的传记文亦定位为"金石变声",曾不无自豪地说:"金石变声,余所记录者亦多矣。"③

黄宗羲之所以高度肯定亡国人物之诗,自然是源于"天崩地解"的社会现实的强烈刺激。黄宗羲年轻时投身于反阉运动和抗清斗争,可谓身濒十死。诚如靳治荆所说:"况生当易代,变故叠更,其所以锻炼于兵革,震撼于风涛,抢呼迫促于沦亡崩坠之交者,不知历几年岁。"④经历了明清易代的巨大痛苦之后,黄宗羲对亡国遗民的危苦之词给予了最高的评价。他说:"逮夫流极之运,东观、石台但记事功,而天地之所以不毁,名教之所以仅存者,多在亡国之人物,血性流注,朝露同晞,史于是亡矣。犹幸野制遥传,苦语难销,此耿耿者明灭于烂纸昏墨之余,九原可作,地起泥香。"⑤作为亡国人物"血性流注"而成的"诗史",其价值不仅仅在于记录和保存了历史,更重要的是还在于留住了一股可歌可泣的精神,足以使天地不毁、名教仅存。黄宗羲在此将"诗史"限于亡国之时,是以坚持民族气节为前提的。

---

① (唐)韩愈:《昌黎先生集》卷20《荆潭唱和诗序》,《四部丛刊》初编本。

② (清)黄宗羲:《谢皋羽年谱游录注序》,沈善洪、吴光主编:《黄宗羲全集》第十册,浙江古籍出版社2005年版,第34页。

③ (清)黄宗羲:《纪九峰墓志铭》,沈善洪、吴光主编:《黄宗羲全集》第十册,浙江古籍出版社2005年版,第520页。

④ (清)靳治荆:《南雷文定序》,沈善洪、吴光主编:《黄宗羲全集》第十一册,浙江古籍出版社2005年版,第423—424页。

⑤ (清)黄宗羲:《万履安先生诗序》,沈善洪、吴光主编:《黄宗羲全集》第十册,浙江古籍出版社2005年版,第49页。按,"流极之运"指的是流放的厄运。典出《后汉书·蔡邕传论》:"意气之感,士所不能忘也。流极之运,有生所共深悲也。"李贤注:"流、极,皆放也。"

二、诗文补史之阙

黄宗羲更以史家的眼光,大胆地提出"以诗补史之阙"的新观点。他说:"今之称杜诗者为诗史,亦信然矣。然注杜者,但见以史证诗,未闻以诗补史之阙,虽曰诗史,史故无藉乎诗也。"①明末清初的笺注杜诗,钱谦益十分有名,其诗史互证方法,曾深得现代学者陈寅恪的赞赏:"在此之前,能以杜诗与唐史互相参证,如牧斋所为之详尽者,尚未之见也。"②陈氏所谓"杜诗与唐史互相参证",显指以史证诗与以诗证史两种方法。以钱、黄之密切关系,黄宗羲不可能没有看过钱注杜诗。但黄宗羲坚持认为前人之笺注杜诗在方法上是有缺陷的,关键就在于一个"证"字。在"以史证诗"中,"史"指的是史籍已记录在册的史事,"证"是从史书中寻找与诗中所写时事的一致之处,以证明诗歌所叙为真历史,"证"最终指向的是对诗歌的合理笺释。黄宗羲认为这是不够的,诗固然可以写已见之于史书之事,但诗中更有大量的事实是史书所未见的,或者是史书所短于记载的。可以说在很多情况下,某些历史尤其是厄运危时的历史,是借助于诗歌的记载才得以昭彰后世的。从中国古典诗学的流变看,黄宗羲认定宋元易代时期,是"诗史"的又一高潮。黄宗羲论"诗史",贯穿了卓越的史家眼光。他举证说:

> 景炎、祥兴,《宋史》且不为之立本纪,非《指南》《集杜》,何由知闽广之兴废? 非水云之诗,何由知亡国之惨? 非《白石》《晞发》,何由知竺国之双经? 陈宜中之契阔,《心史》亮其苦心。黄东发之野死,宝幢志其处所。可不谓之史乎? 元之亡也,渡海乞援之事,见于九灵之诗。而铁崖之乐府,鹤年、席帽之痛苦,犹然金版之出地也,皆非史之所能尽矣。明室之亡,分国鲛人,纪年鬼窟,较之前代干戈,久无条序。其余所见者,石斋(按,即黄道周)、次野(按,未详,疑为次尾之误,次尾即吴应箕)、介子(按,即屈大均)、霞舟(按,即吴钟峦)、希声(按,即钱肃乐)、苍水(按即张煌言)、密之(按,即方以智)

---

① (清)黄宗羲:《万履安先生诗序》,沈善洪、吴光主编:《黄宗羲全集》第十册,浙江古籍出版社 2005 年版,第 49 页。

② 陈寅恪:《柳如是别传》下册,上海古籍出版社 1980 年版,第 993 页。

十余家，无关受命之笔，然故国之铿尔，不可不谓之史也。①

黄宗羲在这里涉及了几层意思：第一，他敏锐地察觉到新朝为"胜国"修史有自己的衡量取舍标准，故正史中的所谓沦亡事实，往往会被新朝有意地忽视、掩盖甚或篡改。如《宋史》有意不列景炎、祥兴两帝的本纪，在这种情况下，文天祥的《指南录》《集杜诗》的存在，在一定程度上复活了历史，也就成为后人考察南宋亡国史至关重要的文献依据。这一点，文天祥本人就已经意识到了，他说："余所集杜诗，自余颠沛以来，世变人事，概见之矣，是非有意于为诗者也；后之良史，尚庶几有考焉。"②读林景熙的《白石樵唱》和谢翱的《晞发集》，可以知道他们双双经历了宋六陵遗骨瘗葬之事（即"竺国之双经"），表现出故国之情与民族情操。至于汪元量的《湖州歌》，以低吟之音，寄托亡国之苦、去国之戚，其从情感域上的展开，同样具有"诗史"的性质。正是这些情事兼备、血心流注的诗文，保存了一些亡国时期的历史真相，具有"实录"的价值。因此，人们往往可以"藉乎诗"而知"史"。这样的"补史之阙"，明显隐含了作者对清朝统治者文化高压政策的强烈不满。第二，史书虽然记载了亡国的史实，但只能是梗概的、主要的，往往不够详尽，缺乏细节的描述，尤其是涉及亡国人物的心灵痛苦，更非"史之所能尽"，而诗歌正好可以发挥其描摹、形容殆尽的特长，足以起到补史之阙的作用。第三，他意识到了诗与史互不替代的互补性。国史是"受命之笔"，多记朝廷"事功"；而诗则无关"受命之笔"，不过是"野制遥传"，却发乎亲历者的真情，是一种"苦语难销"的"心史"。而明室之亡尤有其特殊性，所谓"分国鲛人"，是指鲁王等在海上建立小朝廷，各有纪年，当情势恶劣之时，无异于处身"鬼窟"之中。黄宗羲在《行朝录》中有如下一段文字形容亡国之惨：

> 上自浙河失守以后，虽复郡邑，而以海水为金汤，舟楫为宫殿，陆处者惟舟山二年耳。海泊中最苦于水，侵晨洗沐，不过一盏。舱大周身，穴而下，两人侧卧，仍盖。所下之穴，无异处于棺中也。御舟稍大，名河船，其顶即为朝房，诸臣议事在焉。落日狂涛，君臣相

① （清）黄宗羲：《万履安先生诗序》，沈善洪、吴光主编：《黄宗羲全集》第十册，浙江古籍出版社2005年版，第49—50页。

② （宋）文天祥：《文山先生全集》卷16《集杜诗自序》，《四部丛刊》初编本。

对，乱礁穷岛，衣冠聚谈。是故金鳌橘火，零丁飘絮，未罄其形容也。有天下者，以兹亡国之惨，图之殿壁，可以得师矣。①

这段话简直可以作为"分国鲛人，纪年鬼窟"的形象写照。当此干戈扰攘之时，又有谁人来"条序"亡国之史呢？他明确指出"桑海之交，纪事之书杂出，或传闻之误，或爱憎之口，多非事实"，能像《传信录》《所知录》《劫灰录》那样"可考信不诬"者寥寥无几。② 犹幸黄道周（石斋）、屈大均（介子）、吴钟峦（霞舟）等十余家之诗，铿然有故国之声，故"不可不谓之史"也。这些"诗史"作品，正是在史笔所不到处，以危苦之词浸透亡国人物的心灵血泪，故黄氏所谓"诗史"，不仅藏纳天下之治乱，还以亡国人物的真实情感为基础，恰与其性情论相互贯通。据统计，称杜甫以外的诗人所作为"诗史"，钱谦益有三例，而黄宗羲则有很多。黄宗羲不但称赞文天祥、汪元量等宋遗民之诗为"诗史"，同时也称当代诗人如万泰、张煌言、钱肃乐等人的诗为"诗史"。黄宗羲甚至还这样评论钱谦益于顺治二年（1645）所作《一年》诗："金陵一年，久将灭没，存此作诗史可也。"③钱诗大意谓弘光政权的失败，责任不全在皇上，其周围如马士英之流的奸佞可谓罪责难逃。钱谦益虽然因为降清而饱受非议，但黄宗羲后来也了解到他暗中参与复明运动的内情。经过各方面的考量，黄宗羲认同钱诗，作出了如上的评论，但此评论只适用于《一年》这首诗。尽管如此，黄宗羲由此成为最早称钱诗为"诗史"的学者。可以说，黄宗羲的"诗史"意识远比钱谦益为强，他对"诗史"的新解，显示了其广义历史观。

能"补史之阙"的诗歌当然可称之为"诗史"，但其立足点显然已不在"诗"上而在"史"上，从而透出了注重功利的诗学思想。黄宗羲抉发了诗歌所具有的"史"的功能和价值，"诗"虽然不能取代"史"，但却可以成为史料取资的一个最原始的来源，也为史料取资开辟了一个新来源。黄宗

---

① （清）黄宗羲：《行朝录·鲁王监国纪年下》，沈善洪、吴光主编：《黄宗羲全集》第二册，浙江古籍出版社 2005 年版，第 141 页。按，钱肃乐《舟行诗》序云："时维舟矣，……又如梦魇之人，方见鬼王狱卒，狰狞万状，中心悸悸如狂。"此可为黄氏"鬼窟"之注脚。

② （清）黄宗羲：《桐城方烈妇墓志铭》，沈善洪、吴光主编：《黄宗羲全集》第十册，浙江古籍出版社 2005 年版，第 473 页。

③ （清）范锴：《华笑庼杂笔》一《黄梨洲先生批钱诗残本》，上海图书馆藏本，此书未见，此处转引自陈寅恪《柳如是别传》，上海古籍出版社 1980 年版，第 843 页。

羲此说对后来的影响很大。首先是促进了浙东纪实诗歌的勃兴,但不乏负面的影响。如全祖望、陈劢、孙事伦等人之所作,往往亦诗亦史,特别是他们将注意力落实到乡土史的诠释上,片面理解诗歌的作用和功能,很多所谓的"诗史"之作其实都以牺牲美感为代价。其次是为史学家所发扬。近代学者邓之诚著《清初纪事初编》,远承黄宗羲之说,采撷有"事"之诗,专供证史之用,就是典型的一例。

黄宗羲不仅主张"以诗补史之阙",还主张文集也有许多新鲜的材料,尤其是叙事之文可以弥补史籍记载之阙。黄宗羲曾经称赞嘉靖时作家陆铨"文宗儒肆,互居其长","即如永嘉,非先生之诗文,亦恶知其恃宠妒贤如此"。① 黄氏所说的"永嘉",即嘉靖时因"大议礼"起为宠臣的张璁(号罗峰)。黄宗羲肯定陆铨的诗文对认识张璁其人是很有帮助的。钱肃图为抗清英雄钱肃乐的第四弟,经历过抗清斗争,自然比外人更了解自己的家族史。黄宗羲称赞钱肃图所作"家传足补史氏之阙文"②。黄宗羲《南雷文定凡例四则》云:

> 余多叙事之文。尝读姚牧庵、元明善集,宋元之兴废,有史书所未详者,于此可考见。然牧庵、明善皆在廊庙,所载多战功。余草野穷民,不得名公巨卿之事以述之,所载多亡国之大夫,地位不同耳,其有裨于史氏之阙文一也。③

黄宗羲指出,作者地位的不同,决定了散文的题材取向。像元代的姚燧(号牧庵)、元明善贵为学士,其文所关注点自然多为元将的赫赫"战功",但透过这些"战功"书写,还是可以让人感受到"宋元之兴废",其中的有些内容超越了史书的记载,有助于人们更好地理清宋元易代的历

---

① (清)黄宗羲:《陆石溪先生文集序》,沈善洪、吴光主编:《黄宗羲全集》第十册,浙江古籍出版社 2005 年版,第 90 页。

② (清)黄宗羲:《钱退山诗文序》,沈善洪、吴光主编:《黄宗羲全集》第十册,浙江古籍出版社 2005 年版,第 68 页。按,万经曾指出钱肃图为兄钱肃乐所写的传记文有遗漏和错误:"忠介事实之详,宜莫如其弟退山先生之文,然亦有遗且误者。"(见全祖望《续甬上耆旧诗》卷 10 引录万九沙札)可见后学在肯定钱肃图所作家传颇为详审的同时,也注意到其文的不足,较黄氏所说更为进步。

③ (清)黄宗羲:《南雷文定凡例四则》,沈善洪、吴光主编:《黄宗羲全集》第十一册,浙江古籍出版社 2005 年版,第 83 页。

史。与身处廊庙的作者相比,黄宗羲自认为是"草野穷民",没有条件也没有资格去写名公巨卿之事,只能写写亡国之大夫,但"草野"之文与"廊庙"之文一样,皆"有裨于史氏之阙文"。黄宗羲尤其倾心于传写亡国人物的忠义,因为不拾掇他们的事迹,就会泯灭无余。他说:"桑海之交,士之慕义强仁者,一往不顾,其姓名隐显,以俟后人之拾掇。然而泯灭者多矣,此志士之所痛也。故文丞相幕府之士,宋史既以之入忠义传矣,好事者又为幕府列传,附之丞相之后以张之。逊国梁玉田诸人,乃得之古私承尘之上,而后传世。元微之云:'天下大乱,死忠者不必显,从乱者不必诛。'故此数行残墨,所以补造化者,可不亟与?"①在他看来,听任慕义强仁者事迹的泯灭,乃是志士最为痛心的事情,而大力表彰亡国人物之忠义以传后世,则是"笔补造化"之举。以黄宗羲本身的文集为例,康熙八年(1669)所作的《王征南墓志铭》即是很好的例证。在这篇文章中,他第一次提到了拳术的内外家之分,第一次本于王征南的口述记录了内家拳的缘起及其传授统系。黄宗羲此文对后人产生了极大影响,近代诸多的武术论著中凡是谈到"内家拳"者,无不引用黄氏此文以作依据,中国武术史上的"内外家"之纷争也由此而起。至于笔者亦曾多次引述黄氏此文考述四明内家拳之源流,并得到当代四明内家拳掌门夏宝锋的重视。黄宗羲在铭文最后说:"视此铭章,庶几有考。"②可见他撰写此作早就意识到了"有裨于史氏之阙文"的价值,因而表现出浓厚的以史为文的特征。再如黄宗羲有《避地赋》云:"帆俄顷而千里兮,浪百仞而万重。纵一泻之所如兮,何天地之不通。越长岐与萨斯玛兮,乃□□天□□。方销兵而忘战兮,粉饰兮隆平。招商人以书舶兮,七录辈于东京。……予既恶其汰侈兮,日者亦言帝杀夫青龙。返饰而西行兮,胡为乎泥中?"③全祖望根据黄氏在《避地赋》中自述,特别在《梨洲先生神道碑文》中写道:"公有《日本乞师记》,但载冯侍郎(按,即冯京第)奉使始末,而于己无豫,诸

---

　　①　(清)黄宗羲:《都督裘君墓志铭》,沈善洪、吴光主编:《黄宗羲全集》第十册,浙江古籍出版社 2005 年版,第 496 页。

　　②　(清)黄宗羲:《王征南墓志铭》,沈善洪、吴光主编:《黄宗羲全集》第十册,浙江古籍出版社 2005 年版,第 322 页。

　　③　(清)黄宗羲:《避地赋》,沈善洪、吴光主编:《黄宗羲全集》第十册,浙江古籍出版社 2005 年版,第 629 页。

家亦未有言公曾东行,乃《避地赋》则有曰……则是公尝与冯偕以行,而后讳之,顾略见其于赋。予以问公孙千人,亦愕然不知也。事经百年,始考得知。"①据此,全祖望最早揭出了黄宗羲东渡日本的事实,但黄氏此行究在何年,是否与冯京第偕行,后人还有不同说法。全氏弟子蒋学镛曾质疑云:"镛尝见《梨洲年谱》,系其亲笔,绝不载乞师事。若以为有所讳,则谱中于结寨山中,从亡海上,其嫌忌甚于乞师,何以不讳彼而讳此?若谓乞师为非计而讳之,则《簟溪墓志》,至比之包胥,岂于簟溪(按,即冯京第)则极称其忠,而于己独讳其失乎?想《避地赋》云云,或赴海上翁洲时,偶飘至长埼,而非必副侍郎以行也。先生好搜轶事,故于《赋》中一语,即为补入,窃谓尚属疑案。且在梨洲,亦不待增此一事为重耳。"②蒋学镛的质疑有一定的道理,但他并没有否定黄宗羲东渡日本的事实,只是他在说明黄宗羲东渡的原因时,用"偶飘至长埼"说否定了全祖望的"与冯偕行"说。为此,当代学者进行了更为深入的研究,笔者亦撰文进行了考证。但不管怎么说,黄宗羲《避地赋》写其东渡日本的经历,虽只有一鳞半爪,却是闻所未闻,确实"有裨于史氏之阙文"。至于黄宗羲的《思旧录》,很有小品色彩,全祖望说其"追溯山阳旧侣,而其中多厂史之文"③,堪称定评。

黄宗羲认为,个人的文集不但能补史书之缺,而且文集的史料价值还明显优于"实录"。他说:

> 余选明文近千家,其间多有与《实录》异同。盖《实录》有所隐避,有所偏党,文集无是也。且《实录》止据章奏起居注而节略之,一人一事之本末,不能详也。④

黄宗羲通过明代文集与《实录》的异同比较,从文集中看到了比《实录》更为接近事实真相以及记载更为详尽的历史内容。黄宗羲并不否认

---

① (清)全祖望:《鲒埼亭集》卷11《梨洲先生神道碑文》,《全祖望集汇校集注》上册,上海古籍出版社2000年版,第225页。

② (清)全祖望:《鲒埼亭集》卷11《梨洲先生神道碑文》,《全祖望集汇校集注》上册,上海古籍出版社2000年版,第225页。

③ (清)全祖望:《鲒埼亭集》卷11《梨洲先生神道碑文》,《全祖望集汇校集注》上册,上海古籍出版社2000年版,第222页。

④ (清)黄宗羲:《陆石溪先生文集序》,沈善洪、吴光主编:《黄宗羲全集》第十册,浙江古籍出版社2005年版,第90页。

《实录》的价值,但他同时指出了《实录》的两大不足:一是编纂者的主观因素,使得他们对所见的材料"有所隐避,有所偏党",从而损害了史实的客观性;二是编纂体例上的限制,使得《实录》只能成为"一人一事"的碎片组合,欲求"一人一事之本末",只能让阅者失望了。而相比之下,文集避免了《实录》所犯的主客观毛病,其史料优势也就显现出来了。黄宗羲的这一观点,不乏知音,如章学诚称:"文集者,一人之史也。"①

三、南雷特笔铸诗史

黄宗羲的诗史观与他的诗歌创作是相辅相成的,我们可以从他的诗歌集《南雷诗历》中,形象地观照其"诗史"观。《南雷诗历》存诗五百余首,集中地反映了黄诗独特的艺术风貌。黄宗羲自言《诗历》逼真地记录了自己生命的历程,"按年而读之,横身苦趣,淋漓纸上",不啻是一部诗写的年谱。这就是说,黄宗羲的诗歌处处闪动着自我的身影,具有自传性的特点,而此之"年"又与"天崩地解"的时代相关合,故其诗呈现出特有的"苦趣"。② 苦趣作为情趣的一种,乃是"苦"的人生境况与"趣"的美学意味的有机结合,"就是于诙谐、幽默、俏皮、欢愉之中,透露出哀感和苦情"。苦趣就是苦中有趣,趣中藏苦,"这苦情与别趣,似乎是相矛盾的,但唯其矛盾,才正好给'苦'笼罩上一层喜剧气氛",③于是这对矛盾的统一体就形成了苦趣美。杜甫之"善陈时事",既有自身的流离经历,此经历又切合着国家兴亡,同时又能在极为困厄的环境下,悲中寻欢,苦中作乐,于诙谐风趣中传出苦情,写下了很多"苦趣"诗。《南雷诗历》虽不能臻于"善陈时事"的境地,却亦具备流离经历与国家兴亡相结合的"诗史"要素,同时也能于悲苦之中透出别趣。

黄宗羲从青年时代起,和他的一群友人开始深度地卷入了政治斗争的旋涡。黄宗羲曾这样评价东林书院:"数十年来,勇者燔妻子,弱者埋

---

① （清）章学诚:《章氏遗书》卷6《东雅堂校刻韩文书后》,吴光刘氏嘉业堂刊本。

② 清初浙东诗人张扬"苦趣美"者不乏其人,如黄宗羲弟弟黄宗会有"苦趣穷如剥笋根"句,沈光文《感忆》诗有"苦趣不堪重记忆"句,又在《题梁溪季蓉洲先生海外诗文序》中说:"忆余飘泊台湾三十余载,苦趣交集,则托之于诗。"

③ 陈世明:《诗美学论集·论诗的别趣美(二)》,广西师范大学出版社1990年版,第105页。

土室,忠义之盛,度越前代,犹是东林之流风余韵也。一堂师友,冷风热血,洗涤乾坤。"①这不仅是对东林精神的极好概括,也是对反清志士忠义精神的极好概括。黄宗羲的一堂师友多为血性流注的气节之士,上演了一幕幕悲惨壮烈的历史正剧。他说:"唐末,黄巢逼潼关,士子应举者,方流连曲中以待试,其为诗云:'与君同访洞中仙,新月如眉拂户前。领取嫦娥攀取桂,任从陵谷一时迁。'中土时文之士,大抵无心肝如此。岂知海外一二遗老孤臣,心悬落日,血溅鲸波,其魂魄不肯荡为冷风野马者,尚有此等人物乎!"②黄宗羲一方面批判只知时文的举业之士唯求功名富贵,不顾国家兴亡,指责他们全无心肝,另一方面热烈赞扬海外一二遗老孤臣,他们冷风热血,匡扶名教。但由于《穷岛集》的失传,我们现在已经看不到直接的记录了。但黄宗羲不忍血性之士的魂魄"荡为冷风野马",因此在《南雷诗历》中常以回忆的笔触歌之咏之,故孙嘉绩、张煌言等志士,得到了黄宗羲的深切怀念。清军下杭州,孙嘉绩在浙东首举抗清义旗,得到民众的广泛响应。孙嘉绩屯兵余姚临山,将其苦心经营的"火攻营"交给黄宗羲指挥。鲁王航海,嘉绩从至舟山,不久因病而卒,葬身于芦花洲上。孙嘉绩去世之后,黄宗羲在《感旧》中痛切地写道:"虞渊事业已难凭,此意沉埋却未曾。梦哭芦花寒月上,谁人更复唱平陵。"所谓"虞渊事业"即挽坠日于虞渊,此隐指舟山的抗清斗争。"唱平陵"为唱《平陵东》之缩写。据《乐府解题》,汉翟义为东郡太守,以王莽方篡汉,举兵诛之,不克,见害,门人作《平陵东》歌以悲之。黄诗以王莽篡汉比喻清人灭明,以翟义举兵诛王莽不克见害比喻孙嘉绩抗清败死。三、四两句谓自己只能在梦中来到舟山芦花洲痛哭孙氏之魂,还有谁人能仿效翟义门人来哀悼孙嘉绩呢? 正因为无人相吊,黄氏的怀念才显得特别深挚动情。顺治六年(1649),黄宗羲从亡舟山时,曾每天与礼部尚书吴钟峦正襟危坐,在船中讲学赋诗,落日狂涛,凄然相对。这年八月,清下令将不肯降顺的南明官员家属登记上报,黄宗羲闻讯,得到鲁王的许可准备回家,时吴钟峦亲自驾着小舠板相送黄氏到三十里外。康熙三十年(1691),已经

---

① (清)黄宗羲:《明儒学案》卷58《东林学案》,沈善洪、吴光主编:《黄宗羲全集》第八册,浙江古籍出版社2005年版,第727页。按:"埋"字,原书误作"理"字。

② (清)黄宗羲:《行朝录·序》,沈善洪、吴光主编:《黄宗羲全集》第二册,浙江古籍出版社2005年版,第111页。

82 岁高龄的黄宗羲,偶得吴钟峦之子的来信,顿然勾起了对那段刻骨铭心的往事的追忆。他在《得吴公及书》中写道:"战鼓夫人充健卒,朝仪宗伯领诸生。"①意思是说:阵阵的战鼓声中,不时有妇女充任健卒参战,而大宗伯吴钟峦却通过考试录取弟子员,率之拜王于舟中。这自然是海上行朝的怪象,黄宗羲不一定全然认可,如他曾当面向吴钟峦告以"领诸生"之事不急,见于《思旧录》。尽管如此,"领诸生"一事却又最能显示吴钟峦的儒者气象,而"夫人"参战也可补舟山行朝史料之不足。至于"三板洋中三十里,至今耿耿此时情",当年的患难真情,历经四十三年,犹耿耿难消,因吴公及来书的触及,遂兴起"宫人何事谈天宝,清泪能无湿绛绡"的况味。与作者有两世雪交的民族英雄张煌言,在《南雷诗历》中出现得较多,其中《苍水》诗云:

> 廿年苦节何人似? 得以全归亦称情。
> 废寺醵钱收弃骨,老生秃笔记琴声。
> 遥空摩影狂相得,群水穿礁浩未平。
> 两世雪交私不得,只随众口一闲评。

首联总括了张煌言近二十年的抗清历程,并作了总结性的评价,赞许其成仁取义的归宿可谓"称情"。"废寺"一句实写收葬。张煌言未就义前曾赋诗表示欲葬西湖岳飞和于谦墓之间,他就义后,"鄞人故御使纪五昌捐金,令公甥朱相玉购首,而杭人张文嘉、沈璜书等敛之,有朱锡九、锡兰、锡旂、锡昌兄弟者,豫为公买地经纪之,而鄞人万斯大等葬之南屏之阴"②,以从公志。西湖南白莲洲的寺僧问石亦参与了营葬之事。他们的这一义举,冒着极大的风险,自然是出于对张公的敬仰之情。黄宗羲本

---

① 　(清)黄宗羲:《得吴公及书》,沈善洪、吴光主编《黄宗羲全集》第十一册,浙江古籍出版社 2005 年版,第 340 页。按,"夫人"一词,《黄宗羲诗文选》第 159 页注释,以为"人人"之意。笔者以为在鼓声中冲锋陷阵的战士本来多为健卒,不能说"人人充健卒";且此处"夫人"对"宗伯","夫人"当为专有名词,不应释为人人。又方祖猷《礼乐之兴与亡国之恨的交织——黄宗羲晚年的内心矛盾》(《中共宁波市委党校学报》2010 年第 1 期)注中认为"夫人"当指阮姑娘。但阮氏既是姑娘,又怎能称"夫人"? 笔者以为"夫人"应该是指妇女参战,但不必具体指实为谁家的夫人。

② 　(清)全祖望:《鲒埼亭集》卷 9《明故权兵部尚书兼翰林院侍讲学士鄞张公神道碑铭》,《全祖望集汇校集注》上册,上海古籍出版社 2000 年版,第 195 页。

人则用笔来追悼。晋嵇康就刑后,向秀作《思旧赋》云"悼嵇生之永辞兮,顾日影而弹琴",黄氏之"记琴声"暗用此典。颈联感念苍水既已尽节,只能对空想象其平日狂姿,与己很相投合。然而大星虽沉,光焰不灭,英雄虽死,浩气长存,你看穷海绝岛中群水穿礁,依然发出激荡不平的声音。尾联中,作者说自己虽然与苍水有两世雪交之情谊,但却偏私不得,所以"只随众口"作一"闲评",以表哀思。然而,作者之评又怎会是"闲评","闲评"两字似轻实重,分明是南雷的史家特笔,以匡扶民族正气。

黄宗羲有自觉地将诗歌作为诗体年谱的意识。这是其诗歌具有自传性特征的重要表现。黄宗羲一生遭罹横流,艰苦备尝,但却终其天年。"初锢之为党人,继指之为游侠,终厕之于儒林",黄宗羲自我总结的人生三阶段,在《南雷诗历》中有着较为完整的记录。《南雷诗历》多涉及黄氏亲历亲闻的重要历史事件,如青年时以东林党后裔参加反对阉党的斗争:"南都防乱急鸱枭,予亦连章祸自邀。"他又曾与西方传教士接触,在天算学上得到汤若望的指点,其《赠百岁翁陈赓卿》云:"西人汤若望,历算称开辟。为吾发其凡,从此识阡陌。"其子黄百家在 1700 年也追记说:"盖先遗献于明末时,曾与泰西罗昧韶雅谷、汤道未若望定交,得其各种抄刻本历书极备。"①至于黄宗羲参与抗清斗争的诗歌,比较有名的当数《乱礁洋》了:"乱礁浮海国,千年两度臻。太空留寒翠,世外发奇文。草木柔弱姿,不得丽云根。中原佳丽地,堕为耳目尘。上帝命巫咸,设此招沉魂。礁声寄古哭,古哭尚殷殷。谁谓孤蓬间,新恨高氤氲。"象山涂茨镇乱礁洋海域,岛屿、海礁星罗棋布,苍茫的天空与大海连成一片,抗元英雄文天祥曾过此,现在又经历了相似的一幕。水击礁石声仿佛还回荡着残宋志士的哭声,也寄寓着作者的亡国遗恨。顺治六年(1649)黄宗羲抗清失败后蛰居故乡,全家人住到四明山麓的化安山中。作于顺治十六年(1659)的组诗《山居杂咏》,多方面记叙了避乱隐居的艰苦生活。如云:"十口萧然皆自得,年来经济不无功。"身为大儒而能胜任农耕,在乱世中养活一家十口还绰绰有余,这确实是很多古今儒生望尘莫及的。对于晚年的学术著述生活,康熙十四年(1675)所作的《除夕怀亡友》组诗之一云:"一年功

---

① (清)黄百家:《黄竹农家耳逆草·上王司空论明史历志书》,中国社会科学院图书馆藏本。

课复如何,文案已完学案多。且为名声垂后世,难将岁月浪消磨。"这一年黄氏编选《明文案》成,而《明儒学案》尚未成编,故有"学案多"之叹。黄氏之致力明代文学和儒学的研究,绝不是为了消磨岁月,而是抱着经世致用的目的,所谓"难将岁月浪消磨"云云,透出了个中消息。总之,一部《南雷诗历》关乎家国之感、兴亡之痛、学术之运,具有强烈的纪实色彩。作者将自传和纪实两个要素自觉地结合在一起,构成了独特的自传式诗史。

　　黄宗羲的诗中还不乏历史评论,用以借古讽今。南宋鄞籍宰相史嵩之墓,位于今余姚市河姆渡镇车厩五联村林夹呑山腰。① 黄宗羲有《过史嵩之墓》诗云:"莫道荒烟蔓草墟,千秋有恨尚留诸。墓林遗秽何心也,石椁鸣琴是礼欤。方恨诛奸无特笔,谁将夺谥尚浓书。西天福地残碑下,但见僧人出荷锄。"黄宗羲认为史嵩之是一个奸臣,故他在颔联中说,面对墓林中散发的臭名声,怎能产生敬恭之心?在奸人棺椁前鸣琴唱歌,更不是失礼行为。诗人对奸臣的厌恶之情由此可见。作者还在此诗的小注中特别提到史嵩之初谥庄肃,德祐初被夺,史氏后人不考,仍浓书初谥。这表面上是在讽刺史氏后人的无知,但深思之,未必没有讽今之意。如据《明书·奸臣传第三》,天启末年的一任宰相顾秉谦,为人厚颜无耻,曲奉魏忠贤。其人最后寄居他乡而死,朝廷初谥文毅,"思宗立而夺之"。一宋一明两丞相都被末朝皇帝夺谥,深受阉党之祸的黄宗羲是不难将两者联系在一起的。至于《宋史·奸臣传》中没有列入史嵩之,黄宗羲认为此乃千秋遗恨,感叹自己没有诛奸的特笔。黄宗羲对史嵩之的评价虽然很不公正,但"诛奸无特笔"绝非只为史嵩之一人而发,实为所有的奸臣而发。而一部《南雷诗历》,从某种程度上说,就是一部史家特笔。

第六节　文学真实论与创新论

一、文学真实论

本于人类对物质世界的求知欲望,因此对于真实的追问普遍成为人

---

① 陈朝霞:《"南宋丞相"史嵩之墓考古有重大发现》,《宁波日报》2012 年 4 月 21 日。

们的心理情结，对文学的真实性的表现，由此成为我国古代优秀文学家共同坚持的写作原则。求真立信是文学的生命，只有真实的文学，才能动人心魄，传之后世。而虚假的文学则经不起时间的考验，行之不远。袁枚在《答程蕺园论诗书》中曾引南宋学者郑樵之语说："千古文章传真不传伪。"①确实，"真"作为文章生命力之所在，能使读者对作品产生信任感和认同感，从而获得思想上的教益与精神上的享受，真实性也就成为衡量古今文学作品优劣的基本原则之一。在古代性情论诗学体系的建构中，"真"是核心的价值尺度之一；我国古代的散文，更是一种题材内容带有强烈摹真意味的文学样式，"真"无疑具有散文审美原则第一性的重要地位。自然，崇尚文学的真实性便成为黄宗羲文学思想的重要内容之一，故他在《除夕怀亡友》之四中云："越城鲁栗近交亲，一见文章识伪真。"②又在《作文三戒》中说："文章之事，岂可假人？"③文学的真实通常表现为四个基本的维度，即事件的真实、情感的真实、思想的真实和表达的真实。那么，何谓"真"呢？黄宗羲在评论郑性之诗时说："夫一切虚浮妆做刬削无余者，是亦言其真也。"④所谓"一切虚浮妆做"，就是意识中的内容与实存的表现对象的种种不一致，是引起文学表现失真的一切因素，将所有的这些虚假的因素刬削干净，"真" 也就裸露无遗了。"真"并不是完美的，而是包含着人生的种种缺陷，"唯其有瑕有瑜，自然英旨，乃为真

---

① (清)袁枚：《答蕺园论诗书》，王英志主编：《袁枚全集》第二卷，江苏古籍出版社 1993 年版，第 527 页。

② (清)黄宗羲：《南雷诗历》卷 2，沈善洪、吴光主编：《黄宗羲全集》第十一册，浙江古籍出版社 2005 年版，第 271 页。按，此诗之本事，黄宗羲《思旧录·鲁栗》记载云："鲁栗，字季栗，会稽人。辛亥(按，指康熙十年，即 1672 年)，邂逅论文，见余所做，能得其意之至处，鉴赏不已，及论时之有名誉者，多所不满。"又《前翰林院庶吉士韦庵鲁先生墓志铭》云："岁辛亥，余邂逅鲁韦庵先生于越城之公所，率尔谈文，有契。先生即过古小学，索观鄙文，每奏一篇，先生嗟叹良久，曰：'二川以后百年无此作矣！'自是余至越城，必相过从，言谈尽日。《史》《汉》之机轴，欧、曾之神理，近时作者，寱语流传，千门万户，其所以得，所以失，先生无不详其首尾，如数一二于掌中。"

③ (清)黄宗羲：《作文三戒》，沈善洪、吴光主编：《黄宗羲全集》第十册，浙江古籍出版社 2005 年版，第 656 页。

④ (清)郑性：《南溪偶刊·南溪不文·仅真集自序》引黄宗羲语，《四库未收书辑刊》本。

耳"①。此"瑕"的存在无关伦理,而适足以证明性情之真。黄宗羲讲文学的真实,不是一般地讲如何描写客观的社会生活,也不是一般地讲文学对于真实性的承诺,更不是像理学家那样为文喋喋不休地证明天理的真实和天道的存在,而是要求文学表现主观的真性情、真思想以及客观的真历史。

(一)事件的真实

黄宗羲作为伟大的史学家,其眼中的事件的真实,不管是历史的还是当下的,都是已然发生的生活意义上的真实,一般不包括虚构形态下的文学真实。黄宗羲最为擅长的传记文学,就直接与事件的真实相关联,因为人物传记向来以真实为生命。他在论及传记之文时说:"凡碑版之文,最重真实。"②碑版,泛指碑志之属,此类文体记载着当事人的各类活动,必须建立在材料真实可靠的基础之上,自然有着"最重事实"的内在要求。只有真实,才能取信于人。以碑版铭文的写作为例,黄宗羲说:"庐陵志杨次公云:'其子不以铭属他人,而以属修者,以修言为可信也。'然则铭之其可不信?表薛宗道云:'后世立言者,自疑于不信。又惟恐不为世之信也。'今之为碑版者,其有能信者乎?"③他指出欧阳修的铭文以可信为原则,而今人的所谓碑版,给予读者的感受却是不可信。他又说:

> 夫铭者,史之类也。史有褒贬,铭则应其子孙之请,不主褒贬,而其人行应铭法则铭之,其人行不应铭法则不铭,是亦褒贬寓于其间。后世不能概拒所请,铭法既亡,犹幸一二大人先生一掌以埋江河之下,言有裁量,毁誉不淆。如昌黎铭王适,言其谩妇翁;铭李虚中、卫之玄、李于,言其烧丹死;虽至善如柳子厚,亦言其少年勇于为人,不自贵重。岂不欲其讳哉? 以为若不是,则其人之生平不见也;其人之生平不见,则吾之所谓铭者,亦不知谁何氏也,将焉用之? 大

---

① (清)黄宗羲:《谢莘野诗序》,沈善洪、吴光主编:《黄宗羲全集》第十册,浙江古籍出版社 2005 年版,第 98 页。

② (清)黄宗羲:《与姜淡仙书》,沈善洪、吴光主编:《黄宗羲全集》第十一册,浙江古籍出版社 2005 年版,第 45 页。

③ (清)黄宗羲:《论文管见》,沈善洪、吴光主编:《黄宗羲全集》第十册,浙江古籍出版社 2005 年版,第 669 页。

凡古文传世，主于载道，而不在区区之工拙。故贤子孙之欲不死其亲者，一则曰：宜得直而不华者，铭传于后。再则曰：某言可信，以铭属之。苟欲诬其亲而已，又何取直与信哉！亦以诬则不可传，传亦非其亲矣。是皆不可为道。①

黄宗羲在此论及碑铭之文应该取法"直"与"信"两个原则，这也是写史的两个原则，可以说黄宗羲是以信史的标准来要求碑铭之文的。

需要指出的是，黄宗羲反对脱离生活的不奇为奇。他在谈到历史叙事时说："余尝与门士论史，切不可有班、马之叙事于胸中拟议之。故事本常也，而参合于奇节。情本平也，而附丽于感愤。"②这就是说，有的作者为了模仿班、马之叙事，故意将很平常的故事写得很奇伟，将很平静的感情说得很感愤，这种"陵驾之古文"，不可取信于读者，因为它违背了生活。他指出："第就世间之人情物理、饥食渴饮，暝雨晴曦，宛转关生，便开众妙。事以征信为贵，言以原情为定，宁为断烂之朝报，无为陵驾之古文，史学其过半矣。"③此所谓"宛转关生"，出自《世说新语·文学第四》，意为辗转关联。他告诉作者只要把辗转关联的日常行事和情感按照生活的原样描述下来，便是可以征信的妙文。叙事不在于是否逐奇，而在于是否征信，抒情不在于是否感愤，而在于是否与当时的情景相符，所以说："事以征信为贵，言以原情为定。"他所说的"征信"和"原情"，就是要求历史事件的书写必须可靠可信，是它的本来面目，不能添枝加叶，夸饰情节，歪曲真相，而书写者面对历史事件，需尊重客观事实，不能生硬地夹带、人为地添加超越事件之上的感愤私货。这虽为史学而发，实际却是为史传文学而发。举例来说，他批评瞿九思《摩崖钞序》云："德政碑变体，颇觉形容失实。"④批评董份《岭南平寇碑》云："此亦小寇耳，故为张

---

① （清）黄宗羲：《与李杲堂陈介眉书》，沈善洪、吴光主编：《黄宗羲全集》第十册，浙江古籍出版社 2005 年版，第 160—161 页。

② （清）黄宗羲：《曹氏家录续略序》，沈善洪、吴光主编：《黄宗羲全集》第十册，浙江古籍出版社 2005 年版，第 105 页。

③ （清）黄宗羲：《曹氏家录续略序》，沈善洪、吴光主编：《黄宗羲全集》第十册，浙江古籍出版社 2005 年版，第 105 页。

④ 沈善洪、吴光主编：《黄宗羲全集》第十一册《明文海评语汇辑》，浙江古籍出版社 2005 年版，第 136 页。

大，便非信笔。"①实存对象与表象的不一致，便是失实，也就不能取信于人。

(二)性情的真实

事件的真实是对历史的负责，能取信于人，但文学作品能打动读者，关键还在于作品中流露出的真挚情感，引起了读者的情感共鸣，而非单纯地依靠对客观世界的真实反映。真挚的情感是优秀文学作品的首要条件，也是诗文创作写实美的深层真实。清初的文论家既然确立了性情优先的创作原则，那就必须正视性情的真伪问题。黄宗羲一直重视文学创作中作者真实情感的流露，其诗歌理论的核心就是性情论，而其中的"真性情"则是其最为看重的。黄宗羲把真实情感当作构成诗文的审美价值的基本要素，认为有真情必有真诗。情感之真，唯我所有，没有我的烙印的情感就不是真的。他赞扬黄孚先之作"情意真挚，不随世俗波委"②。并且他还认为真实的情感是不受时代限制的，具有超越时代的动人魅力，即所谓"情之至真，时不我限也"③；真情的获得来自于深入的生活体验。如唐代皮日休、陆龟蒙唱和《四明山九题》，其实两人根本没有亲身到过四明山，只凭谢遗尘的口述，"凿空拟议"，因此有许多失实之处。如谓金庭靠近云北，鞠侯岩以象形得名，他们却真写了猿，因为他们的"凭虚撼实"，遂使后来的读者有了"迷山迟响之惑"。黄宗羲因此感慨地说："是故人生于情，情生于身之所历。文章变衰，徒恃其声采，经纬恍惚，而江淹之杂体作矣。"④他要求作者学会敏锐、细致地观察客观事物，这与王夫之所说"身之所历，目之所见，是铁门限"⑤的意思基本一致。他还认为真实的情感也不受阶层的限制，曾在《明文案序上》中说，好的文

---

①　沈善洪、吴光主编：《黄宗羲全集》第十一册《明文海评语汇辑》，浙江古籍出版社2005年版，第101页。

②　(清)黄宗羲：《黄孚先诗序》，沈善洪、吴光主编：《黄宗羲全集》第十册，浙江古籍出版社2005年版，第32页。

③　(清)黄宗羲：《黄孚先诗序》，沈善洪、吴光主编：《黄宗羲全集》第十册，浙江古籍出版社2005年版，第31页。

④　(清)黄宗羲：《四明山九题考》，沈善洪、吴光主编：《黄宗羲全集》第十册，浙江古籍出版社2005年版，第647—649页。

⑤　(清)王夫之：《薑斋诗话》卷2，见《清诗话》上册，中华书局1963年版，第9页。

章不一定为文人学士所垄断，一些普通的老百姓只要有真挚的情感流露，只要能直抒胸臆，那么其创作的文章，哪怕是"街谈巷语，邪许呻吟"，也是好作品。他评阳明后学万廷言之作云："真情妙悟在笔墨之外，讲学之文至此方为不腐。"①又评朱曰蕃《人日草堂引》云："韵事。亦以见崇重先辈，如此真至。"②这里的"真至"即感情真挚之意。由此可见他对真性情的推崇，在他看来，唯有蕴含真性情的文章，才能流传长久，不可磨灭。黄宗羲晚年，"枕上想生平交友，一段真情不可埋没，因作《思旧录》"③。

（三）思想的真实

文学作品要表达作者的真实思想，不可掺杂任何虚假的东西。表达真思想是浙东学派历来坚持的创作态度。黄宗羲在强调真性情的同时，也强调真思想。他认为这两者是有机统一的，他说"文以理为主"，文章就应该表现自己的真知灼见，要内蕴理性精神与人格力量，且不可扭曲而作歪论。黄宗羲清醒地看到，当今的文学作品很少流露出作者的真实思想，没有自己的真知灼见，多数作品以"一先生之言为标准"，拘于"一定之说"，缺乏深刻的思想内容，缺乏个人独特的见解，"徒欲激昂于篇章字句之间，组织纤缛以求胜"。④ 针对这种流弊，黄宗羲大胆地提倡作文要有真思想。有了真思想，文章才会有充实的内容，才能称得上是好作品。他特别抨击科举之学，扼杀了人们的真思想。他说："近来学人少，谁何识真伪。遂以科举学，劫人之听视。括帖上下文，原无真实义。推之入理窟，涂车可略地。"⑤没有"真实义"的科举之学，使学者丧失了真学问、真思想，学问、思想既不真，也就难怪诗文之伪饰了。

---

① 沈善洪、吴光主编：《黄宗羲全集》第十一册《明文海评语汇辑》，浙江古籍出版社2005年版，第130页。

② 沈善洪、吴光主编：《黄宗羲全集》第十一册《明文海评语汇辑》，浙江古籍出版社2005年版，第130页。

③ （清）黄宗羲：《与郑禹梅书一》，沈善洪、吴光主编：《黄宗羲全集》第十一册，浙江古籍出版社2005年版，第79页。

④ （清）黄宗羲：《陈葵献偶刻诗文序》，沈善洪、吴光主编：《黄宗羲全集》第十册，浙江古籍出版社2005年版，第30页。

⑤ （清）黄宗羲：《脚气诗十首》，沈善洪、吴光主编：《黄宗羲全集》第十册，浙江古籍出版社2005年版，第338页。

黄宗羲论文反对说"官话",说假话,或替古人、别人说话。他曾自立"作文三戒",一戒当道之文,二戒代笔之文,三戒应酬之文,很具体地说明了他对文章思想的真实性所提出的严格要求。他尤其反对作应酬之文,曾说:"文章之事,岂可假人!"①"应酬之文,知文章者所不为也。"②认为应酬文是从来作文之痼疾,因为应酬文必须说假话、套话,抹煞了自己的真性情、真思想,难逃被各种功用主义控制的命运。黄宗羲在《送郑禹梅北上序》中云:"今天下之士,当其未遇也,所知惟场屋之学,望影籍响于有司之好恶,即周情孔思,不过盗禄入国之秘经而已。墙袤整整,有不出于世情者乎?幸而一遇,舆马、仆从、帷箔、田园之事,纷然而起,不得不落身于应酬。夫应酬者,世情之窟穴也。吾又何敢薄斯人,谓皆轻身肆志。即其经营日用,亦多依傍名教,何尝真又非礼犯分之为。然而田僮灶婢,可以料其情态,胶漆盘中,率有人物耶?"③黄宗羲以陪奉他人,"俟人于容动色理气意之间"为"世情",天下之士一落身于应酬,就与流俗之人无异,其文亦大抵为"揣摩之言"所充斥。因此,"应酬之下,本无所谓文章"。④黄宗羲的谆谆教导,弟子终身受用,故郑梁《郡守张紫昭寿序》云:"受吾父吾师之教,知应酬不可以言文也。"⑤又在《张萼山集选诗序》中说:"风雅道丧,应酬体兴,中无所主,而欲谈诗,不得不以摹拟为墙壁,捋掭吞剥之余,人无完肤,我亦无真面目矣。"⑥在父、师的教导之下,郑梁对应酬文保持了应有的警惕。

黄宗羲认为真思想就是从身之所历、目之所见处得来,而又为心之所明的思想。真思想首先来自于社会实践,来自于对表现对象的熟悉。

---

①　(清)黄宗羲:《作文三戒》,沈善洪、吴光主编:《黄宗羲全集》第十册,浙江古籍出版社 2005 年版,第 658 页。

②　(清)黄宗羲:《张母李夫人六十寿序》,沈善洪、吴光主编:《黄宗羲全集》第十册,浙江古籍出版社 2005 年版,第 686 页。

③　(清)黄宗羲:《送郑禹梅北上序》,沈善洪、吴光主编:《黄宗羲全集》第十一册,浙江古籍出版社 2005 年版,第 27 页。

④　(清)黄宗羲:《七怪》,沈善洪、吴光主编:《黄宗羲全集》第十册,浙江古籍出版社 2005 年版,第 650 页。

⑤　(清)郑梁:《寒村诗文选·安庸集》卷 1,《四库全书存目丛书》本。

⑥　(清)郑梁:《寒村诗文选·寒村安庸集》卷 1《张萼山集选诗序》,《四库全书存目丛书》本。

杜甫谈《剑器》一定不如公孙大娘,柳宗元论建宫室自然也比不上木匠瓦工,就是因为他们没有那样的社会实践,不能产生自心的体会。从"身之所历"到"心之所明",就能祛除主体的遮蔽性。思想之"真"在于独表识见,而非人云亦云。他说:"古今来不必文人始有至文,凡九流百家以其所明者,沛然随地涌出,便是至文。"①真思想还来自于创作主体高尚真实的人格修养,南朝刘勰在《文心雕龙·附会》中就已经指出,诗文应当"以情志为神明",情与志的密切结合,得以使读者从文本的深层窥见创作主体带有鲜明个性印记的理想抱负、志趣情操。黄宗羲明确提出,"所谓古文者,非辞翰之所得专也。一规一矩,一折一旋,天下之至文生焉",即文学问题不是单纯的语言表达问题,而是跟道德修养密切相关。规矩指礼法、法度;折旋为古代行礼时的动作。如《韩诗外传》卷一云:"立则磬折,拱则抱鼓,行步中规,折旋中矩。"一规一矩,一折一旋,表现出来的乃是君子风度。只有"人非流俗之人,而后其文非流俗之文。使庐舍血肉之气充满胸中,徒以字句拟之形容,纸墨有灵,不受汝欺也"②。在黄宗羲看来,作家的主体修养与作品的高度是成正比的,作家的思想达到怎样的高度,其作品才能达到怎样的高度。反之,"虽其专心致志于作家,亦终成其为流俗之文耳"③。没有真思想作为灵魂的作品,只在摹拟上下功夫,不可能表现出活生生人物的真性情、真思想,最终也只能成为流俗之文。后来,郑梁在阐发老师的这一思想时,将其纳入了"文如其人"的思想框架中。

(四)表达的真实

文辞是性情的载体。天下之言诗者,莫不皆曰性情。七子派又何尝不谈性情,但他们的性情却以"范古"的形式来展现,有古人的面目,却没有自己的面目,此其所以为假。钱谦益则主张文学之性情应是自然的表

---

① (清)黄宗羲:《论文管见》,沈善洪、吴光主编:《黄宗羲全集》第十册,浙江古籍出版社 2005 年版,第 678 页。

② (清)黄宗羲:《钱屺轩七十寿序》,沈善洪、吴光主编:《黄宗羲全集》第十册,浙江古籍出版社 2005 年版,第 672 页。

③ (清)黄宗羲:《钱屺轩七十寿序》,沈善洪、吴光主编:《黄宗羲全集》第十册,浙江古籍出版社 2005 年版,第 672 页。

现,从表现形式上能见出自我面目,方才是真,因此真性情不需要古典的形式来包装。黄宗羲论诗亦持相似的观点,他说:"论诗者但辨其真伪,不当拘以家数。若无王、孟、李、杜之学,徒借枕籍咀嚼之力以求形似,盖未有不伪者也。"①在他看来,诗若拘以家数、限以时代,只是在形式风格上求形似,那是"耳目口鼻皆非我有"的怪胎。

为了寻求表达的真实,黄宗羲提出了种种理论依据,作诗有为人为己之分就是其中一例。为人为己之分出自《论语·宪问》:"古之学者为己,今之学者为人。"这句话对黄宗羲影响很大,并用于诗歌批评中。他说:"古今之称诗者,多于麻竹,然而传至于今者寡矣。传至于今,而为人所嗟叹而不能已者,盖又寡矣。此无他,则为人为己之分也。"②何以如此呢?黄宗羲进一步解释说:"盖《三百篇》大抵出于放臣、怨女、怀沙、恤纬之口,直达其悲壮怨谲之气,初未尝有古人之家数存于胸中,以为如是可以悦人,如是可以传远也。夫亦如飘虚之风,鸣秋之蛩,百物之相轧相应而成声耳。"③作者为自己作诗,才会有真切的人生体验,不会被别人的好恶所左右,不会被流俗的见解所羁绊,作诗只是自己的内心需求,不是作给别人或后人看的,故不必以"悦人""传远"为目的,故其作诗只在乎此心与百物之"相轧相应"。为他人作诗则不然,作者的心中总存在着一个外在的"家数",总是从章句上入手,十分在意自己的作品是否符合这一外在的标准,为符合他人的标准而作诗。故他说:"顾今之为诗者,才入雅道,便涉艺门。浮云白日,摘为古选;青枝黄鸟,拈为六朝,纷纭胶膈,自锢其灵明。无非欲示人以悦耳。"④此处的"浮云白日",指的是《古诗十九首》之《行行重行行》中"浮云蔽白日","青枝黄鸟"指的是南朝齐诗人虞炎《玉阶怨》之"黄鸟度青枝",钟嵘《诗品》曾批评虞炎"学谢朓,劣得'黄鸟度青枝'"。黄宗羲批评"今之为诗者",不是摹拟古诗,就是摹拟六

---

① （清）黄宗羲:《诗历题辞》,沈善洪、吴光主编:《黄宗羲全集》第十册,浙江古籍出版社 2005 年版,第 205 页。

② （清）黄宗羲:《姜友棠诗序》,沈善洪、吴光主编:《黄宗羲全集》第十册,浙江古籍出版社 2005 年版,第 93 页。

③ （清）黄宗羲:《姜友棠诗序》,沈善洪、吴光主编:《黄宗羲全集》第十册,浙江古籍出版社 2005 年版,第 93 页。

④ （清）黄宗羲:《姜友棠诗序》,沈善洪、吴光主编:《黄宗羲全集》第十册,浙江古籍出版社 2005 年版,第 93 页。

朝,把自己的灵明之心禁锢起来,这样作诗的目的就是取悦读者。通过比较,黄宗羲明确断言:"不知昔人之所以上下于千古者,用以自治其性情,非用以取法于章句也。"①此所谓"自治其性情"之诗,就是"为己",而"取法于章句"之诗,自然就是"为人"。作诗有为人为己之分,为黄宗羲反对摹拟、倡导性情提供了理论依据。

康熙八年(1669),黄宗羲在《辞祝年书》中写道:"夫文章之传世,以其信也。弇州、太函,陈言套括,移前掇后,不论何人可以通用。鼓其矫诬之言,荡我秽疾,是不信也。"②王世贞(弇州)、汪道昆(太函)笔下的陈词滥调,不论何人都可拿去套用,这又如何取信于人呢? 他在这里讲的就是复古派文学表达上的不真实。

黄宗羲本人的文学创作,始终坚持真实的创作原则,并呈现出三个不同的艺术境界:传记文学,通过现实真实,追求景真;诗歌创作,通过情感真实,追求情真;贯穿于各种文体的作品,还呈现着思想真实,追求理真。在黄宗羲的文学谱系中,景真、情真与理真虽然各有侧重,但却是不相排斥,相得益彰的。黄宗羲秉持摹真写实的文学观,以此反对形形色色的复古主义,有其特定的时代意义。黄宗羲论文学的真实,涉及了真实的主、客观两阈,但对艺术真实缺乏必要的论述。不过,黄宗羲对艺术真实还是有所认知的。顺治七年(1650),黄宗羲曾观赏《绣襦记》传奇,评谭宗扮演乐道德一角,"摹写帮闲,情态逼肖"③。这是对艺术真实的肯定。汤显祖的《牡丹亭》传奇,艺术构思具有离奇跌宕的幻想色彩,黄宗羲很是欣赏,曾作《听唱牡丹亭》诗云:"掩窗试按牡丹亭,不比红牙闹贱

---

①　(清)黄宗羲:《姜友棠诗序》,沈善洪、吴光主编:《黄宗羲全集》第十册,浙江古籍出版社 2005 年版,第 93 页。按,《南雷文定四集》冯刻本,"治"作"冶"。黄宗羲"自治性情"的观点,多为其弟子所接受,如郑梁《姜友棠诗序》云:"不知诗者也,所以治其性情也。政事不可一日而或荒,性情亦不可一日而不治。性情不治,则诗宁可以一日而不为。"(《寒村诗文选·寒村息尚编》卷 3)郑梁所谓"自治性情",明显是据其师之序文发挥而来的。故黄文以作"治"为是。关于"自治性情"的含义,郑性在《黄上伯〈不惊草〉序》中说得很清楚:"其有诗也,圣人之所以治人之性情,而是之归于中正和平。"见《南溪偶刊·南溪不文》。

②　(清)黄宗羲:《辞祝年文》,沈善洪、吴光主编:《黄宗羲全集》第十册,浙江古籍出版社 2005 年版,第 166 页。

③　沈善洪、吴光主编:《黄宗羲全集》第十一册《明文海评语汇辑》,浙江古籍出版社 2005 年版,第 94 页。

伶。莺隔花间还历历,蕉抽雪底自惺惺。远山时阁三更雨,冷骨难销一
线灵。却为情深每人破,等闲难为俗人听。"黄宗羲透过戏剧性的幻境,
不仅为一往情深的儿女情所感动,并且深刻地参透了汤显祖以情抗理的
创作意图。黄宗羲在诗中特意运用了"蕉抽雪底"一词,这与王维创作
《雪中芭蕉图》有关。在北方的冰天雪地中,王维居然画上了一枝郁郁葱
葱的南方芭蕉,这明显地违反生活的常理,但有识见的学者将其视作是
艺术真实的典型案例。《山水家法真诀》曾赞扬王维的创新:"雪中芭蕉,
脱去凡近,非具眼不能识也。"①汤显祖曾援引王维《雪中芭蕉》的构思案
例,强调自己的创新意识。他在《答凌初成》书中说:"不佞《牡丹亭》大受
吕玉绳改窜,云便吴歌。不佞哑然笑曰:'昔有人嫌摩诘之冬景芭蕉,割
蕉加梅。冬则冬矣,然非王摩诘冬景也。'"②汤显祖这么说,明显是对别
人改窜《牡丹亭》的不满。但黄宗羲在诗中却是以惺惺相惜的态度对待
汤显祖的艺术创造,肯定"雪中芭蕉"式的艺术真实。再看黄家父子的创
作。黄尊素《两游剡湖记》云:"上有奇鬼,趋而搏人,急足避之,审视,方
知石耳。"这是原创,用夸张的笔法,描写出石景的惟妙惟肖。黄宗羲《匡
庐游录》也有类似的笔法:"月色明甚,与雁山谈至夜分,仰视大鹏峰,俯
首欲搏,急避入檐下。"③黄宗羲熟悉父亲的文字,不自觉地将父亲的创作
思路化入笔下,已非真实的旅游体验了,更不能说达到了"灭灶而更燃"
的境界。但这样的笔墨,确实又能表现大鹏峰之形象,此一细节表现实
已跨入艺术真实的境域。黄宗羲的叙事散文创作,不但不排斥"小说家
伎俩",而且还对此运用自如,并构成其古文的重要艺术风貌。显然,黄
宗羲的文学真实观中,有着艺术真实的一席之地,但他没有就此展开讨
论,这当与他自己创作中的艺术取向是密切相关的,因为他为文所使用
的乃是"历史话语"和"学者话语",而非"小说话语"。他对"真实"这一文
学核心问题的言说和阐释,正与他坚持现实主义的创作形态相一致。

---

① （清）赵殿成:《王右丞集笺注》附录,影印文渊阁《四库全书》本。
② （明）汤显祖:《玉茗堂尺牍》卷3,上海远东出版社1996年版,第137页。
③ （清）黄宗羲:《匡庐游录》,沈善洪、吴光主编:《黄宗羲全集》第二册,浙江古籍出版
社2005年版,第495页。

二、文学创新论

艺术上的独创,是创作的生命力所在。失去了创新,文学就会僵化。只有尽百家之美,开独造之域,文学的发展才会生机勃勃。黄宗羲追求独创性的文学理念,在很多文章中都有表达。

在黄宗羲看来,独创性的最关键一环乃是表现为思路上的突破常规思维束缚,独出机杼,见人之所未见,发人之所未发。黄宗羲说:"每一刻,必有庸人思路共集之处缠绕笔端,剥去一层,方有至理可言。"①此所谓"庸人思路共集之处"就是众人之所见,即陈言俗论。凡庸众思路共集之处,没有自己的主见和独至的生存余地。所谓"剥去一层",就是确立新角度、新观点、新认识。他形象地比喻说:"犹如玉在璞中,凿开顽璞,方始见玉,不可认璞为玉也。"②他把"庸众思路共集之处"比作"璞",而把独至之见比作"玉",要求在思想立意上,力求摒弃陈旧迂腐的观念,这充分表现出其豪杰的精神与胆气。他说:"夫文章不论何代,取而读之,其中另有出色,寻常经营所不到者,必传文也。徒工词语,嚼蜡了无余味者,必不可传者也。昌黎'唯陈言之务去'、士衡'怵他人之我先',亦谓学浅意短,伸纸摇笔,定有庸众人思路共集之处。故惟深湛之思、贯穿之学,而后可以去之怵之。"③将这段话合起来思考,"另有出色,寻常经营所不到者",当是从"学""意"的角度来说的,也就是如何避免"学浅意短"的问题。有真思想、真学问,方谓之陈言务去。这就要求创作主体加强修为,从"深湛之思、贯穿之学"两方面入手,这也是"剥去一层"的最有效手段。单纯的求之于"学问",那仅仅是工夫,并不为黄氏所特别赞许,学问中有真思想才是黄宗羲所真正要倡导的。他称扬曹贞吉(号实庵)的诗歌"不求与古人合而不能不合,不求与古人异而不能不异,谓之有所学可

① (清)黄宗羲:《论文管见》,沈善洪、吴光主编:《黄宗羲全集》第十册,浙江古籍出版社 2005 年版,第 668 页。

② (清)黄宗羲:《论文管见》,沈善洪、吴光主编:《黄宗羲全集》第十册,浙江古籍出版社 2005 年版,第 668 页。

③ (清)黄宗羲:《李杲堂五十寿序》,沈善洪、吴光主编:《黄宗羲全集》第十册,浙江古籍出版社 2005 年版,第 676 页。

也,谓之无所学亦可也"①。有学而臻于无学,才是诗文创作达致的高境界。这里"不求"两句出自宋人姜夔的《白石道人诗集序》。姜夔介绍了自己的学诗心得:"作者求与古人合,不若求与古人异。求与古人异,不若不求与古人合而不能合,不求与古人异而不能不异。彼惟有见乎诗也,故向也求与古人合,今也求与古人异;及其无见乎诗已,故不求与古人合而不能不合,不求与古人异而不能不异。"②这就是说:不管你是有意识地学习前人,还是有意识地想摆脱前人的影响,心目中都有前人的作品存在,因而实际上还是受着前人的束缚。只是当你有了"不能不为"的要求,在强烈的创作冲动之下去写,才能出现你个人的风格,最后臻于"不求与古人合而不能不合,不求与古人异而不能不异"的境界。若是徒工词语,其文必定难以传世。

黄宗羲本人创作的《明夷待访录》,猛烈抨击封建君主专制政权,提出了变革社会的广泛要求,成为黑夜萤火、乱世惊雷,成为近代民主主义思想启蒙的先驱,是为思想创新的典范。他还在《陆俟钤诗序》中说:"昔人云:吾辈诗文无别法,但最忌思路太熟耳。思路太熟,则必雷同。右军万字各异,杜少陵千首诗无一相同,是两公诗,非特他人路径不由,即自己思路,亦必灭灶而更燃也。"③黄宗羲在此所说的"昔人",指的是晚明陈继儒,引语出自陈继儒《汪伯希诗序》,④但未全引原句,有的地方撮其大意。"思路"表现在文章中,就是作者为表达思想感情进行构思、谋篇布局的思维过程。陈继儒首先确立了诗歌超越别人、突破自己的创新标准,黄宗羲加以引用之。当然,这是一个近乎完美的、理想的标准,要做到这一点谈何容易,就连黄宗羲本人亦未完全做到。树立这样一个标准,却可以促使作者朝着创新的更高目标努力奋进。

---

① （清）黄宗羲:《曹实庵先生诗序》,沈善洪、吴光主编:《黄宗羲全集》第十册,浙江古籍出版社 2005 年版,第 89 页。

② （宋）姜夔:《白石道人诗集》卷首原序,影印文渊阁《四库全书》本。

③ （清）黄宗羲:《陆俟钤诗序》,沈善洪、吴光主编:《黄宗羲全集》第十册,浙江古籍出版社 2005 年版,第 91 页。

④ （明）陈继儒:《晚香堂集》卷 2,《四库禁毁书丛刊》本。陈氏原文云:"吾尝与山中友人夜谈曰:吾辈诗文无别法,但最忌思路太熟耳。……右军万字各异,杜少陵千首诗无一相同,是两公诗,非特他人路不由,即自己思路,亦一往不再往。"（明）梁维枢《玉剑尊闻》卷 3 亦有引录。

　　独创性表现为立意上的远见卓识和对陈旧观念的突破。黄宗羲不是一般地讲文章要有新意,就必须除去庸俗、落于凡近的东西,而是有更高的目标,即在思想上要熔铸百家,沥液群言,自成一家言。韩愈《答李翊书》提出"陈言之务去",《南阳樊绍述墓志铭》提出"不蹈袭前人一言一句"。韩愈所指的"陈言"本身应该包含字句在内,他要求的是从字句到内容的全面革新。黄宗羲对韩愈的"务去陈言"作出了自己的新解,他说:"所谓陈言者,庸俗之议论也,岂在字句哉!"①创新不是隔断传统的凭空创造,理应重视从圣贤的典籍中吸取营养,但不是对其抄袭、模仿,而是"会其指归,得其神理","袭故而弥新"。

　　文学的独创性还表现为作家自觉地疏离时风众势,独写自我。黄宗羲说:"余尝怪一时风气,无不讲学。盖讲学者,剿袭成说,凡读《四书》者皆可为志。至于吟咏,虽鄙固狭陋,亦必于魏、晋、六朝、三唐略知梗概,而后可从事。"他赞扬董道权的诗歌能够"矫然独出,以诗人自命,其不为风气所染可知矣"。② 诗歌的本质乃是诗人性情的表现,诗中必须有诗人自我的感受和体验,呈现自我的个性。诗中有我,才能不为时风众势所染,同时也是诗歌创新的根本途径。

　　独创性也表现为形式上的要求,尤其表现为语言上的创造。语言是文学最根本的物质媒介。陆机《文赋》说"谢朝华于已披,启夕秀于未振",深为后来有创见的文人所赞同。黄宗羲力戒语言雷同,反对模拟抄袭,拾人牙慧。黄宗羲要求疏离熟悉的语词,取人所未用之辞,实现陌生化,将读者从审美疲劳中唤醒。他援引李东阳的话批评说:"今之为诗者曰:必为唐,必为宋。规规焉俛首缩步,至不敢易一辞出一语,纵使似之亦不足贵矣。"③诗本性情的命题,本身就要求诗中有我,无论是语言还是风格,都不得摹拟,模仿的作品纵使肖似,亦不足为贵。他盛赞金介山的诗作有诗景诗情,具备了"直不欲作明以前一语"的独创精神。

---

　　① （清）黄宗羲:《答张尔公论茅鹿门批评八家书》,沈善洪、吴光主编:《黄宗羲全集》第十册,浙江古籍出版社 2005 年版,第 176 页。

　　② （清）黄宗羲:《董巽子墓志铭》,沈善洪、吴光主编:《黄宗羲全集》第十册,浙江古籍出版社 2005 年版,第 490 页。

　　③ （明）李东阳:《怀麓堂集文》卷 8《镜川先生文集序》,见（清）黄宗羲:《曹实庵先生诗序》,沈善洪、吴光主编:《黄宗羲全集》第十册,浙江古籍出版社 2005 年版,第 88 页。

黄宗羲关于文学创新的观点被甬上弟子所接受。如郑梁云："所谓苦者，非叹贫嗟老之谓，撰一句而唯'陈言之务去'，哦一字而'怵他人之我先'是也。"①万言亦有类似的见解。他们都主张突破前人的樊篱，自开新径，这正体现了清初浙东学派的勃勃生气。

第七节　才力工夫论

在黄宗羲的文学"五备"说中，学、法、神三要素属于才力工夫的范围，皆可归为主体的艺术修养范畴。黄宗羲论"学"的文字很多，本书已有专节论述，此处不赘。这里主要讨论黄宗羲对才力工夫所作的不同程度的论说。

一、论性情与才力的关系

黄宗羲并不是孤立地讨论才力工夫，而是上升到哲学或曰生命的高度来加以认识。黄宗羲的性情论，究其实质，就是认为文学作品源于生命，表现生命。但文学家的生命意识并不仅仅体现于作品的内容方面，也体现于作品的形式方面，文学的生命意识与生命形式是血肉一体、不可分割的生命有机体。因此他十分赞同陈确的以下看法："一性也，推本言之曰天命，推广言之曰气、情、才，岂有二哉！由性之流露而言谓之情，由性之运用而言谓之才，由性之充周而言谓之气。性之善，不可见，分见于气、情、才。情、才与气皆性之良能也。人性有善而无恶，故人性亦有善而无恶。"②这就是说，文学作品的才力工夫渊源于主体的性情，是生命精神的外在表现形式和载体，因而必然受到主体生命意识的影响，具有一定的生命特征。因此黄宗羲提出："才者性之分量。恻隐、羞恶、恭敬、是非之发，虽是本来所具，然不过石火电光，我不能有诸己。故必存养之功，到得'溥博渊泉，而时出之'之地位，性之分量始尽。希贤希圣以至希天，未至于天，皆是不能尽其才。犹如五谷之种，直到烝民乃粒，始见其

①　（清）郑梁：《寒村诗文选·寒村息尚编》卷3，《四库全书存目丛书》本。
②　（清）黄宗羲：《陈乾初先生墓志铭》（二稿），沈善洪、吴光主编：《黄宗羲全集》第十册，浙江古籍出版社2005年版，第364页。

性之美。若苗而不秀,秀而不实,则性体尚未全也。"①"彼才力工夫者,皆性情之所出,肝鬲骨髓,无不清净,咕吟謦咳,无不高雅,何尝有二?"②性情与才力的关系犹如人的脏器与言谈举止的关系,融为一体,无法分离。但黄宗羲只强调学对文的作用,没有进一步指出,发于性情的文学创作,又必须依赖于作家的艺术修养。在黄宗羲文学思想的逻辑构架中,显然不愿意抬高"法"的位置,所以他只能强调才力工夫为性情之所出这一端。

　　黄宗羲论文偶亦论及"神"。如他在《郑禹梅刻稿序》中说:"然震川之所以见重于世者,以其得史迁之神也。其神之所寓,一往情深,而迂回曲折次之。"③这里的"神"涉及了文学形象,是通向"至情"的关键环节,再辅之以"迂回曲折"的章法,成就了归有光的散文。

二、行之以法,章句呼吸

　　"法"是黄宗羲为文学"五备"说中不可或缺的一环,是属于艺术技巧范畴的。在黄宗羲构建的文论体系中,道为根本,法仅为枝叶。黄宗羲虽然没有忽视"法",但他很少进行具体的阐释,这当寓有拒绝规则化的用意。他说:"不知昔人之所以上下于千古者,用以自治性情,非用以取法于章句也。"④因此,他很不屑于诗文创作的"章参句炼"。但他并非一概拒绝"法",偶然亦有论及,如评吾谨文云:"文从悟入,篇章之外自有余韵,是第一等手段。"⑤评沈鲤之文云:"其文皆有实用,而诸记颇饶别致。"⑥这表明黄宗羲颇能欣赏"有余韵""饶别致"的散文,惜乎其所论只

----

① (清)黄宗羲:《孟子师说》卷6《"公都子问性"章》,沈善洪、吴光主编:《黄宗羲全集》第一册,浙江古籍出版社2005年版,第136页。

② (清)黄宗羲:《陆俟铨诗序》,沈善洪、吴光主编:《黄宗羲全集》第十册,浙江古籍出版社2005年版,第91页。

③ (清)黄宗羲:《郑禹梅刻稿序》,沈善洪、吴光主编:《黄宗羲全集》第十册,浙江古籍出版社2005年版,第66页。

④ (清)黄宗羲:《姜友棠诗序》,沈善洪、吴光主编:《黄宗羲全集》第十册,浙江古籍出版社2005年版,第93页。

⑤ 沈善洪、吴光主编:《黄宗羲全集》第十一册《明文授读评语汇辑》,浙江古籍出版社2005年版,第158页。

⑥ 沈善洪、吴光主编:《黄宗羲全集》第十一册《明文授读评语汇辑》,浙江古籍出版社2005年版,第181页。

是一鳞半爪而已。他在"法"上谈得略多的有以下几点。

（一）赋比兴烹饪而得宜

黄宗羲说："古之言诗者，不出赋、比、兴三者，诗传多析言之，其实如庖中五味，烹饪得宜，欲举一味以名之，不可得也。后之为诗者，写情则偏于赋，咏物则偏于比，玩景则偏于兴，而诗之味亦漓矣。下此则有赋而无兴、比，顾卤莽于情者之所为也。"①这就是说，情虽然是构成诗歌审美价值的基本要素，但是要把自然状态的真实情感，变为审美状态的真实情感，物化的途径就是赋比兴有机的烹饪调和，使性情之所融结不可分裂，否则就会降低甚至丧失审美价值。他说："自毛公之六义，以风雅颂为经，以赋比兴为纬，后儒因之，比、兴强分，赋有专属。及其说之不通也，则又相兼，是使性情之所融结，有鸿沟南北之分裂矣。"②很显然，黄宗羲是不赞成"比、兴强分，赋有专属"之说的，他主张赋比兴浑融一体，以充分地抒发内心的蕴结情感。

（二）叙事要有风韵

黄宗羲一生撰写过数量非常可观的学者散文，其中影响最大、成就最著的莫过于传记文了。作为一个史学家，他潜心研究过司马迁、班固、欧阳修等人的史传文，在艺术上受益良多。他在总结前人艺术经验的基础上，深刻地指出："叙事须有风韵，不可担板。今人见此，遂以为小说家伎俩。不观《晋书》《南、北史》列传，每写一二无关系之事，使其人精神生动，此颊上之三毫也。史迁《伯夷》《孟子》《屈贾》等传，俱以风韵胜，其填《尚书》《国策》者，稍觉担板矣。"③风韵即风度韵味；担板即呆板之意。黄宗羲这段话无疑是针对传记散文的写作来说的，他所谓的"叙事"不是指一般的叙事，而是指文学叙事，目的是以文学叙事来化解一般叙事的呆

---

① （清）黄宗羲：《淇仙毛君墓志铭》，沈善洪、吴光主编：《黄宗羲全集》第十册，浙江古籍出版社 2005 年版，第 461 页。

② （清）黄宗羲：《汪扶晨诗序》，沈善洪、吴光主编：《黄宗羲全集》第十册，浙江古籍出版社 2005 年版，第 87 页。

③ （清）黄宗羲：《论文管见》，沈善洪、吴光主编：《黄宗羲全集》第十册，浙江古籍出版社 2005 年版，第 668—669 页。

板乏味。那么怎样才能使叙事有风韵呢？黄宗羲主要讲了三点：第一，借鉴优秀史传文学写人的写作经验。黄宗羲从《晋书》《南、北史》列传中发现了史传文学的独特性，即作家"每写一二无关系之事"，靠它们来展示人物的喜怒哀乐，凸显人物的精神与性格。这里所谓"无关系之事"，实际就是夹叙琐事的"闲笔"，它们往往流离于主要情节之外，去掉它们几乎无关叙事的完整性，但增加这些闲笔，文章的趣味却油然而生。用"一二无关系之事"来传人，必然要考虑如何处理这些琐屑小事与生平大事之间的关系。黄宗羲说："从来碑志之法，类取一二大事书之，其琐细寻常，皆略而不论，而女妇之事，未有不琐细者，然则竟无可书者矣。就如节妇，只加节之一字而足，其余亦皆琐细也。如是而何以为文乎？余读震川文之为女妇者，一往情深，每以二三细事见之，使人欲涕。盖古今来事无巨细，唯此可歌可泣之精神，长留天壤。"①他指出碑志传统的取材策略是书大略小，所谓的"琐细寻常"，是根本不会被作者写进文中的。黄宗羲质疑说，如果传主是妇女，而妇女主内，她们的日常生活全都体现在琐细寻常的言行中，按书大略小的原则，那岂不是妇女没有什么事迹可以书写了吗？黄宗羲注意到了明代散文家归有光的妇女传，归氏以细事写深情，达到了"使人欲涕"的艺术效果。黄宗羲点评归有光《书斋铭》云："震川之文一往情深，故于冷淡之中自然转折无穷，一味真兀雄健之气都无所用也。"②黄宗羲由此得到结论，传主事迹的选取并无大小之分，关键在于这些事迹是否蕴含有"一往情深"的价值，是否能够传达出传主"可歌可泣之精神"。在这方面，清初侯方域的传记文很能得以小寓大的要领。黄宗羲评侯方域《马伶传》云："朝宗此文，描写曲尽，在无关系之中写出极有关系。"③在黄宗羲眼里，侯方域能"在无关系之中写出极有关系"，不失为是从小事中写出大寓意的典范。反之，彭时《故礼部左侍郎兼翰林学士薛公墓志铭》就不是这样写了，黄宗羲评云："中多曲笔。如大理之荐，出于王振，狱事之解，由振之老奴，皆以门面盖过。不加缕骇，

---

① （清）黄宗羲：《张节母叶孺人墓志铭》，沈善洪、吴光主编：《黄宗羲全集》第十册，浙江古籍出版社 2005 年版，第 380 页。

② （清）黄宗羲：《明文海》卷 124，影印文渊阁《四库全书》本。

③ 沈善洪、吴光主编：《黄宗羲全集》第十一册《明文海评语汇辑》，浙江古籍出版社 2005 年版，第 146 页。

便不见精神。若出班马之手,定有多少形容。"①所谓"以门面盖过",指的是直叙而过,而直叙的语言又带有一些应付性色彩。此等关乎传主生平大节的地方,黄宗羲的要求便是"缕娓",即作详细的描述,亦即"多少形容"。彭时之失就在于为文"不加缕娓",从而造成了不见传主"精神"之弊。黄宗羲领悟到了琐屑的闲笔具有独特的审美功能,那就是能"使其人精神生动",增加"风韵",可见闲笔实际上是"不在场"的后人想要再现人物形象而作出的必要的艺术加工,从而能够唤起读者的审美感受。第二,运用源于传统画论的典故和批评话语。黄宗羲特别引用了顾恺之的典故。南朝宋刘义庆《世说新语·巧艺》记载:"顾长康画裴叔则,颊上益三毛。人问其故,顾曰:'裴楷俊朗有识具,正此是其识具。'看画者寻之,定觉益三毛如有神明,殊胜未安时。"这则故事说画家顾恺之为裴楷画肖像,把他脸上的三根细毛也画出来了,于是使画像神情毕露。文学家加以引申,"颊上三毫"就成为一种逼真地进行人物细节描写的手法。黄宗羲将"颊上三毫"与"一二无关系之事"联系在一起,表明"一二无关系之事"不仅仅是闲笔,还是一种细节描写手法,而这种细节描写最能反映出人物的精神风韵,丰满传主的血肉,确实是写人的一大诀窍。第三,对"小说家伎俩"予以肯定。黄宗羲曾评徐芳《悬榻编》小品文云:"小说家手段,能以趣胜,其合处不减东坡小品。"②肯定了徐芳小品通过小说家手段而达到的奇趣效果。以传奇为古文辞,乃是明代中后期文坛的风气。鲁迅先生指出:"适嘉靖间,唐人小说乃复出,……文人虽素与小说无缘者,亦每为异人、侠客、僮奴以至虎狗虫蚁作传,置之集中。蓄传奇风韵,明末实弥漫天下,至易代不改也。"③故所谓"小说家伎俩",亦可看作是明代传奇对传记文学的有效渗透,此种风气总不免为正统文人所贬责。如上举侯方域的《马伶传》运用了传奇手法,吴德旋《初月楼古文绪论》曾惋惜侯方域之文"不讲法度,且多唐人小说气"。但是黄宗羲并不这么看,他在《明文海》中收录了《舵师记》《马伶传》《汤琵琶传》《记女医》等作品,

---

① 沈善洪、吴光主编:《黄宗羲全集》第十一册《明文海评语汇辑》,浙江古籍出版社2005年版,第148页。

② 沈善洪、吴光主编:《黄宗羲全集》第十一册《明文海评语汇辑》,浙江古籍出版社2005年版,第159页。

③ 鲁迅:《中国小说史略》,上海古籍出版社1998年版,第146页。

又评王猷定的传奇文如《汤琵琶传》《李一足传》《寒碧琴记》"亦近日之铮铮者"①。我们注意到《汤琵琶传》中特别穿插了老猿化身为媚妇与传主生死离合的情节,以鸣才士之悲,这显然是融入了小说笔法,黄宗羲对此类笔法予以充分肯定。而《四库全书总目》中之《明文海》提要,指责该书"虽游戏小说家言,亦为兼收并采,不免失之泛滥"。此"失之泛滥"之评,正反映出乾嘉实证学派对"游戏小说家言"的排斥,亦可反证出黄氏文学意识之强迥出一般学者之上。黄宗羲还从古代史学名著中找到了所谓"小说家伎俩"的源头,原来所谓"小说家伎俩"并不是小说家所独有,而是传统的史传文学内在所拥有的技法,司马迁的《伯夷》《孟子》《屈贾》等传之所以脍炙人口,就是因为能够恰当地运用细节和闲笔,颊上添毫,闲中着色,这不仅成为刻画人物的必要手段,而且也使叙事出现风韵,并为后来的小说家开了无数的法门。黄宗羲对于文学史事实的这一重要发现,正好可以为"小说家伎俩"正名。他主张古文正路是以经为渊源,以史为波澜,既然叙事之风韵本为史传文学内在蕴涵的技法,因此他很自然地将"叙事须有风韵"堂堂正正地纳入了古文正路论,这也从一个侧面反映出他的卓越见解。

黄宗羲深谙传记之文的创作诀窍,并努力加以实践。他创作的传记文,确实能够做到用"一二无关系之事"来传其风韵,从而凸显人物的精神境界。如在《张节母叶孺人墓志铭》中,记叙张旦复后母叶孺人艰辛的生活和顽强的承担,作者这样写道:"其后旦复见节母鼻孔有瘿粟许,问故,曰:'往时夜织欲睡,触以灯草,久之失血而成。'节母即甚爱旦复,然相勉以清苦,蒸一鸡卵,箸画为三,每饭不得越界。"作者从庸常平凡的生活中发掘出感人的细节,并予以生动逼真的呈现,貌似琐碎无聊的细节中,隐藏着无限烟波,不但"节母"的形象跃然纸上,而且足以达到令人感泣的艺术效果。用细节的真实刻画人物形象,可与小说家相通,但并非小说家所独有。小说家笔下的细节往往出于虚构,而黄氏此文的细节则是对艰苦生活的真实发掘,是以不奇为奇的笔法。

"小说家伎俩"还与传奇笔法脱不了干系。黄宗羲的传记文在选材

① (清)黄宗羲:《思旧录·王猷定》,沈善洪、吴光主编:《黄宗羲全集》第一册,浙江古籍出版社 2005 年版,第 395 页。

上有不少奇人奇事,为了能突出此类人物的独特个性,他努力抉取"奇"的情节,张扬"奇"的行为,发掘"奇"的美学意义。他的笔下为什么会有那么多的奇人,他解释说:

> 余读杜伯原《谷音》,所记二十九人,崟崎历落,或上书,或浮海,或仗剑沉渊,寰宇虽大,此身一日不能自容于其间。以常情测之,非有阡陌,是何怪奇之如是乎? 不知乾坤之正气,赋而为刚,不可屈挠。当夫流极之运,无所发越,则号呼吹拿,穿透四溢,必申之而后止。顾世之人以庐舍血肉销之,以习闻熟见覆之,始指此等之为怪民,不亦冤乎![①]

在黄宗羲看来,怪奇之人事并不是不可以解释的,只是不能以常情测之。他特别指出,奇人是在"流极之运"的特殊环境下产生的。奇人身上都透溢着一股乾坤正气,但当"流极之运"来临之时,乾坤正气受到严重的压制,无所发越,必然会通过不寻常的途径和方式,"穿透四溢",于是就有了奇人奇事。人们如果以"习闻熟见"的人事去衡量,对奇人奇事肯定是不理解的,会将这些奇人指为"怪民"。其实何怪之有,以奇人看来,自己的行事是再自然不过的了。"奇"表现为亡国人物的共同行为趋向和精神面貌。当然,不同的亡国人物也是各有奇处。黄宗羲努力寻找奇人,选取奇事,剪辑一些"奇"的细节,化平直为曲折,力求写出人物的精神风貌及其独具的个性,从而打破了以往碑志传状如记流水账的弊病。这方面比较有代表性的是康熙三年(1664)所作的《陆周明墓志铭》。在司马迁的笔下,儒者与侠客无缘,但到了明清易代之际,"时异势殊,乃有儒者抱咫尺之义,其所行不得不出游侠之途,既无有士卿相之富厚,其所任非复闾巷布衣之事",真可谓是"尤贤而尤难"。鄞人陆周明就是一个以儒者而行侠的典范。康熙二年(1663),他为降卒所诬,被捕入省狱,出狱后竟"未至寓而卒"。但更令人"骇其奇"的是:周明以好事尽其家产,室中所有,唯破席败絮及故书数百卷。讣闻,家人整顿其室,得布囊于乱书之下,打开一看,竟是人头。其弟春明识其面目,捧之而泣曰:"此故少司马笃庵王公头也。"笃庵王公即四明山寨的抗清领袖王翊(1616—

---

① (清)黄宗羲:《时襧谢君墓志铭》,沈善洪、吴光主编:《黄宗羲全集》第十册,浙江古籍出版社 2005 年版,第 438 页。

1651)。鲁王监国六年(1651)秋,王翊兵败被俘,从容就义,死后被枭首宁波城头示众。陆周明等人便趁中秋竞渡、游人杂沓之际,以奇计得其头,"祀之书室,盖十二年矣,而家人无知者"。陆周明为了忠义之士,冒死不顾,慷慨出手,确实是一个异人。但黄宗羲看得更深刻,他说:"周明亦何以异于人哉! 华屋甫田,婚嫁人情等尔,亦唯是胸中耿耿者未易下脐,人见其蹑侧焦原,手搏雕虎,遂以为异。虽然,周明一布衣诸生,又何所关天下事,而慷慨经营,使人以侠称,是乃所以为异也。"①陆周明其实跟平常人没有什么两样,只是在桑海之交,本不用"关天下事"的诸生,因为胸中耿耿难下之情,才驱使他做出了侠者之事,此其所以为异也。黄宗羲记陆周明之事虽奇,却是以奇为不奇,近于事实,信而可传。但其记谢时襋这个"怪民"却又换了另一副笔墨。谢时襋结发问学,便成宅男;天下将乱,揣摩兵法;乙酉之乱,结纳偏裨,保卫村落;清兵下浙东,家家有僵尸之痛,室室有号泣之哀,而其宗门三百余口,尽脱虎狼,木主无恙。可是,他后来忽为头陀,被发佯狂,最终蹈海而死。而黄宗羲给这"怪民"所写的"铭"也是颇为怪异的:

> 铭曰:父老言:"君偶夜出,见二巫鬼于道,叱之而灭。郭外墟墓间,磷火荧荧,人夜行,辄闻有呼之名者,君戏与友约,独往熟睡至晓,寂如也。"呜呼! 忠孝之人,鬼且避之矣。②

此铭中作者引入了具有"虚诞怪妄"性质的"委巷之谈",遂使传记"脱史入稗",随之,原本骈体的铭文也变作散行,颇与传主的怪奇个性相符。其为张苍水所作之传,写其舟师入江,羊山杀羊而祸作返斾,露香祝祷而履险夷,皆此类也。黄宗羲在《论文管见》中说,学文者不仅要熟读经史,还必须添上"竹头木屑,常谈委事",但也不是随便添料,而是"无不有来历,而后方可下笔"。上引之文,颇可为其注脚。对此,晚清学者李慈铭评论说:"南雷之文,浩瀚可喜,而才情烂漫,无复持择,故往往不脱

---

① (清)黄宗羲:《陆周明墓志铭》,沈善洪、吴光主编:《黄宗羲全集》第十册,浙江古籍出版社 2005 年版,第 304 页。

② (清)黄宗羲:《时襋谢君墓志铭》,沈善洪、吴光主编:《黄宗羲全集》第十册,浙江古籍出版社 2005 年版,第 440 页。

明末习气,流入小说家言。"①李慈铭的看法并没有站在文学的立场上,认为出色的细节描写只能为"小说家"所有,故其对黄氏散文惯用"小说家伎俩"有所不满,认为这是堕入了"明末习气",但同时也说明黄氏散文也是能包容小说家言的,这明显承接了晚明散文的余风,并在新时代下用之于"金石变声",这无疑是新的发展。清初浙东学派文人中,李邺嗣的叙事文颇能得黄氏之"风韵"。同时代浙东古文家姜宸英虽在文坛享受盛名,吴德旋却批评姜氏叙事之文缺少风韵,②足见姜氏并未像李邺嗣那样接受黄宗羲的影响。

(三)古今体式无不备于胸中

所谓"体式"即"体裁格式",属于作文的形式范畴,黄宗羲对此给予了足够的重视。即以碑版之体而言,他说:"碑版之体,至宋末元初而坏,逮至今日,作者既张、王、李、赵之流,子孙得之,以答赙奠,与纸钱寓马相为出入,使人知其子姓婚姻而已。其坏又甚于元时,似世系而非世系,似履历而非履历,市声俗轨,相沿不觉其非。"③为此他特别撰写了《金石要例》,以正其非。如"墓表例"云:"墓表表其人之大略可以传世者,不必细详行事。""行状例"云:"行状为议谥而作,与求志而作者,其体稍异。为谥者须将谥法配之,不可书婚娶子姓。"墓志有无铭者,"盖叙事即铭也";有单铭者,"叙事即在韵语中"。反正关于碑版之文的各种体式,黄宗羲追溯其渊源,考察其变例,做到了胸中有数。将此经验推而广之,他说:"作文虽不贵模仿,然要使古今体式,无不备于胸中,始不为大题目所压倒。"④做"大题目",需要有形式的支撑。没有适当的形式支撑,就会在"大题目"的压迫下轰然倒塌。

---

① (清)李慈铭:《越缦堂读书记·明文授读》,上海书店出版社 2000 年版,第 1889 页。

② (清)吴德旋:《初月楼古文绪论》,《续修四库全书》本。

③ (清)黄宗羲:《金石要例》,沈善洪、吴光主编:《黄宗羲全集》第二册,浙江古籍出版社 2005 年版,第 254 页。

④ (清)黄宗羲:《论文管见》,沈善洪、吴光主编:《黄宗羲全集》第十册,浙江古籍出版社 2005 年版,第 668 页。

三、言之不文，不能行远

清人李慈铭说："（南雷）论文主于随地流出，而谓方言语录，皆可入文。"①近人谢国桢在《黄梨洲学谱》之二《学术述略》中亦随声附和之。这其实是对黄宗羲文学语言观的严重误解。

对于诗文创作，黄宗羲强调学力，坚持运用传统的文字型文学语言，强调雅驯而反对浅俗。他批评"今日释氏之文，大约以市井常谈、兔园四六、支那剩语三者和会而成"②，"今人所习，大概世俗之调，无异吏胥之案牍，旗亭之日历。即有议论叙事，敝车羸马，终非卤簿中物"③。其中"吏胥之案牍"，不过是官府的文书，"旗亭之日历"，不过是流水账，这些都没有什么议论叙事可言。即便有议论叙事，也像是"敝车羸马"，根本不能与帝王驾出时扈从的仪仗队（即"卤簿"）中的煌煌车马相比。他认为儒与释只是学术上的差异，"其于文章无不同也"。即以释家文章而论，他举例证明说："彼佛经祖录，皆极文章之变化，即如《楞严》之叙十八天、五受阴、五妄想，与庄子之《天下》，司马谈之《六家指要》，同一机轴。苏子瞻之《温公神道碑》，且学《华严》之随地涌出。皎然学于韦苏州，觉范学于苏子瞻，梦观学于杨铁崖，梦堂学于胡长孺，其以文名于一代者，无不受学于当世之大儒。"④可惜释氏作文的优良传统，都被后人丢失殆尽，他不得不感叹："奈何降为今之臭腐乎？"⑤

浅俗的语录一体起于释氏，儒者从之，黄氏兄弟都是反对的，他们都把矛头对准了宋儒。黄宗羲指出："宋文之衰，则是程朱以下门人蹈袭粗

---

① （清）李慈铭：《越缦堂读书记·明文授读》，上海书店出版社 2000 年版，第 1190 页。

② （清）黄宗羲：《山翁禅师文集序》，沈善洪、吴光主编：《黄宗羲全集》第十册，浙江古籍出版社 2005 年版，第 57 页。

③ （清）黄宗羲：《论文管见》，沈善洪、吴光主编：《黄宗羲全集》第十册，浙江古籍出版社 2005 年版，第 668 页。

④ （清）黄宗羲：《山翁禅师文集序》，沈善洪、吴光主编：《黄宗羲全集》第十册，浙江古籍出版社 2005 年版，第 57—58 页。

⑤ （清）黄宗羲：《山翁禅师文集序》，沈善洪、吴光主编：《黄宗羲全集》第十册，浙江古籍出版社 2005 年版，第 58 页。

浅语录，真嚼蜡矣。"①黄宗炎批判说："书契以来即曰'修辞'，曰'其辞文'，曰'言之不文，不能行远'。自释教之盛行，其所称祖师，类皆不读《诗》《书》者，始有语录。语录布之竹帛，粗野俚俗，出辞气而鄙悖随之，令学者对其书而不敢句读，宜乎吾儒痛革其非，以为修辞行远之学。顾宋儒尽弃夫典谟雅颂之文章，而效尤乎彼习，若似讲求义理者，非鄙悖之言不足以载道，语言粗迹必欲蹈袭释氏，不能改其规矩彀率，他可知矣。"②

黄宗羲鲜明地提出："言之不文，不能行远。夫无言则已，既已有言，则未有不雅驯者。"③因此他主张："学文者须熟读三史八家，将平日一副家当尽行籍没，重新积聚，竹头木屑，常谈委事，无不有来历，而后方可下笔。"④所谓"三史"，指的是《史记》《汉书》《后汉书》，"八家"即唐宋八大家。黄氏主张与口语隔绝而专学三史八家的书面语言，以雅驯为指归，这同公安三袁提倡言文合一相比，未免显得保守了一些，但却开了桐城派雅洁论的先河。不过桐城派文人，往往读书不多，经史之功甚疏，其语言虽雅洁而气象规模则显局促，弊病显而易见。

对于诗歌创作，黄宗羲同样不赞成使用俚俗的语言。李郱嗣曾创作了不少乡土竹枝词，黄宗羲说："先生尤长于丽语，使当词头之任，真足华国，而以庙堂金石，散为竹枝、禅颂之音，岂不可惜。"⑤所谓"词头"，指朝廷命词臣撰拟诏敕时的摘由或提要。黄宗羲惋惜李郱嗣以翰林词臣之才而被埋没于草莱，但同时也透露出其高抬庙堂金石之文而轻视竹枝、禅颂之音的倾向。在《金石要例》中，他对今人所作碑版之文充斥着"市声俗轨"深表不满。黄宗羲语归雅驯的思想也传递到了弟子身上，如万言曾说："夫言而笔之于书即为诗文，而发之于口即为言，曾言之不雅驯，

---

① 沈善洪、吴光主编：《黄宗羲全集》第十一册《明文海评语汇辑》，浙江古籍出版社2005年版，第105页。

② （清）黄宗炎：《周易寻门余论》卷上，影印文渊阁《四库全书》本。

③ （清）黄宗羲：《山翁禅师文集序》，沈善洪、吴光主编：《黄宗羲全集》第十册，浙江古籍出版社2005年版，第57—58页。

④ （清）黄宗羲：《论文管见》，沈善洪、吴光主编：《黄宗羲全集》第十册，浙江古籍出版社2005年版，第668页。

⑤ （清）黄宗羲：《李杲堂先生墓志铭》，沈善洪、吴光主编：《黄宗羲全集》第十册，浙江古籍出版社2005年版，第412页。

而犹望其为诗文可以信今而传后乎?"①可以说,言归雅驯为清初浙东学派学者创作诗文所共同遵守的信条。

雅驯意指文辞优美、典雅不俗,但并不等于堆积华丽的辞藻。黄宗羲看到弟弟宗会的文章,"华藻错落,颇以王微、范晔为则",于是对他说:"此一种文,宁以音节不同六朝,便高抬其气骨耶?"可见他对"华藻错落"的文风并不称许,而以语言的"冷淡"自许。② 他还说:"曾忆与陈令升翦烛论诗,颇有短长。余曰:'浙东之诗,看他好处不出;浙西之诗,看他不好处不出。'令升曰:'看他不好处不出,此言尤毒。如此做去,更自转身不得,所谓五百年堕野狐身也。'相与一笑。浙西之诗,看他不好处不出。"③这里的"好"是指辞藻华丽。黄宗羲意为浙东之诗不尚词藻,太过质朴,而浙西之诗则专尚词藻,太过华丽。黄宗羲的这种评价,表明他既不满意于太过质朴,更不满意于辞藻华丽,因为后者正表现为七子派的余焰。他评范允镆诗云:"诗之为道,以空灵为主,无事于堆积脂粉。"④这里的"空灵"意指清新灵活,显系"堆积脂粉"的对立面。他评赵贞吉文云:"有宋以后,神理过之者有矣,至如遣词运笔,如生龙活虎,不能多见。"⑤看来,在语言表达形式上,"遣词运笔,如生龙活虎"才是他最为心仪的。同时,他还要求词语的运用要有新鲜感,批评钱谦益的古文,"所用词华每每重出,不能谢华启秀"⑥。对于剿袭的语言,黄宗羲更是严词呵斥。明代诗文领域的语言剿袭成风,自是黄宗羲横扫的对象,即便是戏曲领域的语言剿袭,他也没有放过。他不但借岳父叶宪祖之口,批评汤显祖、陈汝元的戏曲"浓重剿袭,取悦世眼",而且亲口指责汤的戏曲语言,"其佳者亦搜牢元人成句"而已,充分肯定岳父叶宪祖的戏曲语言"古

---

① (清)万言:《管村文钞内编》卷 3《谢天愚先生诗序》,《四明丛书》本。

② (清)黄宗羲:《前乡进士泽望黄君圹志》,沈善洪、吴光主编:《黄宗羲全集》第十册,浙江古籍出版社 2005 年版,第 302 页。

③ (清)黄宗羲:《谢莘野诗序》,沈善洪、吴光主编:《黄宗羲全集》第十册,浙江古籍出版社 2005 年版,第 97 页。

④ 徐世昌:《晚晴簃诗汇》卷 55,中华书局 1990 年版。

⑤ 沈善洪、吴光主编:《黄宗羲全集》第十一册《明文授读评语汇辑》,浙江古籍出版社 2005 年版,第 165 页。

⑥ (清)黄宗羲:《思旧录·钱谦益》,沈善洪、吴光主编:《黄宗羲全集》第一册,浙江古籍出版社 2005 年版,第 377 页。

淡本色,街谈巷语,亦化神奇,得元人之髓","固有明第一手矣"。① 黄宗羲的批评似乎有有意贬低汤显祖以抬高叶宪祖的倾向,评论中掺入了明显的私情成分,显得不够客观理性,但黄宗羲坚持"本色"的戏曲批评观,要求戏曲语言既不剿袭前人的既成文句,又能得"元人之髓",在继承中创新,却是十分可取的,也是他反对剿袭的思想在戏曲领域的贯彻。康熙九年(1670),李渔在其《闲情偶寄·词曲部》之词采第二"忌填塞"中总结说:"填塞之病有三:多引古事,迭用人名,直书成句。"李渔对"直书成句"的批评,与黄宗羲对"搜牢元人成句"的批评,意见是一致的。

　　执性情说者往往重视民间文学,崇尚学力的钱谦益对此深表不满,他说:"执性情而弃学问,采风谣而遗著作,舆歌巷谚,皆被管弦,《挂枝》《打枣》,咸播郊庙,胥天下用妄失学,为有目无睹之徒者,必此言也。"②这话很可能是针对公安派说的。但黄宗羲对于民间文学却表现出一定的尊重,其识力要高出钱氏一等。他对于词曲一类新兴的文学样式,赞同徐渭《题昆仑奴杂剧后》中"越俗越家常越警醒"的观点,③其所秉持的无疑是"本色""当行"的评判标尺。因此,他对汤显祖等人以词采擅长颇有不满,批评其剧作"粉筐黛器,高张绝弦"④。这里涉及一个问题:黄宗羲对汤显祖的艺术评价是否是一贯的?徐定宝认为黄宗羲对汤显祖"玉茗堂"剧作的看法前后有变化,中年时采取了基本的否定态度,其依据是《外舅广西按察使六桐叶公改葬墓志铭》中的几句评语。⑤ 事实上,黄宗羲所作的《改葬墓志铭》,成于康熙十九年(1680),评语中也没有说这是其中年时的观点,怎么能依据这些评语来说明黄氏中年时对汤显祖剧作

---

　　① (清)黄宗羲:《外舅广西按察使六桐叶公改葬墓志铭》,沈善洪、吴光主编:《黄宗羲全集》第十册,浙江古籍出版社 2005 年版,第 390—391 页。

　　② (清)钱谦益:《尊拙斋诗序》,《牧斋杂著》,上海古籍出版社 2009 年版,第 412 页。

　　③ (清)黄宗羲:《胡子藏院本序》,沈善洪、吴光主编:《黄宗羲全集》第十一册,浙江古籍出版社 2005 年版,第 61 页。

　　④ (清)黄宗羲:《外舅广西按察使六桐叶公改葬墓志铭》,沈善洪、吴光主编:《黄宗羲全集》第十册,浙江古籍出版社 2005 年版,第 390 页。按,黄文云:"逮庚寅,迁葬邑东之西黄浦,余送葬河浒,而忠介已死国难矣。又三十年,故老且尽,公之孙,存者止汉、旦两人,言行殆将泯灭。余既以其诗选入《姚江逸诗》,又忆其大略而志之。"庚寅即顺治七年(1650),"又三十年"即康熙十九年(1680),此即为《改葬墓志铭》的作年。

　　⑤ 徐定宝:《黄宗羲对"玉茗堂"剧作批评观的演变》,《文学遗产》2000 年第 3 期;又见徐定宝:《黄宗羲评传》第六章,南京大学出版社 2002 年版,第 243—246 页。

持否定态度呢？依笔者之见，黄宗羲对汤显祖剧作有褒有贬，他充分肯定汤显祖的《牡丹亭》是以儿女情说"性"，肯定其"雪中芭蕉"式的艺术构思，可谓别具只眼，同时他受徐渭、叶宪祖这些越中曲家的影响，执"本色"的评判标准，因此必然会对汤显祖的满纸文采表达不满。黄宗羲肯定的是《牡丹亭》的意蕴，批评的是其语言文采上的粉饰与剿袭，这与其对明代诗文的评价基本一致。因此，笔者不认为黄宗羲对汤显祖剧作的评价出现了前后的变化。黄宗羲对不同文学样式的文学语言提出了不同的要求，正反映了我国历史上文学语言由文字型向口语型转变的趋势。

第八节　文学批评论

明代的文学批评，以门户相标榜，守一家为准的，缺乏包容的精神。黄宗羲的文学批评，不以门户论是非，在扭转明代以来恶劣批评风气方面，起到了积极的作用。

一、"有品藻而无折衷"

较为成熟的批评鉴赏不能没有诗学观念的指导，也少不了批评方法的运用。黄宗羲的批评方法论建立在"有品藻而无折衷"的态度之上。他在《钱退山诗文序》中说：

> 慨自唐以前，为诗者极其性分所至，銖心刬肠，毕一生之力，春兰秋菊，各自成家，以听后世之品藻。如钟嵘之《诗品》，辨体明宗，固未尝里守一家以为准的也。至于有宋，折衷之学始大盛。江西以汗漫广莫为唐，永嘉以胝鸣吻哎为唐。即同一晚唐也，有谓其纤巧酿亡国之音，有谓其声宏还正始之响，学昆体者谓之村夫子，学郊、岛者谓之字面诗。入主出奴，谣诼繁兴，莫不以为折衷群言。然良金华玉，并行而不悖，必欲銖两以定其价，为之去取，恐山川之灵气割裂于市师之手矣。……其（按，指钱退山）于古今作者，有品藻而

无折衷，盖不欲定于一家以隘诗路也。①

这里，"品藻"的含义比较明确，是指辨识各家创作的风格特征，至于何谓"折衷"和"折衷之学"，各家的理解殊有分歧。最早注意到黄宗羲"有品藻而无折衷"文学观的是邬国平，他解释说："所谓'折衷'是指以一己之私意是此非彼，随便去取。"②此后，比较有代表性的诠释是项念东作出的，他认为黄宗羲提出"有品藻而无折衷"，"反对的是看似折衷而实为偏至的诗学批评观"。他进一步论证说：

> 刘勰《文心雕龙·序志》有言，"夫铨叙一文为易，弥纶群言为难……擘肌分理，唯务折衷"，刘勰正是通过对一系列文学问题内在矛盾的"折之中和"（《章句》）、"以裁厥中"（《附会》）而达到"弥纶群言"的目的。无庸讳言，"折衷"作为一种方法，无论是"言六艺者折衷于夫子"（《史记·孔子世家》），还是"使其人（按：指诸子百家）遭明圣主，得其所折衷"（《汉书·艺文志》），最终确然都是以表达个人学术见解为目的的，即"弥纶群言"而归于一家之言乃是"折衷"的题中应有之义。有宋以来的"折衷之学"，片面强调了"弥纶群言"的结果而忽略了"折之中和"的初衷，从而变相地将"折衷"当成了诗学领域党同伐异的武器，看似折衷而实为偏至。③

邬国平解释"折衷"可谓直截了当，而项念东"看似折衷而实为偏至"的解释，则有点拐弯抹角，因为既然是"偏至"，黄宗羲为什么不直接说，偏要用"折衷"这个容易引起歧义的词呢？再看一下黄宗羲的原文，我们不禁要问，有宋"折衷之学"大盛的说法又有何文献依据呢？笔者认为只有弄清楚了"折衷之学"的语境，才能准确地诠释黄宗羲的批评观。经过查考，笔者发现黄宗羲所说的有宋"折衷之学"大盛，原来出自宋代叶适

---

① （清）黄宗羲：《钱退山诗文序》，沈善洪、吴光主编：《黄宗羲全集》第十册，浙江古籍出版社 2005 年版，第 68—69 页。

② 邬国平：《论黄宗羲的文学观》，《复旦学报》（社会科学版）1989 年第 5 期。嗣后张兵《黄宗羲的唐宋诗理论与清初诗坛的宗唐和宗宋》一文亦从邬说，见《西北师大学报》（社会科学版）1993 年第 5 期。

③ 项念东：《论黄宗羲的"诗识"》，《古代文学理论研究》第 23 辑，华东师范大学出版社 2005 年版，第 370—371 页。

《粹裘集序》。叶适文云：

> 《粹裘集》十卷，金华杜旟为此文，自经史诸子皆有论辨，学之博
> 矣；论辨不苟，是非必折之于正，又所谓笃矣。秦汉以前，士自为家，
> 造智设巧，意出准量，立表极以号于世而已；心术取舍之谬，方将求
> 折诸其人，固未知自有所折也。至后世折衷之学始大盛，士因古人
> 之已成者论之，知所统壹，足以致用，不必自为家焉。然非其趯然出
> 于科举场屋之外，详考而深思者不能也。旟以此未取信于今人，而
> 不知此旟之所以有得于古人。也因题其末。①

叶适批评南宋的士人在为学上只知"折衷"，不能有得于古人，没有
自己独立的学术创见。他们为学的目的仅仅限于应付科举以谋取功名，
因此只知拾取古人的言论以致科举之用，而不能成就自家之言。所以，
"折衷之学"实际上就是"折衷"于一经的举子之学，其特征就是"知所统
壹"，而不必自以为家。所谓"知所统壹"，当指守定古人之已成者之言，
"足以致用"是指借此以求得科举上的成功。叶适表彰金华杜旟的文章，
趯然出于科举场屋之外，详考而深思，有得于古人，故能与"折衷之学"相
抗衡。黄宗羲巧妙地借用叶适的"折衷"之意，用以文学批评，指的是"折
衷"古人之一派而排斥另一派，自以为"折衷群言"，实际却是归为一家之
言。如此"折衷"，其批评手段必然"入主出奴，谣诼繁兴"。毫无疑问，黄宗
羲所指斥的"折衷"，是一种对待文学遗产的单一价值取向。黄宗羲所说
"有宋折衷之学大盛"，并不是批评宋人在创作上的学唐，而是指责宋人批
评风气开始趋于恶劣。宋人对江西体、晚唐体等横加指责，"入主出奴，谣
诼繁兴"，目的是要求诗人墨守一家，但这并不能影响宋诗本身的成就。

黄宗羲"有品藻而无折衷"的批评方法论，是以反对创作的雷同化为
前提的。黄宗羲主张性情千变万化，"不必出于一途"，只要诗人"极其性
分所至"，"春兰秋菊"，可以"各自成家"，因此各种风格诗歌亦可以"并行
而不悖"。黄宗羲为诗歌的繁荣广开门户，具有"不欲定于一家以隘诗
路"的胸襟器度，而宋、元、明诸持"折衷"批评论者，"墨守一家以为准
的"，"必欲铢两以定其价，为之去取"，"欲使天下之精神聚之于一途"，其

---

① （宋）叶适：《水心文集》卷 12，《叶适集》上册，刘公纯等点校本，中华书局 2010 年版，
第 207 页。

心胸之狭隘,去之极远,这正反映了清初学风的新变化。

在黄宗羲的诗学话语中,"折衷"的批评是一种错误的批评方法。他坚决地摒弃"折衷"的错误批评观,倡导"有品藻而无折衷"的新批评法。他运用这种正确的批评方法,对宋明两代的文学遗产进行了富有建设性的清理。

二、善学唐者唯宋

自宋明以来,我国诗坛一直存在着唐宋诗之争。尤其是明代,尊唐者声势浩大,而倡宋者寥寥无几。明七子以复古自命,"诗必盛唐"之论一出,风靡天下。至明末以陈子龙为代表的云间派,仍喜模仿唐诗。其间虽然公安派贬唐扬宋,但语过空泛。而竟陵派矫之以幽深孤峭,"诗必盛唐"的局面才略有改观。故陈衍说:"闽派盛于明,非盛唐之诗不读。及钟伯敬入闽,竟陵体风行,稍有学中晚唐、宋人者,有清初叶犹然。"[1]但竟陵派标榜门户,所倡幽情单绪的审美趣尚亦非时代所宜,故受到了钱谦益的迎头痛击。钱谦益从对明代诗歌遗产的清理开始,逐渐地转变了学界尊唐贬宋的风气。冯班指出:"钱牧翁学元裕之,不啻过之,每称宋元人,矫王、李之失。"[2]尤侗指出:"大抵云间诗派,源流七子,迨虞山著论诋諆,相率入宋元一路。"[3]乔亿指出:"明诗屡变,咸宗六代、三唐,固多伪体,亦有正声。自钱受之力诋弘正诸公,始缵宋人余绪,诸诗老继之,皆名唐而实宋,此风气一大变也。"[4]他们都肯定了钱谦益转变诗坛风气的作用。钱谦益本人的诗歌创作有取于陆游,兼学苏轼的使事用典。钱谦益无疑是清初学宋诗风的最早倡导者。

从现有的资料看,钱谦益并没有简单地抑扬唐宋,他曾明确承认"诗莫盛于唐"[5],同时又给予宋诗以较高评价,提出"古今之诗总萃于唐,而

[1]　(清)陈衍:《石遗室诗话》卷15,辽宁教育出版社1998年版,第205页。

[2]　(清)冯班:《钝翁杂录》卷7,广文书局1969年版,第5页。

[3]　(清)尤侗:《尤太史西堂全集·艮斋稿》卷3《彭孝绪诗文序》,《四库禁毁书丛刊》本。

[4]　(清)乔亿:《剑溪说诗》卷下,《清诗话续编》本,上海古籍出版社1983年版,第1104页。

[5]　(清)钱谦益:《牧斋外集》卷4《诗苑天声序》,钱仲联标校,上海古籍出版社2009年版,第663页。

畅遂于宋"①。钱谦益这一"火传灯续"的评价思路为黄宗羲所继承。钱仲联先生指出："南雷之倡宋诗，又以矫明前后七子赝唐之失也。南雷之说又奚自昉乎？盖得之虞山钱蒙叟。"②经钱谦益的倡导，清初推崇宋诗的呼声越来越高涨，这其中黄宗羲起了很重要的作用。

　　黄宗羲早年就已形成了"幽折陟拔"的诗风，至康熙十三年(1674)作《史滨若惠洮石砚》诗，承认黄庭坚为"吾家诗祖"。③ 比起钱谦益之崇苏贬黄，黄宗羲更推崇黄庭坚及其江西派诗歌的"长铺广引，盘折生语"，并以此作为自己作诗的范本。但他评论唐宋诗的言论主要发表于康熙朝，其核心思想是在对宋诗价值的重估中求唐宋诗之同，而非辨唐宋诗之异。这一点，当代学者张健已经指出，他说："自严羽至明七子及云间、西泠派贬斥宋诗，乃是以唐诗的审美传统来衡量宋诗，认为宋诗不符合唐诗传统。这是辨唐、宋之异。而肯定宋诗的审美传统可以有两种方式：一是承认尊唐者建立的以唐诗为基础的审美价值系统，而强调宋诗对于唐诗传统的继承关系，这样可以在尊唐者的价值系统中肯定宋诗的价值系统；二是承认宋诗不符合唐诗传统，承认宋诗是一个异质的审美传统，但又建立一个新的审美价值系统以肯定宋诗这一异质的审美传统。清初宋诗热思潮肯定宋诗的方式大体上属于前一种方式，这是求唐、宋诗之同。这样肯定宋诗，是在不改变尊唐诗的价值系统的前提下，通过强调宋诗对唐诗的继承关系，将宋诗接纳进唐诗的传统中来，以肯定宋诗的价值，赋予宋诗以地位。"④笔者非常赞同张健的看法。若举清初学界求唐宋诗之同的代表人物，前有钱谦益，后有黄宗羲，而以黄宗羲的言论更为明确，发挥更为充分。

　　黄宗羲对唐诗是高度肯定的，但同时又极具胆识地指出，即使唐诗也不是篇篇皆佳，其中"非无蹈常袭故，充其肤廓而神理蔑如者"⑤，这就

---

　　①　(清)钱谦益：《牧斋杂著·牧斋有学集文钞补遗·雪堂选集题辞》，上海古籍出版社 2009 年版，第 501 页。

　　②　钱仲联：《黄宗羲诗选序》，《黄宗羲诗文选》卷首，华东师范大学出版社 1990 年版。

　　③　(清)黄宗羲：《南雷诗历》卷 2，沈善洪、吴光主编：《黄宗羲全集》第十一册，浙江古籍出版社 2005 年版，第 268 页。

　　④　张健：《清代诗学研究》第八章，北京大学出版社 1999 年版，第 378—379 页。

　　⑤　(清)黄宗羲：《张心友诗序》，沈善洪、吴光主编：《黄宗羲全集》第十册，浙江古籍出版社 2005 年版，第 50 页。

打破了学诗者对唐诗的迷信。但从后世对唐诗遗产的继承性而言,他充分肯定宋人学唐的经验和成就,认为"善学唐者唯宋"。他说:

> 天下皆知宗唐诗,余以为善学唐者唯宋。顾唐诗之体不一,白体、昆体、晚唐体,白体如李文正、徐常侍兄弟、王元之、王汉谋;昆体则杨、刘之西昆,出于义山,二宋、张乖崖、钱僖公、丁崖州其亚也;晚唐体则九僧、寇莱公、鲁三交、林和靖、魏仲先父子、潘逍遥、赵清献之辈,凡数十家,至叶水心、四灵而大振;少陵体则黄双井崇尚之,流而为豫章诗派,乃宋诗之渊薮,号为独盛;欧、梅得体于太白、昌黎;王半山、杨诚斋得体于唐绝;晚唐之中,出于自然,不落纤巧凡近者,即王辋川、孟襄阳之体也。虽咸酸嗜好之不同,要必心游万仞,沥液群言,上下于数千年之间,始成其为一家之学,故曰善学唐者唯宋。①

黄宗羲认为,就一个朝代诗歌的体制、风格的多样性而言,唐诗之体不一,是由不同体制和风格构成的集合,宋人并没有将之视作凝定的学习模块,而是各有所好,因而宋诗之体亦不一。当然在宋人学唐的众多门派中又有主流,这就是专学杜甫的黄庭坚一派。他一一举证了宋人取法唐诗的不同路径,由此观之,宋人学唐,"虽咸酸嗜好之不同,要必心游万仞,沥液群言,上下于数千年之间,始成为一家之学"。他认为"宋人善学唐",实际上就是说,宋人能够遵循继承、创造性的态度去学唐,他们不讲"形似",而是在汲取前人精华的基础上自成一家之学,所以各种风格的诗歌能够"良金华玉,并行而不悖"。因此之故,他说:"诗不当以时代而论,宋元各有优长,岂宜沟而出诸于外,若异域然。"②黄宗羲充分看到了宋诗对唐诗的继承性,以为"宋诗之佳,亦谓其能唐耳,非谓唐之外能自为守也"③。黄宗羲只求唐宋诗之同,不讲唐宋诗之异。他还认为被严羽批评的"以文字为诗,以才学为诗,以议论为诗"的苏黄一派,其实"莫

---

① (清)黄宗羲:《姜山启彭山诗稿序》,沈善洪、吴光主编:《黄宗羲全集》第十册,浙江古籍出版社 2005 年版,第 60 页。

② (清)黄宗羲:《张心友诗序》,沈善洪、吴光主编:《黄宗羲全集》第十册,浙江古籍出版社 2005 年版,第 50 页。

③ (清)黄宗羲:《张心友诗序》,沈善洪、吴光主编:《黄宗羲全集》第十册,浙江古籍出版社 2005 年版,第 51 页。

非唐音"。① 他其实承认黄庭坚一派诗歌"长铺广引,盘折生语"已"极盛唐之变",②只是不承认该派对唐风的变异本身已经构成了一个异质的系统。

那么黄宗羲为什么对宋诗会有这样的认识呢? 原因就在于黄宗羲看到了宋人不以"形似"的态度去学唐的一面,而对宋诗本身的诗学特征尚缺乏明确的认识。诚如张健所说,"到黄宗羲的时代,对于宋诗特征的正面肯定性认识还不足以建立一个以宋诗审美特征为基础的价值系统,而一个以汉魏、唐诗审美传统为基础的审美价值系统却已经确立而且有着普遍深入的影响,所以黄宗羲还难以在理论上挑出一个宋诗传统去与唐诗相抗衡"③。除了张健所说的原因之外,我认为还有一个极为重要的原因,那就是黄宗羲透过明代诗坛学唐之失,抓住了"受病"这一根本点。所谓"受病",就是在"性情"这一根本问题上出了毛病。他在《天岳禅师诗集序》中说:"诗自齐楚分途以后,学诗者以此为先河,不能究宋元诸大家之论,才晓断章,争唐争宋,特以一时为轻重高下,未尝毫发出于性情,年来遂有乡愿之诗。然则为学者亦唯自验于人禽,为诗者亦唯自畅其歌哭,于世无与也。"④学诗者只知道争唐争宋,不知道自道其性情,此所以为"乡愿"之诗。他告诫学诗者要自畅其歌哭,不要参与世俗所谓唐宋诗之争。他又在《寒村诗稿序》中指出:"诗之为道,从性情而出。性情之中,海涵地负,古人不能尽其变化,学者无从窥其隅辙。此处受病,则注目抽心,无所绝港,而从声响字脚之假借,曰此为风雅正宗,曰此为一知半解,非愚则妄矣。"⑤郑梁之为诗,从表面上看来并不似唐,但从性情而出这一点上说,"不必泥唐而自与唐合"。宋人的诗歌,尽管在批评上不免有"折衷之学"的倾向,但在创作上自有性情,与唐人相通,且能成一家

① (清)黄宗羲:《张心友诗序》,沈善洪、吴光主编:《黄宗羲全集》第十册,浙江古籍出版社 2005 年版,第 51 页。

② (清)黄宗羲:《张心友诗序》,沈善洪、吴光主编:《黄宗羲全集》第十册,浙江古籍出版社 2005 年版,第 51 页。

③ 张健:《清代诗学研究》第八章,北京大学出版社 1999 年版,第 380—381 页。

④ (清)黄宗羲:《天岳禅师诗集序》,沈善洪、吴光主编:《黄宗羲全集》第十册,浙江古籍出版社 2005 年版,第 67 页。

⑤ (清)黄宗羲:《寒村诗稿序》,沈善洪、吴光主编:《黄宗羲全集》第十册,浙江古籍出版社 2005 年版,第 56 页。

之学,而明人性情枯萎,"此处受病",诗歌才会走入形似之迹的死胡同。他说:"古今之言诗者,多不从受病之处,徒抄贩其流注之害,此其说之所以愈长也。"①他明确指出,古今论诗者"多不从受病之处"入手,所以才会让假唐诗盛行。

　　黄宗羲"善学唐者唯宋"的观点并不是凭空产生的,而是在清理明代诗坛"主奴唐宋"的陋习中引发的,也就是说,其所针对的是明代的刻意摹唐之风。郭绍虞曾深刻地指出:"正因为明代学风偏于文艺的缘故,于是'空疏不学'四字,又成为一般人加于明代文人的评语。由于空疏不学,于是人无定见,易为时风众势所左右。任何领袖主持文坛,都足以号召群众,使为其羽翼;待到风会迁移,而攻摘交加,又往往集矢于一二领袖。所以一部文学史殆全是文人们分门立户标榜攻击的历史。"②黄宗羲对明诗虽然没有像对明文那样花大气力做系统的整理工作,对明诗的研究不如钱谦益和朱彝尊深入③,但他对明诗的看法紧紧扭住"主奴唐宋"的争论进行擘入肌理的剖析。在黄宗羲看来,不同的时代对"唐"的认定是不一样的。在《张心友诗序》中,黄宗羲对"唐"的概念进行了一番清理,他说:

　　　　且唐诗之论亦不能归一,宋之长铺广引,盘折生语,有若天设,号为豫章宗派者,皆原于少陵,其时不以为唐也。其所谓唐者,浮声切响,以单字只句计巧拙,然后谓之唐诗。故永嘉言唐诗废久,近世学者已复稍趋于唐。沧浪论唐,虽归宗李、杜,乃其禅喻,谓诗有别材,非关书也,诗有别趣,非关理也,亦是王、孟家数,于李、杜之海涵

---

　　①　(清)黄宗羲:《寒村诗稿序》,沈善洪、吴光主编:《黄宗羲全集》第十册,浙江古籍出版社 2005 年版,第 56 页。

　　②　郭绍虞:《明代的文人社团》,《照隅室古典文学论集》(上),上海古籍出版社 1983 年版,第 527—528 页。

　　③　(清)黄时贞《书南雷三案诸书卷末》云:"所著《理学案》、《文案》、《诗案》。"(参见本书附录)这里的"《理学案》"当指《明儒学案》,"《文案》"指《明文案》,"诗案"当即《明诗案》。黄时贞为黄宗羲最早的门生,称黄氏所著三案中有《诗案》,令人困惑。李邺嗣《杲堂诗续钞》卷 5《壬子岁暮感怀》诗云:"言诗敢谓吾堪与,仍待先生次第陈。"自注:"时梨洲先生方选《明文案》,以《明诗案》属余。"李邺嗣并没有完成《明诗案》,而是将精力放在了编纂《甬上耆旧诗》身上。但除黄时贞之外,黄百家、全祖望等人均未记录黄宗羲有《明诗案》的著述。故黄时贞之说在此存疑。

地负无与。至有明北地摹拟少陵之铺写纵放，以是为唐，而永嘉之所谓唐者亡矣。是故永嘉之清圆，谓之非唐不可，然必如是而后为唐，则专固狭陋甚矣。豫章宗派之为唐，浸淫于少陵，以极盛唐之变，虽有工力深浅之不同，而概以宋诗抹杀之，可乎？①

　　黄宗羲在此分析说，以黄庭坚为代表的"豫章宗派"，明明源于杜诗，但是宋人偏偏不认为他们是在学唐，永嘉四灵一派偏说"唐诗废久"，只有他们创作的浮声切响的清圆诗风才被认为是典型的唐风。到了明代完全倒过来了，李梦阳（北地）打出"诗必盛唐"的旗帜，公开摹拟杜甫之诗，明代人皆以此为学唐，永嘉一派的学唐也就偃旗息鼓了。所以黄宗羲说："唐诗之论亦不能归一。"这种文学批评现象难道还不发人深思吗？他进而指出，永嘉一派的清圆，可以认定其"非唐不可"，但如果学唐只有这么一条路，那也太"专固狭陋"了。他承认"豫章宗派"已经"极盛唐之变"了，但如果将他们那种"长铺广引，盘折生语"的诗歌，一概以宋诗抹杀之，也是不可取的，原因就在于其原本就"浸淫"于杜甫，割不断与杜诗的血脉联系。

　　黄宗羲并不认为"宋优于唐"，而是着力于肯定宋人善学唐，旨在纠正长期来对宋诗的偏见，要求人们客观公正地对待宋诗的成就，无意单独扯起"宋诗"的旗帜去与唐诗抗衡。但当时的很多缙绅先生误认为黄氏"主张宋诗"，为此他深感不安，并公开作出声明："噫！亦冤矣。"②然而黄宗羲的自我声明是一回事，缙绅先生的误读又是另一回事。缙绅先生的这种误读，反而推动了倡导宋诗的潮流。

　　黄宗羲张扬宋诗的另一层用意，是以宋人善学唐为武器，抨击明人的赝唐。同是学唐，宋明两代的差异在于，宋代的作家能包容，故能自成一家，而明人徒知摹拟，所作优孟衣冠。黄宗羲论有明一代之诗也同论有明一代之文一样，都是把李（梦阳）、何（景明）、王（世贞）、李（攀龙）作为主要的批判对象。晚明以来，公安、竟陵、云间、虞山诸派纷纷登台，他

---

　　①　（清）黄宗羲：《张心友诗序》，沈善洪、吴光主编：《黄宗羲全集》第十册，浙江古籍出版社 2005 年版，第 51 页。

　　②　（清）黄宗羲：《张心友诗序》，沈善洪、吴光主编：《黄宗羲全集》第十册，浙江古籍出版社 2005 年版，第 51 页。

们都是在学唐的旗帜下改头换面，黄宗羲也都表示不满。他说：

> 明初以来，九灵、铁崖、岳鸣、眉庵之余论未泯，北地起而尽行抹杀，以少陵为独得，拨置神理，袭其语言事料而像之。少陵之所谓诗律细者，一变为粗材。历下、太仓相继而起，遂使天下之为诗者，名为宗唐，实禰何而郊李，祖李而宗王，然学问稍有原本者，亦莫不厌之。百年以来，水落石出，而卧子犹吹其寒火，顾见绌于艾千子，阳距而阴从。自后诗文，稍刊其脂粉，而为学未成，天下不以名家许之。其间公安欲变之以元、白，竟陵欲变之以晚唐，虞山求少陵于排比之际。皆其形似，可谓之不善学唐者矣。①

> 弘治以来，诗准盛唐，流于剽窃。公安解缚而失法，竟陵浚深而迷路。②

> 百年之中，诗凡三变。有北地、历下之唐，以声调为鼓吹；有公安、竟陵之唐，以浅率幽深为秘笈；有虞山之唐，以排比为波澜。虽各有所得，而欲使天下之精神，聚之于一涂，是使诈伪百出，止留其肤受耳。③

黄宗羲通过对明代诗坛流变大势的梳理，将明诗创作的历史教训归结为"不善学唐"，即没有正确地解决继承和创造的关系。他认为这一方面宋人却提供了成功的经验。而明人之所谓学唐，却徒袭语言事料，只得形似之迹。竞作"假唐诗"的诗坛流行病，必为有识者所鄙弃。他在康熙八年(1669)所作的《孟子师说》中批判说："诗文有诗文之乡愿，汉笔唐诗，袭其肤廓。"④所谓"汉笔唐诗"就是针对七子一派的摹拟来说的。诗歌只有"自畅其歌哭"，才能不落乡愿之讥。因此他主张"但劝世人各做

---

① （清）黄宗羲：《姜山启彭山诗稿序》，沈善洪、吴光主编：《黄宗羲全集》第十册，浙江古籍出版社 2005 年版，第 61 页。

② （清）黄宗羲：《董巽子墓志铭》，沈善洪、吴光主编：《黄宗羲全集》第十册，浙江古籍出版社 2005 年版，第 489 页。

③ （清）黄宗羲：《靳熊封诗序》，沈善洪、吴光主编：《黄宗羲全集》第十册，浙江古籍出版社 2005 年版，第 62 页。

④ （清）黄宗羲：《孟子师说》卷 7《"孔子在陈"章》，沈善洪、吴光主编：《黄宗羲全集》第一册，浙江古籍出版社 2005 年版，第 165 页。

自己诗,切勿替他人争短争长"①。黄宗羲不但批评明人在创作上的赝唐,同时也揭露了明人批评观念的谬误。明人以宗唐耸动天下,"徒以声调之似而优之而劣之","而欲使天下之精神,聚之于一涂"。② 而"性情之中,海涵地负",决定了诗歌风格的千变万化,从"性情"入手,必不能循一家之门户。确定诗歌优劣的应该是性情而非格调。他批评说:"今之为诗者,曰必为唐,必为宋,规规焉俯首缩步,至不敢易一辞,出一语。纵使似之,亦不足贵。"③不管是摹唐还是摹宋,凡是非唐即宋、被门户拘囿的论调,他都是反对的。因此,黄宗羲撇开"以其性情下徇家数"的陈调,另悬起"辨其真伪"的旗帜。

黄宗羲秉持"有品藻而无折衷"的批评方法,抨击了明代诗人"主奴唐宋""争长论短"的门户观念。他在《范道原诗序》中说:"至于言诗,则主奴唐宋,演之而为北地、太仓、竟陵、公安。攻北地、太仓者,亦曾有北地、太仓之学问乎? 攻竟陵、公安者,亦曾有竟陵、公安之才情乎? 拈韵把笔,胸中空无一物。而此数者名目,扰扰盘结,不可但已,究之出其所作,好丑仍是其人本色,未能于数目中有所增加也。"④黄宗羲在此并没有将明代文坛的巨子一笔抹杀,而是承认七子派有学问,竟陵、公安派有才情,他要批评的是攻击他们的人"胸中空无一物",不但旧疾未去,反而新疾复生,真是不自量力。

黄宗羲关于唐宋诗的观点,亦为甬上后学所继承。如张锡璁《题董次瓯南墩诗稿》云:"论诗且莫分唐宋,必欲宗唐,即王孟李杜已自分门,岂出一辙? 故唐诗之劣者多不如宋,宋诗之佳者无不及唐。读诗中语,亦有尊唐抑宋之说,此甚不必也。加入看人诗即近体八句,得一气呵成,

———————————

　　① （清）黄宗羲:《范道原诗序》,沈善洪、吴光主编:《黄宗羲全集》第十册,浙江古籍出版社 2005 年版,第 70 页。

　　② （清）黄宗羲:《张心友诗序》,沈善洪、吴光主编:《黄宗羲全集》第十册,浙江古籍出版社 2005 年版,第 50 页。

　　③ （清）黄宗羲:《曹实庵先生诗序》,沈善洪、吴光主编:《黄宗羲全集》第十册,浙江古籍出版社 2005 年版,第 88 页。按,曹贞吉(1634—1698),字升六,号实庵,山东安丘人,著有《珂雪集》等。

　　④ （清）黄宗羲:《范道原诗序》,沈善洪、吴光主编:《黄宗羲全集》第十册,浙江古籍出版社 2005 年版,第 70 页。

始为反覆动人性情,便是佳作,何论唐宋耶?"①黄宗羲心仪黄庭坚的诗歌,他的浙西弟子查慎行原本学苏,但又认为黄庭坚诗"生拗锤炼,自成一家,值得下拜"②,或亦受到了黄宗羲的影响。

三、对明文的批评

我国的诗文发展至明代,社团林立,流派纷呈,观念迭新,论争激烈,但实际创作成就却很有限。清初的学者为了开创文学创作的新局,开始对明代诗文进行总结和清理,钱谦益和朱彝尊主要着力于对明诗的批评,黄宗羲主要着力于对明文的批评,并兼及对明诗的批评。此处拟对黄宗羲明文批评的成绩作一评述。

(一)确立文章正宗,扫除摹拟之习

黄宗羲在编纂《明儒学案》《明史案》的同时,更有明文之选。他大力搜罗明代文集,"所阅明人集几至二千余家"③,这在当时无人能出其右。在此基础上,他先后完成《明文案》和《明文海》这两部明文的选编工作,后又圈点明文精华为《明文授读》以授儿子百家。特别是卷帙浩繁的《明文海》,堪称"一代文章之渊薮",对此学术界已经有不少专论,兹不赘述。黄宗羲不但系统编选明文,对明文进行精彩的点评,还写下了涉及明文的很多文章。他以恢宏的气势和睿智的眼光,深刻地总结了明代各种文学思潮、流派及文坛演变的经验教训,以破除复古摹拟、辨析是非得失为中心,展开了对有明一代散文的批评。

黄宗羲通过对明文盛衰脉络的梳理,找出了古文正派,并将批判的矛头集中对准了秦汉派。黄宗羲是在通览一代文章的基础上,将"有明之文"发展演变的脉络大致概括为"三盛三衰",即其所谓"一治一乱"。他在《明文案序上》一文中用简约的笔墨探讨了明文三盛的原因:"国初之盛,当大乱之后,士皆无意于功名,埋身读书,而光芒卒不可掩。嘉靖之盛,二三君子振起于时风众势之中,而巨子哓哓之口,适足以为华阴之赤土。崇祯之盛,王、李之柱楩已坠,邾莒不朝,士之通经学古者,耳目无

---

①　张美翊修:《甬上青石张氏家谱》卷 4《家集遗文》,宁波市图书馆藏本。

②　(清)查慎行:《初白庵诗评》,海盐张载华辑本。

③　(清)永瑢等:《四库全书总目提要》卷 192《明文海提要》。

所障蔽,反得以理既往之绪言,此三盛之由也。"①黄宗羲在分析明文三盛的原因时,主要考虑了科举和拟古两大因素。他将"国初之盛"归结为士人无意功名,埋身读书所致,其深层含义是指明初之士的散文创作与科举关系不大,言外之意是说后来的文士专注于科举,从而导致古文的衰落;他将"嘉靖之盛"归结为"二三君子"对"时风众势"的反抗,他所指的"时风众势"就是前后七子所掀起的秦汉派散文,而"二三君子"指的是唐顺之、归有光等唐宋派散文的代表;他将"崇祯之盛"归结为拟古派巨子王世贞、李攀龙的偶像倒塌的结果,从而为"通经学古之士"创造了崛起的机会。黄宗羲对明文三盛原因的分析,已经暗含了他对科举和秦汉派的不满。

在《明文案序》的下篇中,黄宗羲结合明文的盛衰开具了一个属于"有明文章正宗"的作者名单,起于宋濂、方孝孺,继之者杨士奇、李东阳、王鏊、吴宽、王守仁、王慎中、唐顺之,归有光、艾南英等,有的有派可归,有的无派可属。黄宗羲凡言"正派"者,其文无不直接欧、曾。如评陆深文云:"俨山文仿欧、曾,有明之正派也。"②王慎中"初沿北地之习,后尽弃之,而为曾、王之文"③。特别是台阁体领袖杨士奇之文,因其为"欧曾之矩矱也",故"不得不以正统归之"。④ 黄宗羲认为每一个属于"正派"的作家所达到的水平、所获得的成就虽然很不一致,但他们共同体现了散文创作的正确方向。黄宗羲之所以要勾画"有明文章正宗"的名单,目的在于指明古文创作的正路。他说:"读书当从六经,而后史、汉,而后韩、欧诸大家。浸灌之久,由是而发为诗文,始为正路,舍是则旁蹊曲径矣。有明之得其路者,潜溪、正学以下,毗陵、晋江、玉峰,盖不满十人耳。"⑤进而

---

① （清）黄宗羲:《明文案序上》,沈善洪、吴光主编《黄宗羲全集》第 10 册,浙江古籍出版社 2005 年版,第 18 页。

② 沈善洪、吴光主编:《黄宗羲全集》第 11 册《明文授读评语汇辑》,浙江古籍出版社 2005 年版,第 166 页。

③ 沈善洪、吴光主编:《黄宗羲全集》第 11 册《明文授读评语汇辑》,浙江古籍出版社 2005 年版,第 168 页。

④ 沈善洪、吴光主编:《黄宗羲全集》第 11 册《明文授读评语汇辑》,浙江古籍出版社 2005 年版,第 171 页。

⑤ （清）黄宗羲:《高旦中墓志铭》,沈善洪、吴光主编:《黄宗羲全集》第十册,浙江古籍出版社 2005 年版,第 323 页。

论之,这些明文作家之所以能得古文正路,关键在于承继了学统,如果"毗陵非闻阳明之学,晋江非闻虚斋之学,玉峰非闻庄渠之学,则亦莫之能工也"①。因此黄宗羲得出结论:"承学统者,未有不善于文者;彼文行远者,未有不本于学。"②他所谓的"学统",包含"道"和"学"两个方面。

　　黄宗羲确立"有明文章正宗"的名单,同时也就树立起了非正宗的靶标。他说,自从李梦阳出来,"矫为秦汉之说,凭陵韩、欧","其后王、李嗣兴,持论益甚,招徕天下,靡然而为黄茅白苇之习",③便把古文创作完全引上了摹拟复古的歧路。黄宗羲在点评王鏊《大厓李先生墓表》一文时说:"孝宗文治之盛,由长沙与公主持馆阁也。文虽不一辙,然清而不薄,详而不芜,皆正宗也。奈何空同大声疾呼,诋康庄为蹊径,真所谓无事生事矣!"④显然,黄宗羲对李梦阳散文革新的意义缺乏体认,认为孝宗时代的散文,"韩、欧之道如日中天,人方企仰之不暇"⑤,并没有进行革新的必要。黄宗羲在点评李梦阳《诗集自序》时说:"自明初以来,文之正统未尝乏绝,然或过于质直,则边幅自狭;或过于繁缛,则靡弱难收,故有不得不变者。变之道,则本之太史以求其洁,本之六经以求其精微而已。"⑥这里他似乎又承认明文至此有"不得不变"的趋势,但他真正主张的实际上是在原有道路上的改良而非"更弦易辙"的革新,并针对当时文坛的散文弊端,代为提出了从两方面下手的改良办法,其实质是"欧、曾之道"不变,而写法可变,这多少反映出黄宗羲的保守观念。黄宗羲主张孝宗朝的散文,不在于"变",而在于如何"变"。他认为,"使其时而变之者,以深湛之

---

　　①　(清)黄宗羲:《高旦中墓志铭》,沈善洪、吴光主编:《黄宗羲全集》第十册,浙江古籍出版社 2005 年版,第 322—323 页。

　　②　(清)黄宗羲:《沈昭子耿岩草序》,沈善洪、吴光主编:《黄宗羲全集》第十册,浙江古籍出版社 2005 年版,第 59 页。

　　③　(清)黄宗羲:《明文案序下》,沈善洪、吴光主编:《黄宗羲全集》第十册,浙江古籍出版社 2005 年版,第 21 页。

　　④　沈善洪、吴光主编:《黄宗羲全集》第十一册《明文授读评语汇辑》,浙江古籍出版社 2005 年版,第 196 页。

　　⑤　(清)黄宗羲:《明文案序下》沈善洪、吴光主编:《黄宗羲全集》第十册,浙江古籍出版社 2005 年版,第 21 页。

　　⑥　沈善洪、吴光主编:《黄宗羲全集》第十一册《明文授读评语汇辑》,浙江古籍出版社 2005 年版,第 185 页。

思,一唱三叹而出之,无论沿其词与不沿其词,皆可以救弊"①,但是李梦阳等人"突如以起衰救弊为己任"②,其所谓"变文体"的革新,实在是无事生事。黄宗羲对李梦阳"视古修辞,宁失诸理"的口号尤为不满,他责问道:"六经所言唯理,抑亦可以尽去乎?"黄宗羲的这一责问,虽有混淆文学与非文学界限之嫌,但却与其一贯的文道合一观念相合辙。在《庚戌集自序》中,黄宗羲又批驳了李梦阳的"修辞"论:"若以修词为起衰,盍思昌黎以上之八代,除俳偶之文之外,词何尝不修? 非有如唐以后之格调也。而昌黎所用之词,亦即八代来相习之调也,然则后世以起衰之功归昌黎者何故?"③如果仅以"词之异同而有优劣其间",那么李梦阳等人所提倡的"秦汉文",不过是"伪《史》《汉》"而已。黄宗羲在评乌斯道《渔记》时指出:"自伪《史》《汉》起,人始不安于本色,此文之所以愈下也。"④这里的"伪《史》《汉》",指的就是李梦阳等人的秦汉派散文。秦汉派只在修辞上超越唐宋,回复到秦汉,结果造成文坛一片黄茅白苇。因此黄宗羲慨叹:"嗟乎! 唐宋之文,自晦而明;明代之文,自明而晦。宋因王氏而坏,犹可言也;明因何、李而坏,不可言也!"⑤可见黄宗羲根本看不到李梦阳等革新散文的意义,而猛烈指责他们对斩绝欧曾传统,引发文坛黄茅白苇局面负有主要责任。在对秦汉派散文的具体品评中,黄宗羲更是直揭他们的老底。他说李梦阳"沿袭《左》《史》,袭《史》者断续伤气,袭《左》者方板伤格",王世贞之"袭《史》似有分类套括,逢题填写",⑥但其"不落套

---

① (清)黄宗羲:《庚戌集自序》,沈善洪、吴光主编:《黄宗羲全集》第十册,浙江古籍出版社 2005 年版,第 9 页。
② (清)黄宗羲:《明文案序下》,沈善洪、吴光主编:《黄宗羲全集》第十册,浙江古籍出版社 2005 年版,第 20 页。
③ (清)黄宗羲:《庚戌集自序》,沈善洪、吴光主编:《黄宗羲全集》第十册,浙江古籍出版社 2005 年版,第 9 页。
④ 沈善洪、吴光主编:《黄宗羲全集》第十一册《明文授读评语汇辑》,浙江古籍出版社 2005 年版,第 180 页。
⑤ (清)黄宗羲:《明文案序下》,沈善洪、吴光主编:《黄宗羲全集》第十册,浙江古籍出版社 2005 年版,第 21 页。
⑥ (清)黄宗羲:《明文案序下》,沈善洪、吴光主编:《黄宗羲全集》第十册,浙江古籍出版社 2005 年版,第 21 页。

括者,则固不能掩其工致"①,适足以证明其拟古之非。他又评李攀龙文云:"沧溟之文,集句而成,一时视之,亦如孙樵、刘蜕,但孙、刘意思隽永,沧溟则索然而已。"以此观之,其"楚楚自成尚不能况,欲以之易天下乎?"②举秦汉派的具体作品来说,《康长公墓碑》要算是李梦阳《空同集》中的"杰作"了,黄宗羲指出,传主康长公是不第举子,"一庸庸人耳,而激昂说得若关系兴衰,详看甚无意味"③。李梦阳文中对康长公的评价明显拔高,这大概就是黄宗羲所批评的"倒却文章家架子"。至于追随李梦阳的一派,黄宗羲同样严词贬斥之,如评王一鸣《裕州府君列传》云:"语多习气。一时宗法空同者大概如是。"④黄宗羲在赞扬明人的优秀之文时,亦不忘拿秦汉派做反面例子,如评陈以忠《华山游记》云:"写得真至如见。王履道以后斯为亚矣,彼李于鳞直梦中语耳。"⑤这是批评李攀龙的文章毫无"真至"之语。向李、何、王、李的拟古主义猛烈开火,这正是黄宗羲明文批评的重点所在。黄宗羲的明文批评贬秦汉而尊唐宋。他充分肯定唐宋派抗击秦汉派的历史功绩。他批判秦汉派固然严厉,但对于得"文章正宗"的作家,也不盲目地肯定一切,如批评归有光之学,"毕竟抟之易尽"⑥。对唐宋派的末流,黄宗羲同样毫不宽贷,如对归有光后学艾南英之恶劣影响的严厉批判即是一例。黄宗羲的心愿唯在扫除模拟,回归正路,故无论何派,一陷窠臼,都在批判之列,这多少反映出了黄宗羲计是非而不计门户的批评精神。

---

① 沈善洪、吴光主编:《黄宗羲全集》第十一册《明文授读评语汇辑》,浙江古籍出版社2005年版,第181页。

② 沈善洪、吴光主编:《黄宗羲全集》第十一册《明文授读评语汇辑》,浙江古籍出版社2005年版,第189页。

③ 沈善洪、吴光主编:《黄宗羲全集》第十一册《明文海评语汇辑》,浙江古籍出版社2005年版,第150页。

④ 沈善洪、吴光主编:《黄宗羲全集》第十一册《明文海评语汇辑》,浙江古籍出版社2005年版,第144页。

⑤ 沈善洪、吴光主编:《黄宗羲全集》第十一册《明文海评语汇辑》,浙江古籍出版社2005年版,第140页。

⑥ 沈善洪、吴光主编:《黄宗羲全集》第十一册《明文授读评语汇辑》,浙江古籍出版社2005年版,第160页。

(二)观察文学现象,深刻解剖总结

黄宗羲的明文批评目光犀利,他善于观察文学史上的重要现象,并予以深入的解剖,得出规律性的结论,或总结出创作的经验教训。

黄宗羲的明文批评,紧紧抓住了秦汉派与唐宋派之争。黄宗羲精辟地指出,明文发展一度存在的错误方向,并不是简单地表现在师法秦汉还是宗尚唐宋的是非上,而是违背了语言的发展规律。他在《庚戌集自序》中说:

> 余观古文自唐宋以后为一大变。唐以前字华,唐以后字质;唐以前句短,唐以后句长;唐以前如高山深谷,唐以后如平原旷野,盖画然若界限矣。然而文之美恶不与焉。其所变者词而已,其所不可变者,虽千古如一日也。得其所不可变者,唐以前可也,唐以后亦可也。不得其所不可变,而以唐之前后亦可也。不得其所不可变,而以唐之前后较其优劣,则终于愦愦耳。[①]

这是一段极其精彩的论述!复古派要求作者使用古典主义的语言,其前提是语言的普适性。黄宗羲认为古文之本"虽千古如一日也",是不可变的;"词"却是随时而变,不得不变的。"不可变者",是为"经术",是为"理";而所谓"词",实际上就是文学语言。黄宗羲敏锐地发现了中国古代的文学语言以唐代为界发生了历史性的变化,在明代人看来,唐以前的文学语言,其词汇、句法、语势都和明代通行的语言差距很大,而唐以后则非常接近。这种变化自有其历史的必然性,不能认为唐以前一定比唐以后的文学语言好,而实际上唐以后的文学语言更切合明人使用。但由于黄宗羲所提倡的是纯净的文字型文学语言,因此他仍然认为作者之写作,其词"沿唐以后"还是"追唐以前",是可以自由选择的,只要掌握古文创作的基本规律,师法唐宋,或宗主秦汉,都可以获得"至处"。问题的关键在于,文之美恶并不决定于"词"之追沿。这样一来,黄宗羲找准了秦汉派与唐宋派争论的症结所在——仅以"词"的唐前唐后"较其优劣",以黄宗羲之见,这样的争论是无效的。当时还没有学者能像黄宗羲

---

① (清)黄宗羲:《庚戌集自序》,沈善洪、吴光主编:《黄宗羲全集》第十册,浙江古籍出版社 2005 年版,第 9 页。

那样对明文批评在全局把握上达到如许的理性高度和深度,故全祖望高度评价说:"此足以扫尽近人规枋字句之陋。"①

明代文学素以流派繁多著称,黄宗羲意识到流派本身的递嬗是可资观察的一个视角,于是将流派兴衰的分析与文学史演变的规律性总结密切结合起来。他在《郑禹梅刻稿序》中说:"嗟乎！文章之在古今,亦有一治一乱。当王、李充塞之日,非荆川、道思与震川起而治之,则古文之道几绝。逮启、祯之际,艾千子雅慕震川,于是取其文而规之、而矩之,以昔之摹仿于王、李者摹仿于震川,……今日时文之士主于先入,改头换面而为古文,竟为摹仿之学,而震川一派遂为黄茅白苇矣。古文之道不又绝哉！"②他指出文学流派的迭兴具有否定之否定的意味,流派自身并不是凝定不变的,任何文学流派在发生重大社会影响的同时,也有可能产生竞相被人摹仿的流弊,它促使流派本身发生分化演变,甚至最终有可能会走向它自身的对立面,而流派自身产生的自我否定因素可能就伏于其领袖身上。即以唐宋派的归有光而论,黄宗羲承认归氏在抗击秦汉派的颓波中起到了"中流一壶"的历史作用,但认为不能因此不适当地将归文拔至明文第一的高度。他说:"近时文章家,共推归震川为第一,已非定论,不过以其当王、李之波决澜倒,为中流之一壶耳。"他充分肯定归文"得史迁之神也"的好处,③同时也指出归文之弊:"除去其叙事之合作,时文境界,间或阑入,较之宋景濂尚不能及。"④这就是说,后来唐宋派之所以走向反面,以及产生以时文为古文的错误倾向,实际上在归有光的作品中已兆其端了。作为归氏后学的艾南英,"以昔之摹仿于王、李者摹仿于震川",使"震川一派遂为黄茅白苇矣"。⑤ 归文原本是在反对摹拟中

① （清）全祖望:《鲒埼亭集》卷11《梨洲先生神道碑文》,《全祖望集汇校集注》上册,上海古籍出版社2000年版,第223页。

② （清）黄宗羲:《郑禹梅刻稿序》,沈善洪、吴光主编:《黄宗羲全集》第十册,浙江古籍出版社2005年版,第66—67页。

③ （清）黄宗羲:《郑禹梅刻稿序》,沈善洪、吴光主编:《黄宗羲全集》第十册,浙江古籍出版社2005年版,第66页。

④ （清）黄宗羲:《明文案序上》,沈善洪、吴光主编:《黄宗羲全集》第十册,浙江古籍出版社2005年版,第18页。

⑤ （清）黄宗羲:《郑禹梅刻稿序》,沈善洪、吴光主编:《黄宗羲全集》第十册,浙江古籍出版社2005年版,第67页。

确立起了它的地位,可是后来竟被当作竞相摹拟的对象,如此这一派文学在演变中也就日益走向其反面。黄宗羲形象地说:"顾今之学震川者,不得其神,而求之于枯淡。夫春光之被于草木也,在其风烟缥缈之中,翠艳欲流,无迹可寻,而乃执陈根枯干,以觅春光,不亦悖乎?"①黄宗羲对于唐宋派文学流派演变现象的观察分析确实是深入肌理的,并从这一个案中,揭示出了流派兴衰的规律。

黄宗羲还从传播学的视角,观察明文从流行到沉淀的过程,揭示了文学传播的规律性。他说:"崇祯丙子、丁丑间,吴门行世文集,一时沓出,列屋兼辆。自非阘茸之辈,未有不购而观者。洋舶所至,或用以填压空舱,外国人则兼金易之。"然而时运事迁,"启、祯一辈之士老死略尽,而当日所为之文章,人人自谓握灵蛇之珠、抱荆山之玉者,竟不异虫欢鸟聒。过耳已泯。盖不特嚣斯频频之党,而所谓巨公元夫者亦然矣"。②其不随之灭没者,只有数部而已,"仅百分中之一二耳"。在不到三十年的时间里,当日文坛上所谓独领风骚之辈(包括所谓的"巨公元夫"),很快就烟消云灭。明代文学的这一传播现象,引起了黄宗羲的深入思考。他得出的结论是:"夫文章不论何代,取而读之,其中另有出色,寻常经营所不到者,必传文也。徒工词语,嚼蜡了无余味者,必不可传者也。"③这一结论是非常独到和精湛的。

明文的总体成就并不高,不能与唐宋比肩,如黄宗羲所说:"余尝定有明一代之文,其真正作家,不满十人。"④黄宗羲深入思考了一代文学不景气的现象,并卓有眼光地指出,科举是影响明文成就的举足轻重的因素。科举与读书人的命运紧密相连,明代士人全力以赴地应对科举,自然心无旁骛,理所当然地把大部分的时间和精力都花在时文上,这就使得他们在经学及古文上投入的精力严重不足。黄宗羲说:"自万历至崇

---

① (清)黄宗羲:《郑禹梅刻稿序》,沈善洪、吴光主编:《黄宗羲全集》第十册,浙江古籍出版社 2005 年版,第 66 页。
② (清)黄宗羲:《寿李杲堂五十序》,沈善洪、吴光主编:《黄宗羲全集》第十册,浙江古籍出版社 2005 年版,第 676 页。
③ (清)黄宗羲:《寿李杲堂五十序》,沈善洪、吴光主编:《黄宗羲全集》第十册,浙江古籍出版社 2005 年版,第 676 页。
④ (清)黄宗羲:《钱屺轩先生七十寿序》,沈善洪、吴光主编:《黄宗羲全集》第十册,浙江古籍出版社 2005 年版,第 673 页。

祯,举世皆陷溺于场屋,缙绅之为读书种子者绝矣。"①科举造成了明士经学根柢的浅薄,"士之不学,由专工于时艺也,时艺之不工,由专读于时文也"②。对此,黄宗羲不得不感叹:"科举盛而学术衰。"他从归有光的作品中看到了"时文境界,间或阑入"的现象,认为这种现象在韩、欧笔下是不可能发生的,其根本原因就在于"三百年人士之精神,专注于场屋之业,割其余以为古文"。③ 黄宗羲从个别导出"三百年"的普遍结论,观点深刻而又尖锐,足以启发后人进一步探索。

黄宗羲虽然认为明文的总体成就不高,但却发现"一章一体"的佳篇却不少。为此,黄宗羲跳出门户之见,提出了独具特色的衡文标准。他说:"盖以一章一体论之,则有明未尝无韩柳欧苏、遗山、牧庵、道园之文;若成就以名一家,则如韩柳欧苏、遗山、牧庵、道园之家,有明固未尝有其一人也。"④何以会出现这种情景呢? 黄宗羲分析说:"故有平昔不以文名,而偶见之一二篇者,其文即作家亦不能过。盖其身之所阅历,心目之所开明,各有所至焉,而文遂不可掩也。"⑤黄宗羲评价明文,把一人之文的整体成就和一篇作品的具体水平分开评述,不因人而废佳篇,也不因一篇数篇之佳而抬高其人,至于所谓某派的得失,与一人的成就、一篇的佳否,更是关系不大了。黄宗羲指出明人写出佳篇的原因,在于"身之所阅历,心目之所开明,各有所至",这一客观的历史存在,也就决定了他的选文标准。他在《明文案序上》中提出:"夫其人不能及于前代而其文反能过于前代者,良由不名一辙,唯视其一往深情,从而捃摭之,巨家鸿笔以浮浅受黜,稀名短句以幽远见收。"⑥四库馆臣以为黄宗羲选文之意"在

①　(清)黄宗羲:《范母李太夫人七旬寿序》,沈善洪、吴光主编:《黄宗羲全集》第十册,浙江古籍出版社 2005 年版,第 688 页。
②　(清)黄宗羲:《冯留仙先生诗经时艺序》,沈善洪、吴光主编:《黄宗羲全集》第十册,浙江古籍出版社 2005 年版,第 42 页。
③　(清)黄宗羲:《明文案序上》,沈善洪、吴光主编:《黄宗羲全集》第十册,浙江古籍出版社 2005 年版,第 18 页。
④　(清)黄宗羲:《明文案序上》,沈善洪、吴光主编:《黄宗羲全集》第十册,浙江古籍出版社 2005 年版,第 18 页。
⑤　(清)黄宗羲:《钱屺轩先生七十寿序》,沈善洪、吴光主编:《黄宗羲全集》第十册,浙江古籍出版社 2005 年版,第 673 页。
⑥　(清)黄宗羲:《明文案序上》,沈善洪、吴光主编:《黄宗羲全集》第十册,浙江古籍出版社 2005 年版,第 19 页。

于扫除摹拟,空所倚傍,以情至为宗"①,但我以为这并非是黄宗羲衡文的唯一标准。在《明文海》和《明文授读》的评语中,黄宗羲更注重识见和学力。如评徐学谟《二卢先生诗集序》云:"文得欧苏之传,其识见出寻常章句之上。"②评王廷相《答何粹夫论五行书》云:"识力所到,不随人俯仰。"③评舒芬文云:"梓溪不欲以词章名世,而识力高华,文又光芒不可掩处。"④评汤显祖文云:"海若之文,精悍而有识力,中间每有一段不可磨灭之处。"⑤反过来,那些没有识力和学力的文章,受到了黄宗羲的贬斥。如评桑悦之文云:"但怪其留心经学,不能有所独得,而沿习先儒成说,随其脚下盘旋,何也?"⑥评官抚辰《李木夫诗集序》云:"文有奇气而学无原本,故不免好为大言欺人。"⑦评艾南英文云:"其于理学,未尝有深湛之思,而墨守时文见解,批驳先儒,引后生小子不学而狂妄,其罪大矣!"⑧评钟惺之文,没有"经术本领",一味地"求新求异",⑨是不足取的。可见黄宗羲不唯强调情至,也强调识力和学力,这些方面合起来才表现出其独具的"选家手眼",那也是文人表现胸襟、学识和审美趣味的一种特殊方式。当然,黄宗羲评点明文,也不是没有失当之处,如评张时彻《丰南禺摘集小序》云:"东沙文近板实,独其序丰考功描写曲尽。若俱如此,便为作家。"黄宗羲对张时彻散文只欣赏其《丰南禺摘集小序》,其实张时彻的几篇传

---

① (清)永瑢等:《四库全书总目》卷 192《明文海提要》。

② 沈善洪、吴光主编:《黄宗羲全集》第十一册《明文授读评语汇辑》,浙江古籍出版社 2005 年版,第 187 页。

③ 沈善洪、吴光主编:《黄宗羲全集》第十一册《明文授读评语汇辑》,浙江古籍出版社 2005 年版,第 166 页。

④ 沈善洪、吴光主编:《黄宗羲全集》第十一册《明文授读评语汇辑》,浙江古籍出版社 2005 年版,第 169 页。

⑤ 沈善洪、吴光主编:《黄宗羲全集》第十一册《明文授读评语汇辑》,浙江古籍出版社 2005 年版,第 174 页。

⑥ 沈善洪、吴光主编:《黄宗羲全集》第十一册《明文授读评语汇辑》,浙江古籍出版社 2005 年版,第 171 页。

⑦ 沈善洪、吴光主编:《黄宗羲全集》第十一册《明文授读评语汇辑》,浙江古籍出版社 2005 年版,第 187 页。

⑧ 沈善洪、吴光主编:《黄宗羲全集》第十一册《明文海评语汇辑》,浙江古籍出版社 2005 年版,第 109 页。

⑨ 沈善洪、吴光主编:《黄宗羲全集》第十一册《明文授读评语汇辑》,浙江古籍出版社 2005 年版,第 187 页。

记也是写得很不错的,特别是《王阴阳传》,并不板实,而是有着强烈的反讽意味,因其不合黄宗羲的口味而落选,是很可惜的。

黄宗羲熟谙明代散文,花大气力对明文作了系统的汰选和评点工作。他一扫明代文人标榜门户的恶劣风气,深刻总结了明代散文盛衰的经验教训,同时探索正确的创作原则。他对明文的深入清理,对于扫除当今文坛的摹拟之习,提供了极为重要的借鉴。黄宗羲是在"今日古文道熄"的历史条件下,通过对明文的系统批评,自觉地做着转变文风和学风的工作。

第三章　　甬上弟子的文学思想

　　黄宗羲甬上弟子在文学领域中,代表人物是李邺嗣、郑梁、万斯同、裘琏等人。其中,李邺嗣和郑梁是佼佼者,万斯同、裘琏等各在传承黄宗羲文学思想的基础上,发表了一些自己的文学见解。但是,这些学人的文学思想在规模气象上难以与黄宗羲比肩。董平指出:"他的后学和后继者们,不论是万斯大、万斯同,还是全祖望、邵晋涵,往往只是继承了黄宗羲学术的某一个面向,甚至在其学术过程中,黄氏学术整体中原本十分清晰而又强大的求道、体道、悟道、为道的终极价值维度转趋隐晦不显,这其中当然也有现实政治的原因。"①此论极是。黄宗羲甬上弟子的文学思想虽然并未达到应有的高度和深度,但他们在羽翼黄宗羲思想的同时,也有一些新变,因此他们的文学思想,是浙东学派文学思想的重要构成,对此展开研究,可觇时代演变之风气、文坛发展之大势。

第一节　李邺嗣的文学思想

　　李邺嗣(1622—1680),初名文胤,后以字行,又字荔亭,号杲堂,鄞县人,居砌街(今属海曙区)。16岁为诸生,后侍父于岭外官所。浙东鲁王

---

　　①　方祖猷:《黄宗羲长传》董平序,浙江大学出版社 2011 年版,第 12 页。

监国,李邺嗣与其父李枘奔走于山寨海岛之间,积极参与抗清复明活动。顺治五年(1648),因谢三宾告密,父亲李枘被捕,最后死于杭州,李邺嗣亦被驱至定海(今镇海区),关入马厩中70余天,后因万泰力救得免。获释后拒仕新朝,仗义营救了不少遗民志士。晚年一心著述,为诗家宿老,与族兄李文纯、李文缵并称"砌里三李"。所著有《杲堂文钞》《杲堂诗钞》等,并搜辑《甬上耆旧诗》。

顺治年间,李邺嗣通过万泰的介绍结识了黄宗羲。康熙七年(1668),黄宗羲讲学甬上,成立甬上讲经会,甬上诸君子尽执贽黄门,李邺嗣则以友人的身份参与讲经会的活动。李邺嗣受到诸君子好学的感染,"因自伏念,世有黄先生,固当身在弟子之列",但又怕一旦投入黄门,黄氏必因其年龄之长,让他成为诸贤的领袖,这对衰病的邺嗣来说,是难以负荷的,因此他"仍与先生叙三十年之交"。① 但事实上,黄氏家族早就有人将他当作黄门弟子来看待,②而郑梁也公开说李邺嗣等人"总期师法姚江(按,指黄宗羲),以显蕺山之道于将曚③。在甬上证人书院诸子中,李邺嗣的年龄最大,文学成就亦最高。李邺嗣尤其推崇黄宗羲的古文,曾说"今日浙东古文自当推梨洲第一"④,且明确表达了"吾乡文章之事,先生倡之,某愿从之"⑤的积极态度。可以说,李邺嗣出于对黄宗羲学术文章的敬仰,凭借自身在浙东文坛的地位,不遗余力地协助黄宗羲传播其文学理论和思想。他甚至还表示"先生身任吾道之重,发为文章,为世所宗,故敢举先生之言以警励学者"⑥,并希望"举先生之言共相策励,使

①　(清)李邺嗣:《杲堂文钞》卷3《送范国雯北行序》,《杲堂诗文集》,张道勤校点本,浙江古籍出版社1988年版,第445页。

②　(清)黄宗裔《南浦轩后记》云:"伯兄梨洲先生常莅止其间,以故一时高第弟子如范国雯、陈介眉、郑禹梅、董在中、吴仲、万公择、充宗、允诚、季野、李杲堂、张旦复、陈葵献、张心友、毛孝章、王文三、陈同亮、陈莘学、万授一、陈锡嘏、顾在瞻、杨用九辈,谒先生,多过余。"(《竹桥黄氏宗谱》卷14)黄宗裔此文就将李邺嗣视为黄宗羲的高第弟子。

③　(清)郑梁:《寒村诗文选·见黄稿》卷1《祭高鼓峰文》,《四库全书存目丛书》本。

④　(清)李邺嗣:《杲堂文续钞》卷3《答溧阳周二安书》,《杲堂诗文集》,张道勤校点本,浙江古籍出版社1988年版,第658页。

⑤　(清)李邺嗣:《杲堂文钞》卷3《送万贞一游江右序》,《杲堂诗文集》,张道勤校点本,浙江古籍出版社1988年版,第454页。

⑥　(清)李邺嗣:《杲堂文钞》卷3《上梨洲先生书》,《杲堂诗文集》,张道勤校点本,浙江古籍出版社1988年版,第465页。

五经季兴,复续文章之统"①。由此可见,李邺嗣是黄宗羲文学思想十分自觉的继承者。

一、先之经以得其源,后之史以尽其派

黄宗羲提出"以经术为渊源,以迁、固、欧、曾为波澜"②的古文正路论。李邺嗣完全接受了黄氏的这一观点,他说:"读书期于闻道,贯穿古今,以五经为根源,以迁、固、愈、修为波澜。"③黄宗羲、李邺嗣主张的古文正路与明初宋濂的思想微有不同,宋濂视迁、固之文为枝叶,对韩、欧古文运动也颇有微词,黄、李则对《史》《汉》、韩、欧诸大家之文倾心推崇,在取径上远较宋濂广阔。不过,李邺嗣在美誉韩欧、称杨左氏的同时,对汉文更情有独钟。李邺嗣奉汉为"正朔文法",并特辑《西汉节义传》《汉史记》《汉语》等书,这实有其政治上的深衷,他说:"况五经汉家所立,孔氏遗教至汉大光,则凡我含生负气,戴乾履坤,称大汉之民,读大汉所立之书者,有不以大汉之语为语乎?"④可见李邺嗣标举汉史汉文,贯注了他那"维日再中,汉世大昌"的民族思想。

为文以经为渊源,以史为波澜,就必须讲求经史之学。李邺嗣反复阐述了黄宗羲"以力学为浅深"的文学思想,他说:"必学为文而后文成。"⑤学有种种,力学的关键在于认清正路,求取真学。李邺嗣坚决摒斥"耕于空言,馁无所获,战于强辩,胜无所归"⑥的"劣学",大力倡导黄宗羲指明的经史古学和经世有用之学。经学为"人文之本",亦是古文创作的

---

①　(清)李邺嗣:《杲堂文续钞》卷3《与万贞一书》,《杲堂诗文集》,张道勤校点本,浙江古籍出版社1988年版,第653页。

②　(清)黄宗羲:《寿李杲堂五十序》,沈善洪、吴光主编《黄宗羲全集》第十册,浙江古籍出版社1992年版,第656页。

③　(清)李邺嗣:《杲堂文续钞》卷2《陈太母谢太夫人七十寿宴序》,《杲堂诗文集》,张道勤校点本,浙江古籍出版社1988年版,第627页。

④　(清)李邺嗣:《杲堂文续钞》卷2《汉语自序》,张道勤校点本,浙江古籍出版社1988年版,第603页。

⑤　(清)李邺嗣:《杲堂文钞》卷2《学文堂集序》,《杲堂诗文集》,张道勤校点本,浙江古籍出版社1988年版,第428页。

⑥　(清)李邺嗣:《杲堂文续钞》卷1《寒泉子语录序》引宏智老人语,《杲堂诗文集》,张道勤校点本,浙江古籍出版社1988年版,第566页。按,宏智老人原文见(宋)释集成等《宏智禅师广录》卷8《僧堂记》,《禅宗语录辑要》本,上海古籍出版社1995年版,第670—671页。

思想基础,李邺嗣对此有着深刻的理解,他说:"天下之理之精者,俱六经所有。"①他大声疾呼:"士之学莫大于治经。"②盖经学不明,"此人心所由日晦,而文章之事亦靡然而益衰也"③。可见圣道不明导致了人心沉沦,也导致了文学命运的沉沦。黄宗羲对举子之经学有很尖刻的嘲讽,痛心于"科举盛而学术衰",李邺嗣也毫不含糊地向学者唯知守时文帖义、免园残册的时弊猛烈开火,他在《橙里江翁八十序》《戒庵先生藏铭》等文中,以不亚于梨洲的辛辣笔墨,尖嘲不尚古学的制艺之文之所以泛滥成灾,其根本要害在于士人读书专以富厚为本业,趋利若渴,故不合时宜的古文必然会遭到士人的冷遇和白眼。士子缺乏经学根柢,就不可能在文章的思想内容和深度上有所突破,只能在语言上肖似古人而已。李邺嗣对史学也提出了具体要求:"后起者将从事于斯文,必本诸六艺,折衷于夫子,而始得与于文章之事。故必先之以经学,是为载道之言;次之以史学,是为载言之事。夫道与事皆藉吾言而得传,则惟其辞之修,言之有文,若云汉昭回,灿然可见,而后足传于后世。"④经学和史学都是作诗为文不可或缺的学养基础。"学者论史必通于帝王以前,始知致治之本,必通于汉唐以后,始知济乱之用,不可废一焉。"⑤"学者不读史不能见古今,是有目无视也;不言诗不能申唱叹,是有口无声也。"⑥只有通于史学,其所作诗文才能达到不期与古人合而自合的境界。李邺嗣强调作者应当具有经史之学的学养,有本之文无不根于经史有用之学。为此他特别告诫证人书院的同学:"吾党之学二:一曰经学,一曰史学。是以学者先之经以得其源,后之史以尽其派,则其于文章之事可以极天地古今之变,波

---

① （清）李邺嗣:《杲堂文钞》卷5《卓氏传经堂记》,《杲堂诗文集》,张道勤校点本,浙江古籍出版社1988年版,第492页。
② （清）李邺嗣:《杲堂文钞》卷5《卓氏经传堂记》,《杲堂诗文集》,张道勤校点本,浙江古籍出版社1988年版,第492页。
③ （清）李邺嗣:《送万充宗授经西陵序》,《杲堂诗文集》,张道勤校点本,浙江古籍出版社1988年版,第448页。
④ （清）李邺嗣:《杲堂文钞》卷3《上梨洲先生书》,《杲堂诗文集》,张道勤校点本,浙江古籍出版社1988年版,第465页。
⑤ （清）李邺嗣:《杲堂文钞》卷1《历朝纪略自序》,《杲堂诗文集》,张道勤校点本,浙江古籍出版社1988年版,第404页。
⑥ （清）李邺嗣:《杲堂文钞自序》,《杲堂诗文集》,张道勤校点本,浙江古籍出版社1988年版,第383页。

澜四溢,沛然而有余。其于诗亦然。"故"士不通经史之学,即于文章诸体俱不应漫然下笔"。① 李邺嗣在对各家之文的抑扬中鲜明地表露了他的观点。他赞誉陈椒峰之文由学之笃而成,"其学上本于六经,次史学,诸经世有用之学,而后学为唐宋大家文字"②,这正是黄宗羲向高旦中指明的"古文正路"。李邺嗣曾援引王应鹏训诸生之语"国初气化浑厚,士有实学,故发而为文,论事析理,足裨世教。近时文体衰薄,动以古书句字相模拟,求其中则索然无有,不惟文不成体,学不成章,往往居官任职乖理偾事,俱学术之祸也",认为"一何中后来学者之病,痛切其言之也"③。

文与史的关系问题,是浙东学派极为关注的论题。李邺嗣强调诗与史的密切关系,注重诗歌对历史的记录作用。他明确指出了诗歌和史学密切的互补关系,认为诗歌具有史的价值,同时对于史书也存在着补证的作用。他在康熙十年(1671)撰成的《万季野诗集序》中,明确提出了"诗与史相为表里"这一观点,他说:"至诗与史学,更相表里,盖诗义主述治乱、陈美刺,其所叙两朝主德及中兴将相勋业烂然,自板荡以后,记王室衰微之由,下至列国盛衰,历历可诵,故《诗》与《春秋》相接。而杜公尤善叙其所历时事,发于忠愤感激,读之遂足当一代之史。二公所长若此,余故曰:诗非无益于史也。"④稍后,李邺嗣又在《万季野新乐府诗序》中提出"诗其源也,史则其委也"⑤之说。诗史相表里作为一种文学理论,其适用范围可以推扩到其他文体领域,实际上具有普遍的意义。李邺嗣在《朋鹤草堂集序》(1671)中称赞林荔堂"发为文章,出入经史,驰骋古今,

① (清)李邺嗣:《杲堂文续钞》卷1《万季野诗集序》,《杲堂诗文集》,张道勤校点本,浙江古籍出版社1988年版,第561页。

② (清)李邺嗣:《杲堂文钞》卷3《学文堂集序》,《杲堂诗文集》,张道勤校点本,浙江古籍出版社1988年版,第429页。

③ (清)李邺嗣、胡文学:《甬上耆旧诗》卷8《副都御使王定斋先生应鹏》,影印文渊阁《四库全书》本。

④ (清)李邺嗣:《杲堂文续钞》卷1《万季野诗集序》,《杲堂诗文集》,张道勤校点本,浙江古籍出版社1988年版,第562页。按,此序提到:"适余从老友徐霜皋先生泛东湖。"据李邺嗣《福泉山精舍记》,李、徐泛东湖在康熙十年(1671),故可定推定《万季野诗序》作于康熙十年。

⑤ (清)李邺嗣:《杲堂文钞》卷2《万季野新乐府序》,《杲堂诗文集》,张道勤校点本,浙江古籍出版社1988年版,第432页。按,康熙十年(1671)李邺嗣作《万季野诗集序》,提及万季野近与余约作《明乐府》事,故知万斯同《明乐府》之成当在李邺嗣撰诗序之稍后。

所叙述一时忠臣义士轶事,尤足供史家采辑"①,这已含有"补史氏之阙文"的意味。李邺嗣更进而推论:"传奇亦史派也,但其远裔耳。"理由是:"盖史公能传千古奇,以其不律妙天下者也。……盖史公持毫毛茂茂能状古今极似若此。后人自度其下笔不能如古人,思欲摹之,无可似,因使人衣古人衣,冠古人冠,以妍者状妍者,以媸者状媸者,稍谐以宫商丝竹,使代其笑则哑哑然,代其泣则涔涔然,是则以登场代史公之不律者,传奇也。"②他将非正统的戏曲亦视为史派,这实在是大胆的卓识,切不可仅视为诗史表里命题的一般性推扩。

二、主张归本尚正,反对剽声窃貌

李邺嗣自幼受儒家传统熏陶,故信奉儒家诗教的理论,提出反映忠孝大旨的诗文最符合圣人所谓温柔敦厚的诗教。他说:"溯其初,本于孝友,发于中和,藉以述古讽今,义兼于颂谏,此诗之正也。"③又在为万泰《续骚堂集》所作序中说:"夫诗文之道,上关君父,下关友朋,然则先生此集,匪特鬼神默助其笔,埋山沉井,终使必传,亦先生自吐夙心,乐以高论忠义正告吾党。"④他赞赏明代张琦的诗歌"发源忠孝,俱本于性情之正"⑤。在《梁公狄先生遗集序》中,他再次指出:"梁先生之诗,发本忠孝,溯源骚雅,一寸之毫,栖神巢鬼,一尺之楮,骤雨飘风,足以前问古人,后唤作者。"⑥可见他心目中的"正",从创作内容上要求高论忠义、本于孝友,而从抒情方式上则要求中和平正,故他说:"夫诗本于性情,感于物而

---

① （清）李邺嗣:《杲堂文续钞》卷 1,《杲堂诗文集》,张道勤校点本,浙江古籍出版社1988 年版,第 569 页。

② （清）李邺嗣:《杲堂文续钞》卷 2《阳燧珠传奇序》,《杲堂诗文集》,张道勤校点本,浙江古籍出版社 1988 年版,第 607 页。

③ （清）李邺嗣:《杲堂文续钞》卷 2《东皋唱和诗序》,《杲堂诗文集》,张道勤校点本,浙江古籍出版社 1988 年版,第 606 页。

④ （清）李邺嗣:《杲堂文钞》卷 1《续骚堂集序》,《杲堂诗文集》,张道勤校点本,浙江古籍出版社 1988 年版,第 396 页。

⑤ （清）李邺嗣:《杲堂文钞》卷 1《张白斋先生集序》,《杲堂诗文集》,张道勤校点本,浙江古籍出版社 1988 年版,第 394 页。

⑥ （清）李邺嗣:《杲堂文钞》卷 1《梁公狄先生遗集序》,《杲堂诗文集》,张道勤校点本,浙江古籍出版社 1988 年版,第 397 页。

后动,和平温厚,此性情之正也。"①李邺嗣的这些言论,鲜明地体现了儒家政教主义文学思想的回归。在李邺嗣等学人的眼中,高论忠孝实际上体现了文以见道的思想。这一点,陈锡嘏的弟子徐文驹说得尤为明白:"道莫大于君亲,人之求道者,莫先于忠孝。自古忠臣孝子,一往情深,当其意到笔随,抒写性灵,便成妙义,文固有不求工而自工者。"②当然,李邺嗣也重视变风变雅的"非时之吟",但又要求"变而能守其正",反对"酷弹巧谑,无复风人之旨"。他在《给事林茧庵先生疏草序》中借西汉鲍宣之言进一步指出:"鲍司隶之言曰:国家危亡,借有大儒骨鲠、白首耆艾魁垒之士,论议通古今,喟然动众心,忧国如饥渴者。而其言用不用,遂为天命去留之分,国脉绝续之判,诚甚重也。余尝读《尚书》、《诗》大小变雅、《春秋》诸传,及他史册,所载身遭丧乱,人臣忧国之言,每于前事能追其酿乱之本,于当事能具言其致乱之详,而于后事则能预言其乱亡之极。"③国家危亡的时刻,就是李邺嗣所说的"非时",正直的作家,其论议应该关乎国家民生,述治乱,陈美刺,以此来打动众心,这才是变而能守其正。如此看来,李邺嗣的"性情之正"论,几乎全盘接受了儒家的正统文学观念。但我们也注意到李邺嗣还说过这样的话:"世有作者,虽其声不同,未尽有合于平和温厚,要能各宣其所欲言,自成一家。故曰:人之所不可为伪者声也,谓其生于人心也。"④在摹拟成风的时代,李邺嗣表示只要作者能做到"各宣其所欲言,自成一家",那么即使"未尽有合于平和温厚",亦应予以充分肯定。但是,"今人谓既学道之后,便可不费吟绎,徒取先儒一二陶写性情之作奉为典刑,肆笔而出,无复顾惜,几与禅门所谓颂古说偈相类",李邺嗣认为这简直是"放佚斯文,陷于荒陋"的行为,"顿使风雅荡然"。⑤ 这实质上是批评这些所谓的"学道之人",不能各宣其所欲

---

①　(清)李邺嗣:《杲堂文钞》卷2《钱退山诗集序》,《杲堂诗文集》,张道勤校点本,浙江古籍出版社1988年版,第417页。

②　(清)徐文驹:《师经堂集》卷3《镜园偶笔序》,《四库全书存目丛书》本。

③　(清)李邺嗣:《杲堂文钞》卷1《给事林茧庵先生疏草序》,《杲堂诗文集》,张道勤校点本,浙江古籍出版社1988年版,第392页。

④　(清)李邺嗣:《杲堂文钞》卷2《钱退山诗集序》,《杲堂诗文集》,张道勤校点本,浙江古籍出版社1988年版,第417页。

⑤　(清)李邺嗣:《杲堂文钞》卷3《上梨洲先生书》,《杲堂诗文集》,张道勤校点本,浙江古籍出版社1988年版,第465页。

言,而自成一家。

李邺嗣在高论忠孝大旨的同时,又特别强调气节。他说:"后人论两汉,以为西京擅文章,东京擅节烈,余则谓不然。自古文章未有不出于气节,而足传于后世者也。两汉论文,自初以至盛,若陆氏、贾氏、董氏、两司马氏,高文典册,俱冠一时。及中宗以后,而刘向之文始出,所言原本经术,尽归于雅驯,蔚然为西京儒宗举首,而俱出自惓惓忧国至计,质先其文。"①刘向的文章关乎国家大义,如此"质先于文"的好文章,好就好在"重气节"上。李邺嗣又说:"文章节义,二者相须。"②强调了文章与节义密不可分的关系。近代学者张寿镛指出:李邺嗣"文章之重气节,叔世盖罕见也"。文章之重气节的命题,将儒家文学传统、温柔敦厚的诗教观与文人应秉持的自我精神结合起来,颇能概括浙东文学(尤其是政论文和传记文)在思想内容上的突出特色,这也表明李邺嗣有与魏禧一样有意识地倡导志士之文的动向,也是对梨洲提出的圆融道德、艺文、事功、名节于一体的文论思想的发展。

明末清初天崩地解,纲常沦丧,名教践踏,这已然成为浙东文人所面临的政治、人伦的根本问题。诚如李邺嗣所说:"大义既晦,遂使人心阘然日溺,至于三纲沦,四维斁;卒一世尽为禽兽而不知矣。"③李邺嗣之所以重新捡起"性情之正"的老话,如此这般"乐以高论忠义正告吾党",其精神实质是在鼎革时代呼唤丧失的忠孝人伦,重振名教纲常,进而使"风教所被,数千年不衰",④体现了明末清初传统的政教中心文学原则被重新加以强调的历史趋势。

黄宗羲曾严肃地告诫:"杲堂异日当主文章之事,但于是非不当有所

---

① (清)李邺嗣:《西汉节义传论》卷上《刘向传论》,《杲堂诗文集》,张道勤校点本,浙江古籍出版社 1988 年版,第 738 页。

② (清)李邺嗣:《西汉节义传论》卷下《谯玄李业王皓王嘉任永冯信费贻曹竟传论》,《杲堂诗文集》,张道勤校点本,浙江古籍出版社 1988 年版,第 751 页。

③ (清)李邺嗣:《西汉节义传论·序》,《杲堂诗文集》,张道勤校点本,浙江古籍出版社 1988 年版,第 734 页。

④ (清)李邺嗣:《杲堂文钞》卷 4《五帝本纪论》,《杲堂诗文集》,张道勤校点本,浙江古籍出版社 1988 年版,第 468 页。

假借,拟人须其伦,为文自日进一格。"①李邺嗣铭记其言,未尝有忽,决心在文中表现真思想,不扭曲自己的灵魂,写违心虚假的东西。他说:"凡吾今日是非,当使显可论刑赏,幽可质鬼神,若有少乱其真。誉曲为直,变素作黑,辄是得罪于万世,其文尽可一炬。"严守是非,不乱真丑正,不"屈古人、佞今人",自觉地将表现真思想作为自己的历史使命,这反映了浙东学派极其严肃的创作态度。

应酬文为"从来文人之痼疾",不蹈此病乃是黄宗羲对文章思想真实性所提出的严格要求,李邺嗣将黄宗羲的《作文三戒》书之壁以自省,晚年自誓将"此后一切应酬文字,当尽谢去"②,又转诫近日文章家,"求人作寿言,一不可也;为人作寿言,二不可也"③。因此他特别赞赏寒泉子(释本昼)的诗歌,"废尽人间答酬,单行孤眺,自为可传"④。李邺嗣一生为坚持真思想的创作原则作出了不懈的努力。

李邺嗣继黄宗羲之后致力于扫除拟古文风,反对剽声窃貌,尖锐批评"近世词家更习为拟议剽窃,朝秦声,暮楚声"⑤的恶劣文风。但他所用的批判武器是很传统的,与黄宗羲运用了心学哲学有所不同,但两人是殊途同归。李邺嗣的反摹拟主要是从以下四个角度展开的:

第一,以有本尚正论批判摹拟。李邺嗣在为好友万言诗文集所作的《万贞一集序》中说:"自弇州极媚历下,推为西京两司马,至近日华亭陈大樽诸君益传之。震川力追唐宋诸大家,首斥弇州庸妄,至近日豫章艾天傭诸君益传之。然彼学两汉者徒袭龙门、兰台之词,固诚马、班之掾史也;此学八家者,徒袭庐陵、南丰之词,则亦欧、曾之掾史也。此其敝谓剿而无本。至所传骈偶工丽之文,祖拘于东汉,而俊极于子山、义山,亦足

---

① (清)李邺嗣:《杲堂文续钞》卷3《再答周二安书》,《杲堂文续钞》,张道勤校点本,浙江古籍出版社1998年版,第658—659页。

② (清)李邺嗣:《杲堂文续钞》卷2《沈母朱太君八十序》,《杲堂诗文集》,张道勤校点本,浙江古籍出版社1988年版,第616页。

③ (清)李邺嗣:《杲堂文续钞》卷4《征寿董母陈太夫人七十文启》,《杲堂诗文集》,张道勤校点本,浙江古籍出版社1988年版,第682页。

④ (清)李邺嗣:《杲堂文续钞》卷1《直木堂诗序》,《杲堂诗文集》,张道勤校点本,浙江古籍出版社1988年版,第581页。

⑤ (清)李邺嗣:《杲堂文续钞》卷1《万季野诗集序》,《杲堂诗文集》,张道勤校点本,浙江古籍出版社1988年版,第561页。

备文章之一体。然其学,事不必究其始终,人不必考其本末,碎句断章,晋头汉尾,略取形肖,遂叶宫商,虽复味调于聚鲭,而色烂于合组,然其敝谓之侧而不正。"①在这段话中,他批评七子派和唐宋派,不过是徒袭前人的文辞而已,没有呈现自我的性情,自然属于"剿而无本"。至于那些骈俪文,只重形式美,无非是破碎意象和美丽词句的拼凑,自然属于"侧而不正"。不管是"无本"之弊还是"不正"之弊,都是他坚决反对的。

第二,以古老的"诗言志"的理论批判摹拟。他以"自言其志"反对言人所言,曾说:"《书》曰'诗曰(按,当为"言"之误)志',谓诗在能宣其志所欲言也。由是谐之成声,束之中律,此论诗之本也。三百篇言孝子之志,莫如《蓼莪》七章;言忠臣之志,莫如《北山》六章。彼亦尽其志所欲言而止,初不知有自我。先有自我,后也。以至司马长卿所夜诵,苏属国所赠,枚生所唱叹,铜雀三祖所歌,尚仍各言其志也。自钟嵘作《诗品》,于一人下必系曰其源出于某家,形似彷佛,可发一笑。后人祖其说,遂谓确有所本,然初未尝显然剿窃也。至西涯之后,北地勃兴,一时词人尽宗之,转相拟议,刻画字句,以能作楚相衣冠,抵掌足欺新丰犬鸭,便谓得附正宗,于是天下之诗,俱言人所言,不复自言其志矣。"②李邺嗣在此梳理了从自言其志到言人所言的诗歌史,以"诗言志"为裁决的武器,对钟嵘《诗品》中"源出某家"说已表不满,而对明代七子一派"显然剿窃"更是毫不留情地予以讽刺。

第三,以"声不可伪"论批判摹拟。他说:"诗者,心之声也。"③又说:"凡物之有声,无不相合,而于人则为诗……盖诗者,人生兴感所发。"④诗为心声,这是传统的观点。文学是心灵世界的呈现,归结为情感的传达,写诗为吐心声,情感应该是自然而然的流露,而不能为文造情。文学绝不接受感情上的伪装和虚构,任何的歌哭均须发自衷曲,但如果"情非中

---

① 　(清)李邺嗣:《杲堂文续钞》卷1,《杲堂诗文集》,张道勤校点本,浙江古籍出版社1988年版,第564页。

② 　(清)李邺嗣:《甬上耆旧诗》卷9《布政陆石溪先生铨》,影印文渊阁《四库全书》本。

③ 　(清)李邺嗣:《杲堂文钞》卷1《妙峰集序》,《杲堂诗文集》,张道勤校点本,浙江古籍出版社1988年版,第399页。

④ 　(清)李邺嗣:《杲堂文钞》卷2《徐霜皋唱和诗序》,《杲堂诗文集》,张道勤校点本,浙江古籍出版社1988年版,第415页。

发",即"贺哭馈赍用一切,写乐不欢哀不咽",①那诗文中出现的一定是伪声。李邺嗣指出,人之心灵、人之性情只有感应到外部世界后,才能情由衷发。他在《雁字诗小序》中说:"乐府词曰'忧从中来',晋人云'触兴为诗',乃知情非内写外触,于物而无端发声,是犹水非激而怒,鸟不时而啼也,伪莫甚焉。"②诗本于性情,感于物后动,没有"内写外触于物"的过程,而无端地发声,那自然是伪声了。他说:"诗未有无所感而作者也。……若吾辈今日幽居闲放,有所适于田园风日、山水舟屐之间,则藉朋友发之,同心齐契,一唱一酬,若候鸟相应,交声每谐,亦如风之披竹而音生,水之激石而响作,固未有寂然而自动,无所感而得兴者也。每见近日诗家,于平时常拟一诗格,常储一诗料,情非发中,徒逐形响,如是,则诗真可不作矣。"③诗人有所感而作,如"风之披竹而音生,水之激石而响作",是那样的自然而然。但有的作家却是为文造情,"平时常拟一诗格,常储一诗料",到了创作的时候,却是言不由衷,只能"徒逐形响",那就是无端而发的"伪声"了。

诗声之伪不但表现在无端发声上,还表现在自溺性情而不出上。他在《前太常寺博士王无界先生墓志铭》一文中说:"诗自汉人及唐末,各宣其情音自别。后来诗家显相窃,秦声吴声使同舌。"④他批评后世诗人不知如何在诗中表现一己之性情,只能以剽窃摹拟古人诗歌的意象和字句为尚,结果必然造成其诗自溺性情而不出。他说:"夫诗之为用至近,以其能宣达性情也。论者谓读历下之诗,举篇即见一古人,得一故事,而性情不出;读竟陵之诗,尽卷不见一古人,不得一故事,而性情亦不出。"⑤在这段话中,他批评了诗界的两个极端现象。一是历下李攀龙之诗,刻意

---

① (清)李邺嗣:《杲堂文钞》卷6《前太常寺博士王无界先生墓志铭》,《杲堂诗文集》,张道勤校点本,浙江古籍出版社1988年版,第523页。

② (清)李邺嗣:《杲堂文续钞》卷1《雁字诗小序》,《杲堂诗文集》,张道勤校点本,浙江古籍出版社1988年版,第576页。

③ (清)李邺嗣:《杲堂文续钞》卷2《东皋唱和诗序》,《杲堂诗文集》,张道勤校点本,浙江古籍出版社1988年版,第606页。

④ (清)李邺嗣:《杲堂文钞》卷6《前太常寺博士王无界先生墓志铭》,《杲堂诗文集》,张道勤校点本,浙江古籍出版社1988年版,第525页。

⑤ (清)李邺嗣:《杲堂文续钞》卷1《证堂诗集序》,《杲堂诗文集》,张道勤校点本,浙江古籍出版社1988年版,第570页。

拟古,显然剽窃,自然不可能宣达自我的性情。二是竟陵钟惺、谭元春两人,"举古人之高文大篇铺陈排比者,以为繁芜熟烂,胥欲扫而刊之"①,主张"引古人之精神,以接后人之心目,使其心目有所止焉"②,在创作上,仍旧乞灵于古人。李邺嗣认为钟、谭虽然不再摹拟古人之字句,但却走向摹拟古人之精神,所以"性情亦不出"。无论是李攀龙还是钟、谭,都是借凭前人,剽窃古人,仰仗他人,不管是哪种类型的摹拟,最终都归结为"自溺性情不出",这是他难以容忍的。他说:"至近日诗人,始各诵一先生之言,奉为楷模,剽声窃貌,转相拟仿,以致自溺其性情而不出。夫秦音亢厉,吴音靡曼,此其性然也。今乃欲尽变其生心之音,使越无吟,齐无讴,楚无艳,而俱操秦声、吴声,则其伪亦甚矣。夫于所不可为伪者而亦伪为之,则其操之且将不成声,况求其抑扬可诵耶?"③转相摹拟的结果,必然是同操一声,抹杀了声音本身的丰富多样性。他进一步指出:"夫物各有体,冠虽华犹称吾首也,今则簪以巾帼矣;衣虽缊犹称吾体也,今则被以髇掖,使后来学者转相模袭,曰某公之言亦若此,岂其人非耶? 则所为害人之心,悖圣教,不已甚矣! 虽文人滑稽所至,亦时有之,乃专以此相尚,翻此陈陈相应者守其故矩,得起而议之,未老成典刑乃在此辈也,不亦惜哉!"④他认为这种"诵一先生之言,奉为楷模",以此作为权威,明知"不可为伪者而亦伪为之"的恶劣行为,是"诗以道性情"最大的敌人。因此,他援引叶太叔之语云:"取自于我,则机转而神融。取自于人,则根枯而蒂脱。吾不知大唐之歌、南风之诗,更谁敩耶?"⑤他指出叶太叔应"取自于我"而不应"取自于人"的观点,那是"词家药石"。

第四,以"快"论批判摹拟。李邺嗣在强调诗文要各宣性情、空所依傍时,强调以快为文,要求酣畅淋漓地宣泄自己的性情,追求强烈的审美快感。他在《答邓孝威先生书》中说:"夫行文至于能快最不易,言有小不

①　(清)钱谦益:《列朝诗集小传》,上海古籍出版社 1983 年版,第 571 页。

②　(明)钟惺:《古诗归》序,《续修四库全书》本。

③　(清)李邺嗣:《杲堂文钞》卷 2《钱退山诗集序》,《杲堂诗文集》,张道勤校点本,浙江古籍出版社 1988 年版,第 416 页。

④　(清)李邺嗣:《杲堂文续钞》卷 2《癸巳诗自序》,《杲堂诗文集》,张道勤校点本,浙江古籍出版社 1988 年版,第 609 页。

⑤　(清)胡文学、李邺嗣:《甬上耆旧诗》卷 21,影印文渊阁《四库全书》本。

快,即大不快矣。是必其叙笔极其淋漓酣畅,能尽发其性情之至,而后可谓之快。"①他对"快"的定义是从"叙笔"和"性情"两方面展开的,感情饱满,笔意流畅,性情之至得到充分抒发,才算得上是真正的"快"。从鉴赏上说,"快"的作品,能让读者痛哭狂叫,忽哀忽乐,整个身心处于高度激动之中。因此,哪怕是"言有小不快",即没有做到"极其淋漓酣畅",也会导致阅读心理上的"大不快"。因此,作家只是运用"寻常笔墨",并不能达到"快"的效果。至于"近人摹声按步,笔缩研枯,云间力拟《史》《汉》,不能快也。豫章力拟欧、曾,亦不能快也,以其俱不能发性情之至也"②。李邺嗣批评云间陈子龙摹拟《史记》《汉书》,豫章艾南英摹拟唐宋诸家之文,因其"不能发性情之至",自然谈不上"快"。李邺嗣指出,真正"快"的作品,应该"吐心吐意,尽发其胸中所欲言,溢出楮上"③,只有作者在文章中不匿其乐、不匿其哀,才能让读者在阅读中忽哀忽乐,激发读者最强烈的共鸣。故他说:"盖文不至极酣不快,读人文不至极快亦不乐……忽哀忽乐,总发于性情之至。"④以"快"相标榜,足以扫除摹拟剽窃之习,以快论文,亦是李邺嗣文学思想中最为独特之处。

三、主张变化日新,反对陈陈相因

变化创新是诗文作品生命力延续的不竭源泉。李邺嗣主张诗文创作应该"故者不复益,来者日以新"⑤。他用古代哲学中"气"的概念来解释文学日新的缘由。他说:"盖盈天地间,所见万象纷纭,惟藉日新以续旧不废。是受气之新者生,受气之过者衰,受其之陈者腐,尽物皆然,而

---

① （清）李邺嗣:《杲堂文续钞》卷3《答邓孝威先生书》,《杲堂诗文集》,张道勤校点本,浙江古籍出版社1988年版,第652页。
② （清）李邺嗣:《杲堂文续钞》卷3《答邓孝威先生书》,《杲堂诗文集》,张道勤校点本,浙江古籍出版社1988年版,第652页。
③ （清）李邺嗣:《杲堂文续钞》卷3《答邓孝威先生书》,《杲堂诗文集》,张道勤校点本,浙江古籍出版社1988年版,第652页。
④ （清）李邺嗣:《杲堂文续钞》卷3《答邓孝威先生书》,《杲堂诗文集》,张道勤校点本,浙江古籍出版社1988年版,第652页。
⑤ （清）李邺嗣:《杲堂诗钞》卷3《古诗贻林太常殿飏三章》,《杲堂诗文集》,张道勤校点本,浙江古籍出版社1988年版,第35页。

文人以笔墨成文章,最先受之。"①在李邺嗣看来,无所不在的"气"的物质运动,形成了天地之间的"万象纷纭"的变化,往者易陈,来者常新,变化的发展趋势表现为日新又日新的不断更新过程,万物只有日新,才有生命力。此气之运动变化,"文人以笔墨成文章,最先受之",也就是说文学具有最灵敏地感知社会万象变化的属性。文学"最先受之"的特点,意味着作家必须接受这一"万物皆然"的客观规律,"以其神智更受天地之新"②,使自己的诗文变化日新,而不是陈陈相因。李邺嗣讽刺那些盲目以古为圣,不能创新的作家说:"夫文章家于古人所作,不敢轻议片字,直一钞书小史耳。"③他还在晚年创作的《散怀诗十首》的序中,以自己的切身体会提出了诗人在创作时应具有的诗歌通变观:"诗心之妙在能变,日变斯日新。年少为诗,自当精思极藻,各尽其才。至齿学渐进,于是造而高淡,而奇老,其于风格日上矣。然使守而不变,以至于极,譬如数啖太羹,频击土缶,音味遂为索然,复何可喜!余谓此当以秀色润之,盖澹而能秀则益远,老而能秀则不枯,所谓朝华既谢,斯夕秀当餐,此诚诗家日新之妙也。"④从中可见,李邺嗣在创作上以创新为不懈的追求。他还多次以杰出的文学大家的创新为例,如云:"子长尽取《尚书》《左氏》古词,变以今文,其所极网罗,虽本旧闻,而体具出创构,故曰:子长多爱,多奇也。"⑤又说:"盖文自东汉而后,作者俱用实,而退之独用虚;诗自初唐而后,作者俱善用正,而退之则更用奇。"⑥李邺嗣对于文学的陈陈相因是深恶痛绝的,主张只有"变化日新,无复拟议古人之迹",才能使文学作品

---

①　(清)李邺嗣:《杲堂文钞》卷3《王无界先生七十序》,《杲堂诗文集》,张道勤校点本,浙江古籍出版社1988年版,第437页。

②　(清)李邺嗣:《杲堂文钞》卷6《前太常寺博士王无界先生墓志铭》,《杲堂诗文集》,张道勤校点本,浙江古籍出版社1988年版,第523页。

③　(清)李邺嗣:《杲堂文钞》卷1《董木公改四声猿序》,《杲堂诗文集》,张道勤校点本,浙江古籍出版社1988年版,第409页。

④　(清)李邺嗣:《杲堂诗钞》卷6《散怀诗十首有序》,《杲堂诗文集》,张道勤校点本,浙江古籍出版社1988年版,第136页。

⑤　(清)李邺嗣:《杲堂文钞》卷3《王无界先生七十序》,《杲堂诗文集》,张道勤校点本,浙江古籍出版社1988年版,第437页。

⑥　(清)李邺嗣:《杲堂文钞》卷3《王无界先生七十序》,《杲堂诗文集》,张道勤校点本,浙江古籍出版社1988年版,第437页。

"不假绳削而尽合自然"。①

那么,怎样的文学创作才算得上"变化日新"呢? 李邺嗣认为应该在三方面进行努力。第一,博采众家之长。他提出:"古人为学,所问非一师,凡擅一艺者,俱得列入师焉。"②他特别推尊唐代集大成的诗人杜甫,在《杜工部诗选序》一文中指出:"余谓杜公,古今善学问人也……知此老下笔有神,唯能特得诸家之妙而集其成也。"③第二,淘去宿见宿闻。他在《王无界先生七十序》一文中,对韩愈"陈言之务去"说作出了阐释:"文人陈陈相因,其衰甚矣。退之出而始身与斯文之重,然其所力任,惟曰'陈言之务去',而自以为难。盖积陈至千年,所当务去不仅在于言也,必先洗其心,漉其府,疏其脉,剔其髓,始得取宿见宿闻之陈物去之至尽,而后可以更受天地之新,斯所以为极难也。"④李邺嗣认为"陈言之务去",不仅是指诗句文辞上的"标新立异",更主要的是要"洗其心,漉其腑,疏其脉",将一己固有之陈见陈闻洗淘殆尽,这样才能真正做到"更受天地之新"。李邺嗣敏锐地感觉到了文人陈陈相因的主要原因,不仅仅在于辞章的陈言,更主要的还在于内容上的"陈思",即陈旧的惯性思考。李邺嗣不但要求在文辞语言上,作家不能"以单言片句偶合古今词家"⑤,而且要求做到"至一时词家陈言,则避之若仇,弃之若弊苴,片言雷同,便有惭色",⑥更要求在诗文内容意义上,作家应当"搜剔宿垢,湔濯积尘",自觉地去除陈旧的思想,从而使作家在创作时"有朝心,无暮色",使文学作品

---

① (清)李邺嗣:《杲堂文钞》卷四《奉答梨洲先生书》,《杲堂诗文集》,张道勤校点本,浙江古籍出版社 1988 年版,第 463 页。

② (清)李邺嗣:《杲堂文钞》卷 2《释介石诗序》,《杲堂诗文集》,张道勤校点本,浙江古籍出版社 1988 年版,第 424 页。

③ (清)李邺嗣:《杲堂文钞》卷 1《杜工部诗选序》,《杲堂诗文集》,张道勤校点本,浙江古籍出版社 1988 年版,第 406 页。

④ (清)李邺嗣:《杲堂文钞》卷 3《王无界先生七十序》,《杲堂诗文集》,张道勤校点本,浙江古籍出版社 1988 年版,第 437 页。

⑤ (清)李邺嗣:《杲堂文钞》卷 6《前太常寺博士王无界先生墓志铭》,《杲堂诗文集》,张道勤校点本,浙江古籍出版社 1988 年版,第 523 页。

⑥ (清)李邺嗣:《杲堂文钞》卷 3《王无界先生七十序》,《杲堂诗文集》,张道勤校点本,浙江古籍出版社 1988 年版,第 437 页。

"吐陈茹新"。① 第三,在大自然中获取灵感。他指出感受自然山水之
"气","得山水之助",可以使诗文获得日新之妙。他说:"天地之奇尽发
于山水,而在人则为文章。……盖文章不得山水之助,固不能奇也。至
能以奇文字记奇山水,若马第伯、郦道元、柳柳州诸君,其笔墨之妙,每为
山川增观辟面。然则山水不得文章之助,亦无从发其奇也。"②李邺嗣在
这里强调的是自然山水对作家性情的陶冶作用,希望奇山异水能激荡出
作家的奇性情、奇文字,这有助于削刊一切陈言旧语。他在《妙峰集后
序》中,再次强调了山水之奇与文章之奇的密切关系:"世间奇文字,非遇
第一等奇山水固不能作也。"③李邺嗣自己的创作,在务去陈言上是下过
苦功的,他曾在《小像自赞》中,用诙谐的口吻说:"有时下笔,嘿然而笑。
去腐发新,千载一窍。吾与古人,递窃其妙。"④努力"去腐发新",确实是
他的夫子自道。

四、言必雅驯的语言观

　　李邺嗣论文学的语言形式纯以风雅为指归,认为只有雅驯的语言最
能符合儒家文章之统的要求。在这一点上,他所持的观点与黄宗羲相
同,他们都主张诗文应使用纯净的文字型语言。李邺嗣批评当世名公
"至有所讥切,则更酷弹巧虐,无复风人遗旨,甚或杂引方言,时作梵语,
以诞放于绳墨之外,遂使风雅一涂,戏若俳优,隐于射覆",主张"宁取史
传语入稗篇,不得取稗篇语入史传"。⑤ 他认为只有如此才能使诗文雅正
而不卑靡,那些梵语、稗语、方言、市井之语等,都被他视作不雅驯之言而
受到排斥。如全大震的集中,"讼词、耍曲、皂仆、骂鬼、涕唾、夹恩,无不

---

　　① （清）李邺嗣:《杲堂文钞》卷 3《王无界先生七十序》,《杲堂诗文集》,张道勤校点本,
浙江古籍出版社 1988 年版,第 438 页。

　　② （清）李邺嗣:《杲堂文钞》卷 2《雪溪游记序》,《杲堂诗文集》,张道勤校点本,浙江古
籍出版社 1988 年版,第 414 页。

　　③ （清）李邺嗣:《杲堂文续钞》卷 1《妙峰集后序》,《杲堂诗文集》,张道勤校点本,浙江
古籍出版社 1988 年版,第 580 页。

　　④ （清）李邺嗣:《杲堂文续钞》卷 4《小像自赞》,《杲堂诗文集》,张道勤校点本,浙江古
籍出版社 1988 年版,第 701 页。

　　⑤ （清）李邺嗣:《杲堂文续钞》卷 2《癸巳诗自序》,《杲堂诗文集》,浙江古籍出版社 1988
年版,第 609 页。

录其中"，这本是很好的文学和社会学史料，但他认为原本的编辑方法乃是"诗文杂钞，略无去取"，遂重新审定，"唯存其本色苍健者三十首，其余删抹至尽，然后此老身后精响，始大白于天下"。① 李邺嗣这样审定，固然符合了其雅驯的语言文体观，但也暴露了其识见的局限。他将文学语言的使用限定得十分狭窄，比起明代公安三袁提倡言文合一来，未免显得过于保守和落后。

就整体而言，李邺嗣的文学思想主要继承了黄宗羲的理论成果，可谓继承多而创新少。李邺嗣的文学理论缺少严密的哲学体系作为根本的支撑，因此未能在黄宗羲的基础上，开掘出应有的深度，拓展到应有的高度。他没能掌握哲学的精髓，这使他的文论缺乏理性的思考，削弱了思辨色彩。他所举的黄宗羲之言也是不全面的，像"情至"这样的重要观点，李邺嗣竟然没有高声呼应，这恐怕是由于"情至"观念带来的唯情论倾向，与其所秉持的"性情之正"有所冲突之故。他编纂的《甬上耆旧诗》，保存了大量地方文学史料，但其中点评文字比较少见，即使偶有点评，亦因夹带厚爱乡土的情感，表彰中每有拔高之论，这与黄宗羲评点明文的卓越眼光差别很大，表明他没能像黄宗羲那样以博大的胸怀对明代文学的思潮作出全面深刻的批判总结，这使他无从继承黄宗羲论是非不论派别、重成败不计门户的客观的、历史的批评精神。尽管李邺嗣的文学思想存在着诸多的缺陷和不足，但他自觉地举黄宗羲之言以警励学者，在一定程度上为浙东文学的发展扫清了道路。李邺嗣是黄宗羲在文学上的得力干将，黄宗羲则借其之力，扩大了古文在浙东的影响。

第二节　郑梁的文学思想

郑梁（1639—1713），字禹楣，亦作禹梅，号寒村，浙江慈溪（今宁波江北区慈城镇）人。郑梁自拜入黄门以后，受到乃师的深刻影响，不但诗文创作发生了巨大变化，而且文学思想也比较丰富。在清初浙东学派文学思想的演变过程中，郑梁是不可忽视的一家。目前仅有梁一群先生对郑

---

① （清）胡文学、李邺嗣：《甬上耆旧诗》卷 29，影印文渊阁《四库全书》本。

梁文学思想作过专题研究,他深刻地指出:郑梁"对于为文作诗的意见,则不仅有师承,亦有其独到之处,实属有清一代浙东诗风值得细析理剖者"①。本文受到梁先生的启发,以《寒村诗文选》三十六卷为基础,对郑梁的文论思想作一探索。

一、"诗本性情":郑梁的文学本体论

"性情"本是一个哲学概念,"性"指的是人的本性,"情"指的是情感和情绪。黄宗羲从哲学层面着手,展开对"诗以道性情"这一诗学命题的形上思考。黄门弟子的文学思想均受了老师的影响,但由于个人接受的角度与学识的差异,黄门弟子对"性情"的理解也存在着一定程度的个体差异。郑梁对于文学的认识,基本继承了老师的观点,但就具体的内涵与个人的独到之处而言,还是值得我们关注的。对于文学本质的讨论,郑梁同样秉持"性情"说。

（一）郑梁继承黄宗羲的观点,他的文学性情论同样植根于人的善性

黄宗羲的"性情"论植根于他的哲学理论。黄宗羲论诗虽然"性""情"并举,但实际上更喜欢从源头说起,因而更强调知"性"。他批评先儒"性"说不明,主张以"恻隐、羞恶、辞让、是非"四端为人性之本,肯定善是人的最根本属性。因此他所谓的"性"也就是仁性、善性,这就是其所谓"万古之性情"。而所谓"情",乃发而中节,与性合一,是性之情,即人的善性、人的本质的集中表现,既具有道德、伦理的永恒价值,又能作为人的审美对象。在这一点上,郑梁继承了乃师的看法,他说:

> 坚贞固其骨力兮,恻怛固其性情。②
>
> 人情者,圣王之田也,修礼以耕之,陈义以种之,讲学以耨之,本仁以聚之,播乐以安之;夫所谓情者,即此恻隐、羞恶、辞让、是非之心是也,所谓修礼、陈义、讲学、本仁、播乐者,亦即此恻隐、羞恶、辞

---

①　梁一群:《郑寒村诗论初探》,《中共宁波市委党校学报》2006 年第 3 期。

②　（清）郑梁:《寒村诗文选·寒村五丁集》卷 1《义石祠记》,《四库全书存目丛书》本。

让、是非之心扩而充之者也。①

很显然，郑梁的文论思想同样植根于哲学理论，同样偏重于"性"说。所谓"恻怛"，犹恻隐也，乃"四端"之一。他以善之四端为"情"，这种"情"当然是与性合一的性之情，故亦可称为"性情"。郑梁对于"情"的解释简易明了，它以圣人为楷模，强调的是一种悲悯、善恶、辞让、辨是非的道德伦理准则，人本身要具备这些最基本的道德之理，然后用"礼""义""学""仁""乐"去不断扩充这种"情"，完善与升华自己，向圣人看齐。而"礼""义""学""仁""乐"均是儒家的诗教与伦理范畴。更有意思的是他在"情之至"方面的提法。所谓"情之至"，也就是主体情感体验所达到的饱满程度和深邃境界。黄宗羲曾说："今古之情无尽，而一人之情有至有不至，凡情之至者，其文未有不至者也。"②郑梁则说："性情之所至，而笔舌至焉。"③郑梁将乃师的"情之至"改换为"性情之所至"，明明白白地昭示了其性情论倚重于"性"的特点。

（二）郑梁以性情之别反对拟古的文学

关于性情的多样性，黄宗羲主要是从个体的心理着眼的，他说："古今志士学人之心思愿力，千变万化，各有至处，不必出于一途。"④他从哲学上阐发说，此"心之万殊"，决定了性情的千姿百态，也决定了创作风格的差异。郑梁自有其自己的看法，他在《四明四友诗序》中说：

> 诗以道性情，顾何人无性情，何人能识性情乎？《诗》三百，一言以蔽之，曰思无邪，顾何人不曰"思无邪"？何人能识邪之所在乎？盖人之性情本一，而时位之错出万殊，则性情亦遂从而别，此雅郑所以兼收，正变所以杂陈，《小弁》《凯风》，怨与不怨，所为无妨于人子也。必欲以汉、魏、六朝、三唐、两宋之性情律之，宜其隔靴之搔，不求已而自已者也。⑤

---

① （清）郑梁：《寒村诗文选·见黄稿》卷2《存田记》，《四库全书存目丛书》本。

② 陈乃乾编：《黄梨洲文集·明文案序上》，中华书局1959年版，第388页。

③ （清）郑梁：《寒村诗文选·寒村五丁集》卷1《黄忠端公集序》，《四库全书存目丛书》本。

④ 陈乃乾编：《黄梨洲文集·诗历题辞》，中华书局1959年版，第387页。

⑤ （清）郑梁：《寒村诗文选·寒村息尚编》卷2，《四库全书存目丛书》本。

他指出人的性情本一，即以《诗经》而论，三百篇可以用"思无邪"三字来概括，这就是性情本一的生动体现。在这个意义上，他的这一认识很有点像黄宗羲的"万古之性情"。但郑梁并没有立足于内心来展开情之万殊，而是着眼于社会，他深刻地指出，由于"时位之错出万殊"，即时代、地位不断变化，"则性情亦遂从而别"。这就是说，性情之所以会千变万化，关键在于时位的作用，每个人所处的时代不同、境况不同，也就决定了性情之别。从这个意义上，有点像黄宗羲所说的"一时之性情"。从"性情本一"到"性情亦遂从而别"的变化，既强调了性情的本质属性，也强调了性情的个性差异，因此，《诗经》中才会出现"雅郑所以兼收，正变所以杂陈"的现象。

郑梁论性情之别，不像乃师那样强调内在的心之变化，而刻意强调的是外在的"时位"的作用。因此，他以性情论反对拟古的文学，也是从此着眼的。性情与时推移，每一个时代的性情都不可能齐一，又如何能以古之性情来规范后世之性情呢？

（三）郑梁师承黄宗羲之说，主张"自道己之性情"

他在《野吟集序》中说："盖诗所以道己之性情，而非以悦人之耳目。……然天下事凡视之为荣利之途，而思挟之以资身哗世者，古今来必不能佳，以其务悦乎人之耳目，而不敢自道其性情也。"[①]在此，郑梁强调的是对自身情感和感触的抒发。那些将写诗文当作博得荣利的工具，去迎合俗世者的作品从古至今没有好文章。它是以娱乐别人、逢迎众人耳目为目的的，不敢表达自己的情感性情，违背了文学最基本的特质，是应该否定的。郑梁对这类媚世之作深恶痛绝。他倡导的是一种健康的抒写自我情感的诗文。

二、"诗言志"：郑梁文学理论核心

郑梁的"性情"植根于性，这就使他的性情论带有强烈的伦理倾向，由此引申出去的是其对诗人"思"之"无邪"的要求与对"言志"的反复强调。如果说"性情"论是郑氏文论的基础，那么"言志"说则是其文论的核

---

① （清）郑梁：《寒村诗文选・寒村五丁集》卷1《野吟集序》，《四库全书存目丛书》本。

心了。郑梁在《耐堂上人诗序》中直截了当地说:"余尝谓诗家论诗,必当以'诗言志'一句为主。"①又在《张兰佩诗稿序》(1705 年)中说:"盖诗之为道,所以言志。人有志,则必有言,有言则必有声,此天籁所发,不可矫强者也。"②可以说"诗言志"既是郑氏论诗的着眼点,也是其作诗、评诗的根本,诚如梁一群先生所指出的:"在此浙东诗人尊奉'性情'以事创作和品评之中,拈'性情'之说以释历代诗家所谓'诗言志'者,则是寒村。寒村的说法自有其特色。"③笔者认为郑梁的"诗言志"的特色就在于他将"志"与"思"贯通在一起。他在《芝源适意草序》中说:

> 是故香山、坡老言志者也,则毕而黜之为淫哇,康节、江门思之无邪者也,则浅而易之为学究,而反取一种剿说陈言,浮浪不根之语,尸而祝之曰:"此王孟也,此李杜也,此汉魏及六朝也。"不问其有志无志,又安论其无邪有邪乎? 如此则虽三百篇中,其不能符其声调而合其体格者,十且十一矣。……盖意者志之所由立,而亦即思之所由生。运诗而适意,则其所言者,无非志,而所思者,必无邪矣。④

这里,郑梁强烈鄙视了那些不问"志"而"剿说陈言"之徒。这些人轻率地评判作家,白居易、苏轼这样诗中有"志"者被他们视作鄙俗淫靡,邵雍(康节)、陈献章(江门)创作了大量"思无邪"的诗歌,被他们视作是学识浅薄的学究之辈,他们自己不"志"不"思",反而将"剿说陈言,浮浪不根之语"当作宝贝供奉起来,根本不问己志何在。他们不知有"志",又怎么能做到"思无邪"呢? 志之不明,必不可能有真"性情",也就无从谈起"思无邪"。仔细考察郑梁所谓"志"的含义,强调的是伦理性的人格理想,是与"诗无邪"的诗教相贯串的。这也可以从以下这段话中得到进一步的印证:

> 舜曰"诗言志",则是言志者诗,不言志者非诗也。孔子曰:"诗三百,一言以蔽之,思无邪。"则是思之贞者为可传之,诗思之淫者即

---

① (清)郑梁:《寒村诗文选·寒村杂录》卷 2《耐堂上人诗序》,《四库全书存目丛书》本。
② (清)郑梁:《寒村诗文选·半生亭文集》,《四库全书存目丛书》本。
③ 梁一群:《郑寒村诗论初探》,《中共宁波市委党校学报》2006 年第 3 期。
④ (清)郑梁:《寒村诗文选·见黄稿》卷 2《芝源适意草序》,《四库全书存目丛书》本。

可删之……呜呼,岂今日之言诗者果有以胜于舜与孔子耶? ……余深有慨于此,窃欲满心肆口,以诗为发舒胸臆之言,不以诗为桎梏性情之具。①

郑梁崇奉经典,敬仰圣贤,在谈"诗言志"的时候,以舜帝的"诗言志"为理论根据,认为"志"是诗歌的必备要素,所以才会有"言志者诗,不言志者非诗也"的论断。"思无邪"也是对于"情"和"志"的严格要求,只有"思之贞"者的诗可以流传,那些"思之淫者"的诗,则当被删去,被时代淘汰。

值得注意的是,郑梁所谓"志",还是作用于社会、国家的"致用"之道,体现了浙东学派"经世致用"的思想。他在《论诗偶述》中说:

> 昔者孔子尝论诗,明明告人可以怨。
> 若必温厚而和平,喔咿嚅嚅直乡愿。
> 试观三百篇之中,何曾不极其讥讪。
> 逢时如此宜如此,工拙初非由正变。
> 自从俗儒瞽论兴,拨置心肝摸皮面。
> ……
> 呜呼人久失其真,何怪好言相欺谩。②

郑梁紧紧抓住了一个"怨"字不放,指出孔子明确教人在诗中"可以怨",而不是只有"温柔和平"。"怨"字落实到诗三百中,就是"极其讥讪",用"极其"来修饰"讥讪",特别强调了"讥讪"的程度。郑梁公然提倡"逢时如此宜如此",敢于对现实的不合理提出批评,勇于抨击社会的黑暗。这是一种可贵的批判现实的精神,是对整个社会的负责,积极参与国事、体恤百姓的兼济之道。而一些俗儒却"拨置心肝摸皮面",违背了人的真性情,写出来的都是些自欺欺人的文字,远非诗三百中"极其讥讪"的诗歌那么有力量。

郑梁对"性情"的认识不单单停留在"发舒胸臆之言""感时触物常出其性情"之上,而是在努力打通"性情"与"言志"之间的关系。郑梁的观

---

① （清）郑梁:《寒村诗文选·见黄稿》卷2《芝源适意草序》,《四库全书存目丛书》本。
② （清）郑梁:《寒村诗文选·玉堂集》卷1《论诗偶述》,《四库全书存目丛书》本。

点虽然暗合了"情志合一"的诗学观念,但也有自己的侧重。唐人孔颖达的《左传正义》里的经典解释是:"在己为情,情动为志,情、志一也。"而郑梁的"性情论","情"更强调的是一种"恻怛"之情,强调以"礼""义""学""仁""乐"来扩充这种恻隐、辞让、是非之心,其指向儒家诗学观的"志",又因儒家学说与政治伦理的附着关系,这种"志"的精髓便表现为浙东学派"经世致用"思想。

三、"观文知其人":郑梁的文学创作主体论

郑梁的性情、言志论,必定会对创作主体提出相应的要求。在这方面,郑梁最主要的一个观点便是认为文风应与人品相一致。

文风是否与人品相一致,一直是文学探讨的话题。古代学者很早就意识到了这个问题的复杂性。追述源头,已形成自己理论观点的当数孟子的"知人论世"与"养气"说。虽然不直接探讨文风与人品的问题,但孟子基本表达清楚了他的意见:了解作品必须了解作者,对创作主体提出严格的道德精神要求,即他认为文风应当与人品相一致。金代的元好问则在《论诗绝句》中点出了文品与人品相割裂的现象,他主张诗歌是人性真情的流露,反对不真实的作品,要求作者抒写真实的内心世界,做到文品与人品相统一。

以"性情"为基础,以"言志"为核心,重回诗教道路的郑梁,很自然地接受了孟子对创作主体的论述。同时郑梁深知黄宗羲的"元气"论,又深受阳明心学的影响,因此,郑梁的观点与元好问的观点非常相似,他在《黄忠端公集序》中说:

> 千古之文,千古之人为之也。其人为流俗之人,则其文为流俗之文;其人为千古不可磨灭之人,即其文为千古不可磨灭之文。亦非文必文以人重也,玉山有言:"文章天地之元气,得之者其气直与天地同流",盖人苟浩然之气充满胸中,而溢为文词,则凡取青妃白之家,决不能与之较长而絜短。①

郑梁用直接平易的语言表达了他所认可的人品与文品相一致的观点,认为有怎样的人才能写出怎样的文章来。一个流俗之人是万万写不

---

① （清）郑梁:《寒村诗文选·寒村五丁集》卷1,《四库全书存目丛书》本。

出千古不可磨灭的经典作品来的。只有千古不可磨灭之人才能写出经典。那么,什么样的人才是"千古不可磨灭"之人呢?郑梁的回答即是孟子的理论:养吾浩然之气!因为文章是天气之元气,而诗歌是人之"元气"的自然流露,想要写出好的文章,必须养气!培养自己"集义所生""配义与道"的精神之正气。郑梁强调的是自身修养的提炼和对社会的正义与责任感。黄宗羲说:"所谓古文者,非辞翰之所得专也。……人非流俗之人,而后其文非流俗之文。"①郑梁在这方面的观点显然与老师相一致。

郑梁衡文以无"志"为"俗"。他说:"俗则庸,庸则近,安见所谓风致品格之远焉哉?"②他强调"言志",首先根源于人品之高。郑梁的"言志"说,突出了人格修养对诗歌创作的重要性。他在《时文存雅序》中也说:"论人以论文,皆先论品,品一俗,则其余俱无足道。"③由此,他倡"文如其人"说:"言者心之声,文未有不如其人者,文又未有不如其人而可以言工者。"④又说:"言为心声,观其文未有不可知其人者也。顾古之文皆自道其所欲言。"⑤郑梁肯定发自心源的"性情"之作,因为这种文章才能见出人品。同样,有高尚人品的诗人,也有可能写出优秀的作品。

黄宗羲曾毫不客气地指出:"今人之诗非不出于性情,以无性情之可出也。"⑥郑梁则别有提法,他在《慎旃二集序》中说:"势利薰溺,情性销亡,只句单词,哗世取宠,自谓言志,而其实无志之可言也。"⑦同是批判现实的文坛,黄宗羲强调"无性情可出",而郑梁却强调"无志之可言",显然,郑梁论诗的伦理色彩更浓。

四、情各可言:郑梁进步的女子作文观

在中国传统封建礼教的压迫下,妇女不仅没有地位,还被套上了众

---

① (清)黄宗羲:《钱屺轩七十寿序》,沈善洪、吴光主编:《黄宗羲全集》第十册,浙江古籍出版社 2005 年版,第 672 页。

② (清)郑梁:《寒村诗文选·半生亭文集》之《张兰佩诗稿序》,《四库全书存目丛书》本。

③ (清)郑梁:《寒村诗文选·寒村杂录补》,《四库全书存目丛书》本。

④ (清)郑梁:《寒村诗文选·寒村杂录》卷 2《戎心源文稿序》,《四库全书存目丛书》本。

⑤ (清)郑梁:《寒村诗文选·寒村杂录》卷 1《徐润友稿序》,《四库全书存目丛书》本。

⑥ 陈乃乾编:《黄梨洲文集·黄孚先诗序》,中华书局 1959 年版,第 343 页。

⑦ (清)郑梁:《寒村诗文选·寒村五丁集》卷 2,《四库全书存目丛书》本。

多封建枷锁,男尊女卑的思想蔓延在每一个角落、每一代人身上,人们信奉的是"女子无才便是德"。但在自晚明以来的思想解放潮流影响下,女子读书逐渐成为风气。

郑梁的生活年代略早于袁枚一些,受到明末的思想解放运动的洗礼,在对待女人作诗的问题上表现得相当开明与进步,多次在诗文集中公开支持女子作诗,并赞赏优秀的女诗人,提出了自己对此问题的独到见解。他在《琴友张氏诗稿序》中说:

> 男女皆人也,自先王制为内外之别,于是一切修身正心以及齐家治国平天下之务,皆以责之男子,而于妇人无与焉。一若人生不幸而为女,则凡人世之所可为者,皆不得为此,固天地间不平之甚者也。圣人者知之,故于古诗之删,若《柏舟》之靡他,《载驰》之归唁,皆得列之三百篇中,与周公、召公所作竞响千秋。盖人各有情,情各可言,固不得以其女子之故,遂令其剖胸无心、张口无声也,而况其情为父子夫妇之情,其言为忠孝贞节之言乎。①

郑梁肯定男女同为人,地位上应是一样的,即使郑氏的思想没有认识到这个高度,至少开篇将男女对列,就显示了他对女性的尊重,充分肯定了她们的地位。随后,对只有男子肩负齐家治国之务表示不满,表达了对女性被长期排斥在治理国家之外的遗憾,字里行间充满了对女性的同情。郑梁认为妇人也有抒发自己性情的权利,他用最权威的儒家经典《诗经》说明女子同样可以赋诗,可以"发言为声",同样可以成为经典之作。郑梁的可贵之处在他给予了《诗经》中的女子之诗以极高的地位,即能"与周公、召公所作竞响千秋"! 这需要何等的魄力啊! 郑梁不但肯定了女子之诗,还把它与圣人之作相提并论,认为是可以与圣人之作一起流传千古的。更加大胆与有创意见解的还在后面,郑梁替几千年受压迫的妇女喊出了她们的悲戚:"固天地间不平之甚者也!"古往今来,人们总把眼光放在男子的不平身上,韩愈率先替天下受压抑的文士喊出了"不平则鸣"的口号,强调作家的不幸遭遇能够激发创作的巨大潜能。长久以来,又有谁注意到了女子的"不平"! 又有谁替女子的创作喊出"不平则鸣"的口号! 郑梁则不然,他认为女子不但遭受了"不平",甚至"不平"

---

①　(清)郑梁:《寒村诗文选·寒村安庸集》卷1,《四库全书存目丛书》本。

更"甚",语气非常激烈。郑梁充分意识到了历代的女子都遭受着家庭、国家、伦理等的多重压迫,他对妇女不能参与一切修身正心诚意之事,尤其是不能参与齐家治国平天下之务,深为抱憾,因此她们内心的不平远甚于男子,对此郑梁寄予了深深的理解与同情。妇女正是因为遭受着这样的"不平",她们胸腔中的愤怒、悲伤、凄凉、痛苦等各种情感,更需要借助于文本进行发泄。郑梁认识到了女子创作的根源在于她们"困极人生"的生活,因为她们在现实生活中遭遇了"天地间不平之甚",从而形成了妇女创作的内驱力。

郑梁从儒家经典《诗经》中,为妇女争回了"道情言志"的创作权利。他在《樊榭诗选序》中说:

> 三代以前,有周文章号为极盛,孔子删诗,十去其九,可谓严矣。而所存十五国风,乃往往载妇人女子之词,岂其道情言志,果能与周召诸公争胜与? 抑风尚淳朴,自一二圣贤而外固无人焉,敢以诗自鸣与? 余尝妄意当时学士大夫,其所作亦必甚多,特其唱酬赠答之章,未免雷同因袭,数见不鲜,反不若妇人女子之词,各能以其性情自见,故宁删彼而存此也。①

郑梁发现经过孔子删订编辑的《诗经》,"往往载女子之词",这一文学史的铁定事实,是谁也无法否定的。那么,孔子为什么要保留女子之词呢? 原因就是在于"妇人女子之词,各能以其性情自见"者也。郑梁充分肯定妇人女子的优秀作品,不但能以"性情自见",是性情之物,而且同男子之作一样能成为文学的经典。他以女子的"性情之见"为武器,抨击了男性之作,题材上尤多"唱酬赠答",内容上"未免雷同",没有新意,缺乏生气,反不如那些发自内心的妇人女子之词更让人耳目一新,因为妇人女子的创作并不产生于"唱酬赠答"的特定场域,而是发自她们内心,以"性情自见",因此更具有垂世的价值,郑梁推测这正是《诗经》大量保留妇人女子之作的原因。

最后,整理一下以上所述郑梁对女子作文观的进步观点与独特创见:第一,揭示了《诗经》收录女子之诗的事实,并从中找到理论依据,论证里面的女子之诗同样是"道情言志"的经典之作,承认了她们的作品在

---

① (清)郑梁:《寒村诗文选·寒村五丁集》卷2,《四库全书存目丛书》本。

文学史上的地位和价值；第二，肯定了"男女皆人"，这有较浓厚的"天赋平等"的色彩，从而伸张了女子有同男子一样平等的创作权利；第三，承认女子发于性情之诗，远胜于男子的模拟因袭之作；第四，首度替所有妇女鸣不平，在同情与理解她们的前提下，提出了女子创作的"不平则鸣"之说，认为她们遭受了更大的不幸与不平，她们的文学创作源于这种"不平"之气，她们有权利在作品中喷发"不平"之音。

郑梁能够尊重、理解女性，并给予她们的作品以极高的评价与重视，实属不易。它既是黄宗羲关于政治民主和平等思想影响下所产生的主张，又是这一思想的精彩发挥，表现出一位大智者所拥有的胸怀与眼界，富有强烈的时代气息。

综上所论，郑梁的文论以"诗本性情"为基础，以"言志"为核心，从黄宗羲进步的性情论回归到"诗教"说。他对诗歌的评判带有很强的政治伦理色彩，坚持将"言志"与"思无邪"贯串起来，强调"恻怛"之情与"浩然之气"，倡导文风与人品的一致。在道情言志的基础上，他鼓励女子作诗，倡导女子自写性情，为女子的"不平则鸣"制造舆论，表现出更为卓越的见解，从而丰富了清初浙东学派文论的内涵。

第三节　万斯同、万言的文学思想

万斯同、万言叔侄，乃清初浙东学派中的重要人物，他们都擅长史学，又能经营文章，但两人的文学思想略有差别，万斯同喜欢以史家为本位来思考文学问题，而万言的文学理念则比万斯同为强。两人的文学思想虽然不够系统，但也反映了甬上证人书院高第关注文学问题的一些成果。

一、万斯同的文学思想

万斯同（1638—1702），字季野，号石园，鄞县人。黄宗羲好友万泰之子，从黄宗羲问学，为甬上证人书院的高第弟子。万斯同以精于史学闻名，康熙十八年（1679）开局修《明史》，他以布衣参史局，不署衔，不受俸，有《明史稿》传世。万斯同自述己学经历了三变："弱冠时为古文词诗歌，欲与当世知名士角逐于翰墨之场，既乃薄其所为无益之言，以惑世盗名，胜国之季可监矣。已乃攻经国有用之学。"①他的为学变化,左右着他的文学思想。

　　康熙二十年(1681),昆山吴乔(1611—?)客居都门,时万斯同正在史馆,与"东海诸英俊"一起,与吴乔围炉取暖。万斯同等就诗学问题向吴乔发问,吴乔一一作了解答,这就是今天传世的《答万季野诗问》。这篇短短的著作,涉及了很多方面,有问诗与文之辨、诗与乐关系者,有问初盛中晚之界如何、宋明之界如何者,有问严羽说诗专贵妙悟如何者,有问具体作法,如下手处如何、命意如何、布局如何,和诗是否必步韵者,总计32条。尽管这些发问并非全出万斯同之口,但也说明包括万斯同在内的"东海诸英俊",文学眼界比较开阔,正在思考和探讨着关于诗学的理论和实践的种种问题。但万斯同本人发表的文学见解却是零零星星的,稍加整理,可以见出一位史学家对文学的理解。

　　(一)论文道关系

　　清初以黄宗羲为代表的浙东学派,普遍存在着重道轻文的思想,尤以万斯同表现得更为突出。康熙三十年(1691)秋天,万斯同在京遇到了擅长古文的方苞,对他说:"子于古文信有得矣,然愿子勿溺也。唐宋号为文家者八人,其于道粗有明者,韩愈氏而止耳。其余则资学者以爱玩而已,于世非有益也。"②万斯同在此明确认为,学以明道为贵,唐宋八大家中,只有韩愈"道粗有明",所以他的古文才有价值,至于其他七家所做的文章于世无益,只能成为学者的爱玩而已,因此他告诫年轻的作者方苞要引以为训,不要一味地沉溺于古文创作中。他对很多人都说过类似的话,如对同学范国雯说:"弟之意愿吾兄暂辍诗古文之功,而留意于此(按,指史学),俟胸中稍有条贯,纵儒生不敢擅笔削,他年必有修史之举,亦可出而陪末议,其与徒事诗文而无益于不朽之大业者,果孰缓而孰急也?"③他在信中竭力劝导范国雯放弃诗古文创作,而从事于史学,原因在于"徒事诗文而无益于不朽之大业"。他对李邺嗣,既称赞其为"文章宗

---

①　(清)刘坊:《天朝阁集》卷1《万季野先生行状》,民国排印本;(清)万斯同:《石园文集》卷首,《四明丛书》本。

②　(清)方苞:《方苞集》卷12《万季野先生墓表》,上海古籍出版社2009年版。

③　(清)万斯同:《石园文集》卷7《与范笔山书》,《四明丛书》本。

匠",同时又说此"但可成一身之名,初何益于天下之事"。① 他对从子万言也是这么说的:"吾窃怪今之学者,其下者既溺志于诗文,而不知经济为何事;其稍知振拔者,则以古文为极轨,而未尝以天下为念;其为圣贤之学者,又往往疏于经世,见以为粗,迹而不欲为、于是学术与经济遂判然分为两途,而天下始无真儒矣。……苟徒竭一生之精力于古文,以蕲不朽于后世,纵使文实可传,亦无益于天地生民之数,又何论其未必可传者耶。"②在他看来,创作古文虽然比创作一般的诗文要好一些,但终究"无益于天地生民之数",儒者当为之事,还有比创作古文更为重要的,特别是"经世之学,实儒者之要务"③。他是以是否能够直接对社会、民生产生促进作用来衡量文学价值的,连儒家宣扬的文学的政教功能,他都没有予以考虑,这就将"经世"的理念发挥到了极端的地步。

在经史文三者中,万斯同着重考察了经学与文学的关系,更能看出文学在他眼中的地位。他说:

> 大凡儒者读书,必有先后,当先经而后史,先经史而后文集,就文集而论,当先秦汉而后唐宋,先唐宋而后元明,此不易之序也。诚使通乎经史之学,虽不读诸家之集,而笔之所至,无非古文也,何也?经者,文之源也,史即古文也。诚使得乎宋以前之法,虽不读元以后之集,而笔之所至,亦无非古文也,何也? 元以后之文,要本于宋以前之文也。若乃先文集而后经史,先元明而后唐宋秦汉,则是得流而忘源也,无乃失其先后乎哉!④

重经史而轻文是万斯同根深蒂固的学术意识。其所云"当先经而后史,先经史而后文集",将经史的地位置于文学之上,是他的基本观点。他甚至认为只要通读经史,那么即使不读诸家的文集,也能写出好的古文来。所谓"经者,文之源也,史即古文也",经史文三者关系在此表达得非常清楚:经是道之所存,当然也是文学的源头,文学依附于经学而得到发展,史就是古文,可以说历史学家的身份左右着他对文学的基本立场。

---

① (清)万斯同:《石园文集》卷7《与李杲堂先生书》,《四明丛书》本。
② (清)万斯同:《石园文集》卷7《与从子贞一书》,《四明丛书》本。
③ (清)方苞:《方苞集》卷12《万季野先生墓表》,上海古籍出版社2009年版。
④ (清)万斯同:《石园文集》卷7《与钱汉臣书》,《四明丛书》本。

他用史来取代古文,这无异于取消了古文的独立地位。至于对文集的阅读顺序,是依照时代顺序,表明了尊古宗经的思想意识。

关于文学创作的动力,万斯同秉持传统的观点。他说:"余读之,见其才情飚举,迈越时流,而间有幽愤不平之感,盖苍存屡不得志于有司,中有所郁,以写其情而抒其抱负耳。"①与其文学"但可成一身之名"相联系,万斯同并不否定文学的抒情功能,认为诗歌是文人心中郁积的产物,"志"的受压抑必定会让诗人有发泄与宣泄的要求,成之为诗。以"幽愤不平"作为文学创作的动力,显然是与屈原"发愤以抒情"、司马迁"发愤著书"、韩愈"不平则鸣"说一脉相承的。不只是万斯同强调这一点,裘琏、郑梁等人都对此有论述。

（二）论性情、学力、法度

文学必须表达真性情,这是清初浙东学派的共同思想。万斯同亦是这么坚持的,他在《盛讷夫诗序》中说:

> 其在于今,公卿大夫都显位、拥厚实者,往往喜为清新幽折之词,颇类于山林憔悴者之所作;而江湖散人、蓬藋寒士,或反效台阁之体,而上拟乘轩食肉者之所为。此两者,亦皆剿袭乎外,非其性情之真也。②

他看到了文学史上的奇特现象,那就是拥高官者有山林之想,所作诗歌每多清新幽折之词,很像是山林憔悴者所作;而那些江湖山人之士,有功名之心,每每仿效上官,强作台阁之体。他认为这种身份上的错位,决定了他们的作品属于为文造情,并非是从自己胸中自然流出的真性情,在表现手段上,只能"剿袭乎外"。万斯同对于抄袭模拟的作品是极为反感的,要求表现真性情,抒写自我胸怀,提出"取裁于古人,以写我之

---

① （清）万斯同:《石园残稿·李苍存焚余摘稿序》,中国科学院图书馆藏,转引自周慧惠:《万斯同文学思想浅探》,虞浩旭、饶国庆主编:《万斯同与〈明史〉》(下),宁波出版社 2008 年版,第 402 页。

② （清）万斯同:《石园藏稿·盛讷夫诗序》,中国科学院图书馆藏本,转引自周慧惠:《万斯同文学思想浅探》,虞浩旭、饶国庆主编:《万斯同与〈明史〉》(下),宁波出版社 2008 年版,第 407 页。

性情"，"以我之性灵，驭千古之诗人"。①

　　万斯同一方面标举真性情，另一方面也强调学力。他认为积学对诗文创作具有决定作用。就诗而论，靠的不是什么"妙悟"，"非多读书、善穷理者，则不能造其至"②；就文而论，当"使胸中少有所积，而后发之于文"③。总之，没有广泛地阅读天下之书（主要是经史之书），创作的诗文是不可能传世而行远的。因此，他赞赏刘鳌石的作品："鳌石卓荦观书，发为诗歌，纵横超轶，而古文亦矫焉不群，盖探源于古文之作者，其来有端，而非之剿袭陈言，冥行务趋者。"④此所谓"其来有端"，就是"卓荦观书"的必然结果，但观书不等于抄书，而是为了杜绝"剿袭陈言，冥行务趋"。

　　万斯同论文，既讲才力，亦讲法度。他说："学者之以古文词鸣世也，非骋其才力之为难，乃审其法度之为难。"⑤他以明代文学为例分析说："有明之为古文词者何止百家，其初固出于一派也。自北地信阳出，借口先秦、两汉，而古文之派始分。迨太仓、历下鼓其党以抵排前人，绍述何、李于，是七才子暨后五才子、末五才子、继五才子之流，群奉王、李为俎豆，而古文之派竟截然分为两途矣。彼其时志矜意满，藐韩、柳而陋欧、曾，非不人人自以为秦汉也，乃殁未百年，而好古之士至有不能举其姓氏者，岂其才力之不足哉，亦不能审其法度，以至于此也。"⑥从下文可以知道，他所说的"法度"，就是"取裁于欧、曾"，是走黄宗羲所宣称的古文正路。他所说的"法度"其实是创作路线问题，而非技法上的概念。

---

　　①　（清）万斯同：《石园残稿·古香楼吟稿序》，中国科学院图书馆藏本，转引自周慧惠：《万斯同文学思想浅探》，虞浩旭、饶国庆主编：《万斯同与〈明史〉》（下），宁波出版社 2008 年版，第 407 页。

　　②　（清）万斯同：《石园残稿·李苍存焚余摘稿序》，中国科学院图书馆藏，转引自周慧惠：《万斯同文学思想浅探》，虞浩旭、饶国庆主编：《万斯同与〈明史〉》（下），宁波出版社 2008 年版，第 404 页。

　　③　（清）万斯同：《石园文集》卷 7《与从子贞一书》，《四明丛书》本。

　　④　（清）万斯同：《石园文集》卷 7《送刘鳌石南还序》，《四明丛书》本。

　　⑤　（清）万斯同：《石园文集》卷 7《李杲堂先生五十寿序》，《四明丛书》本。

　　⑥　（清）万斯同：《石园文集》卷 7《李杲堂先生五十寿序》，《四明丛书》本。

(三)"诗史"理念及其创作得失

万斯同主要是一位史学家,作诗应是他的余事。但以史家身份而作诗,倒也使他的诗歌呈现一定的特色。李邺嗣在评论万斯同的诗歌时,已经敏锐地意识到了万斯同作为史家诗人的特质,因而在清初浙东学派诸子中,李邺嗣最早将诗与史联系起来进行考察,他认为"季野即未及纂成一朝之史,而且以新乐府先之,是亦史之前驱也"①。

万斯同的"诗史"创作以《明乐府》最具代表性,其社会影响也更大一些。《明乐府》不是一般的文学作品,它的意义超越了文学,或者说它的意义不在文学的维度上,而在史学的维度上。尽管如此,我们还是将它放置在文学的天平上称量一下,看看它在艺术上的得失如何。

万斯同的《明乐府》"远仿香山,近拟茶陵"②,它虽直接渊源于明代李东阳、冯兰的咏史乐府,但在艺术上却与李、冯之作存在一定的差异。读冯兰的乐府咏史诗,写法上大抵是以多半篇幅演绎故事性的史实,并加以某种程度的想象和渲染,而这后一点正是史家没有细致记述,而诗人所要描述的按照生活逻辑有可能发生的事;末后诗人引出议论,而议论正大,不务新异。冯兰常能凭空驰骋想象笔墨,摆脱原始史料的拘限,而又合符历史的真实。但万斯同的《明乐府》虽然在史识上超越了李、冯之辈,但其所运用的艺术手法却相当保守,似较李、冯大为退步,冯兰笔下那种"悬想事势"的替身模拟的手法,万斯同是根本不敢用的。李邺嗣称万斯同的《明乐府》"虽其词未即方驾工部,而以前视元、白,后当杨、李,则几过之矣"③。事实上,单纯地从"词"的角度去衡量,万斯同之作较元、白、杨、李诸家均要逊色得多。

万斯同《明乐府》运用的主要表现手法是夹叙夹议,议中带情,只有少数采用了骚体的形式,总的说来,其手法相当单调,风格大体一致。

---

① 　(清)李邺嗣:《杲堂文钞》卷2《万季野新乐府序》,《杲堂诗文集》,张道勤校点本,浙江古籍出版社1988年版,第432页。

② 　(清)全祖望:《续甬上耆旧诗》卷78,方祖猷等点校本,杭州出版社2003年版,下册第93页。

③ 　(清)李邺嗣:《杲堂文钞》卷2《万季野新乐府序》,《杲堂诗文集》,张道勤校点本,浙江古籍出版社1988年版,第432页。

《明乐府》的叙述采用了主观化的视角，以"我"视物，"我"在诗歌中始终起着导向性的作用。由于《明乐府》在每一首之前都录有散文体的本事，为避免重复，诗歌中的叙事常常被严重弱化，大量作品的"事"不是文本的再现中心，叙事也不是作者刻画形象的手段，其"事"是概描性的，之所以被提起，那是作为议论的基础而存在的，而议论才是《明乐府》的主要表现手段。万斯同声称《明乐府》是效法白居易的《新乐府》，其实，白居易《新乐府》成功之作叙事完整，情节曲折，人物描写生动形象，除了直赋其事之外，还采用了寓意托物的手法。这些好的艺术手段，万斯同一概未予采纳，他所"效法"的东西，恰恰是白居易《新乐府》艺术上的弊端，即《明乐府》很不明智地采取了弱化事强化论的写作策略。当然《明乐府》的议论又不同于一般的议论，带有强烈的政治色彩，因而具有政论的意味。当然，作者的议论每有精警之处，大胆鲜明的程度常让人称道，处处可见的以"我"视物的议论，达到了作者作为史家的认识深度。如《青菜王》云："民有菜色官不知，官有肉味民岂识？"《曹妃怨》云："自古蒙恩多受灾，谁言君宠可长固？"《三娘子》云："安边专藉一妇人，文武将吏将何用？"《尚书料》云："一心但求长吏欢，宁问民间歌与哭！"等等，都是何等发人深省的警句。为了克服叙述的间距性，加强议论的感召力，作者引入了情感的因素，或斥或质，或赞或惜，将理性的光泽与抒情化的情感色彩紧密结合在一起。为此，作者特别重视问句的运用。《明乐府》总体风格比较凝重质朴，作者偶而也能运用一些形象化的句子，如《负耕犁》云："黄金横腰犹嫌重，轻裘被体还蹙额。"将心理描写和细节描写结合起来。如《修功匠》云："凄风浊雨寒阴夜，野鬼无知还觅头。"在环境渲染中展示了令人恐怖的幻笔。但这样的笔墨实在太少。在遣词上，作者有时也尽力选用富有表现力的语言，如《辽东饷》云："辽左军兴告饷匮，九重下诏增田税。诏书一下疾如雷，重征加派扰海内。我闻琼林多积储，金钱日夕相灌输。发帑自足充军饷，何至诛求遍闾里？当日民情已渐涣，岂知敛财更敛怨？从此万方遂土崩，驯至一朝庙社换。"这里，作者用"疾如雷"形容皇帝"重征"诏书执行之迅疾，用"灌输"形容琼林金钱之满溢不竭，由"敛财"顺势造出"敛怨"一词，生动地表现出民怨之由来及渐渐积储之情景，用"土崩"来形容"敛怨"后果之严重，这些都反映了作者相当的语言表达的功力。

《明乐府》在艺术上的不足是很明显的，全祖望对此颇有微词，他指出:《明乐府》"稍近率易,然不碍其为学人之诗。若更能以铁崖之奇古出之,则绝妙好词也已"①。现在看来,万斯同《明乐府》艺术上的美感只是局部的,直露无隐、病于"率易"却是根本性的。全祖望甚至设想用杨维桢的"奇古"来救其"率易"之病,由于全氏一度追逐李贺的诗风,因此他在咏史乐府中实更欣赏杨氏的"奇古"一路。

乐府诗以诗歌写时事,从汉乐府到中唐白居易等人的新乐府运动,乐府经历了从内容到形式的不断嬗变,但不变的是乐府反映时事、关注现实、直面人生的内容,这也是乐府诗能获得长久生命力的关键所在。无论后人怎样强调"诗史"的历史现实层面的价值,它之所以为"诗",必定有它作为"诗歌"的灵魂性东西——审美。综观万斯同的"明乐府",有了"诗史"之"史"的一面,却忽略了"诗"的一面,它更多地体现了"史识",而忽略了诗情的酿造,因此在史识上超群却难掩其在艺术表现上的粗率。《明乐府》对文本语言的注意不够,过于散化的、议论化的诗句,诗美在形式上(包括韵律、结构、顿挫)的全面丧失,割裂了乐与诗的内在联系,使得《明乐府》读起来更像是挂了诗名义的文章。形式的质朴不等于可以抹杀诗歌审美的本质属性。对形式美的忽视,对诗歌吟咏性情的忽视,都是《明乐府》的致命伤。

万斯同《鄞西竹枝词》的创作,也同样难逃《明乐府》的覆辙。如果说李邺嗣首创《鄞东竹枝词》,"犹存作诗以代风谣之意,斯同则直欲把地方风物史乘括以韵语"②,其美感色彩明显不如李邺嗣之作。刘坊评论说:"竹枝词,唐人不过写其方之谣俗以代弦管,今先生五十诗乃鄞之地志,可谓一翻从前之案矣。"③全祖望也指出:"此亦不甚合《竹枝》音调,而足以资掌故之考证。"④然而这种"一翻从前之案",而又"不甚合《竹枝》音调",根本上是以学人化来代替民间化,并以牺牲情韵、丧失美感为代价的。可以说竹枝词到了万斯同手里,其面目已迥乎一变。以后,全祖望

---

① (清)全祖望:《续甬上耆旧诗》卷78,方祖猷等点校本,杭州出版社2003年版,下册第93页。

② 张仲谋:《清代文化与浙派诗》第三章,东方出版社1997年版,第195页。

③ (清)万斯同:《石园文集》卷首《题词》,《四明丛书》本。

④ (清)全祖望:《续甬上耆旧诗》卷106,方祖猷等点校本,杭州出版社2003年版,下册第93页。

的《句余土音》、倪象占的《鄮南杂句》、袁钧的《鄮北杂诗》,均承李、万两氏之绪,但这类实录式的作品,征史补献有余,而在艺术上均不甚成功,以至于全祖望颇为自我解嘲地说:"我诗虽不工,聊足补献征。"①中国文学史上,诗与史经常是"恩恩爱爱"的,然而在很多情况下"诗"与"史"的结合,给人的感觉却是"好姻缘亦是恶姻缘",其教训是颇值得后人总结的。

万斯同的《明乐府》和《鄮西竹枝词》都是清初甬上"诗史"思潮影响下的产物。尽管我们可以以这两部作品的价值超越了文学意义为万氏作解,但它们毕竟运用了诗的形式载体,在创作取向上不无追求全祖望所谓"绝妙好词"的心理,然而万氏并没有取得成功。我们指出万氏"诗史"的审美缺失,并不等于要否定清初甬上"诗史"所取得的成就。事实上,清初甬上遗民留下了大量的"诗史",优秀之作大多集中在顺治时期的时事诗上,而万氏"诗史"只能算作偏支而已,且其创作《明乐府》和《鄮西竹枝词》在时间上说已近甬上"诗史"思潮的尾声阶段。②

二、万言的文学思想

万言(1637—1705),字贞一,号管村。万斯年之子,万斯同的侄子,年龄反而比万斯同还要大一岁。康熙四年(1665),万言叔侄会同甬上一批有志之士,来到余姚黄竹浦,问学于大儒黄宗羲。黄宗羲非常欣赏万言的文才,称其文"有震川之古淡,兼以剡源之色泽"③。康熙七年(1668),万氏叔侄及同学延请黄宗羲来甬上讲学,万言等人遂成为甬上证人书院的首批弟子。康熙十六、十七年(1677—1678),万言两至江苏昆山,客于徐元文家,徐对万言非常欣赏,认为其有"良史之识,著书之才"④。十八年(1679),徐元文出任《明史》监修总裁官,因徐元文的荐举,

①　(清)全祖望:《鲒埼亭诗集》卷8《西笑集·太白山中吊二公子》,《全祖望集汇校集注》下册,上海古籍出版社2000年版,第2256页。

②　详见管凌燕、张如安:《清初甬上的"诗史"思潮与万斯同的"诗史"创作》,虞浩旭、饶国庆:《万斯同与〈明史〉》(下),宁波出版社2008年版。

③　(清)李邺嗣:《杲堂文续钞》卷3《与万贞一书》,《杲堂诗文集》,张道勤校点本,浙江古籍出版社1988年版,第654页。

④　(清)徐元文:《含经堂集》卷18《特举遗献录用史才疏》,《续修四库全书》本。

并得到朝廷批准,万言与万斯同一起入京修史。后出知江南凤阳府五河县,被诬下狱。出狱后,生活极度艰难。其遗文亦多散失,今传有《管村诗稿》6卷、《管村文钞内编》3卷、《明女史》八卷等。

万言的文学思想主要见于《管村文钞内编》中,内容并不丰富,下面只就其稍具特色的论点略作分析。

万言自称"一生忧患,从未有欢乐之日"①,因此他对司马迁的穷愁著书说别有会心。他在《历代史表序》中说:"史迁有言:'虞卿非穷愁不能著书。'夫穷愁者,通乐之对也。人幸而处通且乐之境,四体既安,百用具备,天下之物日进,而攻取于前,吾方寸之心,肆应之犹不暇,其得留余地,以自尽于文字者几希矣。穷愁者不然,一身之外无可以役吾情,则其志专;一日之中无可以息吾体,则其思苦。专故所入者深,苦故所遇者旨,宜其透脱流露,而悉并之楮墨之上也。乃昧者犹以我之所无,羡彼之所有,而不自重其所得焉,何怪彼之鼓其空腹利舌,以日加于我乎?"②司马迁在《史记·平原君虞卿列传·论》中说:"然虞卿非穷愁,亦不能著书以自见于后世云。"司马迁的这句话在明遗民笔下屡见引用。万言的发挥是从通乐与穷愁两方面展开的。他指出通乐的人生,引起满足的情感体验,享受应接不暇,夺走了作者对文学的注意力。穷愁无聊虽是作家的不幸,却又是文学的万幸。从创作心理上说,"穷愁"者因为"一身之外无可以役吾情",所以能专注于文学,而"一日之中无可以息吾体",更加深了"苦"的情感体验。"穷愁"的境遇使得创作者体验到种种难言的痛苦,加深他们对社会的深层次的理解和体悟,从而使作品更具有强烈的感人色彩。著书如此,写诗亦是如此。他说:"夫诗以声病对偶为事,视经学为较易,然本于性情,各言其所蕴结。"③他对前辈诗人谢泰宗的遭遇非常同情,认为其才无所不有,尚未来得及施行,不幸遇到明亡,只好"一敛其经文纬武之用于耕山渔水中,徒以感时触物写其胸中所蕴结,此如生龙活虎,尽屈其拏云啸风之长技,而困伏重渊,拘挛密槛,唯有呻吟跳踉,鸣其不得自由而已"④。万言在遣词上明显借鉴了其师黄宗羲"龙拏

① (清)万言:《管村文钞内编》卷3《南山唱和诗序》,《四明丛书》本。
② (清)万言:《管村文钞内编》卷1,《四明丛书》本。
③ (清)万言:《管村文钞内编》卷3《登高什序》,《四明丛书》本。
④ (清)万言:《管村文钞内编》卷3《谢天愚先生诗序》,《四明丛书》本。

虎跋,壮士囚缚"的比喻,并将韩愈"不平则鸣"的思想,具体落实到"鸣其不得自由"上,表达了要求冲破外来束缚、抒写自由意志的愿望。万言还进一步指出,穷愁著书可以抚慰内心的创伤,可为生活带来乐趣。他曾有诗云:"穷愁聊著书,书成颇自乐。支将千载富,慰此一朝约。"①这就触及了写作的审美娱乐作用。

万言认为即便是穷愁著书,亦不能只顾倾泄一己之私情,文学更应该表现治乱和民生。他说:"吾观自汉以来儒之见用于时,如贾、晁、董、刘之辈,既发为大篇,献其所可,替其所否,于以上为德而下为民矣。其在野者,亦相与钻研圣人之遗经,作训故授之其徒,以传之于后。毛、伏而下皆其人也,求所为流连光景、抒写性情,如后世序记闲适等篇,未之前闻。盖晋宋之季始渐盛焉,彼其抚时触事,非不可以各见其志,而于斯世之治乱、生人之休戚,竟漠然其无与,则虽积之至于充栋,终无当乎著书之数也。然而志乎大者其为力难,志乎小者其为力易,故一辈学人其陋者固惟程文是徇,即稍知撰述者,不过斗异于泉石之间,争新于投赠之际,以自适己事而已。"②万言在此宣扬的是儒者之文,这种大篇文章就其内容而言,"以上为德而下为民",从中看不到"流连光景、抒写性情"的东西。只是到了晋宋之季,"流连光景、抒写性情"的文学才渐盛起来,但在万言看来,这类文学虽然亦能"各见其志",但终究与"斯世之治乱、生人之休戚"漠不相关,不过是"以自适己事而已"。这类作品即使汗牛充栋,亦无多大价值。万言的这种文学思想,鲜明地反映了浙东学派学者要求经世致用的价值取向。

万言论文还主张抒其胸中所自得,反对那种"脱胎舍筏"的运思方式,强调天机自运、天声自和。他说:

> 今之称文者,吾知之矣:其一曰练格,其一曰修词。修词则必求如六朝,练格则必求如唐宋诸家。然吾非谓格之不必练,词之不必修也。彼六朝、唐宋诸家之文,要亦自其沉酣乎六经、研极乎秦汉以来诸史诸子之后,聚精会神,含英咀华,洒然抒其胸中所得,而发之为文,故能无意于练格,而格自成焉;无意于修词,而词自丽焉。假

---

① (清)万言:《管村文钞内编》卷1《历代史表序》,《四明丛书》本。
② (清)万言:《管村文钞内编》卷1,《四明丛书》本。

使其先立一练格修词之见，而曰吾之为文必蕲合乎某篇之格，必蕲敩乎某人之词，则其情识所趋，早已踹人陈迹，宁复能潜思冥搜，而使其天机之自运、天声之自和乎？吾尝主此意以论文，世之文人非不共相然许，而当其伸纸落笔，终不免脱胎舍筏之为趋。此无他，胸无古今，难于自度，故不得不依人墙壁，以覆盖其庸劣也。①

万言这段话中，对今人作文一味讲究"修词"和"练格"提出了反对意见。"修词"是就丽词的运用而言的。黄宗羲曾针对七子派的"修词"提出过批评："若以修词为起衰，盍思昌黎以上之八代，除俳偶之文之外，词何尝不修？非有如唐以后之格调也。"②至于万言所说的"练格"，明显是针对唐宋派的茅坤而言的。茅坤论八股文，专有"练格"之说，要求文章品格高古。万言认为六朝、唐宋诸家之文之所以佳，乃是因为作家们在沉酣六经、研习诸史诸子精华之后，抒发其胸中所得而成。也就是说，文章应该是学而为文的自然而然的结果，并非是预先"立一练格修词之见"。如果预先定下练格、修词的模型，那就不可能突破陈迹，自立新意。无学则不免识见庸劣，为文也就只能依人墙壁了。在这篇文章的最后，万言亮出了他的创新理念："言窃唯陆士衡之言文，'怵他人之我先'。夫经史百家，孰非先我而言者，今曰'怵之'，则凡他人所已言，必不使有一语之或袭矣。韩退之之言文，'惟陈言之务去'。夫退之起衰八代，岂复尘羹涂饭之是虞，其所为务去者，大都欲使一字一句皆未经人道过耳。至他日以师其意不师其词为训，则又了无障蔽，示千古以为文之极则矣。"③因此，他要求作家能得韩愈"师意不师词"之传，"推陈出新，遗世独立"。④ 反对摹拟，追求创新，可以说是清初浙东学派学者的共同文学思想。

---

① （清）万言：《管村文钞内编》卷3《赵玉峰先生文集序》，《四明丛书》本。
② （清）黄宗羲：《庚戌集自序》，沈善洪、吴光主编：《黄宗羲全集》第十册，浙江古籍出版社2005年版，第9页。
③ （清）万言：《管村文钞内编》卷3《赵玉峰先生文集序》，《四明丛书》本。
④ （清）万言：《管村文钞内编》卷3《赵玉峰先生文集序》，《四明丛书》本。

第四节　裘琏的文学思想

裘琏(1644—1729),字殷玉、不器,号废莪子,晚号蔗村,世居横山,学者称为横山先生,慈溪(今江北区洪塘镇裘市)人。明亡后,父亲裘永明散家财数万金,起兵抗清,追随鲁王,官至左参都督,顺治三年(1646)殉难于杭州。裘琏是在祖父的教诲之下长大成人的,青年时代即参加了新朝的科举考试,但他在科举场上较为失意,直到72岁才考上进士,82岁时下狱,罪状不明,次年即死于京中监狱。裘琏以诗和戏曲见长,一生著作颇丰,传世有《横山文集诗集》《四韵事》等,并应邀纂修了很多地方志书。

早在明末,黄宗羲就认识了裘琏的爷爷裘兆锦,两人曾连床而寝,夜话投机。裘琏青年时,以其过人的才气得到黄宗羲的赏识。裘琏曾为黄宗羲之父黄尊素作《神筵曲》,"淋漓悲壮,突过天池"①。康熙二十八年(1689),裘琏作《上黄太冲先生书》,为父裘永明乞作墓志铭,黄宗羲接受了他的请求,遂有《都督裘君墓志铭》一文。裘琏非常感激,欲执贽黄门,但黄宗羲婉拒说:"子吾老友,无为北面。"②裘琏诗歌为黄宗羲所欣赏,而审其学问,亦具经史的根柢。裘琏还说:"学者通经期于有用。"③又说:"士读书怀古,必求为有用之学,故曰经术,所以经世务也。"④这种经世致用的思想,与黄宗羲的观点并无二致。他还与黄门弟子郑梁等人交往密切。裘琏虽然在形式上没有正式执贽黄门,但从亲密的"老友"关系、深厚的经史学问,以及与黄门弟子的密切交往看,视裘琏为清初浙东学派的重要成员并不为过。

一、论文道关系

裘琏的文学思想与李邺嗣、郑梁等人是很相近的。裘琏秉持儒家功利主义的文学观,重视文学的政治教化之用。他在解释文道关系时说:

---

① (清)黄宗羲:《裘子横山文钞序》,(清)裘琏:《横山文集》卷首,民国3年铅印本。
② (清)黄宗羲:《裘子横山文钞序》,(清)裘琏:《横山文集》卷首,民国3年铅印本。
③ (清)裘琏:《横山文集》卷2《薛文介公易蠡春秋辨疑序》,民国3年铅印本。
④ (清)裘琏:《横山文集》卷2《琴川黄子鸿取兰草序》,民国3年铅印本。

"窃尝论文以载道，道胜则文醇。"①他认为文学要表现与服务于"道"，"道"决定了"文"，只有在"道"上胜出，文才能醇厚。他所说的"道"，是正统的儒家之道。他说："昔孔子言诗可以兴观群怨、事父事君。魏子盖出其兴观群怨、事父事君之性情而为诗者也。呜呼！魏子则诚诗人！"②裘琏在此发挥了孔子的"诗教"思想，而所谓"出其兴观群怨、事父事君之性情而为诗者"，大概就是黄宗羲所说的以孔子之性情为性情的"万古之性情"了。他又说：

> 文非其贵，然古所称名能文者，又往往多出于道德、事功之士，何哉？六经孔孟而外，皆有意于文，而言文之法，卒无如六经。孔孟三代以上，道德、事功、文章兼擅者，惟伊尹、周公。后世老、庄、荀、扬，汲汲著述，卒多离经叛道之言，岂非世运升降使然哉？抑亦非其人也。③

从这段文字可以看出，他所说的"道"，是以六经为依据的，因此"言文之法"，自然亦以六经为准则。他只承认儒家一派或为儒家所尊崇者的著述，而对后世老、庄的著述，包括儒家的流变——荀子、扬雄，他给出了"卒多离经叛道之言"的评语。他在《释晓堂诗叙》中，曾批评"墨者之徒，无所用其情，且无所言其情，则不得不发为诗"④。看来，裘琏在思想上比较正统，缺乏包容诸子百家的雅量，这与黄宗羲容纳诸子百家的恢弘气度相比逊色多矣。

从尊儒重道的价值观出发，裘琏看轻了文人的身份。他说："余尝谓士贵立德砥行，不当留心于文词，盖以文词者，聪明之路，而亦佻薄之媒也。"⑤他固然看到了文词是一条通向聪明之路，但同时也认定它是轻浮浅薄的媒介。文辞的负面表现，当然有悖于道德，自为其所不容。因此他并不想做一个纯粹的文人，而是特别强调为士以立德砥行为贵，文章不过是士的枝叶而已。因此，裘琏在创作上特别强调德行，尤其是提出

---

①　（清）裘琏：《横山文集》卷2《新刻倪文正公传稿序》，民国3年铅印本。

②　（清）裘琏：《横山文集》卷2《魏云山诗序》，民国3年铅印本。

③　（清）裘琏：《横山文集》卷2《太仆颜冲宇先生集序》，民国3年铅印本。

④　（清）裘琏：《横山文集》卷4，民国3年铅印本。

⑤　（清）裘琏：《横山文集》卷2《丹存堂手录史记遗稿序》，民国3年铅印本。

了创作主体要具备浩然之气。他说：

> 文章者，士之枝叶也。然有德者必有言，何哉？浩然之气充于中，沛然之机溢于外，以理则正，以辞则醇，有不知其然而然者，非可强而致也。……孔子曰：有德者必有言，仁者必有勇。①

他承接孔孟的观点，强调创作主体的道德修为。他认为创作主体养成的"浩然之气"，"沛然"流出，便能使文章理正辞醇。

二、论"遇"

裘琏论文虽谈性情，亦强调"言志"。值得注意的是，裘琏由此"志"的抒发延伸开去，发掘了另一个重要的诗学话题："遇"。这就触及了作家的生存体验问题。他说：

> 人之文章，视其所遇，遇通则多和夷旷邈之旨，遇塞则多悲愁窈眇之音。《书》曰："诗言志。"甚矣！志之悲乐关乎遇，诗之悲乐系乎志也。……古今来士不遇者何限，独其文则不能少掩抑蔽遇之，故士不幸，不获以功名显当世，则冀以文章垂于后。……呜呼！士何遇于古，不遇于今耶？古之士，为人之日短，为己之日长；今之士，外以慵其身，内以鬻其心。古之士能掩抑其遇，不能掩抑其文；今之士不惟人掩抑其遇，己且甘掩抑其文。呜呼，岂不痛哉！②

浙东学派学人都对个人之遭"遇"与文学的关系作出过只言片语的论述，但单独将"遇"作为话语提出来发表意见的，裘琏还是第一个。他试图从"遇"来揭示文学创作与个人遭际、时代风气之间的关系，其答案是："人之文章，视其所遇，遇通则多和夷旷邈之旨，遇塞则多悲愁窈眇之音。"③不同遭际的作者，就有不同内容和风格的作品。当一个人显达之时，他的作品必然"多和夷旷邈之旨"；当一个人遭遇生存苦难之时，他的作品必然"多悲愁窈眇之音"。文学因"志"而发，由"志"生"言"，那么"遇"与"志"的关系又如何呢？他的看法是："志之悲乐关乎遇，诗之悲乐

---

① （清）裘琏：《横山文集》卷 2《明修撰静学王公文集序》，民国 3 年铅印本。
② （清）裘琏：《横山文集》卷 3《陶琴堂时集序》，民国 3 年铅印本。
③ （清）裘琏：《横山文集》卷 3《陶琴堂时集序》，民国 3 年铅印本。

系乎志也。"正是由于"志"受到"遇"的牵制与影响,表现"志"的诗歌自然更多地受"遇"的左右。他所说的"遇"虽然包含"通"与"塞"两个方面,但他更立足于"塞"的一面。他说:"呜呼!士之有才而不遇者,虽沦落坎坷,至逃于儒。"他尤其关注当下负才士人的生存困境:"予思古今以来,……李白、杜甫,虽云潦倒,然三礼献赋,兵曹辄授,金銮奏颂,供奉以官,亦不至如今之士落魄穷愁。"①他通过古今士人的对比,赞扬了古代士人坚守自身品节,即使不得遇,同样能将愤郁不平寄于文学,批评现在的士人不仅"掩抑其遇",而且没有化"遇"为文的能力,掩抑了自己文章。将不幸的人生境遇转化为创作的动力,这是他发出的呼声。在他看来,士人虽然"潦倒严穴,尤不可不为诗",因为这是士人足以胜过富贵的唯一途径。他修正欧阳修的观点:"欧阳子有言诗必穷而后工,予谓非穷而后工,乃穷而后诗也。"②在他看来,人在遭遇困顿之后,发自内心的情绪真实而深刻,容易触发作者的创作冲动,诉诸文字,形成了诗歌,这就是"穷而后诗",但与文辞之工并无直接的关系。他称张简庵不遇而归的落魄经历,赋予其丰富复杂的情感,才有可能写出《环愁草》来。

裴琔从对《诗经》的研究中认识到了"幽忧感愤"是诗歌创作的动力源泉。他说:"故三百篇中,正音少而变音多,圣人存之,欲鉴治乱之形,致消弭之术也。寓筼吟者,琔外舅胡公,幽忧感愤之所为作也。"③裴琔断定三百篇正音少变音多,这就意味着《诗经》中大多数是变风变雅之作,这是文学对当时社会动荡的一种表现,孔子整理时之所以将其保存下来,乃有"欲鉴治乱之形,致消弭之术"的深意。裴琔不但看到了诗三百中变风变雅的价值,而且承认"幽忧感愤"是创作的动力。他从圣人那里寻找到了诗歌感愤的合理性,他说:"周公、孔子作诗言诗者莫加焉,然而变起阋墙,则《常棣》《鸱鸮》斯作;衅生彼妇,则《龟山》《蟪蛄》以吟。圣人犹然,无怪乎穷愁之士感愤吟啸已。"④文学史上持此观点的人多矣,裴琔所论并无特别之处。不过他将此用在女子创作上,就有了一点新意。他说:"古来贤媛不尽有才,而有才更难。然窃悲夫有才者,不获良耦,其自痛自怨之怀,形于篇什,使

---

① (清)裴琔:《横山文集》卷 3《陶琴堂时集序》,民国 3 年铅印本。
② (清)裴琔:《横山文集》卷 3《陈抡三诗序》,民国 3 年铅印本。
③ (清)裴琔:《横山文集》卷 2《寓筼吟序》,民国 3 年铅印本。
④ (清)裴琔:《横山文集》卷 4《张子简庵环愁草序》,民国 3 年铅印本。

后世之贤者犹抱余恨,岂丰此啬彼。"①与郑梁一样,裴琳充分肯定了女子作诗的可能性与其价值,并认为女子有才更为难得。裴琳给予了女性作者以充分的理解,认为她们有着"不获良耦"的不幸,将这些"自痛自怨"形诸文字,甚至可让后世的"贤者"发生共鸣与感动。

三、论"我"

在黄宗羲的影响之下,裴琳论文亦重视"我"的存在。在《曹可久文集序》中,裴琳强调文中有"我",他说:"曹子平日之论文者曰:'吾为文止一字而已,曰我。'我者何? 非孟子、韩子之文,而欧阳子之文之谓也。今试观六经而外,左丘明、司马迁、庄周、屈原之徒,下逮魏晋唐宋诸人,有一非我者乎? ……刻刻而异者皆我也,必无一故我者也。是之所谓至文也。"②文学之所以为文学,它的特性是什么? 裴琳赞同其好友的看法:"曰我。"裴琳继承了黄宗羲对文学独创性的要求,极其重视自我情感、非同流俗的见解的表达。他认为的"至文",必定是有自我的东西在里面,而不是去假冒古圣先贤的情感,剽窃他们的议论。只有抒写我之真情实感、表达自我识见的文章,才有可能打动人。因此他特别赞赏郑梁,说他"平居与人议论,最不喜依傍门户,蹈袭前人,故虽博涉典坟,冥搜篇什,而及其下笔为文,则俨如立我于天开地辟时,无一人一物生乎吾前之概,岂唯贾、董、匡、刘、李、杜、韩、欧诸人不足以规矩束缚之,即典谟雅颂亦复何物,故能卓然自成一家之言,而又无斧凿栋炼,求异古人之迹,此其所以为自然之声章,可以被宇宙、垂古今者也"③。裴琳在此虽然严重高估了郑梁之文的价值,但其表达自我求得原创的见解,则是可取的。

鉴于科举上的遭遇,裴琳认识到科举对诗歌的伤害,在于失掉了自我的性情。他说:

> 呜呼! 今之为士者,不亦难乎! 既束缚于制举帖括之中,使不得驰骋其材。……夫诗以言志,自唐虞逮商周,赓歌风雅,一皆遥情真韵,自行自止;降而汉晋,犹不没古意;自唐以之取士而格律遂卑,

---

① 　(清)裴琳:《横山文集》卷 2《和鸣集序》,民国 3 年铅印本。
② 　(清)裴琳:《横山文集》卷 2《曹可久文集序》,民国 3 年铅印本。
③ 　(清)裴琳:《横山文钞・郑太史文集序》,《四库未收书辑刊》本。

何者？其中有得失，则遂有依傍，有顾忌，则遂有逢迎。我之性情率为人用，而寄托之情遂不能高，流转之韵遂不能真。……幸今不以诗取士，则为诗者无得失、无逢迎。间有顾忌依傍，而所为寄托之情、流转之韵，尚得自行而自止，此其所以不亡也。假今亦如举业帖括者，而兴之讲程式，求声调，揣摩工拙，则作诗者之性情尽为人用，虽有魁梧岸桀之士，急于知遇其势，不得不趋于打油钉铰而后止。①

裴琏用极为无奈的语气感叹今之士者的难处：被束缚于科举之中，无法驰骋其材。他简单回顾了整个诗歌史，肯定未有科举之前的诗歌都是遥情真韵、不没古意，但自唐代以科举取士之后，诗人患得患失，有所依傍，有所顾忌，他们讲程式，求声调，揣摩工拙，从根本上说，诗人的性情尽为他人所用，这就造成了"寄托之情遂不能高，流转之韵遂不能真"的弊端。裴琏明确表示，科举制度扼杀了诗人的性情，诗人没有了自我的性情，又怎么能创作出优秀的作品呢？

四、论诗之审美功用

裴琏在大力强调诗歌的政教功用时，对诗歌的审美功用也有所认识。他是在对诗歌审美特征的认识中，领悟到诗歌的审美功用的。他曾以自己的创作经历为例，表达了"穷而为诗"的创作主张：

> 吾有时而为宰相，部署溪山，搜剔泉石，斩怪木于词铎，歼恶卉于意剑；则吾有时而为将帅，喜则歌，怒则骂，戚则哀，襫痀顽之景，以表清幽之区，赠贤讽奸，当赏中罚；则吾有时而为谏官史官，极大丈夫富贵之遇，得志而已，道之行与否不顾也。呜呼！今天下读书之士，不遇者何限，一不为诗，而坐失胜富贵之具，戚戚以终，岂不惜哉！②

他指出"穷"人在创作时的思绪是极为自由的，可以在想象中充分满足自己的欲望，可以在作品中完全实现"得志"的目标。文学作品给了"穷"人以驰骋自由意志的愿望，他可以在作品中化身宰相，化身将帅，化身谏官史官，按自己的意愿处置一切。"穷"人在现实中不能实现的理想抱负

---

① （清）裴琏：《横山文集》卷3《陆铃俟双水诗草序》，民国3年铅印本。

② （清）裴琏：《横山文集》卷3《刻近诗自序》，民国3年铅印本。

都可以在作品中尽情地实现。"穷"人可以从如此虚幻之境中得到心灵的满足,获得超越富贵的快感。他认为"穷"人如果不进行创作,就等于"坐失胜富贵之具",徒以哀哀戚戚度过余生,岂不浪费了生命! 他又说:

> 夫诗之功用,前圣人言之最详,而予谓更有奇者,天地不能留倏逝之景光,山川不能留屡变之境物,生人不能留已朽之謦欬须眉,而诗人能一一留之逝者、存迁者、复朽者,生虽千百年如一日,其功用岂不更奇矣哉? 顾作诗者之流连景光,凭吊境物,刻画謦欬须眉莫不皆然,而惟工者得之。①

他论诗歌功用,除了圣人所论的政教功用外,更有自己独到的认识。他认为诗人能将大自然所有不能留住的美丽与神奇化为永恒的文学,不但记载下来,并能传神地刻画出。裘琏在此感叹的是文学的超越时间与空间性,它能够以文字的力量,使得逝、迁、复朽、短暂的一切,美好而艺术地保留下来,并获得超越时空的价值。这正是文学的魅力所在。他又说:

> 古人之诗本于性情,无意于体格,而体格自具焉。朝廷郊庙必庄以严,君臣、父子、昆弟、夫妇、朋友必婉以尊,天地山川风俗必核以详,田野室家必朴以肆,鸟兽草木虫鱼必博以赡,猗欤休哉,何其盛也! 迨其后忽诵之而喜,忽诵之而怨,又诵之而悲而泣。当时以为心有所触,迁之于诗,久乃知非人之感诗,盖诗之感人而然。②

裘琏认为诗本于性情,无意于体格,只要有了真"性情"则体格自具。他所说的"性情",其包含的内容非常广泛,"朝廷"四句即是明证。在《马静园诗叙》中又说:"诗以道性情,工拙止于一人,而贞淫正变关乎风俗、盛衰、理乱及于天下。"③堪为佐证。随后他阐释诗与人心的互动关系。这种互动,一方面是由于心有所感,抒发为诗歌;同时,感于心的诗文也能反作用于人心,在超越时空的场景下,仍能使人心感动,产生忽喜忽怨、忽悲忽泣的诵读效果。这种诗文与人心的双向互动,是一种艺术的审美互动过程。裘琏在不自觉中,探讨了人类的文学审美心理,实属难得。

---

① (清)裘琏:《横山文集》卷2《冯孟勉诗序》,民国3年铅印本。
② (清)裘琏:《横山文集》卷2《外舅胡公二齐诗序》,民国3年铅印本。
③ (清)裘琏:《横山文集》卷4,民国3年铅印本。

裴琔认为诗歌能给人以审美感受,获得审美愉悦的功能。他说:"少陵云:'文章千古事,得失寸心知。'然则莫难乎自怡也。尝读陶隐居'岭上白云'之句,谓千古善秘惜者无如此君。嗟乎!世之见白云而解玩,玩生悦,悦生惜者几人哉?宜乎其秘之夜。"①这是说诗歌可以娱心自乐。

五、论境之真幻

艺术真实是文学理论中的一个重要话题,裴琔的讨论是从真幻关系切入的。他说:

> 天下无境不真,亦无境不幻。人以为真幻异也,不知其一也。何以言之?使其一真而不幻,则凡有境皆死矣,而何以境境相生而不穷?夫相生而不穷,则以其能幻也。特当其未幻时,不可谓此境非真耳。据其真,不特天地山川真也,云烟花鸟皆真;悟其幻,不特功名富贵幻也,节义文章亦幻。知此可与言诗,知此可与作诗矣。⋯⋯儒不能解幻而得达,则不免于陋,释不能从真而得彻,则不免于妄,故曰真幻一也,若夫诗则儒与释皆不可执真以求之,必鉴必胶,必尽必俗。②

裴琔在这段话中,受佛教思想的启发,探讨了艺术创作思维方式:想象。境界的产生,必定伴随着一系列的想象活动,文学区别于其他科学的重要一点,就是它的艺术想象性。裴琔的这段话分析了三个方面:其一,一种境界的真与幻,实则是息息相关的。如果只是"真"没有了"幻",那么必定是没有境界的实景实物描写。其二,境界必是相生不穷的,一种境界带给每个人的感受是不同的,甚至是多样的,原因就是因为它能生"幻",能诱发人们的想象。其三,诗歌的境界,正是一个真幻统一的世界。文学创作不拘泥于事实,可以想象虚构,然而它又得尊重生活真实的逻辑。以现实为基础,加之想象的力量,创造出合情合理的意境,那便是诗歌的魅力。将是否懂得想象作为能否言诗与作诗的前提之一,体现了他充分重视诗歌的艺术特点。

---

① (清)裴琔:《易皆轩二集·何子自怡集序》,《四库未收书辑刊》本。
② (清)裴琔:《横山文集》卷4《释诏庵诗序》,民国3年铅印本。

六、论情景关系

古今学者论情景关系者甚多,裘琏也对此进行了一定程度的讨论。他说:

> 古今作诗者皆言情景尚已,情与景岂有二乎哉?吾儒忠孝慈信,皆根于情,而墨者捐欲割爱,务以忘情为贵;至于景,则吾儒之游览登陟,多不如墨者之岁月宽闲,可以穷幽极邃。然则可云儒者善言情,墨者善言景乎?执是以观诗,又大不然。吾谓诗本于情,有是情,斯触景而动,苟无情,虽有景不能感发而兴起也。①

他认为情与景是不能有二的,但"情"占主导地位。因为只有"情",才能"触景而动",与外物产生情感交流,没有"情"就无所谓"情景"的沟通了。裘琏以"情"为出发点,要求在有"情"的前提下与"景"相交融,他强调的是诗人的主观能动性。他要求作家"情"动在先,只有有"情",无论写事写景才能有自我的存在。而墨者无情,所以即使面对美景,亦不能发而为诗。他又说:

> 士无数百卷书、数千里山川邱壑,而动云为诗,吾未见其工也。他文言理言事,而诗独言情言景,情缘感触而生,景由涉历而得,固非晏居闭户、格物研空者可辨矣。然富贵之人亦多辙迹,而心营尘务,情与景驰,不相激发,譬诸天地云雷则无晦明变幻之奇,江湖风石则无波涛喷薄之险也。②

裘琏指出,一般的文章是言理和言事的,而诗歌则是言情与言景的,这当然只是就侧重点不同而加以区分的,并不是绝对的。裘琏接着阐释了"情"与"景"的由来:"情缘感触而生,景由涉历而得",并由此要求作家游历数千里山川,接触外部世界,反对"晏居闭户、格物研空"。问题是作家应该接触什么样的外部世界?有的人"心营尘务",内心充满俗气、富贵气,这就是黄宗羲曾批评过的"不及情之情",这样的"情"实际上是与"景"相背驰的,如此之"情",根本不可能与"景"相"激发",也就产生不了

---

① (清)裘琏:《横山文集》卷 4《释晓堂诗序》,民国 3 年铅印本。
② (清)裘琏:《横山文集》卷 4《张子简庵环愁草序》,民国 3 年铅印本。

好的作品。显然,裴琜对主体之"情"作出了必要的限定,要求作者提高道德修养,从而为情景交融创造条件。

七、论诗之工的先决条件

怎样的诗歌才算"工"呢?裴琜不同意欧阳修"穷而后工"的说法,认为"穷"的境遇,可以直接驱动作者的创作,但并不能直接导致作品之"工",因而提出"穷而后诗"的说法,而由"诗"到"工",还应具备很多的环节。他说:

> 诗非其人不工,幸为可以工诗之人,而不得其地,亦不能工;有其地,不负其人矣,而年亦不极富,才不极赡,则亦俱不能工。……夫人天畀之以才,更假之以年,乃鹿鹿尘务,扰扰利名,即欲发愤为诗,而居无山水之胜,身无闲旷之致,其不幸不得工诗者多矣。①

裴琜指出,诗之工不工取决于人,此人即便有能力工诗,仍需受"地""年""才"诸因素的制约,此数者缺一不可,否则"俱不能工"。一个人虽然具备了才,也拥有了相当长的创作年龄,但如果心中所想都是"鹿鹿尘务,扰扰利名"之事,因为缺少"居无山水之胜"的"地",缺乏"身无闲旷之致"的"时",即便发愤作诗,也不可能达到工致的境地。在上引的《张子简庵环愁草序》中,他还提出学问与游历亦是诗歌之工的先天条件。裴琜的论述,比起欧阳修的"穷而后工"来,在逻辑上更为严密。正因为诗歌之工有着种种先天条件的限制,因此他感叹地说:"后世学士大夫穷年搜讨,毕生著述,而卒不能工,即工亦不甚传,何其难也。"②

裴琜的文学见解虽较为零散,但个人思考的特征突出。他对文学功用之奇的论述、对"真""幻"的思考、对"情景"关系的看法、对"穷而后工"的修正,都显示出他宽广的文学视野。

第五节　仇兆鳌的文学批评观

仇兆鳌(1638—1717),字沧柱,号知几子,鄞县人。初从大儒黄宗羲

---

① （清）裴琜:《横山文集》卷 3《近汉诗钞叙》,民国 3 年铅印本。
② （清）裴琜:《横山文集》卷 4《马静园诗叙》,民国 3 年铅印本。

学,为证人书院高弟之一。康熙十七年(1678),仇兆鳌、仇石涛兄弟二人请黄宗羲为乃父仇公路先生八十寿辰作寿文,黄宗羲于文中赞仇兆鳌"湛心经术,墨守庭诰,故文章风韵,主盟于当世而无愧"①。看来,仇兆鳌的古文是深受黄宗羲赞赏的。仇兆鳌兴趣广泛,但年轻时一直在为科举而奋斗,在未中进士之前,他以编选八股时文闻名遐迩。故黄百家说:"沧柱于曲艺无不好,好养生,好堪舆,好皇极算数,而又训诂之纂述,选事之骘评。"又说:"仇子沧柱操选政十年,举业之家奉之为金科玉律,自通都大邑至穷山委巷家塾案上必有《文征》,自成名至初学,惟《文征》之是读,声誉铿锵,无不知有仇子沧柱者。"②经他编选的时文选本竟多达26种。康熙二十四年(1685),仇兆鳌终于中了进士,实现了梦寐以求的愿望,后官至吏部右侍郎兼翰林院学士。

在黄宗羲的甬上弟子中,仇兆鳌无疑是比较特殊的一位。第一,他虽从学师门,接受了刘宗周的学说,但同时又信奉朱熹一派。从现有的材料看,他称述刘说之处并不多,而更以能得朱学正脉而闻名。康熙十七年,鄞人左岘至京,会晤陆陇其,"言及宁绍间学者,大抵皆宗山阴(按,即刘宗周),谓仇沧柱讲举业则宗朱,讲学则宗梨洲之非"③。看来,朱、王之学在仇兆鳌那里出现了行动上的分裂。这其实并不奇怪,因为当时八股取士制度是以朱熹学说为宗主的,仇兆鳌讲举业自然要宗主朱熹。问题是仇兆鳌一直被当时人认为是朱子学的传人。他在讲学上曾称说王学,无非是在朱学的旗帜下给阳明学以一定地位而已。第二,仇兆鳌还有养生之好,积极钻研道家丹法,为《周易参同契》《悟真篇》作集注。其好道的作风,远过于万斯年,为黄门中所罕见。第三,仇兆鳌曾做过为黄家不爽的事情。如他曾得黄氏家缮本《明儒学案》,据以改窜,因此在康熙四十四年(1705)受到黄百家的面斥。还有黄宗羲生前与吕留良交恶,但仇兆鳌却对吕留良颇为敬崇,康熙四十三年(1704)所作《朱子论定文钞序》,表彰吕留良传扬朱熹学术之功。第四,仇兆鳌论文,其观点与甬上同学颇有不同。如郑梁说:"然窃念吾党论文,余与沧柱最为不同。沧

---

①　(清)黄宗羲:《仇公路先生八十寿序》,沈善洪、吴光主编:《黄宗羲全集》第十册,浙江古籍出版社2005年版,第682页。

②　(清)黄百家:《学箕初稿》卷1《仇沧柱时义稿序》,《四部丛刊》初编本。

③　(清)吴光西辑:《陆稼书先生年谱定本》卷上,《续修四库全书》本。

柱居恒就余论文,余以方正学之言古文为主。正学曰:'发前人之所未发谓之新,非常人思虑之所及谓之奇。'沧柱盖颔之而未之许。"①原来,仇兆鳌评点时文,要求"旨必守先儒之说,不容自出心思;格必循前辈之局,不容自出手眼"②。这就难怪他与郑梁论文格格不入了。郑梁又说:"沧柱精于论文,然好持一成之法,以绳天下,余颇不然其说。"③由此亦可见仇兆鳌的文学思想比较保守。第五,仇兆鳌的学术,以《杜诗详注》为最有名,而为别集作注,在黄门中实属罕见。由此看来,仇兆鳌在师门中的表现是比较另类的。

一、从零散文章看其文学观

仇兆鳌没有留下文集,但从一些零散的文章④中,尚能看出其文学思想的一些端倪。他起家儒业,深受儒家思想的浸灌,故有尊礼轻文的思想。他曾说:"礼乐大道也,升周孔之堂,其为礼乐也盛矣。诗文小道也,入韩、杜之室,其为诗文也正矣。自唐以来称专家者何可胜数,即无敌如太白,深博加子厚,亦岂后人所易及。然一临之以韩,进之以杜,则不免

① (清)郑梁:《寒村诗文选·寒村杂录》卷 2《乙卯行卷文征序》,《四库全书存目丛书》本。
② (清)郑梁:《寒村诗文选·寒村杂录》卷 2《乙卯行卷文征序》,《四库全书存目丛书》本。
③ (清)郑梁:《寒村诗文选·寒村杂录》卷 2《黄砚芝文稿序》,《四库全书存目丛书》本。
④ 笔者所见的仇兆鳌单篇文章,主要有:《齐饥》(《本朝四书文》卷 14)、《天命章问疑》(许三礼《天中许子政学合一集》卷 1《海昌会语》)、《故舒城令遂安星华章公赞》(章贻贤《章氏会谱·德庆三编》卷 4)、《楷书一通》(葛嗣浵《爱日吟庐书画别录》卷 2)、《朱子论定文钞序》(《朱子全书》第 27 册)、《四书辨疑序》(光绪《慈溪县志》卷 52)、《太乙神针心法序》(韩贻丰《太乙神针心法》卷首)、《明儒学案序》(黄宗羲《明儒学案》卷首)、《挹奎楼选稿序》(林云铭《挹奎楼选稿》卷首)、《龙山诗集序》(光绪《宁海县志》卷 15)、《悟真篇集注序》(《悟真篇集注》卷首)、《周易参同契集注序》(《周易参同契集注》卷首)、《天童寺志序》(释德介《天童寺志》卷首)、《木讷斋文集序》(元王毅《木讷斋文集》卷首)、《草亭先生百六集序》(周篆《草亭先生百六集》卷首、《国朝文汇》卷 34)、《赤嵌集序》(《国朝文汇》卷 34)、《慕陵诗稿序》(残存、陈荣杰《慕陵诗稿》卷首)、《王氏族谱叙》(《绍兴新河王氏族谱》卷首)、《施太孺人八帙寿序》(高斗枢《守郧纪略》附录)、《达方上人七十寿序》(《圣水寺志》卷 4)、《宗祭酒述三八十寿序》(《西洋港陈氏宗谱》卷 2)、《新建书斋记》(道光《英德县志》卷 5、同治《韶州府志》卷 18)、《田赠君墓表》(《山东通志》卷 200)、《昭应伯王公德政碑》(道光《建德县志》卷 15)、《乡贤若水贾公合葬墓志铭》(雍正《故城县志》卷 6)等。录此以备未来辑佚之用。

退逊。此言道者所以必以周、孔为归,若伯夷之清、柳下之和,非其至者已。"①他高度赞赏韩文杜诗,就是因为他们诗文中的思想是以正统的"周、孔为归"的。康熙三十五年(1696)所作《挹奎楼选稿序》云:"昔人谓诗必穷而后工,予谓文章之道亦然。左盲作传,迁腐成史,昌黎之贬潮州,河东之斥柳州,坡公之远谪琼海,往往从流离困顿中,发其激昂感慨之怀。……文必穷而后工,正天之笃于造就才人也。"②可见他对"穷而后工"说是有所体会的。康熙四十三年,仇兆鳌作《朱子论定文钞序》,对古文的源流提出了自己的看法,他说:"世之习古文者,但知鹿门之《文钞》,而不知本出于《正宗》,即知西山之《正宗》,而不知实本于朱子。今考《文章正宗》,于韩、欧八大家所收载为独详,非茅氏所取法乎?朱子平日论次《左》、《国》、秦、汉兼及唐宋名家,非真氏所托始乎?但此说未经人道,则亦晦而不彰。"③仇兆鳌这么煞费苦心地勾稽,其意无非是说古文的根本在于朱学。他还说:"读书贵乎知言穷理,一切是非异同,前人著作,岂无得失?唯能兼资博考,虚心而玩索,庶乎折理于几微,而断辞于疑似,以此广学问而长识见,则其取益也更多,视世之规规然自栉句比、摹拟词华,以为古文准则者,岂不大相径庭乎?"④他提出读书的目的在于"广学问而长识见",而不是为了"摹拟词华",表明了其反对摹拟的文学思想。他还认识到游历对创作的意义,认为只有亲历才能发山川之奇。山水之奇萃于蜀地,他将左思创作《蜀都赋》与杜甫创作蜀中山水诗进行了比较,批评左思之作于蜀中奇山水"殊为不备",杜甫入蜀诗则补其所未备,"考太冲作赋,皆询之著作郎,而未尝身至,子美则身至焉者,盖得之传闻与记载者,不若目见之为更奇"⑤。仇兆鳌在零散的文章中,亦常论及杜

---

①　(清)周篆:《草亭先生百六集》卷首仇序,《续修四库全书》本。按,仇序云:"草亭与余同客京师,说诗论文外,相见无他述。其时草亭所为《杜诗集说》已成,余方为详注,属稿未定,考证之际,草亭之益为多。今余注已问世,而草亭之注尚在名山,盖藏之以待其人也。"由此知仇兆鳌撰《杜诗详注》,曾受到周篆的教益。

②　(清)林云铭:《挹奎楼选稿》卷首,《续修四库全书》本。

③　朱杰人、严佐之、刘永翔主编:《朱子全书》第二十七册,上海古籍出版社2002年版,第874页。

④　朱杰人、严佐之、刘永翔主编:《朱子全书》第二十七册,上海古籍出版社2002年版,第874页。

⑤　(清)仇兆鳌:《龙山诗集序》,见光绪《宁海县志》卷15。

甫,足见其对杜诗的心仪。

二、从《杜诗详注》看其批评观

《杜诗详注》(又名《杜少陵集详注》)无疑是仇兆鳌用力最勤的一部学术专著,他"矻矻穷年,挈领提纲,以疏其脉络;复广搜博征,以讨其典故;汰旧注之楦酿丛脞,辨新说之穿凿束离"①,是一部公认的研究杜甫诗歌的集大成式名著。这部书始著于康熙二十八年(1689),至康熙三十二年(1693)始告完成,以后续有补充修订。仇兆鳌虽然不是专门的文学批评家,但这部书还是比较集中地表述了他独具特色的批评观及其批评方法。

仇兆鳌对杜诗的看法,集中反映在《杜诗详注》的序中:

> 臣观昔之论杜者备矣,其最称知杜者莫如元稹、韩愈。稹之言曰:"上薄《风》《骚》,下该沈、宋,铺陈终始,排比声韵,词气豪迈而风调清深,属对律切而脱弃凡近。"愈之言曰:屈指诗人,工部全美,笔追清风,心夺造化,"天光晴射洞庭秋,寒玉万顷清光流"。二子之论诗,可谓当矣。然此犹未为深知杜者。盖其为诗也,有诗之实焉,有诗之本焉。孟子之论诗曰:"颂其诗,读其书,不知其人,可乎? 是以论其世也。"诗有关于世运,非作诗之实乎? 孔子之论诗曰:"温柔敦厚,诗之教也。"又曰:"可以兴观群怨,迩事父而远事君。"诗有关于性情伦理,非诗之本乎? 故宋人之论诗者,称杜为诗史,谓得其可以论世知人。明人之论诗者,推杜为诗圣,谓其立言忠厚,可以垂教万世也。使舍是二者而谈杜,如稹、愈所允,究亦无异于词人矣。②

以上这段文字精练深刻,说明了很多批评上的问题:

第一,仇兆鳌首先谈了诗歌批评的角度问题。他从诗歌文本的实际出发,将其分为两大类型,相应地切入批评的角度亦有两种。有的诗人将精力放在词句之中,因此批评者完全可以以审美为中心,"较诸词句之工拙";但像杜甫这样"全美"型的诗人,就"不当于词句求之"了,还应特别重视其作品的思想和情感价值。在实际的注杜操作中,仇兆鳌的批评

---

① (清)仇兆鳌:《杜诗详注》原序,中华书局 2007 年版。
② (清)仇兆鳌:《杜诗详注》原序,中华书局 2007 年版。

视角并不是单一的,他既重视杜诗的词采、声律等形式之美,更重视其意蕴的内在之美,将两种批评方式有机地结合起来了,因而得出的结论往往更为全面和公允。

第二,仇兆鳌由批评元稹、韩愈论杜的不足,引出了诗之"实"与"本"的问题。他以"深知杜者"自居,提出"诗有关于世运"即为"诗之实";"有关于性情伦理",即为"诗之本"。他所谓"诗之实",是指杜甫的创作呈现了丰富多彩的现实生活和政治社会内容;所谓"诗之本",是指杜诗昭示了作者的精神风貌,蕴含着极深的道德修养。杜甫继承了儒家"文为世用"的精神,怀有"致君尧舜上,再使风俗淳"的崇高理想,以天下为己任,他的诗歌深深地扎根于现实政治的土壤,在巨大的时代危机中倾洒着忧国忧民的血泪,有着深沉博大的人文关怀,浇筑出了中华民族共同拥有的精神家园。他的诗歌确实是"有关于世运""有关于性情伦理",仇兆鳌的评价一点也不过分。他进一步指出,杜甫之所以被推为"诗圣",关键在于"立言忠厚","动皆切于忠孝大义",①深合儒家温柔敦厚的"诗教"之旨,因此能够起到"垂教万世"的巨大教育作用。他对"诗圣"的理解与别人稍有不同之处,在于将"立言忠厚"放在最显眼的位置,如果不从这一点上去理解,就等于将杜甫降格为普通诗人。同时他又指出,杜甫之诗的实质,乃是"温柔敦厚,托诸变风变雅之体;沉郁顿挫,形于曰比曰兴之中"②。他指出:"甫当开元全盛时,南游吴、越,北抵齐、赵,浩然有跨八荒、凌九霄之志。既而遭逢天宝,奔走流离,自华州谢官以后,度陇客秦,结草庐于成都瀼西,扁舟出峡,泛荆渚,过洞庭,涉湘潭。凡登临游历,酬知遣怀之作,有一念不系属朝廷,有一时不痌瘝斯世斯民者乎? 读其诗者,一一以此求之,则知悲欢愉戚,纵笔所至,无在非至情激发,可兴可观,可群可怨,岂必辗转附会,而后谓之每饭不忘君哉!"③在他的心目中,杜甫就是这样一个时刻都在系念君国、挂怀民生的诗人,故其诗最能合儒家的"兴观群怨"之旨。仇兆鳌对杜诗之"实"与"本"的高度重视,正表明他非常强调诗歌作品的社会容量和伦理内涵。作为儒家学者,仇氏的心中本就充满了儒者的情怀,并发表了不少忠君爱民的言论。如他特别

---

① (清)仇兆鳌:《杜诗详注》原序,中华书局 2007 年版。

② (清)仇兆鳌:《杜诗详注》附录《进书表》,中华书局 2007 年版,第 1351 页。

③ (清)仇兆鳌:《杜诗详注》原序,中华书局 2007 年版。

推崇致力于德教的循吏,曾说:"古之为司牧者,桑农礼乐,次第举行,未有舍德教而专务政刑者。圣门高贤,得一邑而抚治之,如鸣琴于单父,弦歌于武城,能使民涵濡沐浴,而声教敷覃,彼诚知致教之先务,而非但求诸文网科条之末也。"①从古今对比中见出其褒贬之意。他又说:"汉唐而下士大夫,有守土之职,能敬官勤民,以一方之休戚为己任者,莫不生荣死哀,尸祝而庙食之。如岘山奉叔子之灵,西蜀有文翁之祠,韩昌黎世食于潮州,柳子厚作庙于罗池,生为名臣,殁为明神,灵爽之不可泯没,与天地相终始。"②他对敬官勤民的官员充满了爱戴之情。郑性曾表彰仇兆鳌晚年为官,"辀轩之采,痛陈疾苦。铨曹之佐,请托悉杜,恤商扶贤,侃侃力争。病辄告休,不恋簪缨。予告以来,忠爱弥笃。每饭不忘,宸恩亦渥。以性视公,圣世良臣"③。有了这样的思想基础和实际行动,仇兆鳌自然格外关注杜甫那些闪烁着忠君爱国、痌瘝斯世斯民的思想光辉的篇章,并"一一以求之",因为这些诗篇,正与其心中的儒家情怀高度契合。

第三,仇兆鳌由杜甫的诗之"实"与"本",引出了"诗史"的评价。关于"诗史"的论说,宋、明学者各有自己的看法。文天祥《集杜诗自序》云:"昔人评杜诗为诗史,盖以其咏歌之辞,寓纪载之实,而抑扬褒贬之意,灿然于其中,虽谓之史,可也。"仇兆鳌同意文天祥的观点,并进一步提炼云:"杜曲千篇,咏歌作诗中之史。"④这表明他对杜甫"诗史"的文学特质有着深刻的认识。杜诗虽具有"史"的含量,但同时具备了强烈的抒情特征,正是其"咏歌"的抒情特质,才使杜诗在纪实中迸发出强烈的情感力量。杜甫忧心国运,关心民瘼,"诗有关于世运","诗有关于性情纲纪",皆被仇兆鳌视作"诗史",对杜诗作为"诗史"的社会价值予以高度肯定。仇兆鳌对杜甫"诗史"的高度重视,促使他在详注中融入了史学的工作方法。吴淑玲曾概括地指出:"他在《杜诗详注》中遇及重要事实时主要做了三项工作,一是考订其编年;二是申发其以史鉴世、以史经世的思想;三是征引了大量古代和同时人的史学考证材料,以史证诗,以诗证史。

---

① （清）仇兆鳌:《新建书斋记》,道光《英德县志》卷 5。
② （清）仇兆鳌:《昭应伯王公德政碑》,道光《建德县志》卷 15。
③ （清）郑性:《南溪偶刊·南溪不文·祭少宰仇沧柱先生文》,《四库未收书辑刊》本。
④ （清）仇兆鳌:《杜诗详注》附录《进书表》,中华书局 2007 年版,第 1351 页。

从这个角度说,仇兆鳌的治杜思想根基依然是浙东学派的经史之学。"①仇兆鳌确实是以古代诗歌解释学彰显了其研究的史学底蕴,从而为浙东学术增色。

第四,仇兆鳌综合运用了儒家传统的"知人论世""以意逆志"的批评方法。仇氏在批评方法上并无自己的新发明,但为了"得作者苦心于千百年以上",深切地了解诗人的那片"至情",更好地窥见"杜甫一生爱国忠君之志",他灵活地运用了各种批评方法。仇氏不想"凭臆见为揣测",力主采用孟子首创的"知人论世"和"以意逆志"的批评方法来评价杜诗。他对作家作品的批评,顾及了时代环境及创作主体的生平思想,以求得出较为正确的评价。他说:"少陵诗集,实堪论世知人。可以见杜甫一生爱国忠君之志,可以见唐朝一代育才造士之功,可以见天宝、开元之盛而忽衰之故,可以见乾元、大历乱而复治之机。"②他涵咏杜甫的名篇"《前塞》《后塞》诸曲""三吏三别数章",判定杜甫"平日欲尧舜其君"并非虚语,亦可推见"书生谈军国之事,如指掌焉"③。仇氏由品味杜甫诗歌的内容,进而深刻地认识到杜甫的为人及所处的时代,他所理解和运用的"知人论世"的批评方法大致如此。至于"以意逆志",就是把自己化身为诗人,用切身的体会去领会、推测诗人此时此刻所寄寓的情感,从而准确地理解诗歌的内容和主旨。在注杜史上,仇兆鳌的同乡前辈王嗣奭所著《杜臆》,运用"以意逆志"之法探讨杜甫诗旨,取得了很好的成绩。仇兆鳌继承了这种解释方法,他说:"注杜者必反复沉潜,求其归宿所在,又从而句栉字比之,庶几得作者苦心于千百年之上,怳然如身历其世,面接其人,而慨乎有余悲,悄乎有余思也。"④通过作者"纵笔所至"之文辞,以探求其"苦心",需要由"辞"到"志"的认识过程,这就是他所理解和运用的"以意逆志"之法,并将其引向"更明晰(使诗意更明确)、更客观(更富有理性色彩)、更细致(段有段解,篇有篇解)"的境地,"对全面理解杜诗助益最大"。⑤

---

①　吴淑玲:《杜诗详注研究》第三章,齐鲁书社 2011 年版,第 77 页。

②　(清)仇兆鳌:《杜诗详注》附录《进书表》,中华书局 2007 年版,第 1352 页。

③　(清)仇兆鳌:《杜诗详注》附录《进书表》,中华书局 2007 年版,第 1351 页。

④　(清)仇兆鳌:《杜诗详注》原序,中华书局 2007 年版。

⑤　吴淑玲:《杜诗详注研究》第六章,齐鲁书社 2011 年版,第 184 页。

　　第五，仇兆鳌重视杜甫的"诗法"，在艺术批评上运用了"提纲挈领，疏其脉络"的方法。黄宗羲对明文做过很多评点工作，他的评点高屋建瓴，具有开阔的视野和独到的识见，功力极深，但他很少对篇章结构作微观的评说。仇兆鳌的杜诗批评与此不同，对杜诗的艺术性作了相当深入的分析，充分肯定了其艺术贡献。他在《凡例》中说："兹以每体之后，备载名家议论，以见诗法所自来，而作者苦心亦开卷晓然矣。"①可见他特别重视杜甫的"诗法"。他在评《寄高三十五书记》诗时说："各体中皆有法度，长篇则有段落匀称之法，连章则有次第分明之法，首尾有照应之法，全局有开阖之法，逐层有承顶之法。且章有章法，句有句法，字有字法。谨严于法，而又能神明变化于法，方称宗工巨匠。此云'佳句法如何'，盖欲与之互证心得耳。"②尤其是杜甫的那些古律长篇，在"每段分界处，自有天然起伏，其前后句数，必多寡匀称，详略相应"③，因此，需要精心地梳理其层次脉络，剖析作品创作理路与内在结构。在这方面，仇兆鳌擅长时文技巧分析的能力帮了他的大忙。他在分析杜甫的章法时，往往指出其起承转合的方法，以见其转折生动之趣。如他在分析《题张氏隐居二首》时总结说："唐律多在四句分截，而上下四句，自具起承转阖。……杜诗格法，类皆如此。"④由杜诗结构分析而上升到了对律诗结构的规律性探索。

　　清代学术重经史研究而不重文学研究，这是清代学术的大背景。即从浙东学术史的视角观察，以黄宗羲为领袖的清初浙东学派，亦是以经史之学蜚声学界，并开一代学术之新风。他们笺经辑史，著作甚多，却找不到像样的笺注别集的专著。仇兆鳌无疑是清初浙东学派的一个例外，他有相当深厚的史学功底，但他却把史学功夫用在了笺注别集之上，所作《杜诗详注》遂成为古典诗歌注释学的代表，无意中为浙东学术开启了新的研究方向。后来，史荣有鸿篇大著《李长吉诗注》，堪称仇氏的后劲。但是在清代学术的大背景下，仇兆鳌未能以《杜诗详注》的努力，奠定起他在浙东学术上的应有地位。全祖望向来看轻仇、史两人，他在《续甬上

①　（清）仇兆鳌：《杜诗详注》卷首《杜诗凡例》，中华书局 2007 年版，第 23 页。
②　（清）仇兆鳌：《杜诗详注》卷 3，中华书局 2007 年版，第 195 页。
③　（清）仇兆鳌：《杜诗详注》卷首《杜诗凡例》，中华书局 2007 年版，第 22 页。
④　（清）仇兆鳌：《杜诗详注》卷 1，中华书局 2007 年版，第 9 页。

耆旧诗》卷一百十五中为仇兆鳌作的小传,只有寥寥 17 字,没有提到《杜诗详注》。他为史荣所作的墓版文说:"雪汀所著者:《李长吉诗注》几三尺许,其最自负者,予弗甚许也。"①故他为史荣注李长吉诗作序,亦以寥寥 117 字应付之,引起严元照的不满:"其诗不足序,则力辞之可耳。今若此文,是以为戏矣。待朋友之道,岂宜尔乎?"②尽管仇兆鳌、史荣笺注别集,游离于清代和浙东学术的主潮之外,但却是一支不容忽视的学术偏师。站在今天的立场上,我们可以客观地说,仇氏开拓了浙东学术研究的新方向,丰富了浙东学术的内容,对后来的古代文学研究产生了深远的影响,理应得到应有的学术评价。

附论　徐文驹文论对黄宗羲的继承与背离

徐文驹字子文,一字耿庵,号丹崖,鄞县城区(今属海曙区)人。名医徐国麟之子。康熙四十八年(1709)进士,官山西怀仁县知县。著有《燕行小草》《师经堂集》。

徐文驹是陈锡嘏的弟子,他曾回忆说:"比长,得事陈介眉先生。时方尚臭腐熟烂之文,万喙雷同,一唱群和。而先师之教,独以通经学古为主,不追逐时好。"③可见他从陈锡嘏那里接受的是经史之学。他曾参加甬上的五经讲会,范光阳《徐子文入燕草序》回忆说:

> 往时吾甬上同人之学盖凡数变,其始为时文之会,各欲成一家言,以鸣于世,则犹坊社间习气也。继为诗古文之会,笔墨既罢,飞觞饮满,剧论古今,达旦不休。其所常聚集之地,城南则陈同亮云在楼,西郊则鄮山书院桥之南有张氏别业,皆有花竹池馆之胜。其后禀学于姚江黄先生,得问蕺山之绪论,于是取濂洛关闽之书各相证悟。最后则为五经之会。家少司马东明公有天一阁,藏书既富,而

---

① (清)全祖望:《鲒埼亭集》卷 22《史雪汀墓版文》,《全祖望集汇校集注》上册,上海古籍出版社 2000 年版,第 405 页。

② (清)全祖望:《鲒埼亭集外编》卷 26《史雪汀注李长吉诗序》,《全祖望集汇校集注》中册,上海古籍出版社 2000 年版,第 1246 页。

③ (清)徐文驹:《师经堂集》卷 4《师经堂小题稿自序》,《四库全书存目丛书》本。

经学抄本尤夥,得借而读之,月凡二会,每发一义,辩难蜂起,而卒归于一定。时徐子文为吾亡友陈介眉编修高第弟子,同在讲席,已有朱云折角之称。如是者数年,而诸君子或仕于京师,或散之四方,或竟化为异物,良会不常,风流将息,而子文与其同学之士续举经会,如是者又数年。①

康熙六年(1667),在黄宗羲的指导下,陈锡嘏等人在甬上成立五经讲会,至康熙十四年(1675)结束,徐文驹作为陈锡嘏的弟子亦参与了旁听。康熙十八年(1679),已为翰林院编修的陈锡嘏自京告归送亲后,在甬重设证人讲席,这就是"续举经会",徐文驹又随师参加了此会。徐文驹可以说是陈锡嘏最得意的弟子。李邺嗣说:"吾友陈子介眉,少称人师,一时及门称盛。然常言:'能传吾学,唯徐生子文。'万子季野,为吾党所宗,每云后辈中,独子文手笔近古。"②可见,徐文驹应是陈锡嘏的文学传人。

算起来,徐文驹是黄宗羲的再传弟子,但他对黄宗羲的情感却比较复杂。从《师经堂文集》看,他只有一文提到黄太冲(即《答少宰赵玉峰先生书一》),有三文(即《题某氏文集》《书某氏胡传序后》《上新城先生书三》)用"某氏"指称黄宗羲。他在康熙三十六年(1697)《题某氏文集》中,依黄宗羲的生平经历,论定其为"山林憔悴之文"③,对其文颇为赞赏。徐氏此文论黄文,其思想、用语多本于黄宗羲。如论身世阅历对写作的重要性云:"今夫语稼穑者莫如农,使责学士大夫而论较晴量雨之事,则扞格不相入矣。语贸迁化居者莫如贾,使责骚人墨客而论买贱卖贵、人弃我取之术,则期期艾艾,见谓迂阔,而不足用矣。此非学士大夫、骚人墨客其智不如农贾者也,彼其身世之所阅历,心手之所经营,固有达有不达也。"④这段话显然是从黄宗羲《论文管见》之末段引申而出的。但在另一篇《书某氏胡传序后》,对黄宗羲所作《陈同亮刻胡传序》的议论极为不满,用抨击的口吻说:"某氏之学岂胜文定,乃肆其胸臆,满口讥弹,自诧

---

① 　(清)范光阳:《双云堂文稿》卷 3,《四库全书存目丛书》本。

② 　(清)李邺嗣:《杲堂文钞》卷 3《徐遂生六十序》,《杲堂诗文集》,张道勤校点本,浙江古籍出版社 1988 年版,第 456 页。

③ 　(清)徐文驹:《师经堂集》卷 10,《四库全书存目丛书》本。

④ 　(清)徐文驹:《师经堂集》卷 10《题某氏文集》,《四库全书存目丛书》本。

新奇,明眼人读之,其穿凿不少。……某氏之意不欲越过先儒,而遂蔑弃圣人书法,吾恐有识之士,不止以议文定者议某氏矣。……某氏岂足玷一文定哉,而蚍蜉撼树,不能不为识者所笑。"①徐文驹在此出言不逊,对黄宗羲是极为不恭的。徐文驹对阳明心学的信奉亦并不坚决,尤其是对阳明后学夹杂禅学予以严厉的指斥。其《学统序》云:"末学后生好奇立异,鼓良知之徐焰,丐葱岭之残膏,蜉蝣撼树,有操戈入室以相向者,是亦吾道之罪人而已。"②凡此,足见时代风气正在发生转变,浙东后学中的一些人开始与黄宗羲的学说渐行渐远。

　　尽管如此,徐文驹依然与浙东学派有着内在的密切联系,其大量的言论可谓承传有绪。徐文驹青年时喜好古文,"斋居多暇,因得肆力于古文。自史汉、唐宋八家,以暨明之景濂、震川诸集,横列几上"③。这与黄宗羲指出的"古文正路"是一致的。徐文驹又敦促门下士:"诸君子以超群出类之才,负通经贯史之识,倘能一顿发愤,茹古含今,力以前贤自命,不难与累朝作者先后驰驱。"④要求作者必须"负通经贯史之识",这也是黄宗羲历来所倡导的。徐说:"通经之道与作文之道合,而未尝分也。"⑤这就将经与文合一的观点说得非常清楚。徐文驹虽然在文中提及黄宗羲的地方不多,但他对黄文应该较为熟悉,故其文中的不少用语都有借鉴黄文的痕迹。

　　黄宗羲论文独宗"情至",徐文驹接受了这一观点。他在《唐介玉诗稿题辞》中说:"诗本乎情,未有情不至而诗至者。……情至则诗至矣,岂必分唐宋、争鸿沟于尺幅之间乎?"⑥这与黄宗羲的观点如出一辙。他又在康熙三十九年(1700)所作的《盛云涛诗序》中说:"古三百篇诗,大抵出于忠臣孝子、征夫戍妇,直达其缠绵悱恻感愤不得已之情,情之至者,一往而深,便自耿耿不可磨灭,当与天地无终穷而极也。……况诗之为道,

---

① (清)徐文驹:《师经堂集》卷10,《四库全书存目丛书》本。
② (清)徐文驹:《师经堂集》卷2,《四库全书存目丛书》本。
③ (清)徐文驹:《与门下士书》,见(清)吴翌凤编:《清朝文征》下册,《中华传世文选》本,吉林人民出版社1998年版,第911页。
④ (清)徐文驹:《与门下士书》,见(清)吴翌凤编:《清朝文征》下册,《中华传世文选》本,吉林人民出版社1998年版,第911页。
⑤ (清)徐文驹:《师经堂集》卷4《历科大易文远今集序》,《四库全书存目丛书》本。
⑥ (清)徐文驹:《师经堂集》卷10,《四库全书存目丛书》本。

湔汰秋水，表里霜雪，清泉白石，翠柏幽篁，以花鸟为朋徒，以烟霞为气骨，然后性情孤露，灵机徜恍，而诗境诗情出焉。"①徐文驹此处的不少用语，都有规摹黄文的痕迹。如"情之至者，一往而深"直接袭用自黄宗羲《时褆谢君墓志铭》；"诗之为道，湔汰秋水，表里霜雪"出自黄宗羲《寒村诗稿序》；"孤露"一词当从黄宗羲"戚然孤露之天真"而来。他又说："窃以为今人之不及古人者，限于时也，而要其一往情深，耿耿不可磨灭，则古今人各有至处，绝不相掩。……而要之，一代有一代之文章，其情至处，各不相掩。近读门下尊集，称心而出，文以情深，不假装点修饰之功，而洁净精微，言简意尽，以论本朝文字，其为不朽之作，万万无疑。"②虽然，徐文驹在此推崇朱彝尊之文颇有溢美之词，但其"各有至处""称心而出"等语，皆本自黄宗羲文集。直到康熙五十一年（1712），他为自己的文集作序时，更加深入地阐述了自己的观点。他说：

> 文章所以明道也，道者，理而已矣。然天下无情外之理。古人谓六经之外，别无文章。今读《易》《诗》《书》《春秋》《礼记》，无一而非言理者，亦无一而非言情者。《易》以同忧患，故曰圣人之情见乎辞；《书》以道政事，然其时君臣喜起，相与赓歌颐拜于一堂之上者，宛然如家庭聚顺之间，何情之挚也！诗三百篇，皆古忠臣孝子、义夫贞妇之作，言有所不足，则长言之，低徊唱叹，非情之一往而深者乎？《春秋》笔则笔，削则削，□□□□□□□之乱臣贼子，有所惮而不敢肆，盖有以深动其情者。先王缘人情而制礼，宴飨祭祀朝聘会问，不敢过亦不敢不及者，皆所以达君臣、父子、夫妇、朋友之情而已。盖情之至即道之至也。司马迁负良史才，其所传人物，摹写刻划，于千载之下，尚奕奕有生气，情至故耳。班氏继作，未免蹈袭子长，然如李陵、苏武、东方朔、霍光诸传，自出机杼，自成笔力，当与司马抗衡，其情各有至处。嗣是而后，如韩吏部之奇崛，柳柳州之凄怆，欧阳公之抑扬顿挫，无不各极其至，一往情深。甚矣，文与情不容二视也！③

————————

① （清）徐文驹：《师经堂集》卷 2《盛云涛诗序》，《四库全书存目丛书》本。

② （清）徐文驹：《复朱竹垞先生书二》，见（清）吴翌凤编：《清朝文征》下册，《中华传世文选》本，吉林人民出版社 1998 年版，第 910 页。

③ （清）徐文驹：《师经堂集》卷首自序，《四库全书存目丛书》本。

　　这段文字可谓是他对"情至"文学观的最透彻的阐述,在黄宗羲的后学中如此张扬"情至",并不多见。但如果仅讲"性情",徐文驹没有像黄宗羲那样从"性"立论,而是将"性情"与"气骨"并提。他说:"盖诗以性情气骨为主,而学识次之,格调又次之。……故知诗之有性情,有气骨,斯可与言诗矣。……天地间升沉聚散,灭没俄顷,唯性情气骨之所融结,久而不变,如孝廉真可与言诗耳。"①

　　徐文驹论文强调学识的重要性。他说:"才情本乎天者也,学识成乎人者也。然欲广才情,须先充学识。后生中不乏凤慧之士,但多惕时失学,胸无书卷,纵或巧心浚发,而笔不足以达之,词不足以辅之,致巧者亦为之拙矣。果学识到,则才情自生。闻先正读书,《史》《汉》俱能成诵,而况于五经乎。况公、谷、左氏之尤有意于举业者乎。然则,舍学问而讲新奇,未有不同归腐烂者也。"②徐文驹的这段话是对时文而发的,针对的是时文"腐烂"的病根,主张引入学问以根治之。他要求时文作者"必源本经传,以培其根;博通诸史,以广其识;沐浴两汉、唐宋大家之文,以充其气",其眼光已较一般举子更为阔大。同时他又强调学贵自得:"夫文章莫贵乎自得,莫患乎雷同。"凡自得之文,必然是"至情孤露,不苟蹈袭,平奇浓淡,各自成家",反之则"苟且剽掠",③为其所不取。他在此所说的虽然皆针对时文之弊,但对于作文具有普遍的意义。他还讨论了才情与学识的关系,认为才情是作者先天具有的,但要"广才情",必须"先充学识"。如果学识到了,则才情自生。可见他认识到了学识对才情的助推和激扬作用。

　　徐文驹论文亦强调主体的道德修养,他说:"天下有真气节,然后有真人品;有真人品,然后有真学术;有真学术,然后有真文章。"④这种将气节、人品、学术、文章合在一起的理念,亦是黄宗羲所倡导的。

　　徐文驹的很多文学观点都从黄宗羲那里继承而来,但其内涵则出现了新的变化。如黄宗羲特别重视"诗史",徐文驹亦如此,他在为甬上著名遗民周容的《春酒堂诗集》作序时说:"至其身尝患难,目击心伤痛哭,

---

①　(清)徐文驹:《师经堂集》卷 2《黄事若诗序》,《四库全书存目丛书》本。

②　(清)徐文驹:《师经堂集》卷 9《戊辰小题偶论》,《四库全书存目丛书》本。

③　(清)徐文驹:《师经堂集》卷 4《历科大易文远今集序》,《四库全书存目丛书》本。

④　(清)徐文驹:《师经堂集》卷 6《与孙子未先生书》,《四库全书存目丛书》本。

发为长言悲哽,形于短什,虽亦谓之诗史可也。"①徐文驹在此已经不刻意强调事的因素,他所说的"诗史"几近于"心史"了。黄宗羲曾提出"诗与史相表里"说,徐文驹对此亦深表赞同。但仔细研究徐文驹的说法,其与黄宗羲之说的差距是很明显的。他说:

> 诗与史相表里。盛世之诗,操其柄者自上,衰世之诗,操其柄者在下。唐虞教胄子曰:"诗言志,歌永言。"此千万世论诗之祖也。其时君臣喜起赓歌,飏拜于一堂之上,混混穆穆,无意为诗,然诗意已胚胎于此。此非操之自上者乎?虞夏而后,诗道寖昌,《商颂》五篇,皆明堂清庙之作。而文王治西土,化行自近,《关雎》《麟趾》,《驺虞》《鹊巢》,渐被于汝坟江汉之域,此实周家八百年王业之始基也。迨公旦佐武王定天下,一时郊庙之作咸出公手,而孺子玉践祚,则又推原祖德,历叙王业之艰难,读其诗者,悠悠然见豳岐数百年积累之风俗,而其究至于刑罚措、雅颂作,非偶然而已。盖三代盛王之世,其以诗为史者如此。故孟子曰:"诗亡然后《春秋》作。"夫《春秋》亦何与于诗,而孟子乃以为续诗之后乎?亦曰诗可证史,则史亦可续诗,诗与史固相表里者也。②

黄宗羲论"诗与史相为表里",尤注意于衰世。但徐文驹在此盛赞的是所谓三代盛王之世"以诗为史"的动人景象,其注意力尤在于"盛世之诗,操其柄者自上"。徐文驹这样论述的旨意正在于以诗鸣当朝之盛。这是因为徐文驹此文是为清宗室吞珠的《承萼轩诗集》所作的序文。吞珠(?—1718),一作屯珠,宗室,袭封镇国公,号拙斋,又号髯翁,晚号菜园主人,任礼部尚书,谥恪敏,工书善画,笔墨秀逸,有书卷气,有《承萼轩集》《花屿读书堂小稿》。徐文驹在序文中称赞吞珠之诗,"墨痕所至,寄托遥深,有一诗,必有一事,令后之读者可以考其世,论其人焉,则亦谓之诗史可矣。吾所谓盛世之诗,操其柄者自上,庶几犹及见之"③。他又在《题许燕公北征诗后》中说:"少陵之诗作于羁穷失志之日,其言易工,且冲口而出,自写其忠愤盘郁之状,无所顾忌,则其诗犹易为史也。先生遭

---

① (清)徐文驹:《师经堂集》卷 2《春酒堂诗集序》,《四库全书存目丛书》本。
② (清)徐文驹:《师经堂集》卷 2《承萼轩诗集序》,《四库全书存目丛书》本。
③ (清)徐文驹:《师经堂集》卷 2《承萼轩诗集序》,《四库全书存目丛书》本。

逢隆盛,赓歌喜起,为词臣颂美君上之作,则铺陈功德,扬厉圣朝,又不得以少陵比,而其诗乃能摹写情事,始终前后,无所不备,神功骏业,宛在目前,推而至于庙算之精微,军容之整肃,群工之欢忻,朔漠之澄清,一一若亲遇其时,亲游其地,则真与《北征》并驰焉可矣。"①显然,黄氏的"诗史"说,到徐文驹手里演变成了"润色太平"的理论依据。

徐文驹论文,还充分肯定小品,这在浙东学派成员中并不多见。他说:"小品之妙无穷,而其要有二:曰灵隽,曰古雅。意不灵则土木形骸,失在钝矣。笔不隽则粟红贯朽,失在腐矣。气不古则筋弛肉缓,失在弱矣。句不雅则街谈巷说,失在俚矣。去四者之病,兼四者之长,其唯庆历小品乎?抑为此著,有本有源,多读书之谓也。"②他总结小品有灵隽古雅的艺术特点,并指出小品的创作亦需以学力为支撑。

黄宗羲论文不重视"法",而徐文驹论文却特别重视"法"。甚至他还对黄宗羲不重视"法"的理念进行了批评。他在给王士禛的信中说:

> 夫文章本所以明道,其中精神骨髓原不仅在寻行数墨之间,然使有其意矣,有其辞矣,而篇法不知浅□,前后不相照应,将足可以上乎,可以下乎?辙可以乱乎而可以靡乎?则首尾段落不可谓非文章之关键也。而近之大人先生谓八家不可学尔,章法不必讲,大意欲祖晋魏而桃韩欧,于近人诸集所深鄙,以为无足录者,唯某氏为尤甚。嗟乎,某氏之为文也,固不能免一丘一壑之议,然格律未尝不严,议论未尝不正,亦本朝作家之一也,又安得而尽废之?③

这里的"某氏"指的就是黄宗羲。徐文驹在此信中对黄宗羲之文是有所肯定的,但同时又说其文"固不能免一丘一壑之议"。更主要的是徐文驹对黄氏论文深鄙近人诸集、摒弃"首尾段落"而不讲大为不满,公开提出:"首尾段落不可谓非文章之关键。"这种观点的提出,与徐文驹长期钻研和讲授时文有关,适应了科举制度的需要。可以说徐文驹将时文的文法公开引入到古文中,这种走向可以看作是对浙东学派文学精神的一种背离。

---

①　(清)徐文驹:《师经堂集》卷10,《四库全书存目丛书》本。
②　(清)徐文驹:《师经堂集》卷9《戊辰小题偶论》,《四库全书存目丛书》本。
③　(清)徐文驹:《师经堂集》卷6《上新城先生书四》,《四库全书存目丛书》本。

康熙三十六年(1697),徐文驹在《题某氏文集》中还借黄宗羲门生陈令升之口,贬低黄宗羲的文学成就。他说:

> 忆癸未冬日,海宁陈令升先生语余曰:"某氏文字差欲与钱牧斋、吴梅村相上下,然终让牧斋出一头地耳,得非以才情之闳肆、气象之峥嵘,某氏固远出虞山下乎?"然其入手规枘自在戴表元帅初,瓣香所注,不掩粉本之色。吾于是而叹天地之生才,各有分量也。牺鐏黑洗,非可用之茅亭;香饭胡麻,亦难陈诸太庙。是故长于台阁者,必短于山林;长于山林者,必短于台阁。有所达于此,自有所不达于彼,其势然也。某氏之文,山林憔悴之文也,若用以鼓吹休明,发皇盛治,恐非善手。要如猿啼三峡,肠断魂销,哀弦急管,得天地之秋气,当与谢翱《晞发集》孤行宇宙耳。

癸亥即康熙二十二年(1683),海宁陈令升对徐文驹所说的话,现已无法查证,但引出这段话,无非是要说黄宗羲的文学成就远在钱谦益之下。徐文驹本人则认为黄宗羲之文乃是山林憔悴之文,在他那个时代,已经不能用来"鼓吹休明,发皇盛治"了,所以应该让其孤行宇宙间。这真是一针见血!在徐文驹的意识中,是休明的时代抛弃了黄文,为此他只能贬低黄文,背离黄氏的部分文学宗旨,以适应新的时代的需要。

附　　录

附录一　黄宗羲佚文辑录

　　说明：2005 年，新版《黄宗羲全集》由浙江古籍出版社出版，该书说明中介绍说："增补了《台雁笔记》等三种黄氏专著和十篇黄氏佚文，弥补了出版的缺憾。"新版收录了不少黄宗羲的佚著佚文，给国内外学者的研究提供了很大的方便。但"全"总是相对而言的。《全集》出版之后，又有一些黄氏的佚著佚文被人发现，以笔者所知，有以下数种：

　　《理学录》（残本，藏中国社会科学院文学所图书馆，见彭国翔《黄宗羲佚著〈理学录〉考论》，刊《文化与历史的追索——余英时教授八秩寿庆论文集》，台北：联经出版公司 2009 年版）

　　《偶存轩稿序》（侯富芳《黄宗羲佚序一则述略》，《淮阴师范学院学报》2010年第 4 期，原载释等安《偶存轩稿》卷首，《四库未收书辑刊》本）

　　《长啸斋摹古小技序》（黄天美《黄宗羲佚文〈长啸斋摹古小技序〉辨析》，《浙江社会科学》2010 年第 3 期，原载西泠印社藏印谱《长啸斋摹古小技》卷首）

　　《敕授通议大夫矶公传》（褚纳新《黄宗羲佚文〈矶公传〉浅析》，《余姚文博》2010 年第 2 期，原载《上虞周氏宗谱》卷 2。笔者按，此文与黄宗羲文风大不相类，疑非黄作）

　　《奏为恭谢圣恩哀陈父节疏》（方祖猷《黄宗羲长传》，浙江大学出版社 2011 年

版第 14—15 页引录,原载金日昇《颂天胪笔》卷 21《讼冤》,《续修四库全书》本)

《致道济手札》(台湾何创时书法艺术馆藏,网络上有介绍)

《海昌讲义》(原见许三礼《政学合一集》,古清美《黄梨洲之生平及其学术思想》引录,台湾大学文学院,1978 年)

笔者因研究需要,多关注黄宗羲的相关文献,曾为新版《黄宗羲全集》提供过一些佚文。这里将后来续有所得的黄氏佚文(包括断句零章)汇辑于此,以供同好者研究。

五月三日赠万承勋诗

春秋坐断一绳床,喜得君来茶话长。

梅花连朝收燕翼,荼䕷乱落染丝汤。

昔年反首方思痛,今日愁穷自不妨。

先哲未尝无榜样,阳和仿佛为君详。

——录自万承勋《冰雪集》卷 1《哭黄梨洲先生五首》自注

《祝人诗》残句

一笔句消七十年。

——录自万言《管村文钞内编》卷 3《南山唱和诗序》引录

代宛平王相国祝郑兰皋先生暨施太夫人双寿序

余尝读《四牡》之章:"不遑将父,不遑将母。"夫当文王时,苟臣子志在父母,文王必不逆其志,而使旁皇于车臣马足之间。而时之臣子未尝自遂其志者,盖体其父母之心,亦以王事为急。急父母之所急,则栩杞不异枌榆,周道同于寝门也。

郑子禹梅父母在堂,年皆耄耋,其在朝无日不以为念,作为诗词,抑扬反覆,不殊《四牡》之激切。余谓兰皋先生天才绝出,绩学渊源,钦然以致君及物为大欲,而铜人辞汉、蓬莱清浅,抱此佐王之学,埋没于荒岛穷山,其能忍乎? 有子也才,际此盛时,一旦以常所感慨者付之,庶几生平湮郁,化为舟楫盐梅之用,其所见者大也。区区以温清菽水,销其岁月,吾知其不出于此矣。太夫人出勋胄,家有锦伞宝幌之风,未尝不与先生同其志也。然则为禹梅者,守常习故,而板舆侍膳。先生虽有家庭之乐,其胸中之耿耿者未下,禹梅之心安,而先生之心不安。禹梅而视于无形,听于有声,远离膝下,先生之心安,而禹梅之心不安。与其安己之心,不若安父母之心,故禹梅危苦之诗所不能已也。昌黎言欧阳詹在父母侧,虽无离忧,其志不乐也;詹在京师,虽有离忧,其志乐也,以为詹能养志。然詹之父母所乐者不过荣宠耳,岂如禹梅之父母欲行其道者乎?虽然,深山之松柏,冰缠雪压,郁积之久,其视百年犹旦暮也。先生与太夫人亦郁积久而后发,则今者方当壮盛之时,禹梅又何患乎?

禹梅之同谱同寅辈乞余言以介寿,余述之以续《四牡》之章云。

前封中顺大夫按察副使荣期郑公墓志铭

斯文弦绝,依斋所谓天下三十年无好文章者,又一时也。顾黄茅白苇之中,而郑子禹梅苗焉秀出。近时一时名公谓余曰:"王李之剽窃未已,欧曾之笑貌且至,古文之病,何日能瘳?"余应之曰:"无庸忧也,文章之盛行,且见之将在浙河以东。"盖为禹梅数子言也。未几,禹梅以父命求述其祖,且引子固之请铭致尧为例。余谓郑公之贤不减致尧,而禹梅之文笔,不难几及子固。时无欧阳,欲使余为虎贲,其可乎?

按状:公讳启,字伯蕃,别号荣期,世为慈溪人。五世祖满,举弘治壬子乡试,历知道、濮二州。濮州生太学淙,太学生栻,栻生禹州判尚福,禹州生之璧,字完白,公之父也。母顾氏。完白十八岁痘殇,逾月公生。稍长,即能自立。诸名士校文家塾,公辄窃纸笔成篇,排比几上,诸名士莫不奇之。年二十三,补博士弟子,声誉远出。逆奄之乱,浙之主考发题阑入奄姓以媚之,而公之对策直以曹节、仇士良为言,有司掩卷不敢视。石斋黄先生来主浙闱,人士争先洗濯,少得当者。先生得公文,谓其充实闲整,定是名士,卷上上。副考庋置他所,填榜而忘之,因入副榜。已而先生叩公所学,为之叹息,曰:"吾试浙而失此士,真如宝山空手归矣。"公亦以久不遇,念场屋争名之事,有子可寄,筑书带草堂,种花弄木,江风山月,融结胸次,不为憔悴可怜之色。东江既建,公以其子之贵,封中顺大夫,按察司副使。星移物换,其子欲投缳殉国,公泣曰:"汝祖母以十七岁孀妇抚我至今,我仅生汝一人,汝纵义不得顾我,忍令祖母暮年见此乎?"其子矍然而止。厥后兵尘匝地,狱事牵门,公以一身架漏支残,课僮力耕,而俾其子闭关授徒,一门之内,忠全孝尽,有非寻常故家所易及也。公美须髯,仪观伟然,音吐如洪钟。邻家子病祟,公宿其家,祟为避去。有遗金于道者,公拾得,物色其人还之。族有主仆之讼,乡大夫入仆贿,挽令使直仆,令将从之。公突入,与令争可否,声撼县朝,旁观眙聏,令卒改容以谢。其磊落难犯类如此。卒于康熙甲辰七月二十一日,年七十有二矣。先是年之冬十二月,寒江霜夜,送母入圹,跋涉哀号,犹如孺慕。娶施氏,封太恭人,都督滇沅总兵官翰之女。有至性,事其姑与王舅、王姑两世,皆不失欢。公之伯叔父母及群从之丧,俱脱簪珥殡殓之,岁时起居,其父母园甘海蠡相望于道。外家零落,奉其烝尝。疾革,犹以此命子。先公六年二月二十六日卒,年六十有六。子澡,副己卯乡荐,特恩廷试,后以保举授监军副使。孙男二人:梁字禹梅,诸生。次渠。女三人,曾孙、孙女各一人。墓在邑南赭山之麓,公所自卜也。

慨自数百年来,以科目优劣人物,其为诸生以老者,概谓之无成,不知此俗人之论。亦观近日坏人家国者,有一非科目之士乎?就使不然,其皋如宰如,亦无异土偶之复于土也。公虽不遇,其成就卓卓若此,已可无藉于后人。而一通一塞,天运自然在公,塞之久者其通,于禹梅将以文章鸣一世之盛,又可以关俗人之口矣。

铭曰:椎轮为辂,积水生冰,古文日缩,时文日盛,然舍时文之士,古文亦莫之能兴。郑氏自濮州公以下,世以科举之学鸣,至中顺而其精力竭,犹患夫有司之明。酝酿之久,实大声弘,其亦八世之后,莫之与京者耶?兰台副长主证人书院教事黄宗羲撰。

—— 以上录自天一阁藏《郑氏族谱》

姜工部七十寿序(残存三小段)

工部为徐忠襄所推,牵课奉公,有才未尽,以讹误下狱,忠襄审理而出之。

工部寄赏诗酒,坐有谈客,苟怀一善,必接尽礼。自艰难以来,单门寒士,军士得以气加之,商贾得以财侮之,闻工部之风,为之一变。

今天下推许为古文者,玉山归庄玄恭、顾炎武迎人、吴门徐枋昭法、江右黄云师雷岸、宛陵沈寿民眉生,当继此有作。

—— 录自郑梁《寒村诗文选·寒村杂录补·姜工部七十寿序》

致李杲堂书

尊文真欧、苏嫡子。前此所作,非不高华曲折,然于本题套括去之未尽,不可谓之洁也。两年来气局始定,寒潭面目,至此呈露。自伤孤零,得尊文而一慰。

—— 录自李邺嗣《杲堂文钞》卷1《自序》引录

致许三礼书

荒山无书可读,每抽绎老父母绪言,殊发人深省。觉前者随处体认天理,仍是即物穷理之说,浩瀚难着,无大分别。必如老父母提唱,如性与天通,如水之行地,见水不见地耳,方将直捷了当。弟近日与越中同仁讲贯,亦多依老父母宗旨,共相鼓厉,俾从事者识所指归,良快快也。羽便附候,翘切不尽。

——录自许三礼《天中许子政学合一集·初试应本》

致金张札

诗序呈览,不知可用否?弟近日之文又一转手,庶几得古人之堂奥矣,老兄以为何如也?安得与老兄细论乎?

——录自金张《芥老编年诗钞》康熙元年壬申作《酬黄梨洲先生寄赠诗序指其札中语记二首》题注

与姜定庵书

致知之外,乃澄然未发之体,因觳觫而不忍,因乍见而恻隐,此知之已发者。吾之所致者,在澄然之体,由澄然而发见。发见者,无所容吾致也。

——录自陆陇其《三鱼堂剩言》卷 5

黄宗羲评语辑录

评金张诗:质而不俚,清而不枯,余之诗人未之或先也。

——录自金张《芥老编年诗钞》戊辰年作《寄黄梨洲先生求诗序》自注

吴肃公《辨教上》评语:昌黎辟佛专在福田,却未究其根柢,《原道》闻颇疏略,为彼教所不服也。佛窃老庄而异,学者又窃其旨以成书,明证实据,无容遁矣。

——录自吴肃公《街南文集》卷 1

吴肃公《太庙议》评语:典核平正,大臣之识,大儒之文。

——录自吴肃公《街南文集》卷 3

吴肃公《书王于一孝贼传》评语:夫谓非其有而取之者,盗也。充类至义之尽也,严词正色,使人读之知警。

——录自吴肃公《街南文集》卷 18

吴肃公《书黄烈妇传》评语:忠臣志士不赊欠一死,不忍自负其心耳。诚哉言也,感痛淋漓,非为节妇也。

——录自吴肃公《街南文集》卷 18

杜浚《向山堂记》评语:叙事议论,感慨波澜,种种绝顶不必言,而其引证不烦,遂可为古文家使事之法。

——录自杜浚《变雅堂文集》,康熙刻本

邵廷采《宋中遗吴门友人书》评语:逐段零星,文气自贯。章法从《楚昭王复国》篇来。

——录自邵廷采《思复堂文集》卷七

范允镝诗评语：诗之为道，以空灵为主，无事于堆积脂粉。空灵非多读书不可，王禹玉言欧公文章是含香丸子，空灵之谓也。用宾年少，所造已至此。毛嫱、西施，净洗却面，与天下美人逗好。吾知武林清气，不为西湖所占尔。

——录自徐世昌《晚晴簃诗汇》卷 55

周端孝先生血疏贴黄册跋

甲辰五月过姑苏，与子洁上灵岩。归至芸斋，子佩、子辉夜话。佩兄出血疏贴黄，读之，血光尚与灯影相射。计不见佩兄已二十六年，距京师颂冤之日三十七年矣。此时余方十九岁，佩兄方二十四岁，两人相期所以报答君父者，正未有量。岂料今日相对，霜髯雪鬓，家国破碎，泫然者久之。同难弟黄宗羲恭跋。

——录自黄煜《碧血录》卷下，《知不足斋丛书》本

谢宁国诸公祀先忠端公于名宦祠书

孤子黄宗羲再拜。伏示《名宦录》见寄，调先公神位，与晋桓简公、宋文信公同龛，以其忠义一也。呜呼！非诸先生慕义强仁，亦何以有此乎？虽然，三公忠义同，宦宁国又同，没而祀于名宦又同，此贵乡之佳话，诸先生之所知也。诸先生庸有未尽知者，凡先公之同于信国者不仅此也。信国三十四岁知宁国，先公亦三十四岁理宁国，一也；信国丙辰科及第，先公亦丙辰登第，二也；信国四十三岁被执，先公亦四十三岁被逮，三也；信国书绝命词于衣带，先公亦书绝命词于衣带，四也。四者事非偶然，谅诸先生之所欲知者，故敢以闻。崇祯十一年九月。

——录自黄宗羲编辑《黄忠端公正气录》

《黄忠端公正气录》补注

《易名本末》补注

崇祯初，定死逆奄诸公谥，姚学士希孟为政，颇与桐城吴江有隙，故只谥忠烈、忠宪、忠介、忠节，而遗十公。当时在朝俱不平之。而学士晚年奇病，君子不以为无妄也。戊寅，羲在南都，值南宗伯李小湾(孙宸)发咨访单，于所遗十公皆拟二字于名下。江右万时华以先公立朝不亢不阿，即于诸君子以唯有补救而无雷同，谥法守礼，执义曰端，先公有焉，忠则不待言矣。故以忠端拟之。八月，闻羲寄其册于京师，一时台省俱有请谥疏。羲所见者李映碧、陈宾日两疏耳。宾

日则单举先公,盖素无一日之雅,而趋向如此。其后之死忠,非偶然也。壬午,
羲在京时,朝中以补谥一款为大节目,台省如马培原等,或出疏,或抄参,不止一
沈沦屿也。七月尽,羲读书北湖,金金院天枢见过,立索羲疏,袖之而去。其写
与上,皆羲为之。已羲谒宜兴,催其速定,答言仪部吴来之一至,即举行耳。未
几,京师戒严,无暇及此。逮夫得谥之时,时局正翻。李映碧曰:"此举出自意
外。"诚然也。暇实记其始末,以见诸公之慕义强仁,凡我子孙,不可忘耳。

钱谦益《山东道监察御史赠太仆寺卿谥忠端黄公墓志铭》补注

己巳岁,卜兆隐鹤桥,钱相国御泠铭之曰:钱塘百折至海门,英灵磅礴正气
存。前有忠肃后有孙,兹得黄公鼎足尊。丙子冬改葬,虞山为之志。

《黄忠端公传》补注

两公各有传文,舒传与徐忠襄公行状略同,邹传节略十三疏入之,今止载
其论。

《启祯诗选传》补注

此吴门陈皇士(济生)选诗,而归玄恭(庄)为之传也。丁未岁,逆案吕纯如
之子吕大欲借《启祯诗选》以兴大狱,于各家之诗有稍涉忌讳者,皆摘出,以为批
注,而不甚解文理,多凿空之说。先公有《送万元白劾奄魏忠贤廷杖归》诗一首:
"边境有枭社有鼠",因此起句,遂注为刻下时事;所谓"欲赠龙泉频拂拭,相看留
斩佞臣头"者,指辅臣而言;以中有"秀才分内应如此"一句,作诗者当是一秀才,
此诗为首,故云生员黄某等若干人谤讪朝政,先以之胁贿于吴柴庵(牲),以柴庵
为《启祯诗选》序也。柴庵不应,投通政司上之。司寇以为奸人渐不可长,抵吕
大绞罪,其事得已。周子佩初见邸报,睹先公姓氏,愕然谓:"世岂有同姓名如此
者乎!"后传其所注诗,无不哄堂绝倒。

徐石麒《先师资治尹大中大夫太仆寺卿前山东道
监察御史谥忠端白安黄公行状》补注

此己巳岁徐忠襄公作,将以议谥者也,事多未备。甲申二月,忠襄在湖上语
羲,欲改定。未几,国变,率率不暇。今展旧稿,犹似吴山相对时也,念之惘然。

黄道周《两朝忠烈祠碑》补注

崇祯初,刘念台先生欲建五贤祠于湖上,先忠端公、魏忠节公为主,魏子敬

附之，其二人则高忠宪公、周忠毅公，以忠宪讲学湖上，忠毅曾令仁和也。傅监院宗龙及抚按各有捐助，而以杭州诸生董其役。诸生某以此事为奇货，遂刻公《呈上梁文》以为呈身之赞。羲在南中，其人亦见过，与之往还。张天如谓羲曰："亦知今日董五贤祠役者，即昔日之董逆奄祠役者乎？"羲乃绝之。祠既不成，而捐助之金亦不可问矣。常熟陈梅臣慨然谓湖上不可虚此胜事，会甲申之变，遂合与难诸公而祀之，卜地于六一泉，名两朝忠烈祠，请石斋黄公为碑文。亡何，南都不守，无识之徒以死明事为讳，迁两朝之三十六神位于阁上，而以中堂顿放浮屠像设，改名广化寺。其阁上又杂真汉唐宋牌位于其中，以饰说非为明一代而作也。既已可笑，而杭人又视为公共香火，不论某甲。夫己氏辄作主而入之，与郡邑之乡贤祠无以异，可叹哉！虽然诸公麾斥八极，何所不至，共神不滞于一隅。就以此一隅六一泉论之，自坡公之铭，而见欧阳文忠公之画像，自石斋之碑，而见三十六公之神位，香灯千古不灭，岂琐琐余子所得浑哉！

——以上录自黄宗羲编《黄忠端公正气录》

《说略》补注

阮大铖《老门生》传奇，意在刺毛，然姚宗文误国，亦毛所不得而私也。

其人名顾玉川。一说有欲传奇法者，自言能隐身，与顾玉川同行街市，辄攫肆中之物，人皆不见。玉川急欲得其术，愿以神行相易，遂授于彼，而彼之所授则不验，盖不知彼豫买嘱于各肆也。然羲尝见吴桥范文贞公有二仆皆善走，操炼所成，非有他术也。

初汤宣城欲娶徐子仁之女为妾，其女已许诸生施大德，不肯从汤，投水而死。生员芮永缙等举为贞洁，建祠设主。及熊督学南畿，欲为汤洗刷。适公呈又有举节者，批为此施汤故智，以之陷害，乡绅将前番公举芮永缙毙之杖下。巡按荆养乔摘其批语，以为拥戴宣党，互相参劾，养乔不胜，径去。掌院孙蓝石题勘，而宣党攻孙不已，孙亦叩辞去，出城。同一熊也，始则和之者为宣党，攻之者为东林，今则宽之者为东林，杀之者为浙人，真不可解也。

姚宗文后以楚抚建祠入逆案，论徒三年。尝至绍兴蓬莱驿，遇王季重，揖让间，季重戏之曰："若论敝地，应先公；若论贵衙门，应先仆。"姚无地自容。

按神宗在位，诸奄惴惴莫能自保。冯保以皇太后所信任，弼违过当，故不旋踵而败。是后，大奄张宏见神庙苛察，绝食数日而卒。张鲸最为亲信，定计以去。冯保者，言官论之，便命辅臣戒饬，终身退废。张诚稍不谨，即降发海子。其余俱奉法唯谨。独出外税奄多扰地方，神庙每曲庇之，则神庙好货所致，初不因宦寺之宠也。神宗在位长久，颇多秕政，而不至于乱者，赖有此耳。

吴兴丁长孺集出，其《客难》言韩事甚详。其父太仆亡橐中金若干，以疑某某。疑者言：“二郎长安所费二万金，岂从天降地出乎？”太仆遂绝口亡金事。汤司成封公至湖州，责逋于韩，留岘首两月，太仆至于掩泣。周旋其事者，夏长卿也。

我续一婢，逆奄同姓也。逆奄擅权，人称之曰魏太太。起官入都，逆奄遣人迎接张姑爷，其婢八座鸣驺。人皆笑之，张以为荣。

按贾继春之论，似是而非。夫人臣之事其君也，以天下起见，以生民起见，原不沾沾在人君一人身上。以人君一人身上起见者，则宦官、宫妾之事其主也。夫人情非甚不肖，其爱嬖妾也，必不甚于其子。即爱其子也，必不甚于其祖宗之付托，轻重异也。当郑、李谋据两宫，挟幼主以济其恶，祸将及于社稷矣。今使光宗以嬖妾之故，不安其子，并不安其所付托者，失轻重之权。以是谓之忠于光宗可乎？即熹宗念光宗，而使事事受制于嬖妾，以是谓之孝于光宗可乎？光宗惑于郑妃之阴谋，逾月而丧其身。继春乃欲熹宗取法，是必欲以天下而殉一妇人乎？光宗弥留之际，不以天下民生嘱付大臣，而欷歔嬖妾，说在屈到之嗜芰也。而继春视尧舜之孝弟不过如此，且其时选侍奉养深宫，有何不豫？而继春必欲合天下以得其欢心，宫府之间，其必有所授受矣。即不然，而继春之见，亦宦官、宫妾之见也。然此不过据理而言之耳。继春削籍后，于甲子岁投疏通政司，自悔其非言。选侍一节，偶被传闻所误。乙丑奉召至京，又以此揭居功，乞刊布杨忠烈公罪状。崇祯己巳，又投疏通政司，言前疏非得己意，欲阴救忠烈。毅宗御文华殿，斥之为反覆小人，于是而继春之论定矣。

一说掷瓦砾者，王化贞所买出之人，欲重熊罪以宽己耳。

巩入逆案。己巳之变，巩仿谢叠山作《却聘书》，下狱论死，后减死戍广西。

张思任原名宋连璧，山东乐安人。有李焕章，为其传言思任遇异人，能隐身驱风雷，又剪纸为人马、甲盾、器械。崔、魏时与游侍郎肩生同被逮，槛车至于河西务，隐形而遁。又变姓名为李抱贞，匿一宗伯家。崇祯初，走长安，上书劾权要，为逆奄复仇，忤旨，命斩西市，又隐身脱桎梏而去。按天启乙丑，逮游士任并武弁，孟淑孔、张思任俱下镇抚司。淑孔死狱，余释出，未尝遁也。西市脱一斩犯，何以不经见闻，其乌有不言可知。今人大都凭空说谎如此。有对会者尚然，毁誉之道，无复三代矣。

鄂总督征倭失事，下狱死。曾受围于桐乡，计无所出，唯拔庭中草，以消永日。及围解，庭中草无半茎，人传为笑。

王森原名石自然，蓟州皮工也。路遇妖狐，为鹰所搏，狐求救于森，森收之至家，狐断尾相谢，传以妖香。凡闻此香者，心即迷惑，妄有所见。僧依其术，创为白莲教，自称闻香教主，立大小传头会首名色，此牵彼引，云合响应，顶礼皈依，蔓延遍于京东、京西、山东、河南、山陕、四川六省，不下二百万人。森移住滦州石佛庄，其徒见者俱称朝贡，各敛结香钱，络绎解送。或盛停别，所以待支用。省直府县各设公所，使传头看守，置竹签、飞筹、印烙、三王字号，凡有风信，顷刻可传千里。撮合俚言谎说，刊作经文，分授徒众。万历二十三年，方副使访知，檄滦州下森于狱，抵绞永平府。詹推官覆改徒罪。森既出，思得有力者以自庇，遂入京师，投永年伯为族，又结奄宦王德祥。四十年，迁安县。团山建塔，以森术能动众，举森募化。森以金钱托其弟子李国用、李应夏，而国用乾没之，不为森所容，国用遂畔森，与应夏创立别教，自称太极古佛，以符咒召亡灵为事，而森之弟子亦往往有背森从国用者。两教弟子各为其法门，以相仇杀，尽发路其过恶。府县拟李国用、李应夏、王森及森弟子杜福等罪，此四十二年事也。时岁旱，饥民多起为乱，而森之弟子高应臣、郑守忠、李惟仁等乘之造为妖言，欲拥戴森，聚数百人于清凉山，驿报汹汹。永平府刘推官查前后案卷，知森之事实，遂会同府县覆审，坐森左道律绞。四十七年，森死于狱。其大弟子徐鸿儒、于弘志、周志德、许应龙、许大国、李天禄、周印等，与其子王好贤，仍行其教，约于天启二年八月中十方起兵。徐鸿儒以他事相激，先期而起。鸿儒者，巨野人也。时巨野曹州方穷治妖党，而杨子雨、李太等持挺格之，虽就擒而余党未散，鸿儒遂攻郓城，于弘志为内应。城陷，寻又攻邹、滕、峄，皆下之。六月，官兵复峄县，鸿儒据梁家楼，为我兵所败，逸过河东，据纪王城。又败，逃入邹县，攻三月，始下。十二月，献俘告庙，磔鸿儒于市。临刑叹曰："我与王好贤父子经营二十余年，徒众满天下，事之不成，天也。"

按，宽永日本年号，故海中为盗者，必假借之。后国王死，女主复仍其号，女主之子始改义明。

道浚与袁弘勋为王永光鹰犬，搏击善类，为见平之累多矣。

石三畏以崔呈秀荐，考选御史，搏击善类无遗，在客筵误点传奇《刘瑾醉酒》，遂遭削夺。

平湖，李浚也，无子。

应甲入京，一日而上十三疏，皆攻东林，罥淮抚者。王绍徽素恨冯少墟先生，故以应甲巡抚关中，使杀少墟。少墟果为应甲挫辱，郁郁而死。

王绍徽作《点将录》，以东林诸贤配《水浒》天罡地煞星，进之逆奄。逆奄付李朝钦收掌，凡其所戍逮削夺，皆按籍而求其后。又有《同志录》《天鉴录》，皆踵之而成者也。绍徽故得骤任冢宰。

贺附和温体仁，訾毁杨、左不遗余力。崇祯十年，给事中丁允元劾之曰："大学时贺逢圣,凡有疏扬辄骄谓:'我为之专事口角。'如汪应龙,宵人也,逢圣力为推举。高攀龙、左光斗业蒙圣鉴,又加废斥,是非邪正,颠倒如此。"十五年,召至京,见上唯有哭泣拜跪,至数十不止,别无建白。上厌之,命出一死差足晚。盖古今有正人而不为理学者矣,未有理学而非正人者也。

郭尚友后巡抚保定,与巡按马逢皋罗织赵梦白先生,笞其子赵清衡、甥王钟庞各二十,以报不推晋抚之怨。盖小人之鸷狠者也,志节以惯送书帕为言,岂足以尽其人乎!

——录自黄宗羲编《黄忠端公集》卷6《说略》

附记:2011年上半年,我应宁波市文联之约,选注《宁波历代文选》(诗词曲卷),同时也为了指导研究生撰写黄尊素论文,遂翻阅了康熙十五年徐三礼刻本《黄忠端公文略》三卷、《诗略》二卷、《说略》一卷附《黄忠端公正气录》一卷(收入《四库禁毁书丛刊》),其中《黄忠端公文集》目录下刻有"男宗羲补注"字样,知此书为黄宗羲编辑并补注。黄尊素原文皆顶格起,补注部分皆另起空一格,且不时出现"羲"字,可知补注皆为黄宗羲所作。其中《说略》一书,参阅了多年前复印的古香书屋项氏抄本,该本后有无锡孙毓修之跋,仔细读后,发现此人竟不知黄尊素为黄宗羲之父,说什么"梨洲表章先德无所不至,亦未及此",此书"或是明季遗老之所为",令人发笑,但他肯定"其间有附志,于本书甚有瀹注之益",倒是很有眼光的。其所谓"附志"即黄宗羲的补注,较许刻本多出二条。笔者遂将其中的补注及黄氏一篇佚文录入电脑,以为本书之附录。2012年,方祖猷先生赠我《黄宗羲长传》一书,抽空翻阅,始知方先生已注意及此,并在大作中屡有引用。因方先生限于著述体例,引录不全,故笔者仍将原录的全部补注保留下来,以资研究者参考。

海昌讲学讲义五篇

《泰卦》讲义

泰训通,否训塞。只通塞二字,足尽古今治乱之故。是故有天下者,小民祁寒暑雨日闻于上,臣下嘉言罔攸伏,天下气脉自相流通,便是至治之世。若当衰乱之时,忌讳日深,人情隔碍,道路以目,弊政讹俗,共知其非人不敢指,即一家父子兄弟之间,情意亦自柴栅。只缘君日骄亢,臣日卑谄,以至于此。卑谄与不卑谄,君子小人于此分途。君子自然直言敢谏,小人自然阿誉曲从。故治天下以亲君子、远小人为急务。泰卦所言皆是此意。上下四方曰宇,往来古今曰宙,上下四方,万古如斯,所争者只有往来耳。一治一乱,往来之迹也。小大者,所往来之人也。乾坤上下以为天运之循环,不知由人之往来而成此法。象象传推不言之交者,真意流通之谓,此生气也。世间人我、上下、内外一切分别,皆从小相交涉而起,交则浑然不见其迹。阴阳健顺、君子小人,非真两相对待。胜残去杀,满腔皆恻隐之心,便是内阳而外阴。有刚健之德,自然无所乖戾,便是内健而外顺。无论朝野,畏名义,重廉耻,比屋有可封,便是内君子而外小人。仁义何常之有?蹈之则为君子,违之则为小人,岂真有君子小人之定名而内之外之乎?其消长在道而不在人,可见已。大象言致泰之道在人而不在天,所贵乎君子者,为能担当世道,从生民起见,不可委之天运也。六爻是君子,下三爻,君子待用者也,上三爻,用君子者也。若以上三爻为小人,是君子小人中分天下,而小人又在高位,岂是泰之象乎?必不然矣。初之在下,所谓草莽之臣也。故以茅象之。唯君子能知君子,得一君子,则众君子皆可致矣。是以其汇也二,以天下人才为己任,如初之草野侧陋之人从而包之如三,刚健过中之才从而用之,不以遐远而遗,不以近习而朋,四者皆中行之道也。三即乾之三,艰贞即是夕惕,君子无时可忘戒惧。当泰之时,未免张而或弛。敬胜怠则吉,怠胜敬则凶,武王之戒书也四之,进贤人不自有当者也五之。亲君子不自有其贵者也,上将入否。苟能共起天下之君子出而图之,气机未尝不可转移。乃自恃其泰,自邑告命,所用者私人而已,岂能有济?大概消长之道,在人一念之间。故初言志,二言先大,三言艰贞,四言心愿,五言行愿,上祇告命,不复以此存心,所以终入于乱,可不戒哉?六爻之象多取于享祀,以古者诸侯岁献贡士于天子,天子试之于射宫,其容体比于礼,其节比于乐,而中多者,得与于祭;其容体不比于礼,其节不比于乐,而中少者,不得与于祭。祭是祭者所以辨君子小人者也。初之茅,以荐郁鬯者也,二之芃,吴草庐曰:芃与衁通,血也。郊祭大神,燔柴之后,最先进血,三之于食,有福,主人受祭之福也。四则天子享祀,元侯述职也。五则房中之主妇也。上不得与于祭,故不及祭之事也。

按:古清美《黄梨洲之生平及其学术思想》(台湾大学文学院,1978年),率先引录丛书善本许三礼《政学合一集》,许氏此书笔者未见,古清美之著亦未购到。本人所见许三礼《天中许子政学合一集》,为康熙刻本,收进《续修四库全书》中,此本多有字迹漫漶之处,其中本则讲义,"衰乱"作"挽近","君日骄亢,臣日卑谄"作"上官骄亢,僚属卑谄",此据方祖猷《黄宗羲长传》引录古清美之著而改。

《七月》流火讲义

小序云:"《七月》,陈王业也。"是诗也,以家计通国服,以民力为君奉。自后世言之,不过日用之粗事,非人纪之大伦也,而周公直以为王业。武王访箕子曰:"唯天阴骘下民,相协厥居。"《无逸》曰:"先知稼穑之艰难,乃逸。"古人未有不先知稼穑,而能君其民;君其民,而不能协其居者。此诗乃《无逸》之义疏,协居之条目。后之人主浸失此意,以势力威令为君道,以刑政末作为治体,治天下是治天下,民生是民生,两者竟自分途,焉得复有善治乎?"流火"至"至喜"为一章,总言急衣食。"流火"至"同归"为二章,言嫁娶之时。"流火"至"公子裳"为三章,言女红。"秀葽"至"献豜"为四章,言田猎。"斯螽"至"入室"为五章,所谓二亩半在田,二亩半在邑,自阳而入已矣。"食郁"至"农夫"为六章,杂举饮食碎事。"筑场"至"宫功"为七章,言力役。"昼尔"至"祭韭"为八章,言藏冰。塞向墐户,邑中之室也。亟其乘屋,田间之屋也。冰即藏于其室。"肃霜"至"无疆"为九章,称寿君上。此九章即豳之月令,与《夏小令》互有出入。据民间所务者而言,不必月月求备。至于《礼记·月令》,虽按月行令,然多君上之事,仪文盛而实意衰,与《七月》之诗有间焉。君民之间,上下相亲,不啻如家人父子。其君则授民以时令,俾之务农桑、治屋室,老幼有养,婚姻以时,饮食裘褐,以备其饥寒,缵武藏冰,以防其灾患。其民则厚于公上,染丝麻以朱公子之裳,取狐貉以制公子之裘,小兽私己,大兽献公,执役称寿,跻彼公堂,蔼然真意,在法制礼乐之外。夫天作之君,非是欲其现成享此供奉也。庶民见其小,君上见其大。故凡分田置里,一切经营护卫君上任之,使小民得勤其四体,无有意外之虞而已。尧之敬授人时,夏之咸则三壤,周之分至启闭,登台以观云物,民生在勤,三代以来未之有改。后世人君未尝不欲富民,但其欲富民之心,以为此国家经费所出,不得不加之意,而于小民室家仰事俯育之计,漠然置之度外,此念一差,遂至不可收拾。朝廷之用人,先才力而后学术,郡邑之布政,急催科而后抚字。三代授田,民养于上者也。后世买田以养上,而又横征暴敛,使民不得自养。呜呼,亦何忍哉! 三复《七月》之诗,可为流涕。

笔者按:黄宗羲此则讲义,自开头至"以刑政末作为治体",节抄自宋代叶适《习学记言》卷 6;"朝廷之用人……后抚字"数句,抄自宋唐仲友奏议,见《历代名臣奏议》卷 52。

《洪范·五皇极》讲义

唯皇上帝降衷于下民,衷极也。盖天地之间,浑是一团生气,太和氤氲,充塞上下,但有吉而无凶,有善而无恶,是即所谓福也。斯时岂更有祸夹杂其间?唯是气化既漓,人不能顺承天道,始有祸与福相对而生。逮至爱恶攻取,纷纭颠倒,凡厥庶民,此身不能自主。祸福之来,茫无凭借,于是求福免祸之心日胜,以为福可营而至,不然冥冥之中,有主之者。祸福倚伏,心劳日拙,哀哉斯民,欲为善而善不可为,欲为恶而恶不可为矣。圣天子为生人立命,为斯世开太平,中心无为,以守至正,即皇建其有极也。斯时也,生气充满,洋溢宇宙,父不哭子,兄不哭弟,非寿乎？家给人足,外户不闭,道不拾遗,非富乎？出作入息,化日舒长,非康宁乎？孝弟力田,相亲相睦,非攸好德乎？终身不见兵革之事,非考终命乎？所谓敛时五福,用敷锡厥庶民也。逮至荡荡平平,会归于至善之中,尽民物而皆君子圣贤,真是比屋可封,人生其世者,熙熙皞皞,但见其为福而已。可见命是我造,善之与福,犹若形影,即感为应,即人为天,微显于冥冥,而胚胎已定,阐幽于昭昭,而貌像斯著,如是斯为造化,如是亦为鬼神矣。是以古之卜筮所言吉凶,只是论吾所处之当否,不是度所应之祸福也。后世吉凶尽归于所应,则是以应为主,而感反退听。若涉大水,其无津涯,能不悲哉！凡厥庶民,父慈子孝,兄友弟恭,夫义妇顺,朋友有信,一循其当然之理,自能和气生祥,一家有一家之福。若稍乖戾,便生隔碍,虽一时未必见祸,其后忽然得祸,细思发端,终从乖戾处来。五福者,人之所同欲也;六极者,人之所同恶也。圣人指示,一建极保极道理,人人可能,不从天降,不从地出,人亦何苦而不为之哉！昔象山守荆门于上元日,讲《洪范》五皇极章,以代醮事,其言此心若正,无不是福,此心若邪,无不是祸,其心邪,其事恶,纵是目前富贵,正人观之,无异在囹圄粪秽中也。其心正,其事善,虽在贫贱患难中,心自亨通,正人观之,即是福德,此即正其谊不谋其利,明其道不计其功之意。在君子立心,固是如此。然天人感应之理,实凿凿不爽毫发。盖祸福者数也,数归于气,善恶者心也,心原于理。理气合一,一本而万殊,万殊而一本,福善同源,祸恶相守。若祸福错出,无关于善恶,则止有万殊而无一本,大德不足以敦化,川流亦将绝矣。世人往往以俄顷之见,躁妄之心,窥测天人,有合有不合,如唐人柳、刘之论天者多矣。某故以此补象山之阙文。《洪范》一书,刘氏父子言数而不及理,象山言理而不及数,皆未为得也。

《春王正月》讲义

古者人君之有天下也,必改正朔。所谓正朔者,正是正月,朔是朔日。正月朔日为第一岁之始,天下奉之,不敢差忒。故唐虞夏以建寅为正,殷以建丑为正,周以建子为正。所谓为正者,谓以此为正月,以此为春也。故曰:春王正月。加"王"字以明当代之制也。然古来只有三统,以天开于子,他(按,当为"地"之误)辟于丑,人生于寅,为自然之法象,此外不可逾越。秦人不明此理,反古之道,从而建亥,不可为正,只称亥冬十月,以为岁首而已,亦以秦始自名为政也。逮至后世,立年号以纪元,则以改元为重,而正朔之义晦矣。自夏商以前,不可详考。唯《春秋》一书极为明备,而儒者各出己见,同于聚讼。孔安国、郑康成所谓周人改月改时,汉去古未远,其言□□。凡经传中可据,经诸儒摘索者,不敢重出。只以分□言之。《左传》:僖五年春正月辛亥朔日南至;昭二十年春王二月己丑日南至;庄二十九年传曰:凡土功,日至而毕。《礼记》:孟献子之言曰:正月日至,可以有事于上帝。七月日至,可以有事于祖。第言日至,不言冬至、夏至者,以至在春正月,不可言冬,至在秋七月,不可言夏。昭十七年夏六月甲戌朔日有食之,太史曰:日过分而未至。昭二十四年夏五月乙未朔日有食之。昭子曰:日过分而阳,犹不克。《国语》曰:阴阳分布明堂。《月令》曰:日夜分。第言分,不言春分、秋分者,以分在夏四月,不可言春,分在冬十月,不可言秋。观所以名分至者,而改月改时昭然矣。冬至、夏至之名,在三代唯见于《周礼》天神地祇之乐章,此则伪书,可无论也。然一闿之诸儒,其持说亦有数端,执不改时不改月者,蔡九峰也。其立说张本,只据伊训,唯元祀十有二月乙丑,伊尹奉嗣王,只见厥祖太甲,唯三祀十有二月朔,伊尹以冕服奉嗣王归于亳二章。不知此十二月正建子之月也,欲以祠先王及冕服二者遥定为岁首可乎? 和不改岁时之说者,周洪谟也。以为鲁史纪年始于冬十一月,孔子作《春秋》,则始于秦王正月。出论无所依据,而欲抹煞左氏、汉儒,可乎? 夏时冠周月者,刘质夫、胡康侯也。先儒谓信斯言也,是周本行夏时,而以子月为冬。孔子反不行夏时,而以子月为春矣。言周改月不改时。鲁史始改时以从月者,薛氏也,此即夏时冠周月之说,但移过于鲁耳。云文武改正朔,不改月数,平王迁洛之后,欲示有所更革,并月数而改之。此或者之说也。盖欲附会蔡氏,碍于《春秋》,又从而为之辞耳。云周改子丑月为春,孔子作《春秋》,始反之,一从夏正,而每年移子丑月事于前年者,汪克宽之说也。若是则二百四十二年之事,皆当时之月日矣,矫诬之甚。凡此皆因三正通于民俗。如七月流火、六月徂暑之类,亦往往见于记载,以致诸儒难端纷起。某讲一言以杜诸儒之口。《春秋》日食三十六,以改时改月算之,则入食限而可通;以不改月算之,则不可通,将谓通者是乎,不通者是乎? 孟子曰:千岁之日至,可坐而定也。诸儒正坐,不明宪法,故不胜其辞费耳。

《儒行》讲义

儒者经天纬地,原无所不该,学之不至,于是有小人儒、贱儒、竖儒之别。从世俗而儒之,其实不可□□□也。后之君子遂疑儒不足学。陈同父谓天地人为三才,圣人大人乃是人之极则。才立个儒者名字,固有该不尽之处矣。郝仲舆云:史列九流,而儒居一。得一失八,所收余几。此皆有激之言,盖因后世之儒,其行既不足以服人,而于担当开廓、震动一世之人物,则又沟而出之于外,以为非儒者本色。《儒行》之篇,先儒谓其有矜大胜人之气,少雍容深厚之风,未必为夫子之言。然观其气象,泰山乔岳,牛毛茧丝,苟不出于是,不可谓之儒也。自立以观其学问,容貌以观其涵养,爱身故豫备,远利故近人,特立刚毅,自立三节,总是一意,威武不能屈也。仕与忧思二节,亦是一意,以天下为己任也。不露才扬己,故宽裕,推贤让能,故举贤任举。特立独行一节,出之事也,规为一节,处之事也。交友则合出处言之,尊让两节则总结上文十五节也,于人己出处,贫贱富贵、生死利害,处之各得其宜,非心体纯一,焉能有此。是故儒者从心上用功,不必向一言一行斗钉凑合。然一言一行之失枝落节,毕竟是天理流行,有所不到也。阳明先生言:"知是行的主意,行是知的工夫。知是行之始,行是知之成。"原是跌仆不破。其后学者误认猖狂以为广大,又喜□□为心体,却欲坏行,以就其知,其有反之为力,行□□,认格式见套为理,以巧言令色为行,儒行之脉,从此而断。高忠宪曰:始也扫闻见以明心,究且任心而废学,于是乎诗书礼乐轻,而士鲜实悟。始也扫善恶以空念,究且任空而废行,于是乎名节忠义轻而鲜实修。不如将《儒行》条条勘过,附会假托者,无所逃避,到圣人、大人地位,方可名之为真儒耳。

经义问答

(杨中讷)又问:学术不明,人品斯坏,故扶植人品,全在振作士气。必能崇尚气节,然后可以出而有为。苟名节有亏,纵负过人之略,而本原一失,其流不可复问。近者士气衰,坊表废,砥厉廉隅,目为气质未融,管心奔竞,自夸经济通才,学道绝续关头,正在此处。今日所讲《儒行》,便可为整躬厉俗之要否?

黄夫子曰:白沙先生云:名节者,道之藩篱。明道先生亦云:东汉之气节一变,可以至道。流俗多言党锢之祸由君子所激而成,一唱百和,于是魁奇骨鲠之士,绝迹于天下矣,学问之事,更从何谈起?

——以上见许三礼《天中许子政学合一集·海昌会语》

附记:许三礼《天中许子政学合一集》存黄宗羲散佚文字,最早为古清美《黄梨洲之生平及其学术思想》所引录,此书笔者未见。2011 年浙江大学出版社出版的方祖猷《黄宗羲长传》,亦多据许著分析黄的思想。但方著限于体例,引录皆系零碎片段。本书全面辑录,以供读者参考。

又记:民国 37 年奉化《许江岸张氏宗谱》有黄宗羲撰张良臣传,夏广、陈黎明主编《奉化现存宗谱辑录》(中国文史出版社 2012 年版)第 271 页据以收录。将宗谱此传与黄宗羲、全祖望等撰《宋元学案》卷 25《龟山学案》中张良臣传相对照,发现张良臣试南省之事有差异。宗谱云:"史浩尉姚江,一见武子之文,袖以见知举张真父曰:'此吾故人张良臣之文也。'比揭榜,真父惊谓浩曰:'果张良臣也!'浩罢相,居小溪山中,武子日从之游。"此处叙述极为荒唐。一县尉,怎么有资格见知举呢？史浩罢相后居住在鄞县东钱湖，后迁城中，从来没有居住在小溪山中。据袁桷《延祐四明志》卷5、陈思《两宋名贤小集》卷306，原来史浩乃魏杞之误。《龟山学案》乃全祖望所修，黄氏原稿已佚，但黄宗羲即便为张良臣撰传，也不可能犯如此低级的错误。故《许江岸张氏宗谱》中所谓黄宗羲撰张良臣传实为伪作。

附录二　黄时贞论黄宗羲文辑录

黄时贞（1620—?），字孚先，晚号石窗山樵，余姚梁弄人。清初为黄宗羲门生。工于诗文，著有《石窗子集》四卷、《古今体诗》三十余卷等。康熙十八年（1679），黄宗羲曾作《黄孚先诗序》。黄时贞所作文章，多有涉及黄宗羲者，有一定的参考价值，可惜今人未予注意。今从《余姚四明黄氏谱》中辑出，以为研究者之助。

书南雷三案诸书卷末

贞尝与朱屿山私论梨洲先生之学，何以胚胎真元，酝酿道德，包三极，运二气，自朝而野而家而国而天下，尽人情，该物理，发为文章，无施不可，旁皇周浃乃尔耶？屿山曰："无他，只是一个耐心尔。"予曰："嘻，有是哉！耐心二字乌足以尽先生哉？"因是而思之，心，动物也，獶也；耐，健也，纯也，止也。止于所当止，则不随身而动也。先生之学奚但俎豆阳明、蕺山，直欲上溯羲文，千圣百王不传之绪，匪心极勇，何由企及。匪广大则不周遍，非纵横旋转不足以殚神明不测之用，使有一息之不绵延联属，则心便有间，有间则心之所失者多。罔念克念，只争俄顷，如是者即谓耐心。二字以尽先生之生平，亦无不可。故心一而已，一故诚，诚故不息。先生耐心，用良知之刚健中正，而终身以之于焉。首用此心于于穆，以之推步、象纬，不唯二曜交蚀，五星顺逆、经纬凌犯，而于日道、月道之外，又为星道，及会通中国、西洋二历，以补前代之所未备，知先生耐心于历象最精。用此心于群经注疏，诸子百家之精义奥旨，不唯古今之大经大典大议论揭如日星，而于《麟经》之丧葬吊祭，三礼之时日器数，考究无遗，知先生耐心于经学。用此心于四始六义，不唯网罗今古篇章之放佚，而又推原昔之风雅颂，即其乐经，知先生耐心于诗乐。而所痌瘝不忘者，尤在十六字传心之后，有道学、理学、心学名目，及程朱以来诸儒所聚讼，多有未决。先生独破心坎，标指一二，如云《易》画之一奇即太极之象，因而重之，即两仪之象。又如意为心之所存,静存之外无动,察已发未发,不得分前后际,非故与晦差别。而又分析释氏之如来禅、祖师禅,以防作用见性之渗入。与夫闽人林三教之创立异说,悉皆屏绝。此千圣之血脉,理道之渊海,文字之根柢,先生耐心于此,尤慎密而严核。虽然心一而已,一故贯,贯故随地涌出,初何尝汲汲焉于彼耶,于此耶?故其为文则又如攀华顶之云,标赤城之霞,为石匮灵文,为潭面珠光,为奔流下峡,为杲日经天,则有激如清商,森如琳琅,韵如晨钟,煦如春阳。不诵其文,不知先生之为心也;不详其心,不知先生之为学。先生之心,河洛渊源之根也;先生之学,内圣外王之业也。山林也而廊庙之经纶具焉,日用也而位育之功能著焉。其究至于天子不臣,诸侯不友,此坚之体也,要以其心之量而止。此先生之心,可以为通彻而无间也与。二十五世孙时贞撰。

梨洲先生诔辞

　　呜呼!先生与世长辞矣。死生之际人所难,飘然弃去如脱屣。石床隐卧俨生前,不容号哭哗两耳。五十年来蒙教育,呜咽厄惝何堪此。忆昔堂前洒扫役,唯贞最先供驱使。先生谓为可以教,从兹得为门下士。此时世乱如沸羹,山陬海澨纷纵横。盛名之下世所指,优游幸得全其身。人情尤叵测,世路俱变更。杜口不言事,裹足不入城。往时湖上诸君子,或逃或死不闻声。唯与山人野士遇,不惜下交开户迎。宸极最高视唯远,潜名莫谓长息偃。至急无如明代史,非大手笔莫办此。屡颁诏告降明旨,云岫高眠坚不起。同朝愿一望见之,正是先生欠伸时。却笑严陵漫加足,嘲调朝贵何其痴。呜呼先生今已矣,其中自有一深意,须让时贤一头地。此事如何可濡手,且遂林泉不拔志。上自轩皇下迄今,遗事疑义森如林。罗网千古之放失,非竭一生无追寻。所由容接天下士,一材一艺尤用心。读书种子蒙相许,一辞莫赞非虚语。方其酬酢至当时,古人亦觉快心膂。呜呼三案大义焕日星,大泄天地之精灵。金匮石室所未睹,理学文章世典型。至夫品度风光与霁月,忠孝凛烈著妙龄。自有同门所传述,不磨之汗青。吁嗟乎!先生出处所以尤屹屹,宁为区区班马事任一朝屈。

　　先生讳宗羲,字太冲,世称梨洲先生。住竹桥。万二公之后也。父忠端公,三劾逆案魏忠贤受害,先生时年十七岁,入京讼冤请谥。魏党许显纯尚在,行二千金于先生,祈死,不许,卒杀之。清朝最重先生,命以翰林修撰官征聘纂修《明史》,不赴,唯以杜门著述为事。贞先君九叙公捐馆,诣竹桥,拜先生,请求作行述,甚喜。嗣后迄今,许以读书种子相勖。所著《理学案》《文案》《诗案》,天下古今之礼义文字尽于此矣。先生之敛形也,不以棺,预作石室于化安山,造石榻于中。捐馆之一日,令舁以卧而逝焉。此又千古一人,不可有两者矣。康熙三十四年门人时贞记。

——以上录自黄明经等纂《余姚四明黄氏谱》卷 23《附编》

附录三　清初浙东佚词辑录

清代词学发达，作品繁多。清初之词，大多已见于《全清词·顺康卷》及《全清词·顺康卷补编》中。囊阅地方文献，见四明一隅的词人，遗作尚多。他们多为黄宗羲的友人及门生，故将旧辑附录于此，以备采辑、研究之用。

韩湘

韩湘（1595—1680），见于清光绪间修《慈溪韩氏宗谱·先贤考》（抄本）粘贴的韩巩小传："韩巩，原名协用，字子肩。父湘，字长源，号熊庵，邑庠生，有文行，享高寿，著有《伸眉集》。"又《宗谱》第二册有九九翁韩湘《梦游纪略》一文，记自己出生万历乙未年，即 1595 年。该宗谱名册中列有第二十一世韩湘，生明万历乙未年十一月二十日，卒康熙庚申年正月廿九日，年八十六，为明天启辛酉年科试入泮第一名。韩湘为明清之际人，《全明词》《全清词》均未收其人。

蝶恋花·咏红（辑者按，"红"疑为"一"字之抄误）丈红

回风亭北火云烧，矗矗花枝，爱把红衣罩。粉墙低，拖逗朱颜巧。　　莺踏花翻浑未晓，五尺阑干，一半遮藏了。轻渺竹外，一枝孤更峭。向影倾身留晚照，莫把酒杯残了。

按，此词原题《蝶恋花》调，疑有误抄，且上阕似有缺句。

踏莎行·游鱼唅花影

半亩芳塘，花枝临砌，荇藻低况绮浪细。微风摇动暗香浮，无端惹起鱼争戏。　　扬鬐鼓鬣，悠然得意，素影交横疑设饵。掀唇仰沫却成虚，犹恋苍波不忍去。

玉团现·秋夜闻砧声

金井银床梧叶泊。夜凄清，砧吟蟋蟀。寒到征人，□生嫠妇，几般寂寞。忽听耳畔声断绝，捣衣裳，流黄错落。莫道无情，一声两声，胜于哀角。

辑者按，此词调，宋词中作《玉图儿》。

——以上录自宁波市江北区档案馆藏《慈溪韩氏宗谱·诗词》（稿本）

项宣

项宣，字宣之，号不屈居士，镇海人。少负异才，博学好古。明亡后不赴试，作黄冠打扮，妻殁亦不娶，与诸隐者以诗相唱和。性好饮，善书。卒年七十余。著有《近儒录》。

临江仙

委婉北山松树下，石根结个茅阿。巧藏精秀却无多。尚余檐隙地，种竹与栽梧。　告卧不须愁客至，客来野笋山蔬。一瓢浊酒尽能酤，倦时呼鹤舞，醉后倩僧扶。

——录自王荣商编《蛟川耆旧诗补》卷1

张嘉昺

张嘉昺（1603—1670），字士美，号石渠，又号陶庵，鄞县人。知宁国府钱敬忠之婿。侨居嘉兴之硤石。与钱光绣等并为萍社社员，唱和极盛。明亡后曾因卷入太湖义军的抗清斗争而入狱，出狱后隐于医，行踪不出硤中。著有《陶庵集》。

张嘉昺词，《全明词》第六册第3021页，收词两首，《全清词·顺康卷》及《全清词·顺康卷补编》皆未收录。这里补录四首。

百字令·次东坡《游赤壁》韵二首，隐括前、后二赋

旷观天地，问江山何者，堪为吾物。孟德周郎安在哉，苏子诗题赤壁。举酒邀朋，兰桡桂棹，击泝流如雪。美人何处，悠悠思动豪杰。　更有狂客吹箫，呜呜如诉，逸兴翛然发。逝者如斯而未往，胡一瞬英雄灭。任白东方，恣歌沉醉，醉侧萧萧发。逍遥两袖，清风满载明月。

又

雪堂雪晚，乐行歌互答，萧疏人物。木落霜寒山月小，非复前秋赤壁。有酒有肴，几负良友，喜得鳞如雪。贤哉妇也，藏醪能待英杰。　舍客登彼巉岩，履危长啸，响振虬龙发。鹤翅横江声戛戛，西掠余舟而灭。道士蹁跹，揖予言乐，碧眼星星发。披衣起坐，惟见晓窗残月。

满江红·感怀,用辛稼轩韵

怀古情深,任世俗,无人能识。课事业,浇花栽竹,小窗之北。乞酒敲邻尝瀘帻,摊书闭户遗悬屐。倦来时,一枕到羲皇,吾为客。　　笑世法,鹐鹋逼。叹兵法,螳螂敌。似提携傀儡,徒存形迹。只要印垂腰后紫,谁怜骨满郊原白。对山河、风景尚依然,悲今昔。

梅花引·春闺,次卓珂月韵

绿锁珠阑,红翻碧汕,韶光蓦地清明矣。愁多好梦已难寻,好堪又被莺呼起。　　妆懒临鸾,期愆乘鲤,当初盟誓都虚耳。有情燕子解怜香,也衔落瓣归窝里。

　　——以上录自全祖望《续甬上耆旧诗》卷52,其中后两首为《全明词》收录

钱光绣

钱光绣(1614—1678),字圣月,号蛰庵,鄞县人。随侍其父侨居海宁碶石,得以与浙西诸名士交往,后又随父游吴中、宛中、南中,因而得识江左诸名士。经常参与浙西文学社团活动。明亡后隐居不出,颓然自放,自署寒灰道人。晚年自碶石返甬上,筑归来阁,与高宇泰等组织耆旧社。有《归来阁集》。

《全明词》第五册第2347页,收钱光绣词7首。《全清词·顺康卷》第二册第911页收录6首,这里补8首。

水龙吟·赠愿云(戒显)开士用刘后村韵

半生雅慕卢能,从今火宅抽身早。罢庵有偈,甲申纪岁,崇祯称号。宣庙书焚,蕚山发祝,孤忠疑傲。想首阳薇蕨,浔阳松菊,同斯志,从其好。　　空阔海天长啸,人间事、都忘施报。左招右拍,谢翱唐珏,无端啼笑。水挹军符,山凭不借,瘦筇过帽。羡场开选佛,心空及第,算中书考。自注:师有《罢庵诗偈》行世。

沁园春·漫述与蒋楚稚

大江以南,甲寅吾降,疏狂莫侔。但对三杯酒,眼空四海。搦一枝笔,神往千秋。击罢青萍,煮残白石,侠客还疑静者流。都非也,是草中称圣,醉里封侯。

功名两字悠悠,任来也休推去不愁。笑玉堂金马,原非分外。竹篱茅舍,亦可长留。恣我酣呼,从他哂骂,斥鷃能知鸿鹄不(注:音浮)。心何愿,愿饮阏氏血,提可汗头。

乳燕飞 · 初闻寇警

世事真堪惜，是谁将潢池赤子，酿成强敌。几处郊原烟火断，白骨山堆雪积。笑儒生翻同巾帼。还向四书章句里，对孤灯夜雨闲寻摘。都倚仗，一江隔。

封疆离得才盈尺，尽夸说广牧英风，孙吴奇策。极目兵戈西去路，总是汉家图籍，便任他凭陵充斥。抱膝空为梁父吟，叹时机掣肘烦筹画，长忧杞，头欲白。

苏幕遮 · 肇一肃图弟过堇斋庵有作次答

剑凭轩，棋赌墅，兴尽归来，访我柴桑里。落落中原刚数子，成败安论，但各求其是。　　溷屠沽，埋姓氏，痛哭桐江，赓和西台句。指日澄清烦执耳，托迹机云，投袂从君起。

——以上录自全祖望《续甬上耆旧诗》卷 50

踏莎行 · 寄怀李君龙先辈

雪溅齿牙，峰生肺腑，伊人一水迷津渡。暮云春树总相思，伤心更属离离黍。　　乳窦香灯，岳林鱼鼓。同携襆被寻幽处。烦君酿取酒千钟，莫教陶令攒眉去。自注：时订作雪窦、岳林之游。

——录自袁钧《四明近体乐府》，《全明词》收录

卜算子 · 咏雪

丝飘玉飓，剪出新花样。独拥铁衾寒不响，半在小池冰上。　　彤云傍午初开，青山飞去重来。笑向佳人索醉，拔伊头上金钗。

渔家傲 · 梁溪舟中

岸柳依依初剪绿，溪山一抹轻烟簇。风饱布帆收半幅。幽兴足，扁舟载得人如玉。　　童子煮茶松沸熟，高谈不管鸥惊浴。新月树头□□沐。歌一曲，隔林欸乃声相续。

声声慢 · 李青来雪中命客徐道力为赋"青山顿老"三句，索余补和

天公戏玉，滕六飞花，山山骤把埋却。鹤氅帕巾，我欲置身丘壑。文君眉黛全消，争怪他、白头情薄。凭做弄，任悠扬明日，青青如昨。　　毕竟朱颜易老，蒲柳质、冰霜一朝难托。时代沧桑，况复伤心城郭。拥衾未容僵卧，浇块垒、蛆浮金爵。溪畔路，待流嘶、策蹇践约。

——以上录自《古今词汇》，《全明词》收录

张　斐

张斐(1625—?),字非文,初名宗升,号霞池,余姚人。少好学,不治章句,卓荦有奇节。明亡后,舍弃举业,绝意仕进。壮年周游天下,自号客星山人,四处结交遗民志士,图谋反清复明。康熙二十五年(1686),经朱舜水孙朱毓仁引荐,张斐搭商船来日本长崎"乞师",求援于水户侯德川光国,未获成功,怏怏回国。次年正月,再赴长崎,仍未能获准赴江户,遂决意回国。后不知所终。著有《莽苍园稿》三卷。

南乡子·江州南湖烟水亭秋夜有怀

人在画中游,袖里湖光一幅秋。明月满堤轻荡桨,扁舟,疑似乘槎泛斗牛。回首思悠悠,乍见银河挂玉钩。天阙不知何路尽,层楼,一曲阑干万里愁。

贺新凉·寄题扬州卓氏园林

潦倒归无路。喜扬州、王孙卓氏,相逢如故。夏簟帘闲坐卧,不道身居客处。隋氏离宫已尘土,门外邗江流旧恨。又何如一霎莺花主。从此后,来无数。　　况凉夜高朋群聚,听檀槽、歌童唱彻黄金缕。堪笑人间欢日少,枉自远思千古。到今日燕台笼雾。望绝萋萋芳草满,一番又落花飞絮。空教忆,伤春暮。

临江仙·北行忆故园

回首故园音信断,临行正忆山庄。茅居旧在鉴湖傍。草深迷市井,地僻懒衣裳。　　自笑而今缘底事,频年只恁奔忙。明朝又苦是离肠。鸡声茅店月,人迹板桥霜。

清平乐·赠别友人

遥空雁没,云断燕山隔。门外马嘶人去,急携手河梁一刻。　　未知此别如何,樽前一曲离歌。白发森森已老,相看泪眼滂沱。

浣溪沙·普陀寺

榜字留金压海鲸,前朝花梵敕题名。几年兵火触愁生。　　青逼禅灯磷欲暗,碧余趺草血犹腥。断肠分付与潮声。

——选自张斐《莽苍园稿》

郑　梁

郑梁(1637—1710),字禹梅,初号香眉,继号蹋庵,后号寒村,慈溪半浦(今属江北区慈城镇)人。康熙四年(1665)与陈锡嘏等甬上诸子组织策论会,康熙六年(1667)到余姚黄竹浦拜黄宗羲为师,为甬上讲经会的重要发起人。康熙二十七年(1688)登进士,选翰林院庶吉士。历官工部湖广司主事、刑部山西司郎中等。康熙三十九年(1700),充会试同考官。不久,出任广东高州知府。后因父卒,悲伤过度致疾,半身瘫痪,故改名风,字半人。著有《寒村诗文选》等。

《全清词·顺康卷》第十七册,据袁钧《四明近体乐府》,辑录郑梁词三首。按,此三首词均见于郑梁《寒村诗文选·见黄稿诗删》卷5,其中《踏莎行·送钦甫兄授徒安吉》下片之"赪岭"应为"赭岭"。另辑录词十九首。

蓦山溪·红梅

烟姿玉骨,不假铅华助。点缀有东君,却嫌这、寒枝忒素。春风夜月,蓦地换新妆,珊瑚树。胭脂雨,朵朵娇能语。　　幽香瘦影,一片晴霞护。淡漠道罗浮,偏如那、武陵溪路。浓芳艳冶,恍如遇仙妃,朱唇露。红裙舞,恐惹桃花妒。

浪淘沙·壬辰除夕

岁月似抛梭,残腊将过。家家爆竹更神傩。十六年华今夜尽,蹋蹋成歌。
纵有壮心呵,半被天磨。鸡声欲唱漏声多。又是明年春到也,如之奈何。

满江红·寄袁节之

把酒论文,也悲得、秋光无那。况客里、寒碪别馆,孤灯独坐。对菊离愁知易惹,插萸乡思应难过。百花洲休教远游人,归鞭惰。　　蓉江岸,樽俎荷。丹山社,文堪课。莫频频藉口,行囊无货。膝下多情肠欲断,闺中有恨颦谁破。更新词一曲满江红,须君和。

风中柳·春景

才觉春来,忽去了三之一。正花香、芳心乱拽。半愁半快,为长问啼鸩。怕多情、又情肠别。　　薄暮轻寒,暂把绣丝针歇。渐窥窗、梅梢淡月。催诗山色,已烦人周折。更休听,渔舟歌阙。

踏莎行·村女避兵

晓梦浮沉,春心懊恼,拈针听说兵来了。姑随嫂也女随娘,忙忙去泛湖中棹。　　　面映波娇,腰随舟袅,梳妆零落风情悄。惊闻马上动笳声,愿天速把青年老。

千秋岁引·荒庄听鹃

破屋游人,空山独鸟,彻夜无眠同到晓。心心木生春去怨,声声又道归来好。竹摇风,溪流石,都烦恼。　　　应是叹人年易老,应是叹人名难早,为别东君泪多少。枝头不停垂血口,床头怎禁伤情调。半生愁,千古恨,何时了。

御街行·午日怀旧

春归忽又端阳节,角黍荐,香蒲切。空庭萧寂海榴红,樽酒凭谁细说。鱼群穿藻,燕双栖栋,偏是人暌阔。　　　山阴道上逢君日,笛一弄,歌三阕,而今异地同明月,肠断鳞沉鸿绝。栀花荷叶,雨徐凝泪,也觉伤离别。

青玉案·金鱼

文章辉映阳侯国,莫错恨、江河隔。浪静风恬从所适,玉华虹贯,金光电射,是书生肝隔。　　　盆池勺水游何极,不比人、天低地窄。坐藻依萍无滞迹,鳞虫逸士,波臣骚客,怎许渔翁得。

西江月·腊梅

色比梅葩更韵,香和兰蕊俱清。相看索笑枉多情,长自垂头不应。　　　叶谢虽悲摇落,花开却□□冥。未如人世只凋零,为甚含愁欲病。

点绛唇·雨夜寱言

梦短更长,空阶苦雨心头滴。乱抛横掷,若个堪闻得。　　　往事蹉跎,回首无消息。谁怜惜,枕边床侧,老鼠驱岑寂。

如梦令·夜坐

冷落天迟芳信,寂寞人添春恨。急雨逐风来,声到罘罳成阵。闷愁,闷愁,坐得夜寒灯晕。

浣溪沙·秋海棠

辞却庭柯入草丛,东风未足睡西风,细施薄粉晕轻红。　　　添我秋怀因态冷,消他春恨为香浓。断肠底事在其中。

西江月·初冬夜雨

最苦愁中著雨，那堪冷上加风。黑甜无分半床空，吝我三更佳梦。　　身在丝绵故事，家无担石遗踪。一声岁月几初冬，闷则和衣牵动。

又

二十年来梦里，百千心事床头。入冬无件不添愁，况又雨连风吼。　　嘹亮金鸡破槛，丁冬铁马孤楼。惊人竹树故萧飕，莫把从前回首。

点绛唇·夜闻雨打梧桐声

风雨梧桐，萧飕催得浮生寱。思量前度，都是迷和误。　　酒劫花魔，埋没人无数。还堪悟，回头未暮，正在邯郸路。

桃源忆故人·戏题友人菊花

金风萧瑟秋时候。三径清香盈袖。羞向绿争红斗，冷落霜前瘦。　　花情花性君知否，傲骨莫教孤负。曾与渊明相友，应好诗和酒。

如梦令·送春

燕到非关迎也，滑落谁能留者。春色本无情，何事东君相惹。拼舍，拼舍，吟酒醉诗聊且。

锦堂春·丙申感怀

愁债欲酬未了，诗逋有帐难清。十年风月归何处，交付与青灯。　　时事浮云递换，此心孤月长明。文章不疗贫和病，无计脱书生。

——以上辑自郑梁《寒村诗文选·见黄稿诗删》卷 5

青玉案·答裘横山题左手所画，调寄《青玉案》，并次原韵

图画千古休论价，未有字，先维画。病手疯来成虚话，睹荣枯境，看烟云变，一笔于何下。　　左边强把肱来借，墨渴毫枯只偏霸。嗜癖疮痂翻道雅，这曹王匹，那倪黄亚，岂果文心化。

——辑自郑梁《寒村诗文选·寒村息尚编》卷 4

钱　廉

钱廉（1640—1698），字稚廉，号东庐，鄞县人，居潜龙漕（今属江东区）。自

幼丧父。因从兄钱肃乐起兵抗清,家被籍,一度随母避居杭州外祖母家。长而励志求学,后为黄宗羲甬上证人书院的门生。大学士傅以见原出其父钱启忠门下,欲荐他为官,钱廉不就。曾助和硕康亲王镇压"耿藩之乱"。晚年躬耕教子,自呼东皋上农。著有《东庐遗稿》。

踏莎行·禾中朱葵石先生鹤洲

浪迹禾中,鹤洲寻渡,萧疏似入桃源路。依依秋李拂晴烟,柳梢莺语斜阳暮。　　白鸟时飞,绿筠深处,惹将闲闷浑无数。春来生怕落花红,落红未逐东流去。

满江红·和王昭仪驿壁韵

一别君王,空目断,水光山色。长途遍、黄沙白草,恨悬金阙。琵琶呜咽出长安,而今不复昭阳侧。最荒凉,风逐马蹄,尘无休歇。　　故国远,音书灭。伤心□,何由说。渐遥闻、笳吹泪流鹃血。世事绝如摇落影,人间不并长图月。叹姮娥未暗别离情,多盈阙。

满江红·衢行舟中

一望凄凉,离乱后、河山非故。叹络绎、临流旌旆,鹤落鸿惊渡。白发亲悲荒垒侧,少年妇哭江头路。更堪伤,村落半流亡,无人住。　　岂不畏,天心怒。岂不愿,民心附。奈痌瘝、四野细思量,徒令怀古。从来天下臣王臣,只今何独非王土。问先生耕凿近谁乡,吾归处。

唐多令·偶阅米帖,帖所书坡公,题武昌词调寄《唐多令》,因用其韵,以写旅愁

冰雪暗前洲,寒涛冻不流。听朔风、孤枕危楼。半载武林憔悴客,过一日,似三秋。　　晴雀噪檐头,也知人意否。寸心中百虑千愁。欲借一声传故里,全不似,昔时候。

唐多令·汤广崖过宿,慷慨旧事,再用苏韵,作《唐多令》以纪感

鸿雁落沙洲,寒云夜不流。为月明,闲步西楼。似雪乱飞头上发,重作客,不胜秋。　　人事扰眉头,岁华能待否。惜韶光偏使人愁。记得六桥同泛艇,弹指过,旧时游。

唐多令·适有馈蓝菊(杜若也)者,因再用苏韵作《唐多令》以书近况

杜若采芳洲,人其屈宋流。盼故乡、眸断登楼。呖呖雁声飞渐远,思往事,

几春秋。　　　风雪打床头，有人相忆否。一瓶梅、聊作穷愁。再向两堤携斗酒，山水外，且遨游。

唐多令·再用苏韵作《唐多令》自解

烂醉画沧州，毫端墨欲流。最动人、清景南楼。多少赋诗豪饮者，能几度，纪春秋。　　　好鸟啭枝头，春光曾露否。有生来、何用闲愁。愿得一湖如贺监，花月下，任优游。

——以上辑自钱廉《东庐遗稿》

朱　洞

朱洞（生卒年不详），字孝酌，一字静轩，鄞县人。自小禀家学，随侍父亲参加秋水社活动。后与谢为宪并称二老。著有《静寄轩集》。

多丽·岁暮，同人集孝德斋，以"青鞋布袜从此始"句分韵，予得青字

岁峥嵘，同云漠漠寒垧。拥红炉，倦笼双袖，乌皮小儿间凭。护苍苔，呼童扫径。怀知已，折柬邀朋。我亦偷闲，君还乘兴，欣然倒屣相迎。更昂然，时来入座，挥麈听高僧（自注：谓印千）。却正好，一觞一咏，畅叙幽情。　　　叹从来攒眉裹足，今朝得破愁城。严觥政，庶几金谷。评诗价，彷佛旗亭。且共停杯，还听击钵，是谁先报诗成？看个个，分题阄韵，各自谱新声。休辞去，联床夜雨，窗掩灯青。

东风第一枝·咏春草堂新柳

白板扉前，乌衣巷里，来访谢几深宅。庭前细柳垂阴，旖旎长条接席。池塘春草，同倩东风吹碧。却更喜、摇曳笼烟袅袅，青丝千尺。　　　低掠水，燕飞双掷斜带雨，枝柔轻折销魂。澹月黄昏，隐隐粉墙深隔。王恭张绪，差似当年风格。还赚得两个黄鹏，时向茅堂款客。

水调歌头·南浦采菱

落日澄川里，摇曳晚风多。溯洄垂柳堤畔，鼓桨激旋涡。遥望萧萧苇岸，只隔水云深处，唱出采菱歌。引刺恐伤手，双袖溅清波。　　　看沙渚，翻碧浪，浴群鹅。惊回嘬嚼叶底，鱼阵织如梭。湿透凌波罗袜，慵整云鬟蝉鬓，照影自婆娑。报道侬归也，归去奈愁何？

击梧桐·闻雁

脉脉伤时序,频怅望,萧瑟郊原禾黍。已是欲销魂,况楼外断续,雁声难数。芙蓉汀上,蒹葭洲畔,听到更残月吐。独坐灯花落,问幽怀谁诉,新愁重谱。避缯晨飞,衔芦夜举,只向平沙浅溆。嘹呖西风外,相和处、添得闲愁如许。孤枕梦回,空自怀人不见。迢迢云树阻,长怜书未达,倩尔因风寄语。

——以上辑自全祖望编《续甬上耆旧诗》卷 104

徐志泰

徐志泰(1660—1686),字逊三,号凫岩,一号蕙江,鄞县桓溪人。少为李邺嗣所知,多病,以屡试不第,怏怏而卒。著有《蕙江草》。全祖望《续甬上耆旧诗》卷一〇八有传。

风入松·它山堰头足奇观

它山堰上清景奇,匹练大江垂。绛山紫翠斜阳外,虬龙影、涛韵时时。殿角流丹无地,蕙江明月风吹。　　游观形色甚攸宜,相对自神怡。潮平沙卧梅龙迹,苔苍处,常见灵芝。尤爱洞天仙迹,欣瞻云际金狮。

望江南·它山堰头足奇观

它山景,瞻眺最宜春。曲水移舟喧醉客,长堤垂柳荫佳人。上巳管弦新。
它山景,避暑尤宜夏。松看苍龙挂壁吟,泉惊白马飞江下。凉集雨晴乍。
它山景,最丽是清秋。殿桂飘香浮古岸,江风倒映入中流。观望豁双眸。
它山景,清赏莫如冬。古渡无人横雪艇,寒山有寺起霜钟。梅萼透春浓。

——辑自民国二十年修《四明光溪桂林徐氏宗谱》卷 6 之三《词华上》

徐志瑨

徐志瑨(1665—1719),又名士晋,鄞县桓溪人。以儒业课徒为生。著有《士晋氏诗稿》。

点绛唇·秋旱

四望清光,愁无微雨千郊润。唯闻风振,极目无云阵。　　昔日淋漓,多致年馑。今偏咎,细将天认,为问甘霖信。

如梦令·思归

节值冬初秋暮,一岁光阴又度。作客向他乡,惨煞金风玉露。谁诉,谁诉,独忆一天归路。

桃源忆故人·冬日访友不遇

访君迢递君无在,虚负瞻韩半载。独忆渔歌不改,触处闻欸乃。　　郊原伫立疑相待,此际恨深似海。却令友情顿怠,几向斜阳悔。

一剪梅·秋日早起

昨宵夜永倍添愁,无尽更筹,数尽更筹。晓来旭日照危楼,疑有霜流,信有霜流。　　烟光四壁似云稠,远望迎眸,近望凝眸。佳人妆罢上帘钩,黄菊盈头,白菊盈头。

　　　　——辑自民国二十年修《四明光溪桂林徐氏宗谱》卷 6 之三《词华中》

　　附记:明清之际的词人,断代不易。以下数位浙东词人,入于《全明词》,而为《全清词》所不收。笔者考其生卒,认为可入《全清词》中。

　　郑溱,《全明词》第五册第 2536 页收录,未详其生卒年。按,郑溱系郑梁之父,据郑梁《寒村安庸集》卷 2《中宪大夫显考秦川府君行状》,郑溱卒年为康熙三十六年十二月二十九日,春秋八十六。据此,可定郑溱生卒年为 1612—1698。

　　董剑锷,《全明词》第六册第 3334 页收录,小传极简略。按,董剑锷生于天启二年(1622),卒于康熙四十二年(1703)。生平事迹见全祖望《鲒埼亭集外编》卷 6《湖上社老晓山董先生墓版文》。据其生卒年,其人应以入《全清词》为妥。

　　李文缵,《全明词》第六册第 3338 页收录,小传极简略。按,李氏生平事迹详见全祖望《鲒埼亭集》卷 14《李驾部墓志铭》及《续甬上耆旧诗》卷 47。全氏《李驾部墓志铭》云:"天启丁卯,年二十一。"天启丁卯即天启七年(1627),据此推算,李当生于万历三十五年(1607)。《全明词》所收李氏《满江红》词的题目"日永"二字,据清全祖望《续甬上耆旧诗》卷 47,为"杲"之误。

　　范兆芝,《全明词》第六册第 3340 页收录,小传仅云:"字香国,一字香谷,定海人。"按,此所谓定海人,非指浙江舟山之定海,而是指今宁波市镇海区。范氏的生平事迹详见全祖望《鲒埼亭集外编》卷 6《范处士坟版文》。据此文,范兆芝生于天启四年(1624),卒于顺治十五年(1658),其人以入《全清词》为妥。

主要参考文献

一、古籍文献

[1] （元）戴表元：《戴表元集》，李军，辛梦霞点校本，长春：吉林文史出版社，2008.

[2] （明）方孝孺：《逊志斋集》，徐光大校点本，宁波：宁波出版社，1996.

[3] （明）丁元荐：《西山日记》，《续修四库全书》本.

[4] （明）万泰：《续骚堂集》，《四明丛书》本.

[5] （清）钱谦益：《牧斋初学集》《牧斋有学集》《牧斋杂著》，上海：上海古籍出版社，2009.

[6] （清）黄尊素撰，黄宗羲编：《黄忠端公文略、诗略、说略》《黄忠端公正气录》，《四库禁毁书丛刊》本.

[7] （清）黄宗羲撰，沈善洪，吴光等编：《黄宗羲全集》，杭州：浙江古籍出版社，2005.

[8] （清）黄宗炎：《周易寻门余论》，影印文渊阁《四库全书》本.

[9] （清）黄宗会：《缩斋诗文集》，印晓峰点校本，上海：华东师范大学出版社，2009.

[10] （清）邵廷采：《思复堂文集》，祝鸿杰校点本，杭州：浙江古籍出版社，1987.

[11] （清）吕留良：《吕留良诗文集》，徐正，等点校本，杭州：浙江古籍出版

　　社,2011.

[12] (清)李邺嗣:《杲堂诗钞》《杲堂诗续钞》,《四明丛书》本;《杲堂诗文集》,张道勤校点本,杭州:浙江古籍出版社,1988.

[13] (清)黄百家:《学箕初稿》,《四部丛刊》初编本.

[14] (清)裘琏:《横山初集》,清康熙刻本;《横山文集》,民国3年铅印本.

[15] (清)万斯同:《石园文集》,《四明丛书》本.

[16] (清)万言:《管村文钞内编》,《四明丛书》本.

[17] (清)范光阳:《双云堂文稿》,《四库全书存目丛书》本.

[18] (清)陈锡嘏:《兼山堂集》,《四库全书存目丛书》本.

[19] (清)郑梁:《寒村诗文选》,《四库全书存目丛书》本.

[20] (清)仇兆鳌:《杜诗详注》,中华书局2007年版.

[21] (清)钱廉:《东庐遗稿》,《四库未收书辑刊》本.

[22] (清)郑性:《南溪偶刊》,《四库未收书辑刊》本.

[23] (清)金张:《岕老编年诗钞》,《四库全书存目丛书》本.

[24] (清)徐文驹:《师经堂集》,《四库全书存目丛书》本.

[25] (清)全祖望撰,朱铸禹汇纂:《全祖望集汇校集注》,上海:上海古籍出版社,2000.

[26] (清)李邺嗣:《甬上耆旧诗》,影印文渊阁《四库全书》本.

[27] (清)许三礼:《天中许子政学合一集》,《续修四库全书》本.

[28] (清)全祖望:《续甬上耆旧诗》,方祖猷,魏得良,等点校本,杭州:杭州出版社,2003.

[29] (清)李慈铭:《越缦堂读书记》,上海:上海书店,2000.

[30] (清)佚名:《郑氏族谱》,天一阁藏本.

[31] 黄庆曾等:《竹桥黄氏宗谱》,民国15年惇伦堂本.

[32] 张美翊修:《甬上青石张氏家谱》,宁波市图书馆藏本.

[33] 黄明经等:《余姚四明黄氏谱》,民国19年树德堂刊木活字本

二、今人论著

[1] 黄宗羲论——国际黄宗羲学术讨论会论文集.杭州:浙江古籍出版社,1987.

[2] 庄严,等.黄宗羲诗文选.上海:华东师范大学出版社,1990.

[3] 李明友. 一本万殊——黄宗羲的哲学与哲学史观. 北京:人民出版社,1994.

[4] 徐定宝主编. 黄宗羲年谱. 上海:华东师范大学出版社,1995.

[5] 邬国平,王镇远. 清代文学批评史. 上海:上海古籍出版社,1995.

[6] 方祖猷. 清初浙东学派论丛. 台北:台湾万卷楼出版有限公司,1996.

[7] 张仲谋. 清代文化与浙派诗. 上海:东方出版社,1997.

[8] 吴光. 黄梨洲三百年祭. 北京:当代中国出版社,1997.

[9] 张健. 清代诗学研究. 北京:北京大学出版社,1999.

[10] 孙立. 明末清初诗论研究. 广州:广东高等教育出版社,1999.

[11] 张如安. 浙东文史论丛. 北京:中国文联出版社,2000.

[12] 朱义禄. 黄宗羲与中国文化. 贵阳:贵州人民出版社,2001.

[13] 徐定宝. 黄宗羲评传. 南京:南京大学出版社,2002.

[14] 陈平原. 从文人之文到学者之文. 北京:生活·读书·新知三联书店,2004.

[15] 刘文勇. 价值理性与中国文论. 成都:巴蜀书社,2006.

[16] 陆德符. 明清文法理论研究. 上海:上海古籍出版社,2007.

[17] 杨连民. 钱谦益诗学研究. 北京:社会科学文献出版社,2007.

[18] 黄毅. 明代唐宋派研究. 上海:上海古籍出版社,2008.

[19] 虞浩旭,饶国庆. 万斯同与《明史》(下). 宁波:宁波出版社,2008.

[20] 吴光. 黄宗羲与清代浙东学派. 北京:中国人民大学出版社,2009.

[21] 蔡仲翔,等. 中国文学理论史(4):清代卷. 北京:中国人民大学出版社,2009.

[22] 张如安,等. 鄞县望族. 杭州:浙江古籍出版社,2009.

[23] 吴海兰. 黄宗羲的经学与史学. 厦门:厦门大学出版社,2010.

[24] 周军. 浙东诗学巨子李邺嗣研究. 宁波:宁波出版社,2010.

[25] 张如安,张萍. 明清宁波文学家评传. 北京:海洋出版社,2011.

[26] 方祖猷. 黄宗羲长传. 杭州:浙江大学出版社,2011.

[27] 吴淑玲.《杜诗详注》研究. 济南:齐鲁书社,2011.

索　引

后　记

　　1985 年我从浙江师范大学中文系毕业后,分配到宁波师范学院中文系从教。时庄严、季学原诸先生创立了国内最早的"黄宗羲研究室",我有幸成为研究室的一员,并保管着大量的古籍资料。从此我走上了探索浙东学派之路,陆续写出了一些论文,并参与了《姚江文化史》的编写工作。后来在文化热的驱动下,我想全方位地研究一下宁波文化,想写一本《宁波文化史》,于是把精力投到了这个方面,相关成果主要见诸《汉宋宁波文学史》、《元代宁波文学史》、《宁波通史》第一卷、《北宋宁波文化史》、《南宋宁波文化史》、《宁波中医药文化史》等。《宁波文化史》虽然没有写成,却消耗了我大量的精力,已经无暇顾及清代浙东学派的研究了。虽然我当时对清代浙东学派的文学思想有一些新的认识,并写出了约 6 万字的文稿,但终究将其搁置起来了。

　　2007 年,宁波大学人文学院古代文学硕士点批下来了。这个点由我主持,管凌燕便是招收的第一届硕士生。因她是宁波人,家住黄宗羲讲学处白云庄附近,我为其确定了"清初浙东学派文学思想研究——以黄宗羲和甬上证人书院弟子为中心"的硕士论文题目,这样我才稍稍有点时间顾及这个学派。管凌燕的硕士论文完成后,顺利通过了答辩。本书的第二章中,郑梁、万斯同两节,基本上是以她的硕士论文为基础。裘琏一节由我另起炉灶,但亦保留了原硕士论文的若干段落。"李邺嗣的文学思想"一节,则由研究生邵劼,根据我的相关论述,加以改写而成。我作为两人的导师,对他们的原初文稿作了必要的大幅修改,由此产生的问题,自应由我负责。其余部分则由我独立完成。

宁波大学人文与传播学院副院长张伟教授,十分赞同清代浙东学派研究的选题,为催生本课题提供了必要的先决条件。由于我平时工作繁重,中途插入了很多意想不到的任务,加之突发疾病的困扰,大大拖延了本课题的研究进展。张伟教授以及宁波市社科院的王仕龙先生等,对我十分包容,给了我充足的写作时间。现在我们终于完成了这一颇有难度的课题,如释重负。尽管本书的阐释可能远称不上完美,但毕竟提供了不少新的东西,光是搜集仇兆鳌的零散文章,就花费了很多的时间。至于书中我们认识不到位、理解不准确的地方,或许为数不少,欢迎读者朋友们批评指正。

本书的写作,得到了宁波大学周志锋、李亮伟教授等的大力支持,鄞州区政协戴松岳先生、鄞州区委党校杜建海校长等,都对我勉励有加,促使我收起浮躁之心,沉迷于学术的殿堂中。宁波大学图书馆古籍部董桂琴老师,一贯热情地为我们的研究工作提供优质的服务,宁波市图书馆地方文献室、宁波市档案馆为我们查阅必需的资料提供了方便。龚缨晏教授为我复印了部分急需的文献资料。浙江大学出版社责任编辑吴伟伟严格把关,纠正了一些明显的失误。在此我对所有为本书的诞生作出了贡献的朋友,致以衷心的感谢。

张如安

2013 年 1 月 20 日

图书在版编目(CIP)数据

清初浙东学派文学思想研究 / 张如安,管凌燕著. —杭州：
浙江大学出版社,2013.8
ISBN 978-7-308-11408-0

Ⅰ.①清… Ⅱ.①张… Ⅲ.①浙东学派－文学思想－
研究－中国－清前期 Ⅳ.①B249.95 ②I209.49

中国版本图书馆 CIP 数据核字(2013)第 080827 号

清初浙东学派文学思想研究

张如安　管凌燕　著

责任编辑	吴伟伟 weiweiwu@zju.edu.cn
封面设计	木　夕
出版发行	浙江大学出版社
	(杭州市天目山路 148 号　邮政编码 310007)
	(网址:http://www.zjupress.com)
排　　版	浙江时代出版服务有限公司
印　　刷	杭州日报报业集团盛元印务有限公司
开　　本	710mm×1000mm　1/16
印　　张	17.25
字　　数	266 千
版 印 次	2013 年 8 月第 1 版　2013 年 8 月第 1 次印刷
书　　号	ISBN 978-7-308-11408-0
定　　价	46.00 元